MEDIAÇÃO DE CONFLITOS

A EMERGÊNCIA DE UM NOVO PARADIGMA

CLÁUDIA MARIA GOMES DE SOUZA

Bacharel em Direito pela PUC Minas (2013). Ex- Coordenadora da Cadeira de Direito do Trabalho e Processo do Trabalho do Instituto Lopes da Costa. Ex-Coordenadora acadêmica do Diretório Acadêmico de Direito da PUC Minas. Coordenadora científica de diversos eventos jurídicos e artigos acadêmicos.

FERNANDO GONZAGA JAYME

Diretor da Faculdade de Direito da UFMG. Professor Associado de Direito Processual Civil da Faculdade de Direito da UFMG. Advogado. Membro do Conselho Estadual de Direitos Humanos.

MARTHA HALFELD FURTADO DE MENDONÇA SCHMIDT

Juíza Titular da 3ª Vara do Trabalho de Juiz de Fora. Mestre e Doutora em Direito pela Université de Paris II - Panthéon-Assas, diploma reconhecido pela UFMG. Eleita para o cargo de juíza do Tribunal de Apelação da ONU em novembro/2015, com o maior número de votos, para mandato de 2016 a 2023, após processo de seleção conduzido pelo Conselho de Justiça Interno das Nações Unidas.

RITA ANDRÉA GUIMARÃES DE CARVALHO PEREIRA

Mestre em Mediação, psicóloga e psicanalista. Executive Master enMediación e Negociación pelo Institut Universitaire Kurt Bösch y Université de Genève. Graduada em Mediacion Programas de Estudios de Postergado(APEP) Maestria Latino-Americana Europea, Buenos Aires (AR). Presidente do Instituto de Mediação Aplicada

(COORDENADORES)

MEDIAÇÃO DE CONFLITOS

A EMERGÊNCIA DE UM NOVO PARADIGMA

2ª TIRAGEM

Del Rey Editora

Belo Horizonte
2016

Impresso no Brasil | *Printed in Brazil*

EDITORA DEL REY LTDA.
www.livrariadelrey.com.br

Editor: Arnaldo Oliveira

Editor Adjunto: Ricardo A. Malheiros Fiuza

Editora Assistente: Waneska Diniz

Coordenação Editorial: Wendell Campos Borges

Diagramação: Lucila Pangracio Azevedo

Revisão: Cynthia Nacif, Isabela Alcântara, Lília Finelli e Marcella Pagani

Capa: CYB Comunicação

Editora / MG
Rua dos Goitacazes, 71 – Sala 709-C – Centro
Belo Horizonte – MG – CEP 30190-050
Tel: (31) 3284-5845
editora@delreyonline.com.br

M489 Mediação de conflitos: a emergência de um novo paradigma. / Cláudia Maria Gomes de Souza, Martha Halfeld Furtado de Mendonça Schmidt, Rita Andréa Guimarães de Carvalho Pereira, e Fernando Gonzaga Jayme (Coord.). Belo Horizonte: Del Rey, 2016.

280 p.

ISBN: 978-85-384-0454-5

1. Brasil. [Código de processo civil (2015)]. 2. Processo civil, legislação, Brasil. 3. Mediação (processo civil), Brasil. 4. Solução de conflito, Brasil. I. Souza, Cláudia Maria Gomes de (Coord.). II. Schmidt, Martha Halfeld Furtado de Mendonça (Coord.). III. Pereira, Rita Andréa Guimarães de Carvalho (Coord.). IV. Jayme, Fernando Gonzaga (Coord.)

CDU: 347.925:347.91/95(81)

SUMÁRIO

PREFÁCIO

Desde quando nascemos, consciente ou inconscientemente, aprendemos a fazer concessões. Perdemos para ganhar. Ganhamos para perder. O aprendizado é diário. Com ele nos fortalecemos, intelectual e moralmente. Ao nascermos, perdemos o ventre materno; porém, ganhamos a luz da vida. Da infância, passamos à adolescência e daí à maturidade. Alcançamos a plenitude da vida. Trata-se de um natural e equilibrado sistema de perdas e ganhos.

Segundo Aristóteles, o homem é um animal essencialmente político. Viver é conviver e para que possamos (con)viver em uma sociedade agudamente plural e diversa, respeitando verdadeiramente todas as diferenças, precisamos fazer concessões, ideias e ações, permitindo que todos, indistintamente, tenham a oportunidade de ser felizes.

Poeticamente, Mário Quintana assinalou que "a arte de viver é simplesmente a arte de conviver... Simplesmente, disse eu? Mas como é difícil!"

Na real verdade, se pensarmos em uma identidade interior e exterior, profunda ou rasa, ninguém é igual a ninguém, ou como disse Drummond, *"todo ser humano é um estranho ímpar"*.

Nessa perspectiva, podemos dizer que os conflitos sempre existiram. Eles não são o problema; os conflitos, as controvérsias são o reflexo das diferentes maneiras de vermos o mundo, relacionando com os semelhantes, naquilo em que somos iguais e diferentes. Talvez, a grandes dificuldades sejam as formas, os métodos de solução dos conflitos.

Nos primórdios da humanidade, os conflitos eram solucionados pela e com a força. Evoluindo, pouco a pouco, chegamos à solução civilizada, institucionalizada de resolução dos conflitos, crescentes exponencialmente, à medida que a sociedade aumenta em número de habitantes e se desenvolve científica, cultural, econômica e juridicamente. Vivemos em uma plural sociedade de consumo, massificada interna e externamente.

Apenas para que tenhamos uma noção da dimensão da conflituosidade social, dados fornecidos pelo Conselho Nacional de Justiça nos dão notícia de que, no ano de 2014 (dados de 2015 ainda não estão disponíveis), as despesas com o Poder Judiciário somaram quase 69 bilhões de reais, representando 1,2% do PIB.

Projetado sobre o número de processos, a estatística revelou que o Poder Judiciário iniciou o ano de 2014 com um acervo de 70,8 milhões de processos, havendo a expectativa de que, no início deste ano de 2015, tenha ocorrido um aumento estimado para 71,2 milhões de demandas.

Conquanto o número de processos resolvidos e devidamente baixados seja expressivo, a verdade é que a taxa de congestionamento tem se elevado continuamente, revelando o altíssimo grau de litigiosidade na sociedade pós-moderna, erguida sobre os vários pilares cimentados em direitos fundamentais, que se espraiam e se derramam, horizontal e verticalmente, sobre todas as pessoas humanas, sem qualquer distinção de raça, cor, sexo, etc.

Uma breve incursão no universo das estatísticas e dos números, estrelas reunidas em uma constelação sem muito brilho, revela uma triste realidade: mesmo que o Poder Judiciário cerrasse os setores de distribuição, não aceitando nenhum processo, mantida a atual estrutura, consumir-se-iam dois anos e meio para dar cabo ao estoque daqueles em tramitação, sem que isso signifique, necessariamente, que a efetividade alcançasse o mesmo índice.

Aliás, apesar de não ser o tema deste precioso livro, a efetividade do processo é extremamente preocupante, e os números demonstram que há outra face tenebrosa do grave problema que envolve a solução das controvérsias pelo Estado.

Isso nos demonstra, inequivocamente, que a solução do problema é, em parte, extrínseco ao Poder Judiciário. Não adianta o crescimento de seus órgãos. As estatísticas deixam isso extreme de dúvida.

O problema, por assim dizer, se é que se trata de um problema, é intrínseco ao homem, que é um animal político e extremamente conflituoso. O problema vem do fundo da alma humana. A vida, dimensionada sobre a realidade, é feita de alegrias e de tristezas; de amor e de desamor; de felicidade e de infelicidade, de desejos e de frustrações, de luz e de sombras; de acertos e de desacertos, de vitórias e de derrotas; de dor, muita dor advinda da própria condição humana, que nos açoita como espuma de vento – penetra e corrói a nossa alma; devasta a nossa existência.

Em qualquer sociedade, lado bom e lado ruim da vida de milhões e milhões de pessoas, as controvérsias emergem aos borbotões: não podemos deixar de admitir que, em certa medida, teria procedência a frase de Sartre, segundo a qual "o inferno são os outros". Nessa subjetividade singular e extrema, mas não isolacionista, é preciso intercalar a inter e a plurissubjetividade como possíveis pontos de atrito entre os homens, embora, como valor supremo, abstraída qualquer intercessão Divina, também não seja írrita a afirmação de que apenas o homem pode salvar-se a si próprio.

De conseguinte, se o Estado, por intermédio do Poder Judiciário, não consegue resolver todos os conflitos que, aos cântaros, lhe são dirigidos, é preciso que as partes tenham a sua disposição métodos alternativos para solucioná-los, mesmo porque ninguém garante que o Estado os resolva satisfatoriamente, seja sob as óticas da celeridade e da efetividade, seja sob a perspectiva do próprio ideal de realização de justiça.

Nessa linha, o Conselho Nacional de Justiça editou a Resolução 125/2010, que dispõe a respeito da Política Judiciária Nacional de tratamento adequado dos conflitos de interesse, mercê do qual instituiu os Núcleos Permanentes de Métodos Consensuais de Solução dos Conflitos, compostos de magistrados e servidores, com as atribuições de desenvolver, planejar, implementar, manter e aperfeiçoar ações voltadas ao cumprimento da política judiciária, tendo como protagonistas as partes envolvidas no litígio, o que, aliás, diga-se de passagem, é extremamente democrático.

Paralelamente, perfilhando o Novo Código de Processo Civil, esta mesma Resolução instituiu e aperfeiçoou os CEJUSCs – Centros Judiciários de Solução de Conflitos e

Cidadania – que concentram a realização de sessões de conciliação e de mediação, antes mesmo do ajuizamento da ação, o que nos afigura muito salutar.

Ora bem, a estrutura do Poder Judiciário é gigantesca; envolve uma verdadeira legião de profissionais e consome enormes recursos públicos: cerca de 17 mil magistrados, 279 mil servidores efetivos e 139 mil trabalhadores auxiliares, podendo-se-lhe, mais firmemente a partir de agora, somar mecanismos de autocomposição e de pacificação social, por intermédio da conciliação e da mediação.

Embora difícil, não é impossível o equilíbrio, sem qualquer arranhão, entre o sagrado direito de acesso ao Poder Judiciário, previsto no art. 5º, inciso XXXV, da Constituição Federal, e o direito de acesso aos métodos alternativos de solução dos conflitos.

À luz destes métodos, de certa maneira e a grosso modo, desenha-se um sistema novo que permite que as partes sejam os juízes de si próprios e dos outros em face da própria controvérsia; ver-se e ver o outro; esse o grande desafio e o enorme aprendizado, que, de resto, distribui a responsabilidade pelo acertamento dos conflitos entre e pelos os próprios envolvidos.

Aliás, entre os considerandos da Resolução citada, lemos o seguinte: "a conciliação e a mediação são instrumentos efetivos de pacificação social, solução e prevenção de litígios, e que a sua apropriada disciplina em programas já implementados no país tem reduzido a excessiva judicialização dos conflitos de interesses, a quantidade de recursos e de execução de sentenças".

Adaptando a Resolução aos tempos do Novo CPC, prestes a entrar em cena, o CNJ alterou a redação do parágrafo primeiro do art. 1º, dispondo que: "aos órgãos judiciários incumbe, nos termos do art. 334 do Novo Código de Processo Civil combinado com o art. 27 da Lei de Mediação, antes da solução adjudicada mediante sentença, oferecer outros mecanismos de soluções de controvérsias, em especial os chamados meios consensuais, como a mediação e a conciliação, bem assim prestar atendimento e orientação ao cidadão".

Haurindo-se, ainda, no Novo CPC, o art. 3º, da Resolução 125, estatui que; "O CNJ auxiliará os tribunais na organização dos serviços mencionados no art. 1º, podendo ser firmadas parcerias com entidades públicas e privadas, em especial quanto à capacitação de mediadores e conciliadores, seu credenciamento, nos termos do art. 167, § 3º, do Novo Código de Processo Civil, e à realização de mediações e conciliações, na forma do art. 334, dessa lei".

Não faltam trilhas apontadas para o desafogamento do Poder Judiciário, abrindo-se para as partes o acesso a meios seguros para a solução dos conflitos, massificados em uma sociedade de massa.

Veja-se, ainda, a propósito desta mesma questão: a Resolução do CNJ criou o cadastro nacional de mediadores judiciais e conciliares, nos termos do art. 167, do Novo CPC, c/c o art. 12, par. 1º, da Lei de Mediação, assim como o sistema de mediação e conciliação digital ou à distância para atuação pré-processual de conflitos, ingressando, com isso, no mundo virtual, isto é, da internet, perfilhando os ditames do art. 334, parágrafo 7º, do Novo CPC, e do art. 46, da Lei de Mediação.

Este livro, idealizado pela Cláudia Gomes, Martha Halfeld, Rita Andréa e pelo Fernando Jayme, coordenado por Cláudia Gomes, Martha Halfeld, Rita Andréa e pelo Fernando Jayme, com vários articulistas renomados tratando-se do tema mais nobre da atualidade.

É um livro para o presente e para o futuro. Ele é indispensável a todos, operadores e não profissionais do mundo do Direito, porque constrói uma ponte, ao mesmo tempo em que abre uma porta para a modernidade, demonstrando, cientificamente, que existem métodos seguros para que as partes possam protagonizar, sem a agonia de um processo judicial demorado e muitas vezes sem efetividade, a solução de seus conflitos.

Este livro, verdadeira preciosidade, revela que todos, desde as grandes empresas até o cidadão comum, em breve, aplicadas as ideias e as teorias aqui desenvolvidas, à luz de uma legislação moderna, terão a sua disposição um método seguro e eficaz para a resolução dos conflitos sociais.

LUIZ OTÁVIO LINHARES RENAULT

Desembargador do TRT/3ª. Região

Professor dos Cursos de graduação e pós-graduação da PUC Minas.

APRESENTAÇÃO

A mediação de conflitos tornou-se assunto de interesse universal.

Sendo gradativamente reconhecida como "remédio" ideal para a solução de muitos conflitos, a mediação situa-se no meio-termo entre o constrangimento da ordem jurídica e o caos liberalizador que seria resultado da ausência ou insuficiência de norma jurídica.

Trata-se de tornar mais eficazes as formas de resolução de conflitos, além dos estritos métodos da litigância e da conciliação. Constitui, pois, a mediação alívio para situações para as quais a ordem jurídica não consegue resolver, inclusive diante da fratura da estrutura hierarquizada da sociedade contemporânea.

O interesse pela mediação é, pois, resultado da emergência de um novo paradigma de resolução de conflitos, como consequência da gradativa transformação da cultura de beligerância e enfrentamento para a conscientização política. Nesse sentido, a mediação conduz a um projeto de democracia participativa.

Esse novo paradigma não diminui a importância do Direito, nem menospreza a ordem jurídica, antes realça seu caráter humanizador, já que Direito é ciência social e decorre da própria necessidade de reorganização da sociedade.

A mediação é, assim, realização cultural de primeira importância, em face das pulsões agressivas do homem.

Este livro, de autoria coletiva, tem por objetivo ressaltar alguns desses aspectos e outros ainda ligados à arte de mediar conflitos.

Boa leitura!

OS COORDENADORES

I

MEDIAÇÃO JUDICIAL TRABALHISTA E PROMOÇÃO DE DIREITOS FUNDAMENTAIS

Martha Halfeld Furtado de Mendonça Schmidt

Juíza Titular da 3ª Vara do Trabalho de Juiz de Fora. Mestre e Doutora em Direito pela Université de Paris II – Panthéon-Assas, diploma reconhecido pela UFMG. Professora de cursos de graduação e pós-graduação. Ex-Conselheira da Enamat (Escola Nacional de Formação e Aperfeiçoamento de Magistrados do Trabalho) e da Escola Judicial do TRT-MG. Eleita para o cargo de juíza do Tribunal de Apelação da ONU em novembro/2015, com o maior número de votos, para mandato de 2016 a 2023, após processo de seleção conduzido pelo Conselho de Justiça Interno das Nações Unidas. Email: marthahalfeld@yahoo.com

1. INTRODUÇÃO

Começou como uma audiência como tantas outras, no meio de uma pauta como outras tantas. Mas aquela audiência seria diferente. Desde o início, os advogados, à vista das circunstâncias do caso, manifestaram certa tendência para tratativas conciliatórias, mas os clientes... "*– Não!*" de um lado e "*- De jeito nenhum!*" de outro. Estavam hermeticamente fechados. A causa tinha contornos nitidamente pessoais.

Na realidade, tratava-se de pessoas ligadas por laços familiares. De um lado, era a ex-companheira do sócio majoritário de uma elegante loja de móveis na cidade; de outro lado, veio o sócio minoritário, filho mais velho do ex-companheiro da reclamante.

Ela dizia ter sido gerente da loja e pedia o reconhecimento do vínculo de emprego, o pagamento de verbas daí consequentes, inclusive diante do término da relação contratual. Trouxe uma série de documentos, e-mails trocados com clientes com orçamento, pedidos, notas fiscais, etc. e ainda queria ouvir testemunhas, já que a audiência era una. Queria justiça!

A defesa negava a relação de emprego, argumentando que o vínculo era familiar. A reclamante e o sócio majoritário haviam vivido maritalmente por cerca de 10 anos e, inclusive, tinham um filho de 3 ou 4 anos. O sócio presente mostrou-se a princípio bem distante, negava peremptória e monossilabicamente qualquer esboço de acordo.

Diante da abertura percebida nos advogados, que tentavam explicar a situação, estimulei o diálogo, tentando oportunizar algum início de conversa... que veio em seguida, com muitas "queixas", primeiro da parte autora, depois da parte ré.

Desabafos e choros, inclusive à vista das pessoas que estavam ali esperando as próximas audiências, inversões sucessivas de pauta, intervalos com outras audiências agendadas para o mesmo dia, telefonemas para o sócio ausente no corredor, conversas reservadas advogado-cliente no *hall* de espera ou baixinhas à mesa de audiências; o desate estava longe...

Em meio a " – *Ele me traiu!*" e a "- *Ela já foi recompensada, fez ótimas viagens, inclusive de navio, está confundindo as coisas...* ", pouco a pouco, foram aparecendo as propostas financeiras.

Nessa atmosfera, fui aos poucos e com o tempo conseguindo desafogar o peso das audiências seguintes. Somente lá pelas seis da tarde, pude me dedicar inteiramente ao caso e estava aliviada só por isso.

Mas... é claro: o diálogo estava desgastado. Na realidade, somente eu estava aliviada, porque eles já estavam cansados e querendo terminar logo com aquela sessão que passara a ser "de tortura". Enfim, esperavam que eu tivesse a solução mágica, instantânea e perfeita para o caso, que descobriria a verdade e que faria justiça.

Talvez fosse a hora de suspender a sessão, marcar uma nova data, mas nem me lembro mais se ousei sugerir um adiamento para reflexão. Isso não havia sido combinado antes e, de qualquer forma, não havia abertura para tanto.

Ouvimos o depoimento da reclamante. Foi quando ouvi mais ou menos o seguinte do advogado da autora:

- Dra, vou fazer um pedido um pouco inusitado. A minha cliente precisa pegar o filho na creche, que fecha daqui a 15 minutos (por volta das 19 horas), e ela não tem ninguém a quem pedir isso. A creche é aqui perto. Ela pode ir lá pegar o filho e retornar à audiência?

Surpresa, olhei para a outra parte como que perguntando a reação. Não houve oposição. Naquele momento, perguntei-lhes se queriam marcar uma nova data. Estava eu já cansada e desanimada e eles, adrenalina a mil, permaneciam firmes no propósito de "resolver tudo hoje mesmo".

Disse-lhe que ela poderia se sentir liberada, caso quisesse.

- *Eu prefiro retornar, Dra.!*

- *Como queira, então.*

Continuamos a ouvir as testemunhas. A reclamante retornou com seu filhinho, toda cuidadosa, e não sabia aonde se assentar, se ao final da sala, como ouvinte, ou novamente como parte, ao lado de seu advogado. E onde acomodar a criança e sua mochila? Optou por acomodá-lo no final da sala e vir sentar-se ao lado de seu advogado. Enquanto a testemunha falava, percebi o menino balançando discretamente a mãozinha para o irmão mais velho, sentado do lado oposto à mãe. O irmão virou o rosto, correspondeu ao aceno, e olhou-me em seguida. Era muito constrangimento. O menino veio se assentar no colo da mãe. O grande ausente era o sócio-majoritário, dono da palavra final, ex-companheiro e pai.

A partir dali, tudo foi muito rápido. Advogados técnicos, partes cansadas, juíza exaurida, menino entendendo-tudo-ou-quase-tudo. O ex-companheiro-sócio-pai-chefe, por telefone, endureceu definitivamente, não aumentava nem mais um tostão. Como teria eu querido que ele estivesse ali!

Já era noite quando a audiência terminou nesse clima de desânimo. Voltei para casa pensando se minhas técnicas de comunicação haviam falhado. E muito! Mas não sou a única a ter faltado. Não havia espaço, ambiente, tempo para desafogar tanta mágoa, angústia, raiva e sofrimento. Por mais que tentasse facilitar o diálogo, retomando frases, ou estabelecer alguma forma de participação positiva, os laços estavam, àquela altura, elastecidos demais e precisariam de cuidado especial que não foi possível oferecer.

Com dor no coração, proferi minha sentença no prazo legal. Tempos depois, soube que o tribunal a reformara completamente. O Direito precisou operar com sua espada impiedosa. Resolveu o conflito ou apenas decidiu um processo? Houve preservação de direitos fundamentais?

O objetivo desse relato e, de resto, deste artigo vai, contudo, além dessas reflexões aplicáveis àquele caso concreto. É preciso enfrentar indagações como as que resultam da complexidade das relações de trabalho contemporâneas.[1] Seria o código binário do legal/ilegal suficiente para resolver todos os conflitos resultantes das relações de trabalho no mundo atual?

É bem verdade que os conflitos são aspecto normal de toda relação ou organização e sua resolução é oportunidade de crescimento e de evolução. Por outro lado, os conflitos significam, no mundo dos diretamente envolvidos, horas preciosas perdidas, além de perda de produtividade e de oportunidades de trabalho.

As formas consensuais de solução de litígios podem colaborar para a construção de um novo conceito de Justiça, mais acessível, democrática, participativa, responsável, adequada, equânime. Trata-se de retirar o melhor do conflito e de resolvê-lo de forma satisfatória, sem afronta, mas com negociação, conciliação e mediação.

Na prática da conciliação, a Justiça do Trabalho foi protagonista: a CLT, desde o início, a privilegiou em relação ao julgamento. Primeiramente aconselhada pelos vogais, depois denominados juízes classistas, a conciliação está arraigada na cultura da Justiça do Trabalho e constitui importante – talvez a mais importante – forma de resolução de conflitos judiciais trabalhistas. Mas seria a conciliação a única forma consensual de solucionar conflitos individuais na Justiça do Trabalho? Poderíamos vislumbrar a introdução da prática da mediação judicial pelos tribunais do trabalho?

---

[1] Entre outras questões, despontam a defesa do direito das minorias, o crescimento do sentido de participação social e da aplicação do princípio da isonomia, o direito à desconexão teleinformática do trabalho, questões de segurança, socioambientais, econômicas, tudo discutido não somente em reclamações trabalhistas individuais, mas também em ações civis públicas, dissídios coletivos. Essa complexidade se aplica tanto à esfera puramente operacional da empresa, quanto ao mais alto grau da hierarquia, em que despontam altos executivos, bem formados e intelectualmente preparados.

O tema é atual e não encontra consenso entre os juízes do trabalho, mesmo que a mediação judicial talvez já tenha sutilmente adentrado as portas da Justiça do Trabalho – embora sob a denominação de "conciliação" – por meio da introdução dos centros ou núcleos de conciliação, onde há atuação de servidores qualificados e treinados em técnicas autocompositivas.[2]

Mas então todos os casos trabalhistas seriam "mediáveis"? Absolutamente não. Há casos que podem ser recomendados à mediação, em outros, ela seria desaconselhável. Veremos isso com mais detalhes no item abaixo. Em seguida, passaremos em revista a importância da formação.

2. MEDIAÇÃO: TRIAGEM NECESSÁRIA

O caso mencionado na introdução não traduz a maioria dos conflitos trabalhistas, muitos objetivados, repetitivos e massificados, como demonstra a lista dos 10 maiores litigantes trabalhistas em cada TRT no Brasil no final de 2014, publicada pelo Conselho Superior da Justiça do Trabalho – CSJT.[3] A propósito, em 2012, levantamento do CNJ havia apontado que o setor público federal e os bancos respondiam por 76% dos processos em tramitação na Justiça.[4]

Na Justiça do Trabalho, foi dada ênfase especial no julgamento das ações coletivas e das demandas repetitivas. Segundo o Relatório *Justiça em Números,* publicado pelo CNJ, em 25/11/2015, referente ao período de janeiro a setembro, a Justiça do Trabalho se destacou no cumprimento da Meta 6, que teve o objetivo de priorizar o julgamento de ações coletivas, e da Meta 7, cujo alvo são os processos dos maiores litigantes e dos recursos repetitivos. Os Tribunais Regionais do Trabalho (TRTs) cumpriram, no 1º grau, 93,63% da Meta 6 e 87,85% no 2º grau, julgando 12.031 ações coletivas nas duas instâncias. Já em relação à Meta 7, o cumprimento pela Justiça Trabalhista foi de 99,94%, com o julgamento de 193.019 processos.[5]

---

2 Que importância tem o nome, "conciliação" ou "mediação"? Nenhuma, se a prática tem como objetivo a solução consensual e ajuda a trazer paz e satisfação aos envolvidos, contribuindo para a missão da Justiça do Trabalho. A conciliação é, em verdade, muito próxima da mediação, apenas variando a forma de trabalho.

3 Em Minas Gerais, por exemplo, os maiores litigantes são bancos (Bradesco, Itaú Unibanco, CEF, Banco do Brasil e Santander) ou grandes empresas (Vale, Telemar, Cemig, Contax), além da União Federal (esta em 9º lugar) e que eles foram responsáveis por 17.509 do total dos processos em andamento. Isso demonstra que em grande parte deles os assuntos são conhecidos. Dados disponíveis em CONSELHO SUPERIOR DA JUSTIÇA DO TRABALHO. Plano Estratégico da Justiça do Trabalho. *CSJT Website*. Disponível em: <http://www.csjt.jus.br/c/document_library/get_file?uuid=83308e01-d86a-4c8e-9a81-8f55b86cab21&groupId=955023>. Acesso em: 29 fev. 2016.

4 CONSELHO NACIONAL DE JUSTIÇA. Justiça priorizará conciliações, processos dos maiores litigantes e recursos repetitivos. *CNJ Website*, 11 nov. 2014. Disponível em: <http://www.cnj.jus.br/noticias/cnj/62236-justica-se-compromete-a-priorizar-conciliacoes-processos-dos-maiores-litigantes-e-recursos-repetitivos>. Acesso em: 29 fev. 2016.

5 CONSELHO NACIONAL DE JUSTIÇA. Justiça do Trabalho se destaca no cumprimento das metas 6 e 7 de 2015. *CNJ Website*, 25 nov. 2015. Disponível em: <http://www.cnj.jus.br/noticias/cnj/81018-justica-do-trabalho-se-destaca-no-cumprimento-das-metas-6-e-7-de-2015>. Acesso em: 29 fev. 2016.

A mediação, em regra, não se aplicaria a esses casos repetitivos e de grandes litigantes. Casos assim poderiam ser resolvidos com uma política de atenção prioritária ao julgamento célere, ou com aplicação de taxas diferenciados (juros bancários?) e/ou penalidades (indenização por assoberbamento da máquina judiciária? Multas?) Uma política de efetividade célere de decisões punitivas poderia levar à diminuição de conflitos repetitivos e/ou massificados no Judiciário.[6]

De qualquer forma, com litigantes contumazes, de modo geral, cogita-se apenas a política de julgamentos céleres e efetivos e a conciliação. A favor desta, poderiam pesar critérios meramente objetivos (demora e risco na prestação jurisdicional).

A mediação não se presta, pois, em princípio, ao papel de "desafogar" o Judiciário. Aplicar-se-ia ela em regra a casos "subjetivados", em que há prevalência de emoções, mesmo que subjacentes à formalidade da ação judicial. Para a mediação, importa menos o resultado do acordo – que, se alcançado, é reconfortante para todos –, do que o alívio do sofrimento vivenciado pelas partes no curso do processo de mediação. Trata-se, portanto, de um enriquecimento da resposta judicial, que não é aplicável a todos os casos, mas àqueles em que se discutem interesses afetivos[7] ou aos casos considerados difíceis, nos quais são debatidos vários aspectos jurídicos, sendo necessária ponderação de valores e interesses – os denominados "hard cases", cujo risco de interpretações díspares pode variar substancialmente.[8]

Em geral, pois, a mediação pode (embora isso dependa de cada situação específica) ser recomendável para casos em que há conflitos sobre matérias de discriminação, de justa causa, de assédio moral, de indenização por danos morais...[9] Não se aplica, de qualquer forma, a conflitos decorrentes de patologias, onde o recurso a um terapeuta seria aconselhável e onde a consciência (e consequente responsabilização) do sujeito não é hígida. De qualquer forma, as fronteiras dos litígios não são herméticas e a sensibilidade do juiz ao conduzir o processo é o melhor termômetro a determinar a técnica de resolução mais adequada em cada caso concreto.

Talvez o principal argumento para afastar a prática da mediação no Judiciário Trabalhista brasileiro seja a relação de hipossuficiência material decorrente do princípio protetor no Direito do Trabalho. Nossos estudos e nossa prática, porém, até então,

---

6 Uma observação se impõe: os grandes litigantes não atravancam a execução, porque são geralmente solváveis. Mas atravancam o Judiciário no processo de conhecimento, pela repetição de recursos, muitas vezes sem fundamento e contra jurisprudência assente nos tribunais. Por isso, poder-se-ia cogitar da defesa de um Direito do Trabalho ou de um processo do trabalho "hard" ou mais punitivo para esses casos de descumprimento voluntário e ostensivo da legislação trabalhista.

7 Em que há envolvimento de "ódio, amor e dor", como assevera Warat, *apud* MENEZES, Marcelo Paes. Sobre Mediação, Direito do Trabalho e Conflitos de "ódio, amor e dor". In: *Revista do Tribunal Regional do Trabalho da 3ª Região*. Belo Horizonte, v. 32, n. 62, p. 205-212, jul./dez. 2000.

8 Há discussão se a mediação deva ser aplicável aos "hard cases", já que a decisão do juiz teria a vantagem de trazer segurança jurídica para situações subsequentes semelhantes.

9 Em certos casos, a mediação, nestes conflitos de natureza individual, tem a vantagem de, dependendo do acordo ou da conscientização a que se chega, estender a resolução para a esfera coletiva, prevenindo futuros e/ou concomitantes conflitos individuais e resolvendo o problema como um todo.

observam que as causas consideradas "mediáveis" não envolvem esse desequilíbrio de direito material, pois os interesses em jogo (a verdadeira causa de pedir) não são estritamente jurídicos, mas também e talvez principalmente afetivos: " – *Ele não me recebeu, nem olhou na minha cara!*" ou "*– Depois de 30 anos de empresa, que é meu primeiro e único emprego, onde aprendi a fazer tudo, fui dispensada por telefone, em férias, no meio da minha primeira viagem internacional!*" (uma amiga telefonou-lhe para preveni-la de que seria dispensada quando retornasse de viagem) ou "*– Fui dispensada e, já se passaram 2 meses, ainda não recebi meus direitos, ele me mandou vir no pau (sic), quero minha indenização por dano moral!*" ou ainda "*– Ela foi dispensada por justa causa, apesar de grávida, porque a câmara de filmagem do hotel a flagrou descendo no elevador, se admirando no espelho com uma jaqueta diferente da que havia subido e correspondente à descrição da jaqueta furtada do apartamento do hóspede.*"

Percebe-se que há litígios trabalhistas típicos... e litígios trabalhistas afetivos... por isso a necessidade de tratamento diferenciado, equânime e adequado, para cada caso específico. A mediação tem vocação a auxiliar o juiz na escolha do melhor procedimento ("tratamento") a cada caso.

Por outro lado, durante a mediação, é possível a prática de atos de generosidade por uma das partes, geralmente impossíveis no julgamento, como é o caso da renúncia à prescrição total. Certa feita, um acordo foi felizmente alcançado depois que o único pedido de pagamento de salário-família de filho maior de idade de trabalhador rural foi convertido na "dação em pagamento" de uma novilha... para o filho do trabalhador e afilhado do patrão!

No sistema de justiça interno das Nações Unidas – onde se solucionam os conflitos entre os servidores e a própria Organização –, a mediação é amplamente aplicada, antes e após o ajuizamento da reclamação. No sistema informal, antes do ajuizamento, o *Ombudsman* (espécie de ouvidoria) pode obter informações e realizar pesquisas informais, com a concordância do interessado, bem como promover entrevistas diplomáticas em separado entre as partes, até que estejam elas em condições de dialogar conjuntamente para encontrar melhor entendimento e atingir uma solução adequada.

Se o resultado não for satisfatório, o interessado pode iniciar uma ação formal perante os órgãos de justiça internos da ONU. Embora seja amplamente utilizada com resultados satisfatórios, a passagem pelo *Ombudsman* ou pelo serviço de mediação não é condição da ação perante o sistema formal de administração de justiça interna.

Na França, a lei instituidora da mediação judicial de 1995 estimulou a prática da mediação trabalhista inclusive nas Cortes de Apelação, levando a Corte de Cassação a elaborar alguns critérios para a triagem dos processos susceptíveis de ir à mediação: aqueles em que se discutem contratos de trabalho em vigor ou cuja duração do contrato de trabalho é longa, questões ligadas a reenquadramento ou equiparação salarial, horas extras, assédio moral ou doenças psíquicas ligadas ao trabalho, ou em que são partes empregados em profissões manuais ou artesanais, profissionais liberais, porteiros, zeladores, caseiros, domésticos.[10]

A elaboração de uma proposta de normatização da atuação da Justiça do Trabalho na Política Nacional de Conciliação, instituída pela Resolução CNJ 125/2010, foi foco do debate do 3º Encontro de Coordenadores de Núcleos e de Centros de Conciliação da Justiça do Trabalho, realizado no mês de fevereiro de 2016. Isso porque o projeto atual de reforma da Resolução 125 omite a Justiça do Trabalho, o que poderia criar um "vazio normativo" e colocar em risco a existência dos núcleos e centros já em funcionamento com resultados considerados favoráveis.[11] Além disso, a Justiça do Trabalho, que foi protagonista na prática da conciliação, estaria ausente da política nacional de solução consensual de conflitos...

Embora se reconheça que a mediação possa ser de aplicação limitada a tipos de litígios em que se discutem interesses afetivos, ainda assim ela deve estar sempre sob o controle do juiz da causa, auxiliado por mediadores capacitados e observando o princípio da confidencialidade.[12] No tópico seguinte, abordaremos a questão da capacitação indispensável para o exercício da função de mediador.

3. MEDIAÇÃO: FORMAÇÃO NECESSÁRIA

A mediação consiste em tentar desarmar a agressividade e a carga emocional conflitiva das partes por meio de contatos confidenciais com a intermediação e a facilitação do mediador, que não pode ser o mesmo julgador do caso, na hipótese de o acordo não ser atingido.

Segundo a Resolução nº 125 do CNJ, atualmente em curso de estudos para ser reformada:

> [...] os treinamentos referentes a Políticas Públicas de Resolução de Disputas (ou introdução aos meios adequados de solução de conflitos), Conciliação e Mediação devem seguir as diretrizes indicadas no Portal da Conciliação, com sugestões de slides e exemplos de exercícios simulados a serem utilizados nas capacitações, devidamente aprovados pelo Comitê Gestor da Conciliação. Os referidos treinamentos somente poderão ser conduzidos por instrutores certificados e autorizados pelos Núcleos Permanentes de Métodos Consensuais de Solução de Conflitos.[13]

---

10 DUPLAT, Jacques. La médiation en juridiction. In: GEMME-FRANCE. *Conciliation et médiation prod'homales*. Actes des colloques européens et internationaux du Groupement européen des magistrats pour la médiation GEMME-France. Paris: L'Harmattan, 2013, p. 31.

11 CONSELHO NACIONAL DE JUSTIÇA. *Resolução nº 125*, de 29 de novembro de 2010. Dispõe sobre a Política Judiciária Nacional de tratamento adequado dos conflitos de interesses no âmbito do Poder Judiciário e dá outras providências. Disponível em: <http://www.cnj.jus.br/busca-atos-adm?documento=2579>. Acesso em: 29 fev. 2016.

12 Segundo os critérios mencionados acima, estabelecidos pela Corte de Cassação, na França, apenas entre 10 e 20% dos casos são suscetíveis de serem recomendados à mediação (DUPLAT, Jacques. *Op. cit.*, p. 33).

13 CONSELHO NACIONAL DE JUSTIÇA. *Resolução nº 125*, de 29 de novembro de 2010. Dispõe sobre a Política Judiciária Nacional de tratamento adequado dos conflitos de interesses no âmbito do Poder

O Anexo III da referida resolução estabelece o Código de Ética de Conciliadores e Mediadores Judiciais, mencionando, em seu art. 1º, os princípios fundamentais que regem a atuação de conciliadores e mediadores judiciais, que são:

> I – Confidencialidade – dever de manter sigilo sobre todas as informações obtidas na sessão, salvo autorização expressa das partes, violação à ordem pública ou às leis vigentes, não podendo ser testemunha do caso, nem atuar como advogado dos envolvidos, em qualquer hipótese;
>
> II – Decisão informada – dever de manter o jurisdicionado plenamente informado quanto aos seus direitos e ao contexto fático no qual está inserido;
>
> III – Competência – dever de possuir qualificação que o habilite à atuação judicial, com capacitação na forma desta Resolução, observada a reciclagem periódica obrigatória para formação continuada;
>
> IV – Imparcialidade – dever de agir com ausência de favoritismo, preferência ou preconceito, assegurando que valores e conceitos pessoais não interfiram no resultado do trabalho, compreendendo a realidade dos envolvidos no conflito e jamais aceitando qualquer espécie de favor ou presente;
>
> V – Independência e autonomia – dever de atuar com liberdade, sem sofrer qualquer pressão interna ou externa, sendo permitido recusar, suspender ou interromper a sessão se ausentes as condições necessárias para seu bom desenvolvimento, tampouco havendo dever de redigir acordo ilegal ou inexequível;
>
> VI – Respeito à ordem pública e às leis vigentes – dever de velar para que eventual acordo entre os envolvidos não viole a ordem pública, nem contrarie as leis vigentes;
>
> VII – Empoderamento – dever de estimular os interessados a aprenderem a melhor resolverem seus conflitos futuros em função da experiência de justiça vivenciada na autocomposição;
>
> VIII – Validação – dever de estimular os interessados perceberem-se reciprocamente como serem humanos merecedores de atenção e respeito.[14]

Já o artigo 2º disciplina as normas de conduta a serem observadas pelos mediadores, "*permitindo que haja o engajamento dos envolvidos, com vistas à sua pacificação e ao comprometimento com eventual acordo obtido*":

> I – Informação – dever de esclarecer os envolvidos sobre o método de trabalho a ser empregado, apresentando-o de forma completa, clara e precisa, informando sobre os princípios deontológicos referidos no Capítulo I, as regras de conduta e as etapas do processo;

Judiciário e dá outras providências. Disponível em: <http://www.cnj.jus.br/busca-atos-adm?documento=2579>. Acesso em: 29 fev. 2016.

14 CONSELHO NACIONAL DE JUSTIÇA. *Resolução nº 125*, de 29 de novembro de 2010. Anexo III. Código de Ética de conciliadores e mediadores judiciais. Disponível em: <http://www.cnj.jus.br/images/stories/docs_cnj/resolucao/arquivo_integral_republicacao_resolucao_n_125.pdf>. Acesso em: 29 fev. 2016.

II – Autonomia da vontade – dever de respeitar os diferentes pontos de vista dos envolvidos, assegurando-lhes que cheguem a uma decisão voluntária e não coercitiva, com liberdade para tomar as próprias decisões durante ou ao final do processo e de interrompê-lo a qualquer momento;

III – Ausência de obrigação de resultado – dever de não forçar um acordo e de não tomar decisões pelos envolvidos, podendo, quando muito, no caso da conciliação, criar opções, que podem ou não ser acolhidas por eles;

IV – Desvinculação da profissão de origem – dever de esclarecer aos envolvidos que atuam desvinculados de sua profissão de origem, informando que, caso seja necessária orientação ou aconselhamento afetos a qualquer área do conhecimento poderá ser convocado para a sessão o profissional respectivo, desde que com o consentimento de todos;

V – Compreensão quanto à conciliação e à mediação – Dever de assegurar que os envolvidos, ao chegarem a um acordo, compreendam perfeitamente suas disposições, que devem ser exequíveis, gerando o comprometimento com seu cumprimento.[15]

As técnicas de comunicação permitem acessar o conflito mediato, aquele que está na origem de todo sofrimento e que constitui o motivo primeiro da demanda judicial. Apropriando-se dessas técnicas, o mediador tem condição de compreender o sentimento das partes e suas necessidades ou interesses.

Nesse sentido, o mediador deve ser acolhedor, ouvir sem interromper, respeitar sem ataques violentos ou debochados, identificar as necessidades, reformular o que foi dito, ter paciência, questionar além da aparência, sobretudo quando se trata de negativa peremptória à busca pelo consenso, aceitar o silêncio, ser otimista. Compreender não significa necessariamente estar de acordo, mas exercitar a empatia.

A influência nas crenças dos envolvidos pode ajudar a desestabilizá-los de suas firmes convicções e criar consciência de que não há segurança de se ganhar uma causa, nem após uma primeira decisão favorável, à vista do duplo grau de jurisdição e das decisões superiores. Quanto maior a dúvida presente no espírito das partes quanto às possibilidades de obtenção de êxito na demanda, maior seriam as chances de consenso.

Mas não existe mediação séria e confiável sem que o mediador seja, antes de tudo, capaz de reduzir eventuais assimetrias de informação. Isso porque a solução amigável deve ser atingida com perfeito conhecimento de causa, de forma que a ponderação de riscos seja realista. Analisar racional e economicamente, de boa-fé, a situação significa apreciar honestamente as chances de ganho. As questões de ônus da prova e de ponderação de riscos devem ser aqui examinadas.

É preciso também discernir os problemas que suscitam necessidades. De modo geral, quando as partes falam das demandas, ainda estão na posição de reclamação que sustenta o desacordo. Quando há emoções, sentimentos ou ressentimentos que atingiram valores pessoais, somente quando evoluem para a revelação de suas

15 *Idem, ibidem.*

necessidades é que a linguagem negativa progressivamente se traduz em linguagem positiva e o olhar deixa de ser "para o retrovisor" para ir para o "vidro da frente".

Outra técnica consiste em retirar o foco do conflito. Em algumas situações, será necessário desviar a atenção das partes, a fim de que tenham elas o necessário tempo de amadurecimento do progresso já alcançado e queiram voluntariamente prosseguir mais em direção ao consenso. A concordância em aspectos outros, que não o principal foco da demanda, pode constituir a primeira pedra de construção do acordo final.

Às vezes, será necessário fazer intervalos, suspender a sessão e marcar outra data, a fim de dar tempo para as partes conversarem com seus advogados, sopesarem os avanços, esclarecerem dúvidas, amadurecerem as ideias.

Quando se busca um acordo em sessão de mediação, há regras e fases bem precisas, que devem estar presentes no espírito do mediador. Essas fases podem ser explicitadas por perguntas:

1ª) O que? – qual é o conflito? O que está em jogo? Qual é o pedido? Qual é a resistência?

2ª) Por quê? – histórico do caso, mal-entendidos, desabafos. Não são raros os casos em que a demanda jurídica expressa na petição inicial não corresponde à indignação mais importante do ofendido que vem pedir justiça.

Recentemente, ouvimos em uma audiência em que se discutiam exclusivamente horas extras de motorista-entregador, que o maior descontentamento do trabalhador era com relação às diárias dos chapas, que a empregadora adiantava em valor insuficiente e o motorista tinha que inteirar de seu próprio bolso para ter o reembolso pela empresa somente no retorno da viagem que durava cerca de duas semanas.

Em muitos casos, a petição inicial representa apenas a ponta do *iceberg* de um conflito subjacente muito maior. É preciso ir às raízes, entender o verdadeiro conflito, a fim de possibilitar o restabelecimento da comunicação não-violenta.

3ª) Como agir? – o que fazer? Diante da situação vivenciada, há, normalmente, dois caminhos a tomar: um, de continuidade conflituosa, onde o processo seguirá suas distintas fases (cultura da litigiosidade, do afrontamento); outro de dimensão consensual, onde há cessões dos interessados para o alcance do acordo (cultura da comunicação e do entendimento). Nessa fase, a criatividade dos envolvidos é de especial importância. As soluções vislumbradas podem estar ou não previstas na lei e serão válidas desde que não contrárias à ordem pública.

4ª) Como finalizar? O que estipular? Quais cláusulas redigir? – Aqui, é extremamente importante ressaltar o papel dos advogados no auxílio da redação final do termo de acordo, onde o intelecto predomina sobre a emoção.

Como se vê, em cada uma dessas fases, é preciso ter habilidades específicas. Na mediação, a escuta ativa é de fundamental importância e somente a capacitação adequada pode autorizar o mediador ao exercício dessa nobre e bela missão de (re) aproximar partes em conflito.

4. CONCLUSÃO

É preciso reconhecer que o Direito não tem resposta para tudo e que é necessário abrir diálogo para outras ciências sociais, psicologia, filosofia, sociologia, antropologia, que podem auxiliar na resolução dos conflitos.

No que toca às soluções consensuais, por meio da liberação das emoções, é possível atingir o intelecto e fazer as pessoas refletirem. Trata-se de abandonar a técnica da linguagem puramente legalista, para praticar uma linguagem mais popular, inteligível, cidadã, permeada por conceitos não somente jurídicos, mas também sociológicos, psicológicos, econômicos e sociais.

Tornando concretos os objetivos de simplicidade e acessibilidade da justiça, as próprias partes assumem papel ativo e, ao invés de delegar a decisão do litígio ao juiz ou árbitro, se re-apropriam das próprias rédeas e, juntas, assumem responsabilidade pelo compromisso selado.

A principal ferramenta para a mediação é, pois, a voluntariedade e seu terreno mais fértil são, dessa forma, os interesses subjacentes às emoções. O consenso pode ou não ser atingido a partir da adesão voluntária de indivíduos ao processo de mediação. A regra é somente se recomendar mediação em relações deterioradas onde a humanidade prepondera sobre a legalidade. Nesses casos, é preciso escutar algo que não está escrito em linguagem jurídica – mesmo que seja traduzido em pedido no processo –, mas que brota do coração das partes.

É bem verdade que, na prática da conciliação, o juiz muitas vezes se utiliza com êxito das técnicas de mediação, como as de técnicas de comunicação. Isso aproxima a conciliação da mediação e dificulta, muitas vezes, a identificação da melhor prática ou a determinação dos limites de atuação de uma e de outra forma de resolução. De modo geral, porém, o mediador necessita de mais tempo e mais reuniões com os "mediandos", de modo a estabelecer os verdadeiros interesses em jogo, que muitas vezes vão além dos pedidos meramente jurídicos.

Por isso, não surpreende que o acordo de vontades resultante da mediação – como, de resto, da conciliação – pode não corresponder necessariamente à solução legalmente ideal para o litígio, porque leva em conta todos os aspectos da lide, inclusive os não jurídicos.

A realização do II Seminário Internacional de Mediação é oportunidade para aprofundar a reflexão sobre a prática da mediação trabalhista, visando contribuir para tornar nosso sistema de justiça mais humano e eficiente, com preservação de direitos fundamentais e soluções adaptadas a cada caso concreto.

REFERÊNCIAS BIBLIOGRÁFICAS

BLOHORN-BRENNEUR, Béatrice. *La médiation pour tous.* Théorie et pratique de la médiation. Le cadre juridique de la médiation. Paris: Médias & Médiations, 2013, 143 p.

CONSELHO NACIONAL DE JUSTIÇA. Justiça do Trabalho deve ter sua própria resolução de conciliação. *CNJ Website*, 19 fev. 2016. Disponível em: <http://www.cnj.jus.br/

noticias/cnj/81572-justica-do-trabalho-deve-ter-sua-propria-resolucao-de-conciliacao>. Acesso em: 29 fev. 2016.

CONSELHO NACIONAL DE JUSTIÇA. Justiça priorizará conciliações, processos dos maiores litigantes e recursos repetitivos. *CNJ Website*, 11 nov. 2014. Disponível em: <http://www.cnj.jus.br/noticias/cnj/62236-justica-se-compromete-a-priorizar-conciliacoes-processos-dos-maiores-litigantes-e-recursos-repetitivos>. Acesso em: 29 fev. 2016.

CONSELHO NACIONAL DE JUSTIÇA. Justiça do Trabalho se destaca no cumprimento das metas 6 e 7 de 2015. *CNJ Website*, 25 nov. 2015. Disponível em: <http://www.cnj.jus.br/noticias/cnj/81018-justica-do-trabalho-se-destaca-no-cumprimento-das-metas-6-e-7-de-2015>. Acesso em: 29 fev. 2016.

CONSELHO NACIONAL DE JUSTIÇA. *Resolução nº 125*, de 29 de novembro de 2010. Código de Ética de conciliadores e mediadores judiciais. Disponível em: <http://www.cnj.jus.br/busca-atos-adm?documento=2579>. Acesso em: 29 fev. 2016.

CONSELHO NACIONAL DE JUSTIÇA. *Resolução nº 125*, de 29 de novembro de 2010. Anexo III. Dispõe sobre a Política Judiciária Nacional de tratamento adequado dos conflitos de interesses no âmbito do Poder Judiciário e dá outras providências. Disponível em: <http://www.cnj.jus.br/images/stories/docs_cnj/resolucao/arquivo_integral_republicacao_resolucao_n_125.pdf>. Acesso em: 29 fev. 2016.

CONSELHO SUPERIOR DA JUSTIÇA DO TRABALHO. Plano Estratégico da Justiça do Trabalho. *CSJT Website*. Disponível em: <http://www.csjt.jus.br/c/document_library/get_file?uuid=83308e01-d86a-4c8e-9a81-8f55b86cab21&groupId=955023>. Acesso em: 29 fev. 2016.

GEMME-FRANCE. *Conciliation et médiation prud'homales.* Actes des colloques européens et internationaux du Groupement européen des magistrats pour la médiation GEMME-France. Paris: L'Harmattan, 2013, 102 p.

MENEZES, Marcelo Paes. Sobre Mediação, Direito do Trabalho e Conflitos de "ódio, amor e dor". In: *Revista do Tribunal Regional do Trabalho da 3ª Região.* Belo Horizonte, v. 32, n. 62, p. 205-212, jul./dez. 2000.

ONU. *Website.* Disponível em: <www.un.org>. Acesso em: 29 fev. 2016.

SCHMIDT, Martha Halfeld Furtado de Mendonça. Conciliação e Mediação Judiciais: em busca de um modo legítimo de pacificação social. In: ORSINI, Adriana Goulart de Sena; COSTA, Mila Batista Leite Corrêa da; ANDRADE, Oyama Karyna Barbosa. (Coord.) *Justiça do Século XXI*. São Paulo: Ltr, 2014, p. 303-311.

URY, William; BRETT, Jeanne; GOLDBERG, Stephen; MANCY, François. *Gérer les conflits "autrement". Méthode de négociation et de résolution des conflits.* Paris: A2C Medias, 2008.

2

MEDIAÇÃO: O ECO DO VIVIDO E O PRELÚDIO DO VIR A SER. O PAPEL DO INSTITUTO EM RELAÇÃO AOS CHAMADOS MÉTODOS DE RESOLUÇÃO DE CONFLITOS

Rita Andréa Guimarães de Carvalho Pereira

Mestre em Mediação, psicóloga e psicanalista. Executive Master en Mediación e Negociación pelo Institut Universitaire Kurt Bösch y Université de Genève. Graduada em Mediacion Programas de Estudios de Postergado(APEP) Maestria Latino-Americana Europea, Buenos Aires (AR). Presidente do Instituto de Mediação Aplicada – IMA-/MG. Sócia-Fundadora da Associação de Mediadores e Conciliadores de Conflitos de Minas Gerais- AMC/MG. Integrante das Comissões de Mediação e Arbitragem da Ordem dos Advogados do Brasil OAB/MG e do Instituto Brasileiro de Direito de Família – IBDFAM – Colaboradora do Conselho Nacional das Instituições de Mediação e Arbitragem – CONIMA/SP. Colaboradora Acadêmica Institut Universitaire Kurt Bösch y Université Genève.

Prezado leitor, sem a menor pretensão de historiar nosso tempo, tracejemos um pouco este percurso ao aqui e agora, reportando, em primeiro lugar, à época em que, sob o pressuposto consubstanciado na máxima "penso, logo existo", Descartes[1] defendeu o primado da razão. Tempo em que se criava o senso de uma consciência que controla, responde e tudo abarca. De lá pra cá, as mais diferentes correntes de pensamento e a influência de cada uma delas em nosso cotidiano foram dando margem a novas formas de pensar.

Ao final do sec. XIX, o capitalismo financeiro, diretamente ligado ao forte crescimento econômico que se registrava neste período de plena expansão da Revolução Industrial[2], alterou a hierarquia das relações, fazendo prevalecer o entendimento segundo o qual o homem é posto a serviço da produção. As relações estabelecidas entre os indivíduos sofreram mudanças significativas, passando os comportamentos a serem regidos por interesses próprios da sociedade de consumo.

---

1 Apesar de o livro ser oriundo do Seminário, a apresentação deve se ater mais à obra. Além disso, não podemos esquecer que o livro será lançado junto com o seminário. Em alguns momentos da apresentação, me pareceu que ela fala do seminário como algo futuro! Acho que merece ser contextualizada.

2 Caracterizada pela transição de métodos de produção artesanais para a produção por máquinas. http.||www.wikipedia.org

Várias foram as transformações impostas aos sistemas produtivos: acelerada globalização, avanços tecnológicos significativos, um discurso estatal que não mais respondia a contento. A sociedade digitalizou-se. A lei, a ordem e a disciplina não respondiam mais de forma tão incisiva sobre os homens.

O século XX teve como característica principal a quebra de modelos, padrões e protótipos de comportamentos, valores e ideais. O evolucionismo, o existencialismo, o estruturalismo e diversas outras correntes marcam nosso tempo.

Dentre outras mudanças, a psicanálise passou por uma verdadeira revolução quando Freud[3] (1856-1939) descortinou a ideia do inconsciente , que rompe o conceito de uma razão que a tudo responde, desinstalando o homem do epicentro, dominador de si mesmo e do mundo à sua volta. Freud reformulou o pensamento racionalista então vigente, abrindo espaço para questionamentos e nova mirada nos pressupostos até então utilizados. Como consequência, o campo da ética não poderia mais ser objeto de reflexão apenas por teorias racionalistas.

O pai da psicanálise, ao dizer que não somos senhores de nossa própria morada e do mundo que nos cerca, mostrou-nos um sujeito perpassado por inúmeros conflitos. Retratou, assim, um golpe narcísico, traduzido na deposição do lugar de senhor e do controle. Surge a ideia de uma instância que gera efeitos e que nada tem a ver com a consciência, com leis próprias como a atemporalidade, uma lógica singular que não depende da razão. O inconsciente é este lugar de uma outra cena, tendo a particularidade de ser ao mesmo tempo interno ao sujeito e externo a qualquer forma de dominação pelo pensamento consciente.

Na linguagem comum, o termo inconsciente é utilizado como adjetivo, para designar o conjunto dos processos mentais que não são conscientemente pensados. Lacan destacou a primazia do simbólico sobre a realidade objetiva, apontando o inconsciente como linguagem. Em seu Seminário – Mais Ainda – em 1972, afirmou que "o inconsciente é estruturado como uma linguagem"[4] .

Pressuponho que o leitor já esteja a questionar sobre a correlação estabelecida entre a psicanálise e o tema específico deste trabalho: métodos de resolução de conflitos, mediação de conflitos e lei.

Muitos foram os pensadores que fizeram da contemporaneidade e suas mudanças tema de análise e discussão trazendo grandes contribuições. Mas foi a psicanálise que, afirmando a supremacia da realidade psíquica sobre a realidade objetiva, mudou

---

3 O inconsciente pode ser considerado não como uma determinada região do cérebro, mas como uma instância psíquica onde se encontram afetos experimentados pelo sujeito ao longo de sua história que, por não serem aceitos pela consciência deste e também pela moral social, foram reprimidos e forçados a permanecerem em estado inconsciente.Estar inconsciente não quer dizer que esteja inativo, pois, tais afetos continuam a determinar muitos dos comportamentos e sentimentos do sujeito, porém – por um trabalho da repressão – eles são ligados a outra ideia, que não a original, mas a uma ideia substituta, melhor aceita pela consciência e pela tal moral social. FREUD, Sigmund. *Conferências Introdutórias sobre Psicanálise.* Edição Standard Brasileira das Obras Psicológicas Completas. V. XV. Rio de Janeiro: Imago, 1996. p. 171.

4 LACAN, Jacques. *O Seminário*, livro 20: mais, ainda. 2. ed. Rio de Janeiro: Zahar, 1985.

o lugar do homem no mundo e a visão de mundo para o homem, transformou e abriu novos espaços.

Efeito que se fará presente na concepção da mediação como instituto e sua funcionalidade. Um novo modo de se fazer ouvir e dizer. Explicaremos mais adiante, mas como nos diz Garapon "Há uma construção de um mundo por uma pluralidade infinita de espaços políticos que caracterizam a mediação por uma nova relação entre o real e o concreto."[5]

A exemplo dos indivíduos, as instituições, que tinham papéis muito bem definidos, hoje não encontram um sistema de valores legítimos em que se possam amparar. As transformações ocorridas na sociedade contemporânea colocam em questão a autoridade, a lei e o respeito a ambas. Antes, nas sociedades verticalmente orientadas (pelo "Nome do Pai"[6] e a Lei), as instituições funcionavam seguindo um modelo de comando-e-controle. Neste contexto, a disciplina era a base orientadora para a formação dos sujeitos e o respeito às normas sua adequação. É então a primeira lei. A lei fundante e estruturante do sujeito, consequentemente da sociedade e obviamente do ordenamento jurídico.

Como nos diz Rodrigo da Cunha "...É exatamente porque o homem é marcado pela Lei do Pai que se torna possível e necessário fazer as leis da sociedade onde ele vive, estabelecendo um ordenamento jurídico..."[7]

Hoje, integramos uma sociedade digital, subordinada ao princípio segundo o qual a lei, a ordem e a disciplina não respondem mais de forma tão incisiva sobre os sujeitos. Trata-se de um cenário em que as estruturas hierárquicas e rígidas de ontem dão lugar a estruturas mais flexíveis, tendendo a redes descentralizadas. Antes da globalização, o critério de universalidade era limitado, de sorte que cada cultura, fechada em si mesma, reforçava seu modo próprio de ser e fazer. Atualmente, a universalização é uma característica; a habilidade de trabalhar em redes, manter as próprias estruturas sem homogeneizações é uma arte. A arquitetura de rede não pode ser controlada a partir de nenhum centro, é formada por milhares de redes com inúmeras maneiras de conexão.

Com todas estas transformações, o homem contemporâneo traz em si sentimentos de ruptura, fragmentação, questionamento, desconstrução que se manifestam em novas formas de agir e reagir. Respostas tidas como padrões já não mais respondem às necessidades do homem; supostas verdades absolutas já não mais resolvem suas questões. É tempo de flexibilização, no qual o sentido de laço precisa ser reinventado.

---

5 GARAPON, Antonie. *O juiz e a democracia*: o guardião das promessas. 2. ed. Rio de Janeiro: Revan, 2001.

6 Nome do Pai é um conceito psicanalítico, criado por Jacques Lacan (1909) nomeando o alicerce da função simbólica a qual identifica sua pessoa à figura da lei transmitida pelo exemplo e palavra como a Lei do Pai, que é exatamente a Lei (inconsciente) que possibilita a passagem da natureza para a cultura – LACAN, Jacques. *Escritos*. Rio de Janeiro: Zahar, 1998 e LACAN, Jacques. *O Seminário, livro 16 - De um outro ao outro*. Rio de Janeiro: Zahar, 2008.

7 PEREIRA, Rodrigo da Cunha. *Direito de Família*: uma abordagem psicanalítica. Belo Horizonte: Del Rey, 2003. p. 27.

As relações de consumo não são sustentáveis, e o descarte é o novo modelo de relação. A ideia de alteridade é fragmentada, de tal forma que o sujeito, no contexto histórico, como que perdeu o atributo da visibilidade. O homem se vê desbussolado com a ruptura dos conceitos e verdades. Os vetores tempo e espaço, mais do que valores, reafirmam a grande mudança de significação.

Assim como os indivíduos, as instituições vêm se transformando, se reinventando. Estamos diante de um verdadeiro desafio de escuta e reformulação. Como haverão de ser as relações interpessoais? Sabemos da importância desta construção. Como bem diz Freire, "vínculos, na forma pela qual são lidos, selam um destino"[8].

Creio que já se justifica a correlação estabelecida entre a psicanálise e o instituto da mediação, na medida em que remete à palavra como um caminho de abertura, por via do qual a escuta se faz fundamental e seu sentido há de ser visto como um ponto de partida, e não de chegada.

Pergunta-se: poderia a mediação de conflitos ser admitida como uma das múltiplas formas de resposta a este apelo? Acolher este tempo em que o homem escuta a palavra como forma de acesso ao desconhecido em si mesmo. Escuta esta que ressalta a singularidade de sentidos da palavra enunciada. Releitura do silêncio outrora imperativo. Diferente da relação comando e controle, em que imperava a mera obediência.

Segundo o dicionário Aurélio, na mediação, "jur. *mediatione* (...) intercessão, intermédio, intervenção (...) processo pacífico de acerto de conflitos internacionais, no qual (ao contrário do que se dá na arbitragem), a solução é sugerida e não imposta às partes interessadas..."[9].

Nossa abordagem é a mediação de conflitos como instituto, enquanto método de prevenção e solução consensual de conflitos, tendo sido incorporada ao nosso ordenamento jurídico por via da Lei 13.140, de 26 de junho de 2015:

> Art. 1º Esta Lei dispõe sobre a mediação como meio de solução de controvérsias entre particulares e sobre a autocomposição de conflitos no âmbito da administração pública.
>
> Parágrafo único. Considera-se mediação a atividade técnica exercida por terceiro imparcial sem poder decisório, que, escolhido ou aceito pelas partes, as auxilia e estimula a identificar ou desenvolver soluções consensuais para a controvérsia.

Juan Carlos Vezzulla descreve a mediação como:

> [...] técnica privada de solução de conflitos que vem demonstrando, no mundo, sua grande eficiência nos conflitos interpessoais, pois com ela são as próprias partes que acham as soluções. O mediador somente as ajuda a procurá-las, introduzindo,

---

8 FREIRE, Airton. *A Pa(lavra)*. Fortaleza: Wise, 2015.

9 FERREIRA, Aurélio Buarque de Holanda. *Novo Dicionário Aurélio*. 3. ed. Curitiba: Positivo, 2008. p. 1.299.

com suas técnicas, os critérios e os raciocínios que lhe permitirão um entendimento melhor.[10]

Em outras palavras, trata-se de um método de resolução de conflitos que parte do diálogo, sendo as partes assistidas por um terceiro que facilita essa comunicação, objetivando a tomada de decisões pelas próprias partes com relação aos respectivos interesses. Além disso, apresenta-se como um catalisador de relações interpessoais e, por conseguinte, apta a fortalecer o tecido social.

A mediação, portanto, surge como via alternativa para dar voz às partes e estimular o diálogo entre os diversos atores sociais. É, assim, uma forma de escuta e pacificação social, lastreada no reconhecimento e no respeito às diferenças, atributo que a distingue de outros métodos de resolução de conflitos.

Dar ouvidos é o ponto de partida. É preciso atentar para a mudança de paradigmas que a mediação preconiza. E verificar até que ponto o reconhecimento de que ela pode figurar no rol dos Métodos Extrajudiciais de Solução de Conflitos, ao lado da arbitragem, da conciliação e da negociação, seria compatível com a natureza e o alcance deste instituto.

Ainda que seu fim, de modo genérico, seja o mesmo, seu pressuposto, seu aporte teórico e seu padrão discursivo não permitem equipará-la, pura e simplesmente, aos demais métodos. Seu aporte – o teórico – é constituído em campo interdisciplinar, levando-se em conta suas inúmeras especificidades. Interessante apontar que a mediação, embora qualificada como método de resolução de conflitos, uma singularidade que apresenta é não requerer, necessariamente, a preexistência de um conflito a ser dirimido para sua funcionalidade.

Neste sentido, é o pensamento de Michèle Guillaume, segundo o qual a natureza da mediação abrange nascimento, renascimento e possibilidade de transformação de vínculos além da resolução de conflitos:

> La médiation est pas nécessairement aider les personnes dans les conflits. Une définition génerale de la médiation doit prendre en compre qu'íl y a quatre sortes de médiation, les deux premières étant destinéss à faire naître ou renaitre un lien, les deux autres étant destinéss à parer à un conflit.[11]

E a partir desta premissa a autora apresenta e nomeia quatro formas de mediação:

> Médiation créatrice qui a pour but de susciter entre des personnes ou des groupes des liens nouveaux, la médiation renovatrice qui réactive des liens distendus, la médiation préventive pour éviter l`eclatement d`un conflit et la médiation curative pour aider les parties em conflict à en trouver la solution[12].

---

10 VEZZULLA, Juan Carlos. *Teoria e Prática da Mediação.* Paraná: Instituto de Mediação e Arbitragem do Brasil, 1998, p. 15-16.

11 HOFNUNG, Michèle Guillaume. *La Médiation.* Que sais-je? Paris: Press Universitaires de France, 1995. p. 65.

12 Idem p. 67.

Como já dissemos, vínculos designam uma história e estamos habituados a diversas formas de relacionamento, nos quais vínculos são construídos. Suscitar entre pessoas ou grupos, novos liames de relacionamento, novos laços, evitar que os mesmos se desgastem, cultivá-los ou reavivá-los faz parte da prerrogativa da mediação. Partindo desta premissa, a funcionalidade e o foco voltado para esta construção constituem mais uma especificidade que impõe reservar à mediação espaço peculiar.

Vem a propósito o entendimento de Jablkowski. A mediação é ideal para lidar não apenas com os conflitos, mas com a configuração das relações interpessoais:

> *En clave de invención porque a pesar de los desconciertos y de los padecimientos, tenemos en manos la oportunidad de crear nuevos sentidos y la de abrir caminos para experimentar que hay otras alternativas posibles para configurar las relaciones interpersonales. Se puedem inventar nuevos modos de 'ser y hacer'.*[13]

Corroborando o pensamento acima, em resposta a Conferência da OING do Conseil de l'Europe, a definição elaborada em 19 de maio 2011 pela 31 promoção de mestrado *Diplomatie et negociations stratégiques* de L'Université de Paris-XI:

> La médiation remplit une fomction fondamentale de rétablissement ou détablissement de la communication. Le conflit ne fait pas partie de la définition globale de la médiation mais la définition globale de la médiation ne lui interdit pas de résoudre les conflits[14].

Camila Nicácio, assim se refere a mediação:

> A mediação foi construída como um contraparadigma à sombra, mas na esteira do Direito, tal como ele evolui na sociedade francesa: uma escolha de direito entre outras possíveis. Segundo uma ideia concebida do ponto de vista de nossa tradição jurídica, a mediação é cronicamente reduzida a uma de suas práticas e qualificada de modo alternativo como reguladora de conflitos. Essa categoria só se dá conta dessa percepção através do prisma do julgamento (adjudicação), e não dá o real valor à potencialidade do conceito. É através da maneira de atuar que a *jurisdictio* e mediação aparecem como dois opostos complementares que participam da produção do direito conjugado no plural.[15]

Como nos aponta Gilda Nicolau, "Mediação e Direito (estatal) baseiam-se em princípios éticos opostos. Os da mediação puderam ser qualificados como éticos da solicitude (*ethic of care*), ou ética da responsabilidade, face à ética dos direitos (*ethic of rights*)".[16]

---

13 JABLKOWSKI, Gabriela Irina; GUILLERMO, Mario Gonzáles. *Configurando escenas colaborativas em la escuela*: aportes y experiências de mediación y diálogos facilitados. Buenos Aires: 12ntes, 2011.

14 HOFNUNG, Michèle Guillaume. *La Médiation.* Que sais-je? Paris: Press Universitaires de France, 1995. p. 65.

15 APUD. NICOLAU, Gilda. *Entre Mediação e Direito* – elementos para uma nova ratio jurídica. *Revista Meritum*. V. 7. Nº 2, Belo Horizonte, jul./dez. 2012, p. 325-392. Disponível em: <http://www.fumec.br/revistas/meritum/article/view/1605/1006>. Acesso em: 11 abr. 2016, p. 350.

16 NICOLAU, Gilda. Entre Mediação e Direito – elementos para uma nova ratio jurídica. *Revista Meritum.* V. 7. Nº 2, Belo Horizonte, jul./dez. 2012, p. 325-392. Disponível em: <http://www.fumec.br/revistas/meritum/article/view/1605/1006>. Acesso em: 11 abr. 2016.

A diferença de princípios é, pois, o quanto basta para distinguí-la dos outros institutos que guardam maior afinidade com o Direito. A mediação implica as partes na própria história e as responsabiliza pela construção de seu destino, e isto só se torna possível numa relação de alteridade.

A mediação se dá nas mais diversas frentes. Pode ser comunitária, familiar, judicial, escolar, empresarial. Sua função primordial é dar a imprescindível atenção à palavra de cada um dos titulares dos interesses em conflito, com a finalidade de evitar que a controvérsia se transforme em lide e a virtualidade de resgatar o que é passível de consenso, estabelecendo-se uma negociação protagonizada pelos próprios sujeitos da relação conflituosa.

Mais além do que tem sido afirmado, requer o instituto sob exame uma mudança conceitual e cultural, em primeiro plano, sobretudo no que diz respeito à maneira como se constitui o conflito e o processo de sua resolução, a fim de que seja entendido como verdadeira co-construção, e não apenas como política de consensualização, segundo a visão do Conselho Nacional de Justiça.

Os partidários da mediação ressaltam que um conflito representa antes de tudo uma crise de interação humana, com um caráter um tanto comum e previsível. Apontam a mediação como uma oportunidade de sentir e expressar certo grau de compreensão e preocupação pelo semelhante. O conflito é visto como uma oportunidade de crescimento e desenvolvimento das partes nele envolvidas.

Estamos acostumados a ver o conflito sob a ótica binária, na qual as situações são vistas como mera disputa de vontades. Só há vencedor e vencido. Tudo que nos incomoda é sempre atribuído ao outro, de quem se espera a resolução que nos agrade. Na sociedade atual, aprendemos e somos estimulados a ver o mundo sob a ótica do certo e errado, do vencedor e vencido. Fazer prevalecer nossa idéia é fonte de sucesso e realização, razão pela qual desenvolvemos uma forma excludente do ato de pensar. Com efeito, tínhamos em mente que o direito respondia e solucionava todos os enfrentamentos sobre pretensões antagônicas.

Apesar de todo o progresso, é inevitável que o sistema jurídico dominante, reforçado pelo entendimento segundo o qual, na esteira da doutrina de Hans Kelsen, o que não está juridicamente proibido está permitido, resolva os conflitos declarando a vitória de um sobre o outro.

A mediação apresenta o conflito sob o ponto de vista da possibilidade, sendo ele parte da diversidade do próprio sujeito. Pode ser vista como instrumento de troca pessoal e social, capaz de ir mais além do que poderia se constituísse apenas um obstáculo, de modo a converter-se em valiosa oportunidade para aprofundar o desenvolvimento das habilidades sociais, aperfeiçoar as relações interpessoais e intergrupais, tudo isso sob a perspectiva de que o conflito, bem gerenciado, é essencial à mudança.

Para Michael Fullan, "Não se pode ter aprendizagem organizacional sem aprendizagem individual e não se pode aprender em grupo sem processar conflitos"[17].

---

[17] FREIRE, Airton. *Apud*: CECIP. *Conflitos na Escola: Modos de transformar.* Dicas para refletir e exemplos de como lidar. São Paulo: Imprensa Oficial do Estado de São Paulo, 2009. Disponível em:

Somos sujeitos constituídos na linguagem, na visão de Lacan. Assim, vamos construindo a narrativa de nossos atos e atitudes perante o outro. Esta é uma grande mudança e fundamental diferença que emerge do confronto estabelecido entre a mediação e outras formas de resolução de conflitos. Dando a palavra às partes, muda-se o conceito de que uma terceira pessoa é quem decide. Convoca-as a própria história, que interage sempre com este outro, também partícipe da construção. Ao reconhecer sua própria narrativa, o envolvido se conecta com o que lhe é próprio e, dessa forma, as partes se inserem na história, tomando consciência de seus direitos e deveres, identificando e avaliando seus erros, acertos e novas possibilidades.

A partir do confronto estabelecido mediante a intervenção de um terceiro, na relação transferencial, novos saberes são construídos: saber de si, saber do outro, saber do conflito, fonte de legitimidade e possibilidade de construção.

Dar voz às partes implica escutar e respeitar as narrativas, reveladoras das diferentes percepções de cada um sobre o conflito e seu contexto, como versões legitimas. Para tanto, é necessário um aporte teórico, no sentido de que o mediador não pode acreditar nas versões simplesmente por submissão ao princípio da imparcialidade. Reafirma-se, aqui, a supremacia do subjetivo sobre a realidade objetiva, à luz da psicanálise.

Importante ressaltar que, para tornar eficaz esta forma de escuta, o mediador precisa estar familiarizado, como acima já se ressaltou, ao fator subjetividade. Sabendo que cada parte tem a sua "verdade" e, sob a égide da mesma, faz sua demanda, o mediador, pessoa eleita e aceita pelas partes, traz consigo a premissa da imparcialidade, da confiabilidade. É preciso que se conecte com a própria narrativa, para que reconheça a si próprio, seus limites, e no momento de cumprir a função que lhe foi atribuída, possa despir-se de si mesmo, abrindo a escuta para as partes.

Segundo Freire, "existe uma relação entre o ouvir e o falar. Fala-se a partir do que se ouve. Se difícil for a escuta, tropeçarás na fala. E se falar de coisas que não consegue escutar, com certeza, se enganará."[18]

A mediação é ternária. Sabemos que a presença de um terceiro nunca é inócua. O mediador é o terceiro que desestabiliza a tendência para a comodidade do binário, o mediador traz a desordem, abre espaço da falta – um vazio – em abertura. O mediador ocupa, então, lugar distinto daquele que está reservado a quem promove a conciliação e a arbitragem.

Mediação não combina com tecnicismo, atribuição do ônus da prova, identificação, por terceiro, da causa e do causador do conflito. O dito ou desdito fazem parte da narrativa, construção dos próprios integrantes do conflito. Na narrativa se encontra a

---

<http://www.mprj.mp.br/documents/112957/10381358/cartilha_cecip_conflitos_na_escola_modos_de_transformar.pdf>. Acesso em: 11 abr. 2016. p. 30-31.

18 FREIRE, Airton. *Apud*: CECIP. *Conflitos na Escola: Modos de transformar.* Dicas para refletir e exemplos de como lidar. São Paulo: Imprensa Oficial do Estado de São Paulo, 2009. Disponível em: <http://www.mprj.mp.br/documents/112957/10381358/cartilha_cecip_conflitos_na_escola_modos_de_transformar.pdf>. Acesso em: 11 abr. 2016. p. 30-31

grande especificidade da mediação, vez que é com ela que a mediação trabalha, e não com os fatos.

Prevalece, aqui, a ideia de que a palavra pertence a seus atores, a quem, por isso mesmo, enquanto protagonistas de suas histórias, ela – a palavra - deve ser franqueada. Maria Tereza Dias e Rubia Mara Pereira afirmam que: "Uma reinvindicação que reconfigura a relação entre o saber cientifico e o senso comum. Que se propõe a pensar às fronteiras do público e do privado e da medida de interferência do Estado nas relações"[19]. A mediação traz a chance de mudança da consciência jurídica de cada cidadão, até então impregnada da ideia paternalista de uma solução que advém de um terceiro.

Além disso, com a mediação, busca-se adotar um conceito de tempo que não seja de natureza processual ou situacional, mas de um tempo delimitado pelos próprios integrantes do processo, que assim têm a chance de se escutar, de falar, de dialogar e de se responsabilizar pela negociação.

Sob o olhar da psicanálise, o que dizer do tempo? Há mais de uma forma de se tratar o tempo. O tempo de reflexão, assimilação de cada vivência, de cada cena vivida, é pessoal, baseado no ritmo de internalização, elaboração, criação de ideias e pensamentos individuais. O tempo não se quantifica de forma tão homogênea como se pode imaginar, Freud acreditava que nas formações do inconsciente algo característico do sujeito (do inconsciente) coexistia ao lado da consciência – o tempo passado e o tempo presente estariam, portanto, em contínuo remanejamento. A mediação nem se atém à cronologia comercial e processual, ela é voltada para o pessoal. Outro viés que a distingue das outras modalidades de resolução de conflitos.

A propósito dos critérios fundamentais pelos quais a mediação de conflitos deva ter seu espaço próprio, como meio de preservar seu campo ético e sua aplicabilidade, vale lembrar, em última análise, que o sujeito que escuta e as partes a quem ele escuta não guardam correspondência com a parte submetida à arbitragem, à conciliação ou mesmo à imperatividade dos atos jurisdicionais. A supremacia do subjetivo, trazida pela psicanálise com Freud, respeitada e aceita na mediação, é o quanto basta para desautorizar sua inclusão no rol dos chamados métodos de solução de conflitos

Um sem número de técnicas, manuais, ou capacitações serão incapazes de trazer e manter, apesar do "cumpra-se", o esteio necessário aos futuros mediadores para o exercício desta função, se as diferenças quanto ao aporte teórico, princípios, premissas, prerrogativas e especificidades da mediação não ficarem muito claras e integradas enquanto posições, posturas e não apenas métodos. Com todo esforço e árduo trabalho do Conselho Nacional de Justiça CNJ, desde 2006, a favor de uma política pública para o tratamento adequado dos conflitos de interesses, criou-se um Manual de mediação judicial, com o intuito de contribuir para um "novo paradigma cultural", que esta politica requer. É preciso ser preciso, quando se trata de mudanças

19 DIAS, Maria Tereza Fonseca; PEREIRA, Rubia Mara. *A efetividade do acesso à justiça no município de Ouro Preto*: a busca da identidade da justiça que se espera e a justiça que se presta. *Revista Meritum*, Belo horizonte, v. 7, nº 2, jul./dez. 2012, p. 61-102.

conceituais, ao introduzir novas formas de ver e fazer, distinguir a mediação dos outros métodos é fundamento neste procedimento[20].

Para os operadores do direito, uma enorme virada conceitual e postural, diferente do que foi sua formação até então, a desconstrução de uma visão binária para uma visão ternária, não se dará com o conhecimento adquirido por uma cadeira, matéria, manual ou treinamento. A mediação requer um novo profissional e um outro modo de fazer justiça.

Vale dizer que, agindo sob o império da recém-criada legislação de regência do instituto da mediação e do novo Código de Processo Civil, sem relegar a inestimável contribuição da psicanálise e as peculiaridades deste novo instrumento de pacificação social, ao Judiciário compete recrutar profissionais capacitados para o exercício de tal atividade, com metodologia própria e bem diferente daquela que será utilizada em relação aos demais procedimentos de resolução de conflitos.

Ao mediador cabe, por sua vez, manter uma escuta esvaziada de si, esquivando-se de dar respostas ou sugerir soluções, apoiando-se sempre nas seguintes premissas: a) as partes interessadas têm plena capacidade de resolução; b) há um tempo mais além do cronológico, formal ou processual; c) o olhar para "fazer valer a Justiça" por até então voltado para o vivido, o já acontecido, deverá ter seu foco no futuro; d) não se cogita buscar a verdade das provas e dos elementos informativos dos autos, em benefício de uma ou outra das partes, mesmo porque não há verdade absoluta, e sim verdades que se complementam; e) é preciso que se desenvolva um raciocínio que não mais seja binário, diferente do aprendido. f) Não há mais a ideia "o que não está errado, está certo". g) a escuta, portanto, deve ser imparcial, não por regra, mas calcada na supremacia da realidade psíquica sobre a objetiva.

Acreditamos que, mais além das técnicas, um cem número de capacitados, para que a Lei seja efetiva, a subjetividade precisa acolher a diferença como pressuposto da elaboração de um discurso e de uma efetivação ética, tendo a alteridade como ponto de partida para a edificação da ética, não como um conceito, nem um modelo, mas uma prática, uma promoção da relação com o Outro e com o *Outrem.*

Impõe-se, portanto, a reconfiguração da relação de indivíduos e grupos com o próprio "direito" para que o eco dos enganos vividos não se faça soar e o prelúdio dos novos tempos anuncie uma justiça ainda mais acolhedora.

REFERÊNCIAS BIBLIOGRÁFICAS

CONSELHO NACIONAL DE JUSTIÇA. *Manual de Mediação Judicial.* 5. ed. Brasília: Comitê Gestor Nacional da Conciliação, 2015. Disponível em: <http://www.cnj.jus.br/files/conteudo/destaques/arquivo/2015/06/c276d2f56a76b701ca94df1ae0693f5b.pdf>. Acesso em: 11 abr. 2016.

---

20 CONSELHO NACIONAL DE JUSTIÇA. *Manual de Mediação Judicial.* 5. ed. Brasília: Comitê Gestor Nacional da Conciliação, 2015. Disponível em: <http://www.cnj.jus.br/files/conteudo/destaques/arquivo/2015/06/c276d2f56a76b701ca94df1ae0693f5b.pdf>. Acesso em: 11 abr. 2016.

DIAS, Maria Tereza Fonseca; PEREIRA, Rubia Mara. *A efetividade do acesso à justiça no município de Ouro Preto*: a busca da identidade da justiça que se espera e a justiça que se presta. *Revista Meritum*, Belo horizonte, v. 7, nº 2, jul./dez. 2012.

FERREIRA, Aurélio Buarque de Holanda. *Novo Dicionário Aurélio*. 3. ed. Curitiba: Positivo, 2008.

FREIRE, Airton. *Apud*: CECIP. *Conflitos na Escola: Modos de transformar*. Dicas para refletir e exemplos de como lidar. São Paulo: Imprensa Oficial do Estado de São Paulo, 2009. Disponível em: <http://www.mprj.mp.br/documents/112957/10381358/cartilha_cecip_conflitos_na_escola_modos_de_transformar.pdf>. Acesso em: 11 abr. 2016.

FREIRE, Airton. A Pa(lavra). Fortaleza: Wise, 2015.

FREUD, Sigmund. *Conferências Introdutórias sobre Psicanálise*. Edição Standard Brasileira das Obras Psicológicas Completas. V. XV. Rio de Janeiro: Imago, 1996.

GARAPON, Antonie. *O juiz e a democracia: o guardião das promessas*. 2. ed. Rio de Janeiro: Revan, 2001.

HOFNUNG, Michèle Guillaume. *La Médiation*. Que sais-je? Paris: Press Universitaires de France, 1995.

JABLKOWSKI, Gabriela Irina; GUILLERMO, Mario Gonzáles. *Configurando escenas colaborativas em la escuela*: aportes y experiências de mediación y diálogos facilitados. Buenos Aires: 12ntes, 2011.

LACAN, Jacques. *Escritos*. Rio de Janeiro: Zahar, 1998.

LACAN, Jacques. *O Seminário, livro 16 - De um outro ao outro*. Rio de Janeiro: Zahar, 2008.

LACAN, Jacques. *O Seminário*, livro 20: mais, ainda. 2. ed. Rio de Janeiro: Zahar, 1985.

NICOLAU, Gilda. Entre Mediação e Direito – elementos para uma nova ratio jurídica. *Revista Meritum*. V. 7. Nº 2, Belo Horizonte, jul./dez. 2012, p. 325-392. Disponível em: <http://www.fumec.br/ revistas/meritum/article/view/1605/1006>. Acesso em: 11 abr. 2016.

PEREIRA, Rodrigo da Cunha. *Direito de Família*: uma abordagem psicanalítica. Belo Horizonte: Del Rey, 2003.

VEZZULLA, Juan Carlos. *Teoria e Prática da Mediação*. Paraná: Instituto de Mediação e Arbitragem do Brasil, 1998.

3

LA MÉDIATION JUDICIAIRE: DE LA THEORIE A LA PRATIQUE

Jean-Luc Pierre

Jean-Luc Pierre é magistrado, vice-presidente do Tribunal de Grande Instance de Marseille, já tendo atuado também como presidente no Tribunal Correctionnel de Vienne e no Tribunal de la Sécurité Sociale de Vienne, todos na França. Anteriormente à magistratura, foi diretor geral de sociedades nos setores agrícola-alimentar e de grande comércio. É graduado em Direito, com diplomas em Estudos Superiores de Direito Privado, Ciências Políticas e do Instituto de Comércio Internacional. É professor do IDRAC-Lyon (École Supérieure de Commerce) e da Université Mendès-France-Grenoble, onde ensina direito comercial e direito social.

1. LES MODES ALTERNATIFS DE RÈGLEMENT DES LITIGES ET LES SOURCES DE LA MÉDIATION

1.1. Définitions

La médiation s'inscrit dans la grande catégorie des Modes Alternatifs de Règlement des Litiges parmi

due par le les arbitres, à l'autorité de la chose jugée relativement à la contestation qu'elle tranche. Elle ne pourra acquérir force exécutoire que par l'exequatur conféré par la juridiction compétente c'est-à-dire en France le Tribunal de grande instance.

– La transaction: lesquels nous trouvons:

– La conciliation judiciaire: le juge est partie prenante dans la recherche du règlement amiable du litige, il constate l'accord des parties et le retranscrit dans un provès-verbal de conciliation.

– L'arbitrage: dès la conclusion du contrat les parties contractantes conviennent, par une clause spéciale dite «clause compromissoire », de porter le litige devant un arbitre. La sentence arbitrale rendémarche dans laquelle deux parties en conflit se rapprochent elles-mêmes, en dehors de l'instance judiciaire, et par un accord parviennent au règlement de leur litige. En France la transaction est régie par les articles 2044 et suivants du Code civil. En général la démarche de transaction est initiée par les avocats des parties.

– La médiation: les parties, ou le juge avec leur accord, conviennent de faire appel à un tiers neutre afin de les aider à trouver une solution amiable. Dans le cadre de la médiation judiciaire, cette solution est ensuite retranscrite dans un accord qui sera homologué par le juge.

Pour ma part je retiens la définition de la médiation proposée par le groupement européen des magistrats pour la médiation (GEMME):

> [...] la médiation consiste à confier à un tiers impartial, qualifié, sans pouvoir de décision sur le fond, le «médiateur, la mission d'entendre les parties en conflit et de confronter leurs points de vue au cours d'entretien, contradictoire ou non, afin de les aider à rétablir une communication et à trouver elles-mêmes des accords mutuellement acceptables.

1.2. Un Peu D'histoire

– Avec la révolution française de 1789, la réorganisation du système judiciaire a été l'occasion d'ériger la conciliation en principe constitutionnel (Art. 60 de la Constitution du 22 Frimaire an VIII).

– Les Juges de paix sont une des innovations essentielles de la Constituante de 1790 qui a voulu mettre en place une juridiction simple rapide et gratuite appliquant le principe d'équité.

Cette très ancienne institution, puise son origine, sous des appellations et des modes de fonctionnement différents, dans le vieux code wisigothique émanant lui -même de la *Lex Romana Wisigothorum.*

En France dans un premier temps les juges de paix ont été avant d'être désignés par le pouvoir central dans les 6000 cantons (circonscriptions territoriales) de France.

Ces juges que l'on appelait aussi «*faiseurs de paix* », représentaient, à la fin du XIXe siècle, 60 % de l'activité judiciaire française et traitaient la moitié du contentieux par la voie de la conciliation. L'étude des archives de la justice de paix fait apparaître que jusqu'au début du XXe siècle les populations souhaitaient régler leurs conflits pacifiquement par la conciliation en recourant massivement au juge de paix. Cela démontre bien la réalité d'une véritable acculturation judiciaire par des populations qui étaient alors essentiellement rurales.

Mais la conciliation a été progressivement considérée par le pouvoir central comme pouvant être une source d'abus permettant d'échapper au contrôle judiciaire et en 1958, avec la mise en place de la constitution instaurant la Ve République, la justice de Paix a été supprimée.

Le Tribunal d'instance a été instauré en remplacement du juge de Paix et n'a laissé qu'une place marginale à la conciliation au profit de l'activité juridictionnelle.

–Le nouveau code de procédure civile français de 1970 a remis à l'ordre du jour la conciliation judiciaire en en faisant un des principes directeurs du procès.

Dès cette époque il est fait une première application de la médiation civile avec la désignation par le président du Tribunal de Grande instance de Paris, d'un médiateur dans le cadre d'un important conflit social collectif concernant le secteur de la construction automobile. Mais il ne s'agissait alors que d'une création prétorienne fondée sur le pouvoir de concilier les parties que le juge tenait de l'article 21 du nouveau code de procédure civile, pouvoir de conciliation qu'il avait alors délégué à un tiers.

Un autre exemple célèbre de médiation à la même époque, est celle qui a permis de résoudre le conflit qui opposait les héritiers de l'écrivain Jean Anouilh et qui empêchait l'exploitation de son œuvre.

1.3. L'état Du Droit Positif En France

1.3.1. La Conciliation judiciaire

–a) les dispositions générales

L'article 21 du code de procédure civile édicte: «*il entre dans la mission du juge de concilier les parties*». Si le juge parvient à concilier les parties le procès-verbal de conciliation aura alors entre elles l'autorité de la chose jugée et la force exécutoire. Néanmoins il résulte de cette rédaction que la conciliation n'est pas obligatoire.

Une loi du 8 février 1995 permet au juge, avec l'accord des parties, de désigner un tiers conciliateur qui agit au nom et pour le compte du juge c'est ce que l'on appelle une conciliation déléguée.

Le 11 mars 2015 l'article 127 du code de procédure civile est ainsi modifié: «*s'il n'est pas justifié lors de l'introduction de l'instance..., des diligences entreprises en vue de parvenir à une résolution amiable de leur litige, le juge peut proposer aux parties une mesure de conciliation ou de médiation*» et l›article 56 du même code édicte en ce qui concerne l›assignation que «*sauf justification d'un motif légitime tenant à l'urgence ou à la matière considérée, en particulier lorsqu'elle intéresse l'ordre public, l'assignation précise également les diligences entreprises en vue de parvenir à une résolution amiable du litige.* »

–b) les dispositions spéciales dans la procédure de droit du travail:

Notre code du travail indique qu'en matière prud'homale la tentative de conciliation judiciaire préalable au traitement du dossier au fond, est obligatoire devant le « bureau de conciliation» composé de deux conseillers prud'homaux.

Mais le faible taux de résultat obtenu en conciliation prud'homale (environ 5%) a conduit récemment le législateur à renforcer la place de l'audience de conciliation dans la procédure prud'homale française (loi du 06 août 2015).

1.3.2. La Médiation judiciaire

C'est une loi du 8 février 1995 et son décret d'application du 26 juillet 1996 qui pour la première fois a inclus dans le code de procédure civile français des articles consacrés à la médiation judiciaire (art. 131–1 à 131–15).

Le dispositif mis alors en place prévoyait que la médiation pouvait être demandée par les parties ou par le juge avec l›accord des parties ; il appartient dès lors au juge de désigner le médiateur et d›en fixer les honoraires. Par ailleurs le juge détermine la durée de la mission du médiateur, qui ne peut excéder trois mois, renouvelable une fois à la demande du médiateur.

Par la suite, des dispositions spéciales ont été adoptées visant à introduire la médiation judiciaire dans certains domaines du droit:

en droit du travail:

-lors des conflits collectifs, en matière de licenciements économiques,

- en matière de harcèlement moral.

En droit de la famille: le juge a la possibilité de proposer aux parents une mesure de médiation et de désigner, avec leur accord, un médiateur familial qui les aidera à organiser l'exercice de l'autorité parentale. Cela a été complété par la possibilité qui a été donnée au juge de désigner un médiateur y compris par injonction, et ce dès le stade des mesures provisoires en cours de procédure de divorce.

En droit de la consommation: une loi récente du 20 août 2015 a instauré une procédure extra-judiciaire de règlement de litiges de consommation par le recours au médiateur de la consommation.

1.3.3. La Médiation conventionnelle

Il s'agit de la médiation mise en place hors de l'institution judiciaire. En l'absence de législation spécifique il est fait application des dispositions relatives au droit des contrats.

Ainsi la clause de médiation ou de conciliation incluse dans le contrat, constitue un engagement qui doit être respecté conformément aux dispositions du Code civil (article 1134).

Il s'en déduit que:

– Les parties sont tenues de mettre en œuvre les moyens nécessaires à l'organisation d'une médiation.

– La responsabilité d'une partie peut être engagée si elle refuse de participer à la démarche de médiation.

– La partie qui engage une procédure judiciaire à l'encontre de son co–contractant sans recours préalable à la médiation prévue au contrat, peut voir son action déclarée irrecevable par le tribunal.

1.4. L'état du Droit Positif en Europe

1.4.1. Quelques exemples

En Europe, de nombreux pays se sont engagés depuis plusieurs années dans des démarches visant à instaurer des dispositifs comparables à la conciliation ou à la médiation judiciaire.

Allemagne: le juge intervient très activement dans la recherche d'un accord entre les parties. Le code de procédure civile allemand prévoit que le tribunal doit favoriser la recherche d'une solution amiable tout au long de la procédure.

Belgique: le code judiciaire prévoit que le juge de première instance peut être saisi d'une requête aux fins de conciliation. En médiation familiale, le juge peut avec l'accord des parties désigner un médiateur.

Écosse: avant la loi d›union à la couronne britannique de 1707, la résolution extrajudiciaire des procès était encouragée. Une loi de 1975 a créé un service volontaire de conciliation et d›arbitrage destiné à aider le règlement des litiges en matière de droit du travail. Il en résulte que près de 75 % des cas cités devants les tribunaux de prud›hommes sont résolus de cette façon.

Espagne: le juge de première instance doit, en début de procédure, inviter les parties à la conciliation. En matière de droit du travail avant d'engager une procédure judiciaire un service de médiation, d'arbitrage ou de conciliation doit être obligatoirement saisi. Cette saisine suspend les délais de caducité et interrompt la prescription.

Finlande: le tribunal peut rechercher en première phase du procès, une résolution amiable par la voie de la conciliation ou de la médiation.

Grande-Bretagne: depuis la réforme des «*civil procédures rules* » en 1999, le juge doit favoriser la médiation judiciaire et il peut pour cela suspendre le cours d›une affaire. Dans la pratique le juge anglais ordonne la médiation.

Grèce: la tentative de conciliation préalable, prévue par le code de procédure civile, est obligatoire.

Italie: le code de procédure civile prévoit la possibilité pour l'une des parties, de demander au juge de paix une conciliation préliminaire.

Norvège: la loi de procédure norvégienne prévoit la possibilité de médiation judiciaire.

Portugal: les règles générales de la médiation judiciaire ont été introduites en 2001 dans la procédure de justice de Paix.

Suède: le code de procédure prévoit que le juge peut nommer un médiateur.

A ce jour on constate que les avancées sont variables selon les pays mais que la sensibilisation aux modes alternatifs de règlement des litiges, est générale et que de nombreux états européens ont engagé des évolutions de leur législation, sollicités notamment par l'évolution de la réglementation de l'Union européenne.

1.4.2. L'Union européenne

En 2002 la Commission européenne a présenté un livre vert sur les Modes Alternatifs de Résolution des Conflits.

Les magistrats européens ont alors pris conscience de la nécessité d'agir sur les orientations des futures directives européennes visant à réglementer la médiation et à définir le statut des médiateurs. À ce titre, et à l'initiative de Mme Blohorn–Brenneur, une association de magistrats européens a été créée le 19 décembre 2003 sous le nom de GEMME (groupement européen des magistrats pour la médiation). À ce jour dans leur majorité les états européens sont représentés au sein de cette association.

Une directive du parlement européen en date du 21 mai 2008 relative à la médiation en matière civile et commerciale (transposée dans le droit positif français par une ordonnance du 16 novembre 2011) dispose en son article 4. 1: «*les états membres encouragent par tout moyen qu'ils jugent appropriés, l'élaboration de codes volontaires de bonne conduite et l'adhésion à ces codes, par les médiateurs et les organismes fournissant des services de médiation, ainsi que d'autres mécanismes efficaces de contrôle de la qualité relatifs à la fourniture de services de médiation* ».

L'article 3-b de la directive précise que le médiateur doit mener sa mission de médiation avec « *efficacité, impartialité et compétence*».

L'article 6 indique que l'accord de médiation doit pouvoir révêtir le caractère exécutoire, selon des modalités propres à chaqueétat membre (homologation par le juge, authentification par officier ministériel...).

L'article 7 instaure le critère de confidentialité de la médiation.

Enh 2015 une révision de la directive a été engagée et les juristes et acteurs judiciaires européens ont été sollicités d'une part pour permettre d'établir le constat des effets de la diective et d'autre part pour participer à la définition des critères de sélection et de formation des médiateurs et à la mise au point d'une charte européenne de la médiation autour des principes communs de consensualisme, de confidentialité, d'indépendance et d'impartialité du médiateur.

2. PRATIQUE DE LA MÉDIATION JUDICIAIRE EN MATIÈRE SOCIALE À LA COUR D'APPEL DE GRENOBLE

À l'initiative de la présidente de la chambre sociale de la cour d'appel de Grenoble, Madame Blohorn–Brenneur, la médiation judiciaire a été expérimentée dès 1996, avant d'être véritablement institutionnalisée à partir de l'année 2000.

Rapidement le succès de cette démarche nouvelle est apparu. Il a reposé notamment sur la mise en place d'une organisation et d'un fonctionnement spécifiques.

C'est cette pratique de la médiation judiciaire, en matière sociale, que je vais présenter:

2.1. ORGANISATION

2.1.1. Les Médiateurs

Ils étaient environ 40 sur le ressort de la cour d'appel qui comprenait 10 conseils de prud'hommes répartis sur les collectivités territoriales (départements de l'Isère, de la Drôme et des Hautes Alpes).

- 50 % des médiateurs étaient issus de l'entreprise: employeurs, salariés, représentants syndicaux,

- 40 % étaient des avocats

- 10 % exerçaient des professions indépendantes (médecins, notaires, psychologues, consultants...).

Ces médiateurs avaient suivi une formation spécifique: technique d'animation, approche psychologique, technique de négociation... à l'issue de cette formation il devait rédiger un mémoire avant de se voir remettre un certificat.

Ces médiateurs qui intervenaient en matière sociale étaient regroupés au sein de trois organisations: 2 associations de médiateurs indépendants et le centre de médiation des avocats de Grenoble.

Des contacts permanents existaient entre les magistrats de la chambre sociale et les médiateurs avec l'organisation de réunions férquentes afin d'arrêter des règles de fonctionnement communes et de favoriser les échanges d'expériences entre les médiateurs.

2.1.2. Les Audiences de proposition de médiation

Dans un premier temps un courrier adressé aux parties leur proposait de recourir à la médiation judiciaire.

Mais les réponses à ces courriers étant faibles, il a été décidé, au sein de la chambre, à partir de janvier 2000 de créer des audiences spécifiquement dédiées à la proposition de médiation, c'est à dire des audiences dont l'objectif n'était pas de juger l'affaire au fond mais de proposer la médiation aux parties convoquées.

L'impact de ce nouveau dispositif a été immédiatement fort et a véritablement provoqué le démarrage de la pratique de la médiation judiciaire en matière sociale au sein de la Cour d'appel.

2.2. FONCTIONNEMENT

2.2.1. La Sélection des dossiers destinés à la procédure de médiation:

Tous les dossiers reçus à la chambre sociale de la cour n'étaient pas destinés à être traités par la voie de la médiation. Un tri était donc nécessaire dès le stade même de l'enrôlement des affaires. Dans un premier temps ce tri, effectué par les magistrats, reposait sur des critères de sélection tels que:

–l'ancienneté du salarié dans l'entreprise

–le statut de membre de l'encadrement

–l'existence de liens familiaux ou d'associé parallèlement au contrat de travail.

Mais, assez rapidement, à partir de l'année 2003 il a été décidé d'inverser l'approche dans la sélection des dossiers et de tendre de plus en plus à ne retenir que des critères d'exclusion de la procédure de médiation notamment dans les affaires portant sur:

–l'interprétation d'un texte de convention collective

– un litige portant relatif à l'exercice du droit syndical

–une question de principe de pur droit

–l'état de liquidation judiciaire ou de redressement judiciaire de l'entreprise...

Après sélection les dossiers retenus pour un traitement par la médiation étaient orientés vers la procédure spécialement mise en place, plus rapide que la procédure juridictionnelle normale de traitement:

2.2.2. Les Audiences de propositions de médiation

Le fonctionnement particulier de ces audiences, était le suivant:

-il était fixé une audience par mois, présidée par un magistrat et 40 affaires, environ, étaient inscrites au rôle.

-à titre bénévole, de 2 à 4 médiateurs étaient présents afin de donner aux personnes qui le souhaitaient des informations sur le déroulement d'une médiation judiciaire.

-la convocation à l'audience adressée aux parties était accompagnée d'une notice explicative sur la médiation judiciaire.

Dès le début de l'audience le magistrat s'adressait directement et personnellement aux parties présentes dans la salle:

– il rappelait ce qu'était une médiation

–il indiquait que leur dossier avait été retenu en fonction de certains critères

–il rappelait que les parties allaient gérer elle-même leur litige avec l'aide d'une tierce personne: le médiateur

–il précisait que la médiation était l'occasion privilégiée d'un rétablissement du dialogue c'est-à-dire la possibilité de dire et d'écouter

– il donnait cette indication importante que l'accord auquel elles allaient parvenir serait un nécessairement un accord gagnant–gagnant.

–il prenait officiellement l'engagement que tout ce qui serait dit en médiation resterait confidentiel et ne serait pas révélé par le médiateur, y compris au juge, de telle sorte que si les parties ne parvenaient pas à trouver un accord, elles étaient assurées que la cour qui restait toujours saisie du dossier jugerait l'affaire ultérieurement, sans savoir pourquoi ni par le fait de qui l'accord n'avait pu être obtenu.

–il rappelait que les parties n'avaient aucune obligation d'aller en médiation et qu'elles ne seraient pas sanctionnées en cas de refus de leur part.

–enfin pour ceux qui étaient hésitants il indiquait que les médiateurs présents à l'audience pouvaient leur donner toutes les informations souhaitées sur le déroulement d'une médiation.

À la suite de cet exposé le magistrat procédait à l'appel des affaires afin de recueillir l'acceptation des parties pour aller en médiation.

Cet accord recueilli et acté, le magistrat désignait un médiateur pour chaque affaire sans se référer à des critères particulier de choix mais en tenant compte parfois de la nature du litige qui peut réclamer telle ou telle qualité particulière de la part du médiateur (directivité, technicité, psychologie…). Le magistrat tenait compte aussi d'un élément important, celui du nombre de médiations en cours par médiateur, afin d'éviter deux écueils:

–la surcharge de travail du médiateur avec le risque d'allongement des délais de procédure,

–l'insuffisance d'activité du médiateur avec le risque de perte de compétences et de savoir-faire.

Puis le magistrat procédait à la fixation de la provision des honoraires (environ 500 à 700 €) qui étaient répartis, en général et selon les ressources du salarié, pour deux tiers à la charge de l'entreprise et un tiers à la charge du salarié.

2.2.3. Le Déroulement de la Médiation

Au terme de l'audience de proposition de médiation les dossiers étaient affectés aux médiateurs désignés qui prenaient en charge l'organisation du processus de médiation:

–la convocation des parties se faisait, généralement, en un lieu distinct du palais de justice, de façon à extraire les parties à la « pression» judiciaire

–l'organisation des réunions: en général 3 réunions d'une durée de 1 à 2 heures chacune,

–la durée de la médiation était fixée à trois mois, renouvelable une fois à la demande du médiateur auprès du magistrat.

Durant les réunions de médiation les parties pouvaient être accompagnées de leurs avocats mais ces derniers étaient, sauf accord contraire du médiateur, non-disants.

2.2.4 La Conclusion de la Médiation

a) Si les parties étaient parvenues à un accord:

Le médiateur établissait un «constat d'accord », selon une trame qui avait été mise au point en concertation entre les magistrats et les médiateurs. Ce document était signé par les parties et adressé à la cour.

l'affaire était alors rappelée à une audience régulière au cours de laquelle le magistrat recevait de la part des parties la confirmation des termes de l'accord.

La Cour rendait ensuite un arrêt d'homologation qui avait pour effet de rendre l'accord exécutoire.

b) Si les parties n'étaient pas parvenues à un accord:

La Cour établissait un contrat de procédure concernant la reprise de l'affaire, en faisant en sorte que les parties qui avaient fait le choix de recourir à la médiation ne soient pas pénalisées par le temps consacré au déroulement de cette procédure.

2.3. EXEMPLES DE SOLUTIONS OBTENUES PAR LA LA MÉDIATION EN MATIÈRE SOCIALE

2.3.1. La dimension humaine de la Médiation

Dans l'instance traditionnelle la personne est la plupart du temps «dépossédée » de son litige: son problème, avec toute sa charge émotionnelle se transforme, en quelque sorte, en un dossier « désincorporé» et le procès devient l›affaire des avocats et des magistrats. Le jugement qui intervient à l›issue du procès désigne un gagnant et un perdant, c›est la conception manichéenne de la décision de justice.

Par ailleurs le jugement revêt souvent le caractère d'un acte chirurgical qui laisse des séquelles ou des cicatrices y compris chez le gagnant pour lequel la victoire qui se traduit en dommages-intérêts ne répond pas nécessairement à ses attentes profondes qui sont souvent un besoin de reconnaissance ou de dignité.

Les exemples sont nombreux mais je vais en citer deux tout à fait représentatifs:

a) un salarié, âgé de plus de 50 ans, comptable depuis 27 ans dans la même entreprise, avait été licencié pour «perte de confiance». Il n'avait pas retrouvé de travail malgré des centaines de lettres de candidature. Le conseil de prud'hommes, en première instance, avait jugé que le licenciement était dépourvu de cause réelle et sérieuse et avait condamné l'employeur à lui verser une indemnité de 17 000 €. L'employeur et le salarié n'étaient pas satisfaits de la décision de justice, l'un trouvant la condamnation injustifiée et l'autre considérant que la somme qui lui avait été allouée était insuffisante. L'un et l'autre ont fait appel de ce jugement devant la chambre sociale de la cour d'appel de Grenoble qui a alors proposé une médiation. Les parties ont accepté et durant les rencontres avec le médiateur elles ont pu se dire ce qu'elles avaient sur le cœur, s'expliquer et se comprendre. Au final, avec l'aide du médiateur ils sont parvenus à l'accord suivant:

–l'employeur s'engageait à payer une indemnité de 9200 € à titre de dommages -intérêts au salarié et par ailleurs finançait une société de out placement, à hauteur de 6000 € pour l'aider dans sa recherche d'emploi mais sans obligation de résultat; en contrepartie le salarié se désistait de ses demandes et de ses actions. Le salarié a pris le risque de signer l'accord car en fait il venait chercher en médiation une reconnaissance, ce qu'il a obtenu. Par la suite il a retrouvé un emploi de comptable avec l'aide du cabinet de recrutement financé par son employeur et il précisait, avec une légitime fierté, «j'ai été choisi parmi 43 candidats ».

Il apparaît qu'en l'espèce ce qu'attendait le salarié licencié ce n'était pas seulement une indemnisation mais surtout une dignité retrouvée.

b) une salariée avait une ancienneté de 28 ans dans la même petite entreprise dans une bourgade des environs de Grenoble. Par suite des difficultés rencontrées par l'entreprise, l'employeur avait été contraint de la licencier pour motif économique. À la suite de ce licenciement, véritablement traumatisée, elle ne pouvait même plus passer dans la rue où était située l'entreprise qui était à pourtant à proximité de son domicile et elle s'imposait de faire un important détour afin d'éviter cette rue. L'affaire est venue devant la chambre sociale de la cour d'appel de Grenoble qui a proposé une médiation judiciaire. Le médiateur a indiqué que lors de la première rencontre de médiation lorsque la salariée s'est trouvée en présence de son ex-employeur, elle a eu un grand mouvement de recul et s'est placée derrière le médiateur, comme pour se protéger. Le début de la médiation a été difficile, les personnes ne se parlaient pas; mais dès la deuxième réunion l'employeur par inadvertance et par habitude s'est adressé à la salariée en l'appelant par son prénom et brusquement la glace s'est rompue et le dialogue a été restauré. La salariée a compris alors que l'employeur ne l'avait pas licenciée parce qu'elle avait démérité mais parce qu'il s'était trouvé dans l'obligation économique de le faire. Très rapidement les parties ont trouvé un accord et surtout, après la dernière réunion le médiateur ait eu la surprise et le plaisir de les voir partir dans la rue ensemble et continuer la conversation. Là encore la médiation avait permis prioritairement de traiter la dimension humaine.

2.3.2. La dimension innovante de la Médiation

La médiation permet de trouver des solutions originales.

En effet dans le cadre du procès, le juge et la solution qu'il va donner au litige, sont enserrés dans les règles de droit et la réponse en équité n'est pas possible.

En revanche la médiation permet d'aboutir à des solutions toutes autres dans lesquelles les parties déterminent elle-même ce qu'elle considère être le mieux pour elles. En quelque sorte on passe d'une logique de type binaire: oui/non, qui détermine le résultat à une autre logique que l'on peut assimiler aux «logiques floues » (cf travaux de M. ZADEH, scientifique iranien, dans les années 70) c'est-à-dire qu'à côté du «oui» et du «non», il existe des quantités de solutions autres.

On peut rappeler l'exemple n° 1 rappelé ci-dessus, mais aussi:

a) un conflit opposait deux beau-frères dont l'un était le gérant de l'entreprise et l'autre en était le salarié. Ce dernier a été licencié par son employeur (et beau-frère) pour des faits de détournement de clientèle. Des actions judiciaires ont été intentées devant plusieurs juridictions (pénale, commerciale, civile). Au titre du licenciement l'affaire est arrivée devant la chambre sociale de la Cour. Une médiation a été proposée au terme de laquelle les parties sont parvenues à l'accord suivant: le salarié licencié à racheté l'entreprise de son beau-frère et les parties se sont désistées de toutes leurs demandes et actions devant toutes les juridictions saisies.

b) un salarié avait été licencié par son employeur, gérant une petite entreprise. Le salarié qui avait été licencié espérait obtenir le maximum de dommages-intérêts devant la juridiction prud'homale afin de créer une entreprise dans le même secteur d'activité que son précédent employeur. Ce dernier qui connaissait des problèmes de trésorerie n'avait pas les moyens de verser des sommes importantes qui avaient été arrêtées par le Conseil de prud'hommes et il a fait appel. L'affaire a été appelée devant la chambre sociale qui a proposé une médiation judiciaire au terme de laquelle les parties sont parvenues à l'accord suivant: au titre du licenciement l'employeur verserait une somme très inférieure à ce qui avait *été alloué initialement par le conseil de prud›hommes mais en contrepartie il s›engageait par contrat à se fournir en pièces usinées auprès de l›entreprise créée par son ancien salarié. Ce dispositif avait pour avantage de lui ouvrir les perspectives de marchés nouveaux* pour la confection de pièces nouvelles et en contrepartie apportait à l'ancien salarié les garanties nécessaires de volume d'affaires qui lui ont permis d'obtenir des prêts bancaires afin de lancer son entreprise.

2.4. Le Rôle du Juge dans le Contrôle de la Médiation Judiciaire

On ne peut effectivement pas rester sur les seules constatations apparemment idylliques exposées ci-avant et il convient de rappeler que, contrairement à ce que prétendent certains détracteurs de la médiation, le juge ne se dessaisit jamais du dossier:

Tout d'abord il a l'initiative de cette procédure car, soit il la propose, soit il accepte la demande de médiation faite par les parties.

Ensuite il désigne le médiateur et rythme le déroulement de cette procédure car il en fixe la durée et il est seul compétent pour décider de l'éventuelle prolongation demandée par le médiateur.

Enfin après la médiation il reprend directement possession de la procédure par l'acte d'homologation de l'accord afin de lui donner force exécutoire.

Mais cette homologation n'est pas un acte automatique car le jugement d'homologation ne doit être prononcé qu'après la mise en œuvre des contrôles par le magistrat:

–le contrôle de la légalité de l'acte: ainsi un accord de médiation ne peut être contraire à des dispositions d'ordre public et ne peut être homologué. En matière de droit social le conseil d'État a dégagé la notion d'ordre public social en indiquant que «*les dispositions législatives ou réglementaires prises dans le domaine du droit social présentent un caractère d'ordre public en tant qu'elles garantissent aux travailleurs des avantages minimaux lesquelles ne peuvent en aucun cas être supprimées ou réduits* » (exemple: l'autorisation administrative de licenciement qui résulte du statut des représentants du personnel ou la protection du droit syndical...)

–le contrôle de la volonté persistante des parties: le juge doit donc s'assurer de la volonté persistante des parties à l'accord avant de l'homologuer. C'est pour cette raison qu'après médiation les parties étaient à nouveau convoqués en audience afin d'entendre les parties confirmer leur accord devant le magistrat.

–Le contrôle des clauses de l'accord: toutes les clauses d'un accord ne peuvent être avalisées ; le juge, par exemple, doit s'assurer que l'exécution de l'accord n'est pas soumise à un aléa. Ainsi un accord qui contenait une clause suspensive de paiement d'une indemnité liée à l'obtention d'un prêt, a été refusé à l'homologation.

–Le contrôle de l'opportunité: le juge doit-il contrôler l'opportunité de l'accord de médiation ? C'est une question délicate ; néanmoins on doit pouvoir retenir la possibilité de ce contrôle lorsqu'il s'agit de protéger les droits des tiers: exemple de tentative de fraude aux droits de l'organisme public chargé de verser les indemnités de salaire en cas de liquidation d'une entreprise: *deux époux étaient en instance de divorce et le mari était gérant de l'entreprise qui employait son épouse ; cette entreprise a été déclarée en redressement judiciaire. Au titre du licenciement l'employeur et le salarié (mais aussi ex-époux) ont demandé à bénéficier d'une procédure de médiation judiciaire. Il est apparu en fait qu'accorder la somme importante sollicitée par l'ex-épouse à titre de rappel de salaire revenait à faire payer par l›organisme d›indemnisation, la prestation compensatoire due par le mari dans le cadre d›une procédure de divorce.* La Cour a refusé d'homologuer un tel accord.

Avant de clore cette intervention je voudrais indiquer que la Cour d'appel de Grenoble, au sein de laquelle j'ai été en charge de la médiation judicaire en matière sociale durant plusieurs années après le départ de Mme BLOHORN-BRENNEUR, a été pionnière en France, car très peu d›autres juridictions avient développé avec une telle ampleur la démarche de médiation.

En effet de 2000 à 2005, plus de 1000 affaires ont été envoyées en médiation judiciaire au niveau de la chambre sociale de la cour d'appel de Grenoble avec un taux d'accords obtenus au terme de la médiation de l'ordre de 75 %.

Je peux dire que si cette réussite a pu reposer sur la mise en place et le fonctionnement de l'organisation qui vient d'être rappelée, cela ne serait resté qu'une coquille vide sans l'implication constante des magistrats qui se sont engagés dans la voie de la médiation judiciaire en utilisant toutes les ressources de cet outil procédural spécifique.

REFERENCES BIBLIOGRAPHIQUES

A-C. ORDAS. Contrat de travail: optez pour la médiation conventionnelle. In: *Le Parisien,* 26 février 2016.

B. BLOHORN-BRENNEUR. *Justice et Médiation.* Un juge du travail témoigne. Éd. Le Cherche Midi.

B. BLOHORN-BRENNEUR. *La Médiation judiciaire en matière prud'homale*, le protocole d'accord et la décision d'homologation. Éd. Dalloz 2001, n°3.

Ch. JAROSSON. *Modes alternatifs de règlement des conflits.* Éd. Revue générale des procédures 1999- n° 4.

Ch. MOLLARD-COURTEAU. Conciliation du XXIème siècle: entre enthousiasme, réalité, immobilisme et questionnement. In.: *Village de la Justice*, 22 février 2016.

COMITE D'EXPERTS POUR L'EFFICACITE DE LA JUSTICE. *Quels lieux pour la Médiation civile en Europe UE.* Strasbourg, 30 novembre 2000.

D. GANANCIA. *Justice et Médiation familiale*: un partenariat au service de la coparentalité. Éd. Gazette du Palais, 7-8 juillet 1999.

L. SAMAMA. *Un mode de règlement alternatif des conflits*: La Médiation Rapport. Séance du Conseil de l'Ordre des avocats de Paris, 18 novembre 2008.

P-D. VENTON. Transiger avec l'URSSAF est désormais possible... sous conditions. In.: *Le Village de la Justice*, 24 février 2016.

4

A APLICABILIDADE DO INSTITUTO DA MEDIAÇÃO AOS CONFLITOS TRABALHISTAS

Luiz Eduardo Gunther

Professor do Centro Universitário Curitiba – UNICURITIBA. Desembargador do Trabalho no TRT9. Pós-doutorando em Direito pela PUC-PR. Membro do Conselho Editorial da Revista Jurídica do UNICURITIBA, do Instituto Memória – Centro de Estudos da Contemporaneidade e da Editora JM. Integrante da Academia Nacional de Direito do Trabalho e do Instituto Histórico e Geográfico do Paraná. Orientador do Grupo de Pesquisa que edita a Revista Eletrônica do TRT9 (<http://www.mflip.com.br/pub/escola-judicial/>).

1. O SIGNIFICADO DO INSTITUTO DA MEDIAÇÃO

Em um mundo cada vez mais complexo, em que os problemas aparecem cada vez mais rapidamente com a influência tecnológica sempre presente nas relações sociais, não é razoável aguardar um período de tempo muito grande para resolver uma demanda judicial.

Assim, os meios alternativos de solução de controvérsias, no século XXI, ganharão cada vez mais espaço. Dentre essas possibilidades, a mediação apresenta-se como um mecanismo de grande eficiência, como se observa de sua aplicação aos conflitos trabalhistas, por exemplo.

Para Maurício Godinho Delgado, o instituto da mediação consiste na conduta pela qual determinado agente, considerado terceiro imparcial em face dos interesses contrapostos e das respectivas partes conflituosas, "busca auxiliá-las e, até mesmo, instigá-las à composição, cujo teor será, porém, decidido pelas próprias partes"[1].

A importância da mediação pode ser aquilatada, frequentemente, nos casos concretos, pela maior liberdade que as partes possuem para dialogar e pôr fim ao litígio. Como explicita Mauro Schiavi, demonstra a experiência do Direito Comparado que, em determinados conflitos, "as partes sentem-se mais à vontade para expor suas

---

1 DELGADO, Maurício Godinho. *Curso de direito do trabalho*. 11. Ed. São Paulo: Ed. LTr, 2012. p. 1466.

expectativas e angústias do conflito na presença de conciliadores e mediadores do que na presença do magistrado". Em decorrência dessa situação, "a probabilidade do acordo é mais elevada"[2].

Conforme a Lei nº 13.140, de 26.06.2015, em seu art. 1º, mediação é a "atividade técnica exercida por terceiro imparcial sem poder decisório, que, escolhido pelas partes, as auxilia e estimula a identificar ou desenvolver soluções consensuais para a controvérsia"[3].

Como não se apresenta como um julgador, coloca-se o mediador entre (*in medio*) os interessados, buscando facilitar a composição do conflito: sugere caminhos (sem fixá-los), apara possíveis arestas, valoriza certos dados porventura desconsiderados; enfim, "zela para que as partes não percam o foco dos pontos relevantes da pendência, perdendo-se em detalhes de pormenor"[4].

Na mediação, segundo Marco Antônio César Villatore, "as partes que não conseguem um acordo direto designam um terceiro, chamado de mediador, que deverá tentar aproximá-los para que cheguem a um resultado final que lhes seja satisfatório"[5].

Muitas vezes, as expressões 'mediação' e 'conciliação' são tomadas como sinônimas, ainda que de forma imperfeita. Ambas as palavras constituem espécies do gênero "resolução paraestatal de conflitos". Pode-se, no entanto, diferenciar os vocábulos "por conta de o conciliador ter uma postura proativa, com uma intensidade participativa maior junto aos contraditores e com o objeto litigioso, em comparação com o que se passa com o mediador"[6].

Conforme Ada Pellegrini Grinover, conciliação e mediação distinguem-se porque, na primeira, o conciliador, após ouvir os contendores, sugere a solução consensual do litígio, enquanto na segunda "o mediador trabalha mais o conflito, fazendo com que os interessados descubram as suas causas, removam-nas e cheguem assim, por si sós, à prevenção ou à solução da controvérsia"[7].

Diferentemente do juiz e do árbitro, o mediador não decide e as partes não perdem para que alcancem um acordo. Não importa, mesmo, que esse acordo não seja a melhor saída jurídica, desde que consciente e lícito. Basta que seja a opção mais

---

2 SCHIAVI, Mauro. *Manual de direito processual do trabalho*. 10. Ed. São Paulo: Ed. LTr, 2016. p. 41.

3 BRASIL. Lei nº 13.140, de 26 de junho de 2015. Dispõe sobre a mediação entre particulares como meio de solução de controvérsias e sobre a autocomposição de conflitos no âmbito da administração pública; altera a Lei nº 9.469, de 10 de julho de 1997, e o Decreto nº 70.235, de 6 de março de 1972; e revoga o § 2º do art. 6o da Lei nº 9.469, de 10 de julho de 1997. *Diário Oficial da União*, 29 jun. 2015. Disponível em: <http://www.planalto.gov.br/ccivil_03/_Ato2015-2018/2015/Lei/L13140.htm>. Acesso em: 20 fev. 2016.

4 MANCUSO, Rodolfo de Camargo. *A resolução dos conflitos e a função judicial no contemporâneo estado de direito*. São Paulo: Revista dos Tribunais, 2009. p. 280-281.

5 VILLATORE, Marco Antônio César. Aspectos gerais da solução extrajudicial de conflitos em países do MERCOSUL. *Revista do Tribunal Regional do Trabalho da Décima Quinta Região*, nº 18, set/2002, (p. 50-56.). p. 52.

6 MANCUSO, Rodolfo de Camargo. *Op. cit*., p. 276.

7 GRINOVER, Ada Pellegrini. *O processo*: estudos e pareceres. São Paulo: Ed. DPJ, 2006. p. 610.

adequada, orientada e eleita pelos envolvidos. Justa na acepção exata da necessidade e do interesse das partes. Mesmo que não se chegue a uma solução definitiva ou a um acordo, "a mediação sempre abre um canal à possibilidade de reformulação e mudança ética e cultural"[8].

Para que o mediador tenha credibilidade e possa realizar um bom trabalho, deve, em princípio: a) não ter preferência em determinar o conteúdo do que for acordado pelas partes; b) não deve ter autoridade para impor uma decisão vinculante às partes; c) saber que as partes não chegam a um acordo completo até que cada parte aceite todos os termos do acordo[9].

Assinala Luiz Fernando Gevaerd que a mediação não desvirtua as negociações entre as partes, mas as orienta em busca de uma decisão mútua e aceitável, "a partir dos esforços de uma pessoa neutra, capaz de encaminhar o acordo e - o que é mais importante - sem autoridade para impor a decisão"[10].

No procedimento da mediação, as partes têm mais ingerência e poder do que através de um processo judicial formal, onde estarão submetidas à inquestionável autoridade do juiz. Limita-se o mediador a traduzir, sugerir, advertir ou recomendar possíveis meios de resolver a disputa. Como é possível perceber, além dos ganhos individuais que pode proporcionar, a mediação "tem um alcance social enquanto fator de apaziguamento, de redução de litígios e, sobretudo, como alternativa à justiça convencional"[11].

Mais do que uma técnica, mais que um método alternativo de resolução de conflitos, a mediação está relacionada a aspectos culturais de uma sociedade ou de um grupo social, cujas origens são anteriores a qualquer ordenamento jurídico e "cujos instrumentos e técnicas são independentes e autônomos de qualquer organização estatal judiciária"[12].

O mediador, na verdade, é um gestor de conflitos, esperando-se dele a capacidade de alterar o poder da dinâmica social do relacionamento conflituoso. O mediador deixa que as partes envolvidas permaneçam autoras da solução de seus desacertos, "enxugando os acontecimentos de maneira sistêmica, com indiscutível aptidão para a observação e a escuta ativa"[13].

---

8 ZAPPAROLLI, Célia Regina. A experiência pacificadora da mediação: uma alternativa contemporânea para a implementação da cidadania e da justiça. In MUSZKAT, Malvina Ester (Org.). *Mediação de conflitos*: pacificando e prevenindo a violência. São Paulo: Ed. Summus, 2003. (p. 49-76).

9 ZAINAGHI, Domingos Sávio. *Mediação de conflitos*: mecanismo eficaz na resolução de conflitos trabalhistas. In SILVA, Luciana Aboim Machado Gonçalves da (Org.). São Paulo: Ed. Atlas, 2013. (p. 228-232).

10 GEVAERD, Luiz Fernando. *Mediação de conflitos*: fator de apaziguamento social. Rio de Janeiro: CIMA - Centro Internacional de Mediação e Arbitragem. 1994. p. 8.

11 GEVAERD, Luiz Fernando. *Op. cit.*, p. 8-9.

12 CHAVES, Manoel Matos de Araujo. Comentários à Resolução 125/10 do Conselho Nacional de Justiça: princípios de mediação e mediação processual. In GUNTHER, Luiz Eduardo; PIMPÃO, Rosemarie Diedrichs (Coord.). *Conciliação*: um caminho para a paz social. Curitiba: Ed. Juruá, 2013. (p. 259-278).

13 FIORELLI, José Osmir; FIORELLI, Maria Rosa; MALHADAS JÚNIOR, Marcos Julio Olivé. *Mediação e solução de conflitos*: teoria e prática. São Paulo: Ed. Atlas, 2008. p. 149-150.

Em apertada síntese, consideram-se como principais objetivos do mediador: apaziguar; estabelecer a comunicação; estabelecer a cooperação e equilibrar a mesa de negociação. Para acreditar na imparcialidade e neutralidade do mediador, "as partes terão que perceber um comportamento imparcial"[14].

Em denso artigo sobre a mediação orientada, Mário Luiz Ramidoff assinala ser possível confiar a solução de determinadas situações, questões e conflitos individuais e sociais aos serviços não-estatais, onde as diversas atuações tanto das pessoas quanto das instituições envolvidas possam oferecer vantagens humanas e sociais. Nesse sentido, oferece uma proposta de instância alternativa ao sistema de Justiça para a resolução de casos concretos, "representada pelo procedimento dialógico da mediação orientada, que perpassa por uma transformação da própria atuação das instituições públicas e sociais"[15].

Neste item, esboçaram-se conceitos para compreender o que significa o vocábulo 'mediação' e sua aplicabilidade na solução de controvérsias. Trata-se de um mecanismo ainda pouco aplicado no Brasil, mas que merece ser conhecido e difundido de forma mais efetiva.

2. A MEDIAÇÃO NOS CONFLITOS INDIVIDUAIS

No Brasil, ainda é recente a solução coletiva dos conflitos. Tradicionalmente, os mecanismos de solução de controvérsias dirigem-se aos conflitos individuais.

No âmbito das relações de trabalho, pelo contrário, a mediação nos conflitos coletivos possui um campo de realidade histórica relevante, inclusive no Brasil.

Neste item, trataremos da experiência brasileira da mediação no campo dos conflitos individuais do trabalho, pelo caminho das Comissões de Conciliação Prévia.

Como podem ser solucionados os conflitos trabalhistas? Existem três formas para solucioná-los. A primeira delas é a autodefesa, quando as próprias partes procedem à defesa dos seus interesses, dando-se como exemplos a greve e o *lockout*. Na autocomposição, segunda forma, as próprias partes se compõem, como ocorre com a negociação coletiva do trabalho, via instrumentos normativos como a convenção coletiva e o acordo coletivo. Na heterocomposição, o conflito é solucionado por um terceiro. Nessa última hipótese, temos a jurisdição, a mediação e a arbitragem[16].

Segundo Sergio Pinto Martins, o mediador tenta, mediante diálogo, fazer com que as partes cheguem a consenso. Nesse sentido, aproxima as partes, para que elas dialoguem; ouve e interpreta o desejo das partes; aconselha, faz sugestões; tenta persuadir as partes no sentido da melhor solução para o litígio. Em suma: dá orientações,

---

14 FIORELLI, José Osmir. *Op. cit.*, p. 156-158.

15 RAMIDOFF, Mário Luiz. Mediação orientada. In PIMPÃO, Rosemarie Diedrichs; GUNTHER, Luiz Eduardo; (Coord.). *Conciliação*: o paradigma da conciliação como forma de solucionar conflitos. Curitiba: Instituto Memória (p. 408-429).

16 VALERIANO, Sebastião Saulo. *Comissões de conciliação prévia e execução de título executivo extrajudicial na justiça do trabalho*. São Paulo: Ed. LTr, 2000. p. 14-15.

mas não decide. O mediador não tem o poder de coação ou de coerção sobre as partes, não toma qualquer decisão, "apenas serve de intermediário entre as partes"[17].

Registra, com propriedade, Mauro Schiavi, que a mediação e a conciliação (judiciais ou extrajudiciais) devem ser estimuladas. Assinala que alguns Tribunais Regionais do Trabalho criaram três núcleos específicos de resolução consensual de conflitos, sob a supervisão de Juízes do Trabalho, "com a atuação intensa de conciliadores e mediadores". Enfatiza que esses "núcleos têm obtido excelentes resultados com baixo custo". Considera possível, também, que o próprio Juiz do Trabalho seja auxiliado na audiência por conciliadores e mediadores, "que irão contribuir para a solução consensual do conflito"[18].

Como mecanismo alternativo de solução de conflitos laborais pela mediação, busca-se uma solução para o pleito, entregando-se a um terceiro, que apresenta uma proposta ou uma recomendação, podendo uma ou outra ser aceita ou não pelas partes. No Brasil, a mediação vem sendo efetuada pelo Ministério Público do Trabalho que, em muitas ocasiões, pode resultar no instrumento extrajudicial de resolução de conflitos de interesses coletivos e difusos que se denominam Termo de Ajuste de Condutas ou Termo de Compromisso[19].

Quando se estudam os conflitos do trabalho, deve-se compreendê-los como podendo existirem sob a forma coletiva ou individual. Os conflitos individuais envolvem pessoas individualmente consideradas. Os conflitos coletivos, no entanto, envolvem questões atinentes a grupos econômicos e profissionais e são solucionados conforme as normas de Direito Coletivo do Trabalho[20].

As Comissões de Conciliação Prévia foram reguladas pela Lei nº 9.958, de 12 de janeiro de 2000, que acrescentou os arts. 625-A e 625-H à Consolidação das Leis do Trabalho. Podem essas Comissões ser constituídas na empresa, valendo para seu empregador. Ou podem ser constituídas para um grupo de empresas, nas quais a conciliação é feita para todos os empregados pertencentes ao grupo de empresas, mesmo que cada empresa tenha atividade distinta. Ou podem ter natureza sindical, estabelecidas por acordo coletivo entre o sindicato da categoria profissional e a empresa ou empresas interessadas, valendo apenas no âmbito da empresa ou empresas acordantes.

Podem, ainda, ter natureza intersindical, quando criadas pelo sindicato dos trabalhadores e pelo sindicato dos empregadores mediante convenção coletiva, quando a conciliação vale para toda a categoria. Por fim, os Núcleos de Conciliação Intersindical, que podem ser criados mediante negociação coletiva entre sindicatos pertencentes a categorias diversas, como metalúrgicos, bancários, vigilantes, etc. Conforme dispõe o art. 625-A da CLT, "as empresas e os sindicatos podem

---

17 MARTINS, Sergio Pinto. *Direito processual do trabalho*. 34. Ed. São Paulo: Ed. Atlas, 2015. p. 53.

18 SCHIAVI, Mauro. *Manual de direito processual do trabalho*. 10. Ed. São Paulo: Ed. LTr, 2016.

19 TOLEDO, Patrícia Therezinha de. *Solução extrajudicial dos conflitos do trabalho*: Brasil, Espanha e Itália. São Paulo: Ed. LTr, 2005. p. 33-34.

20 VALERIANO, Sebastião Saulo. *Op. cit.*, p. 14.

instituir Comissões de Conciliação, de composição paritária, com representantes dos empregados e dos empregadores, com a atribuição de tentar conciliar os conflitos individuais do trabalho"[21].

Qual seria a natureza jurídica das Comissões de Conciliação Prévia? A melhor orientação direciona-se a considerá-las como tendo natureza jurídica de mediação, pois seu objeto fundamental é de conciliar dissídios individuais entre empregado e empregador e não "dizer o direito aplicável ao litígio". Essas comissões, na verdade, não decidem, nem devem "homologar" a rescisão do contrato de trabalho. Possuem elas, desse modo, natureza de "órgão privado, de solução de conflitos extrajudiciais, e não público"[22].

Historicamente, nos conflitos individuais, as partes buscam a solução direta no Judiciário. As Comissões de Conciliação Prévia, criadas pela Lei nº 9.958/2000, direcionaram-se a mudar essa situação. Com esse mecanismo, que objetiva harmonizar demandas, "as partes contam com mais um recurso para obter a solução de conflitos sem que tenham de recorrer ao Judiciário". Assim, "a conciliação perante uma das Comissões de Conciliação Prévia é uma modalidade de mediação para a solução do conflito individual"[23].

A mensagem positiva endereçada aos contendores na área trabalhista, direcionada pelas Comissões de Conciliação Prévia, sofreu duro impacto com a decisão do Supremo Tribunal Federal, que considerou não obrigatório o rito de passagem por elas ou pelos Núcleos Intersindicais de Conciliação, por ofensa à regra e ao princípio da Constituição de amplo acesso ao Judiciário (art. V, XXXV). Ao considerar como "mera faculdade" a passagem pelo rito extrajudicial inserido na CLT pela Lei 9.958/2000, a Suprema Corte do Brasil inviabilizou, na prática, a existência desses organismos.

Retratou-se, neste item, a importante experiência das Comissões de Conciliação Prévia, como forma de mediação dos conflitos individuais do trabalho.

3. A MEDIAÇÃO NOS CONFLITOS COLETIVOS

Os mecanismos de solução dos conflitos coletivos no trabalho, embora muito recentes, foram decisivos para a criação da própria Justiça do Trabalho. Os dissídios coletivos, nos quais o Poder Judiciário profere a sentença normativa, criando o Direito do Trabalho, é uma das mais interessantes áreas de estudo do Direito no Brasil.

Direcionado este estudo à mediação, como se pode aplicá-lo no âmbito das relações coletivas de trabalho?

Indica Américo Plá Rodrigues os diversos meios fundamentais para solucionar os conflitos coletivos do trabalho: ajuste direto; investigação; conciliação; mediação; arbitragem e decisão judicial. Para esse autor, a mediação consiste na ajuda que o

---

21 MARTINS, Sergio Pinto. *Op. cit.*, p. 56-57.

22 MARTINS, Segio Pinto. *Op. cit.*, p. 56-57.

23 VALERIANO, Sebastião Saulo. *Op. cit.*, p. 15.

terceiro presta às partes divergentes para que estas se ponham de acordo. Trata-se, geralmente, de peritos ou entendidos na matéria, "que examinam o conflito proposto e informam sobre suas causas, efeitos e soluções"[24].

O mediador somente intervém quando os recursos das partes, em termos de conhecimento, persuasão e, até, em alguns casos, violência econômica (greve ou *lockout*), não permitiram chegar a uma solução.

Nesse caso, então, cabe ao mediador apresentar algo novo ou diferente às muitas possibilidades levadas em conta pelas próprias partes, "podendo estimular ou mesmo ajudar os próprios interessados para que façam ofertas e propostas como base para chegarem a um acordo"[25].

Existem critérios definidos pelo Ministério do Trabalho, através da Portaria nº 818, de 30.08.1995, para o credenciamento de mediador perante as Delegacias Regionais do Trabalho.

Em primeiro lugar, é necessário comprovar experiência na composição dos conflitos de natureza trabalhista com a apresentação de cópia autenticada das atas de reuniões de negociação coletiva de que tenha participado, na qual conste seu nome. Em segundo lugar, comprovar conhecimentos técnicos relativos às questões de natureza trabalhista pela atuação em uma das seguintes áreas: a) advocacia trabalhista; b) área de recursos humanos; c) área de relações sindicais[26].

Quando solicitado pelas partes, o Ministério Público do Trabalho também poderá atuar como árbitro, nos conflitos coletivos de trabalho (LC 75/1993, art. 83, XI). Desse modo, por interpretação lógica desse preceito, "o *Parquet* Laboral também pode atuar como mediador por solicitação das partes"[27].

Quem seriam, então, os mediadores capacitados a exercitar essa tarefa? Além dos agentes especializados do Ministério do Trabalho, outros profissionais, da vida civil, com preparo técnico, podem ser escolhidos pelos "sujeitos coletivos trabalhistas no quadro das discussões sobre negociação coletiva".

A Lei nº 10.192, de 14.02.2001, a propósito, prevê mediação voluntária com esse viés. Por outro lado, os membros do Ministério Público do Trabalho têm atuado, na qualidade de mediadores, "nas mais distintas situações de conflitos coletivos de trabalho"[28].

Assevera esse diploma legislativo que a negociação coletiva encetada diretamente pelas partes ou por mediação constitui pré-requisito para a instauração do dissídio

---

24 PLÁ RODRIGUES, Américo, Estudo preliminar. In DE BUEN, Néstor (Coord.). *A solução dos conflitos trabalhistas*. Tradução de Wagner D. Giglio. São Paulo: Ed. LTr, 1986. (p. 7-25). p. 7 e 21.

25 AMARAL, Lídia Miranda de Lima. *Mediação e arbitragem*: uma solução para os conflitos trabalhistas no Brasil. São Paulo: Ed. LTr, 1994. p. 24.

26 MINISTÉRIO DO TRABALHO E DO EMPREGO. Portaria nº 818, de 30.08.1995. Disponível em: <http://www.trtsp.jus.br/geral/tribunal2/ORGAOS/MTE/Portaria/P818_95.htm>. Acesso em: 29 fev. 2016.

27 LEITE, Carlos Henrique Bezerra. *Curso de direito processual do trabalho*. 10. Ed. São Paulo: LTr, 2012. p. 117 - 118.

28 DELGADO, Maurício Godinho. *Op. cit.*, p. 1467.

coletivo. Segundo Carlos Henrique Bezerra Leite, a exigência de mesa-redonda, ou seja, a de mediação na Superintendência Regional do Trabalho, viola o art. 114, §2º, da Constituição brasileira de 1988. Isso quer significar que "a mediação é sempre facultativa e não uma condição para o exercício da ação de dissídio"[29].

Anteriormente à Constituição de 1988, previa a CLT (art. 616, §§ 1º e 2º) a mediação compulsória nos conflitos laborais coletivos, a ser realizada por autoridades do Ministério do Trabalho. Essa compulsoriedade já não é mais aceita, tendo em vista o art. 8º, I, da CF/88. De qualquer modo, continua possível a mediação voluntária, quer escolhida pelas partes coletivas, quer instigada pelos órgãos especializados do Ministério do Trabalho[30].

A Constituição do Brasil de 1988 exige que restem frustradas a negociação coletiva e a arbitragem para que as partes submetam o conflito coletivo à apreciação do Judiciário (art. 114, §§ 1º e 2º). Dessa forma, entende-se que os institutos da negociação entre as partes, seja diretamente ou através de mediadores e arbitragem, são, em nosso Direito do Trabalho, "institutos de direitos coletivos"[31].

Especialmente na seara dos conflitos coletivos do trabalho, podemos falar na aplicabilidade do instituto da mediação. Ainda que não possua compulsoriedade, pois é apenas voluntária, realizada por consenso dos interessados, ainda assim mostra-se como um eficiente mecanismo de solução de conflitos.

4. A PREVISÃO DO NOVO CPC E A APLICABILIDADE AOS CONFLITOS TRABALHISTAS

Dois importantes e recentes diplomas legislativos em nosso país tratam do fenômeno da mediação: a Lei nº 13.140, de 26.06.2015 e a Lei nº 13.105, de 13.03.2015 (CPC). Tais leis são aplicáveis na solução de conflitos trabalhistas?

Discute-se a aplicabilidade, ao Processo do Trabalho, de algumas regras previstas na Lei nº 13.105, de 16.03.2015, Seção VI, Capítulo III, Título IV, sobre os conciliadores e mediadores judiciais (Novo CPC).

Não há dúvida que a nova Lei 13.140, de 26.06.2015, que dispõe sobre a mediação entre particulares, não se aplica ao Processo do Trabalho. Isso em razão de a lei mencionada dizer, no parágrafo único do art. 42: "a mediação nas relações de trabalho será regulada por lei própria".

Pode-se considerar digna de menção a novidade do inciso V do art. 139 do Novo CPC, que considera incumbência do Juiz, na direção do processo, "promover a qualquer tempo, a autocomposição, preferencialmente, com auxílio de conciliadores e mediadores judiciais".

---

29 LEITE, Carlos Henrique Bezerra. *Op. cit.*, p. 117.

30 DELGADO, Maurício Godinho. *Op. cit.*, p. 1466.

31 VALERIANO, Sebastião Saulo. *Op. cit.*, p. 15.

Essa regra tem, sem dúvida, por força dos arts. 769 da CLT e 15 do NCPC, aplicação subsidiária ao Processo do Trabalho[32].

Refere Bruno Freire e Silva que o inciso V, do art. 139, do Novo CPC teve "total inspiração no Processo do Trabalho, que tem como um de seus principais princípios a conciliação"[33].

O Novo CPC, no art. 167, dispõe, no *caput*, que conciliadores, mediadores e câmaras privadas de conciliação e mediação deverão ser inscritos em "cadastro nacional e em cadastro de tribunal de justiça ou de tribunal regional federal, que manterá registro de profissionais habilitados, com indicação de sua área profissional". Entretanto, no Processo do Trabalho, essa matéria já é tratada em normatização específica (Portaria nº 818/95, do Ministro do Trabalho, e Decreto nº 1.572/95, que tratam do cadastramento de mediadores perante o Ministério do Trabalho e Emprego). Desse modo, esses dispositivos do Novo CPC não terão aplicabilidade ao Processo do Trabalho[34].

Aplica-se, por outro lado, o *caput* do art. 168 do Novo CPC, quando possibilita que as partes possam escolher, de comum acordo, o conciliador, o mediador ou a câmara privada de conciliação e de mediação. Consoante lição de Bruno Freire e Silva, no Processo do Trabalho, "também há essa liberdade, na escolha de mediadores e conciliadores"[35].

Os Municípios, agora, também poderão ter câmaras de conciliação e mediação. Consoante o art. 174 do Novo CPC, "a União, os Estados, o Distrito Federal e os Municípios criarão câmaras de mediação e conciliação, com atribuições relacionadas à solução consensual de conflitos no âmbito administrativo".

Essa regra, sem correspondência no CPC de 1973, estabelece três hipóteses para essas câmaras: a) diminuir conflitos envolvendo órgãos e entidades da administração pública; b) avaliar a admissibilidade dos pedidos de resolução de conflitos, por meio de conciliação, no âmbito da administração pública; c) promover, quando couber, a celebração de termo de ajustamento de conduta. Portanto, não só no âmbito dos processos judiciais, mas também "em sede de órgãos administrativos, deverão ser criadas câmaras de conciliação e mediação"[36].

Parece muito promissora a possibilidade de implantação de câmaras de conciliação e mediação municipais. Como temos, no Brasil, mais de seis mil municípios, e menos de dois mil são sede de comarca, essa interiorização e descentralização do acesso ao Direito deve ser considerada louvável[37].

---

32 SCHIAVI, Mauro. *Op. cit.*, p. 41.

33 SILVA, Bruno Freire e. *O novo CPC e o processo do trabalho I*: parte geral. São Paulo: Ed. LTr, 2015. p. 122.

34 SILVA, Bruno Freire e. *Op. cit.*, p. 138-139.

35 SILVA, Bruno Freire e. *Op. cit.*, p. 139.

36 SILVA, Bruno Freire e. *Op. cit.*, p. 141.

37 MELO, André Luís Alves de. Novo CPC propõe câmaras de conciliação e mediação municipais. *Revista Eletrônica Consultor Jurídico*. 22.02.2016. Disponível em: http://www.conjur.com.br/2016-fev-22/andre-melo-cpc-preve-camaras-conciliacao-municipais. Acesso em: 1º.mar.2016.

A aplicabilidade do art. 174, do Novo CPC, no âmbito trabalhista, poderá vir a ser reconhecida pelas Gerências Regionais do Trabalho, "nos processos administrativos pelos quais as empresas são autuadas por descumprimento de normas de proteção ao trabalho"[38].

Como diz Bruno Dantas, poucas leis brasileiras possuem um espectro tão amplo de incidência como o Código de Processo Civil (CPC). Ele é aplicável direta ou supletivamente, dentre outros, "a litígios contratuais possessórios, familiares, comerciais, tributários, administrativos, trabalhistas e previdenciários"[39]. Diz ainda referido articulista que, transcorridos pouco mais de onze meses da publicação da Lei nº 13.105/2015, que institui o novo CPC, "persiste nos meios jurídicos uma controvérsia relevante: afinal quando entra em vigor a nova lei?"[40]

Levando-se em conta a Lei Complementar nº 95/1998, e realizada as devidas operações mentais, "obtém-se a data de 18/3/2016 para a entrada em vigor da nova legislação"[41]. Neste último item do artigo, desenvolveu-se um estudo sobre a não aplicabilidade da recente Lei nº 13.140/2015, e da aplicabilidade do Novo CPC (Lei nº 13.105/2015) no que diz respeito ao mecanismo da mediação como forma de solucionar os conflitos trabalhistas.

REFERÊNCIAS BIBLIOGRÁFICAS

AMARAL, Lídia Miranda de Lima. *Mediação e arbitragem*: uma solução para os conflitos trabalhistas no Brasil. São Paulo: Ed. LTr, 1994.

BRASIL. Lei nº 13.140, de 26 de junho de 2015. Dispõe sobre a mediação entre particulares como meio de solução de controvérsias e sobre a autocomposição de conflitos no âmbito da administração pública; altera a Lei nº 9.469, de 10 de julho de 1997, e o Decreto nº 70.235, de 6 de março de 1972; e revoga o § 2º do art. 6o da Lei nº 9.469, de 10 de julho de 1997. *Diário Oficial da União*, 29 jun. 2015. Disponível em: <http://www.planalto.gov.br/ccivil_03/_Ato2015-2018/2015/Lei/L13140.htm>. Acesso em: 20 fev. 2016.

MINISTÉRIO DO TRABALHO E DO EMPREGO. Portaria nº 818, de 30.08.1995. Disponível em: <http:// www.trtsp.jus.br/geral/tribunal2/ORGAOS/MTE/Portaria/P818_95.htm>. Acesso em: 29 fev. 2016.

CHAVES, Manoel Matos de Araujo. Comentários à Resolução 125/10 do Conselho Nacional de Justiça: princípios de mediação e mediação processual. In GUNTHER, Luiz Eduardo; PIMPÃO, Rosemarie Diedrichs (Coord.). *Conciliação*: um caminho para a paz social. Curitiba: Ed. Juruá, 2013. (p. 259-278).

DANTAS, Bruno. *O novo Código de Processo Civil.* Folha de São Paulo, 28.02.2016, p. A5.

---

38 SILVA, Bruno Freire e. *Op. cit.*, p. 141.

39 DANTAS, Bruno. *O novo Código de Processo Civil.* Folha de São Paulo, 28.02.2016, p. A5.

40 DANTAS, Bruno. *Op. cit.*

41 DANTAS, Bruno. *Op. cit.*

DELGADO, Maurício Godinho. *Curso de direito do trabalho*. 11. Ed. São Paulo: Ed. LTr, 2012. p. 1466.

FIORELLI, José Osmir; FIORELLI, Maria Rosa; MALHADAS JÚNIOR, Marcos Julio Olivé. *Mediação e solução de conflitos*: teoria e prática. São Paulo: Ed. Atlas, 2008.

GEVAERD, Luiz Fernando. *Mediação de conflitos*: fator de apaziguamento social. Rio de Janeiro: CIMA - Centro Internacional de Mediação e Arbitragem. 1994.

GRINOVER, Ada Pellegrini. *O processo*: estudos e pareceres. São Paulo: Ed. DPJ, 2006.

LEITE, Carlos Henrique Bezerra. *Curso de direito processual do trabalho*. 10. Ed. São Paulo: LTr, 2012.

MANCUSO, Rodolfo de Camargo. *A resolução dos conflitos e a função judicial no contemporâneo estado de direito*. São Paulo: Revista dos Tribunais, 2009. p. 280-281.

MARTINS, Sergio Pinto. *Direito processual do trabalho*. 34. Ed. São Paulo: Ed. Atlas, 2015.

MELO, André Luís Alves de. Novo CPC propõe câmaras de conciliação e mediação municipais. *Revista Eletrônica Consultor Jurídico*. 22.02.2016. Disponível em: http://www.conjur.com.br/2016-fev-22/andre-melo-cpc-preve-camaras-conciliacao-municipais. Acesso em: 1º.mar.2016.

PLÁ Rodrigues, Américo, Estudo preliminar. In DE BUEN, Néstor (Coord.). *A solução dos conflitos trabalhistas*. Tradução de Wagner D. Giglio. São Paulo: Ed. LTr, 1986. (p. 7-25).

RAMIDOFF, Mário Luiz. Mediação orientada. In PIMPÃO, Rosemarie Diedrichs; GUNTHER, Luiz Eduardo; (Coord.). *Conciliação*: o paradigma da conciliação como forma de solucionar conflitos. Curitiba: Instituto Memória (p. 408-429).

SCHIAVI, Mauro. *Manual de direito processual do trabalho*. 10. Ed. São Paulo: Ed. LTr, 2016.

SILVA, Bruno Freire e. *O novo CPC e o processo do trabalho I*: parte geral. São Paulo: Ed. LTr, 2015.

TOLEDO, Patrícia Therezinha de. *Solução extrajudicial dos conflitos do trabalho*: Brasil, Espanha e Itália. São Paulo: Ed. LTr, 2005.

VALERIANO, Sebastião Saulo. *Comissões de conciliação prévia e execução de título executivo extrajudicial na justiça do trabalho*. São Paulo: Ed. LTr, 2000.

VILLATORE, Marco Antônio César. Aspectos gerais da solução extrajudicial de conflitos em países do MERCOSUL. *Revista do Tribunal Regional do Trabalho da Décima Quinta Região*, nº 18, set/2002, (p. 50-56.).

ZAINAGHI, Domingos Sávio. *Mediação de conflitos*: mecanismo eficaz na resolução de conflitos trabalhistas. In SILVA, Luciana Aboim Machado Gonçalves da (Org.). São Paulo: Ed. Atlas, 2013. (p. 228-232).

ZAPPAROLLI, Célia Regina. A experiência pacificadora da mediação: uma alternativa contemporânea para a implementação da cidadania e da justiça. In MUSZKAT, Malvina Ester (Org.). *Mediação de conflitos*: pacificando e prevenindo a violência. São Paulo: Ed. Summus, 2003. (p. 49-76).

5

CONFLITOS DE INTERESSES E VANTAGENS DA MEDIAÇÃO

Bento Herculano Duarte

Doutor e mestre em direito das relações sociais pela PUC-SP; Professor da UFRN e do Damásio, Desembargador do TRT da 21ª Região; Membro da Academia Brasileira de Direito do Trabalho e do Instituto Brasileiro de Direito Processual – IBDP.

1. CONSIDERAÇÕES INTRODUTÓRIAS. CONFLITOS DE INTERESSES. VOLUME DE PROCESSOS JUDICIAIS. CULTURA DE LITIGIOSIDADE

Mesmo a aparente placidez das florestas esconde terríveis combates. Insetos se alimentam de plantas. Há plantas que comem insetos, pássaros disputam vermes, trepadeiras sugam os sangues das árvores.[1] Os espermatozóides brigam entre si, aos milhões, para apenas um (raramente alguns poucos) vencer a guerra da fecundação. Pela poesia de Márcio Túlio Viana, "até o rio, em seu caminho para o mar, abre feridas na terra. E a própria terra, às vezes, parece insatisfeita consigo, reacomodando-se com terríveis tremores, ou vomitando fogo por seus enormes vulcões".[2]

Extrai-se, portanto, que a própria natureza contem conflitos, pois, como diz Leonardo Boff, a natureza nem sempre é dócil, suave e boa: é mistura de beleza e dor, união e ruptura, desacertos e reajustes.[3] Que dizer dos conflitos entre os homens, alguns ambiciosos ao extremo, outros não dotados de senso de honestidade e moralidade? Mas aqui não nos cabe trilhar o caminho da antropologia.[4]

O fato é que, conforme nos ensina a história do direito e, além, a teoria geral do processo, os bens jurídicos são limitados, enquanto os interesses são ilimitados, daí surgindo os chamados "conflitos de interesses". A questão é: qual(is) a(s) melhor(es) forma(s) de se resolver os conflitos de interesses?

---

1 VIANA, Márcio Túlio. *Conflitos coletivos do trabalho*. IN: FRANCO FILHO, Georgenor de Sousa. (Coord.) *Presente e futuro das relações de trabalho* – Estudos em homenagem a Roberto Araújo de Oliveira Santos. São Paulo: LTr, 2000. p. 308.

2 *Op. cit.*, p. 309.

3 BOFF, Leonardo. *Apud* Márcio Túlio Viana, *op. cit.*, p. 308.

4 Ciência que se dedica ao estudo aprofundado do ser humano. É um termo de origem grega, formado por "*anthropos*" (homem, ser humano) e "*logos*" (conhecimento).

No plano material, o direito, sem dúvida, existe para impor regras de comportamento que conduzam ao convívio social. Pela definição de Araújo Cintra, Grinover e Dinamarco, o direito consiste no "conjunto de instrumentos de que a sociedade dispõe na sua tendência à imposição dos modelos culturais, dos ideais coletivos e dos valores que persegue, para a superação de antinomias, das tensões e dos conflitos que lhe são próprios".[5] Mas como aplicar o direito em face dos inevitáveis conflitos? O caminho usual, pelo menos no Brasil, tem sido a jurisdição estatal.

Conforme dados divulgados pelo Conselho Nacional de Justiça (Justiça em Números)[6], no ano de 2014 passaram pela jurisdição dos 90 tribunais brasileiros 99,7 milhões de processos. O número do CNJ é o resultado da soma de 70,8 milhões de processos pendentes e 28,9 milhões de casos novos registrados. Mantida a média de crescimento anual de 3,4%, registrada nos cinco anos pretéritos, tramitaram em 2015 (dados ainda não divulgados) 103,1 milhões de processos judiciais no Brasil. Na média, significa um processo para cada dois brasileiros. E o volume tende a crescer, mormente em época de crise social, que resta indissociável da crise econômica.

Como é cediço, o que angustia a população e inquieta a todos, conducente inclusive ao descrédito da Justiça, é a malfadada morosidade, pelo que diversas medidas têm sido buscadas e implementadas. Aumentam os órgãos judiciários e o contingente de magistrados e servidores; reforma-se a legislação constitucional e principalmente a infraconstitucional. Após a promulgação da EC n. 14/2004, os presidentes do STF e do STJ foram ao Congresso Nacional lançar o 'pacote' da reforma infraconstitucional do Judiciário, consistente em anteprojetos de lei visando imprimir maior (?) agilidade ao processo judicial; estamos a viver o marcante nascimento do Novo CPC, cujo objetivo maior coincide com o combate à demora. A CF recebeu, por força da EC 45/2004, dentre seus direitos fundamentais, o direito ao processo judicial em tempo razoável (art. 5°, inc. LXXVIII).

Foram criados os juizados especiais cíveis e criminais, eliminaram-se alguns procedimentos e recursos, veio o rito sumaríssimo na Justiça do Trabalho (que meramente enfatizou um rito já simplificado). Mas nada resolveu ou resolve, quando muito atenua. Gargalos existem, como o nó górdio da execução (cumprimento de sentença), alguns ramos funcionam melhor que outros, mas como um todo a Justiça brasileira (e não só ela) é tremendamente ineficiente.

O que fazer? Como aperfeiçoar o fundamental serviço público da prestação jurisdicional?

Nesse contexto, apesar do tema permitir gigante polêmica e infinitas contradições, situam-se duas questões, interligadas: o volume de demanda judiciais no Brasil e os mecanismos de solução de conflitos de interesses.

---

5 CINTRA, Antônio Carlos Araújo; GRINOVER, Ada Pellegrini; DINAMARCO, Cândido Rangel. *Teoria geral do processo*. 21. ed. São Paulo: Revista dos Tribunais, 2005. p. 21.

6 Dados divulgados em 15 de setembro de 2015.

Quanto ao volume de demandas, o adágio já informa: contra números não há argumentos. Persiste, no Brasil, uma enorme cultura de litigiosidade, pela qual ao primeiro incômodo muitos correm em direção ao Poder Judiciário. Porém, paradoxalmente não se pode olvidar que, caso houvesse um efetivo acesso à Justiça, deixando-se à margem, dentre outras, as questões do tempo e do custo do processo[7], se todo aquele que tivesse um direito material violado batesse às portas da jurisdição estatal, ocorreria o fenômeno da multiplicação das ações judiciais no país. Basta pensarmos, e.g., o frequente desrespeito aos direitos do consumidor.

Eis que surge o instituto da mediação, consistente na participação de um terceiro, em prol de uma autocomposição, ou seja, da solução negociada, excluída a provocação da jurisdição estatal. Seria como uma briga entre vizinhos que se resolve sem que um precise entrar na justiça contra o outro, mas o acordo decorre da intermediação de um amigo comum, que age como facilitador, até mesmo para que haja a reunião entre os contendores.

Na esteira da preocupação com o crescimento das demandas judiciais e do estrangulamento do poder Judiciário, uma estrutura cada vez mais hipertrofiada e de difícil funcionamento, veio a Lei n. 13.140/2015, com uma minuciosa regulamentação da mediação no Brasil. Recebida sob aplausos, após rápido (?) debate decidiu o legislador que tal lei não se aplicaria, como de resto o instituto da mediação já não se aplicava (?), aos conflitos trabalhistas. Qual o porquê disso? Isso é bom ou é mal?

2. MECANISMOS DE SOLUÇÃO DOS CONFLITOS

Fulano quer algo de outrem e este não lhe satisfaz; eis o conflito. Mas fulano persiste em sua pretensão; quais os caminhos para que se resolva o conflito?

Quando surge um conflito, conforme a lição de Araújo Cintra, Grinover e Dinamarco, a sua eliminação pode-se verificar por obra de um ou de ambos os sujeitos dos interesses conflitantes ou por ato de terceiro. Na primeira hipótese, um dos sujeitos (ou cada um deles) consente no sacrifício total ou parcial do próprio interesse (autocomposição) ou impõe o sacrifício do interesse alheio (autotutela). Na segunda hipótese, enquadram-se a defesa de terceiro, a conciliação, a mediação e o processo (estatal ou arbitral).[8]

Sob uma vertente mais didática, costuma se relacionar as seguintes formas de solução dos conflitos: 1) Jurisdição estatal: resolução do conflito mediante uma ação que será julgada pelo Poder Judiciário; 2) Arbitragem (para alguns jurisdição privada): técnica de solução de conflitos por meio da qual os conflitantes aceitam que a solução de seu litígio seja decidida por uma terceira pessoa, em tese da confiança de ambos; 3) Autotutela: solução imposta, por meio da força, geralmente de ordem física, por um dos litigantes contra o outro; 4) Conciliação: ocorre quando um terceiro

---

[7] Sem falarmos na dificuldade específica de acesso à Justiça do Trabalho, pois em estando empregado, naturalmente o risco de ser despedido impede que o trabalhador ajuíze demanda, ainda que legítima, em face de seu empregador.

[8] *Op. cit.*, p. 22.

(conciliador) atua como intermediário entre as partes tentando facilitar o diálogo a fim de que os litigantes cheguem a um acordo; e 5) Mediação: também ocorre quando um terceiro (mediador) se coloca entre os litigantes e tenta conduzi-los a um consenso.

Preferimos, buscando uma construção didática, fazer primeiro uma classificação antecedente. Os conflitos podem ser solucionados mediante heterocomposição ou por via da autocomposição. A primeira significa que um terceiro irá impor a solução que obrigatoriamente deverá ser seguida, ressalvada a possibilidade recursal. A segunda significa, como a indicar o vernáculo, que os próprios sujeitos conflitantes irão estabelecer a solução.

Há, porém, uma terceira via, que é a autotutela, erroneamente definida como "exercício arbitrário das próprias razões", pois se aceita pela legislação de arbitrária não tem nada, mas que significa a imposição pela força da vontade de um dos sujeitos. A autotutela é prevista como exceção em nosso direito, presentes, em campo diversos, institutos como a greve (Lei n. 7.783/89), a retenção de benfeitorias (art. 1.219 do CC), de bagagem (art. 1.467, inc. I, do CC), o desforço incontinenti do possuidor turbado ou esbulhado (art. 1.210, § 1º, do CC), a legítima defesa (art. 25 do CP), e o estado de necessidade (art. 24 do CP).

A heterocomposição se delineia, indubitavelmente, com o processo judicial e a arbitragem. À margem a discussão quanto à natureza jurídica da arbitragem,[9] o fato é que ela contém a característica inerente à heterocomposição, o fato do que é um terceiro que emite a decisão e as partes ficam sujeitas ao que resta nela estabelecido.

E a autocomposição, que lhe caracteriza e como se subdivide? A autocomposição, como já dito alhures, tem como centro o aspecto de que são os próprios sujeitos em conflito que estabelecem a paz mediante transação, com concessões recíprocas, ou renúncia. Na verdade, o conflito vem da resistência de alguém em face da pretensão de outrem, às vezes havendo pluralidade de sujeitos, como "pretensões trocadas".

Nos deteremos, no capítulo seguinte, sobre a distinção entre mediação e conciliação, se é que ela existe, e a natureza da conciliação judicial.

Não obstante, realcemos ainda aqui a grande diversidade de classificações e o antagonismo entre as formas de solução dos conflitos de interesses, tais mecanismos enfocados sob perspectivas as mais diversas, o que gera implicações inclusive de ordem prática, a exemplo da possibilidade de maior ou de menor interferência estatal, da autonomia e força do laudo arbitral, de homologação judicial da conciliação, da força da negociação coletiva na esfera trabalhista, etc..

---

[9] Como adverte Luiz Guilherme Marinoni, tal discussão implica discutir o *sexo dos anjos*, pois se houver resistência à execução do laudo arbitral apenas ao Estado se dá o poder de coerção. Importa cuidar, porém, para que "a arbitragem, frente à justiça do Estado, não se transforme em um plano de saúde privado frente à esquecida saúde pública" (*Processo de conhecimento*. São Paulo: Revista dos Tribunais, 2000, p. 31). Em contraponto, Fredie Didier vê natureza jurisdicional na arbitragem..

3. CONCILIAÇÃO E MEDIAÇÃO. NATUREZA DA MEDIAÇÃO. CONCEITO.

A conciliação e a mediação são institutos que se aproximam, mas nem tanto. Há quem identifique ambas, há quem diga que a diferença é meramente procedimental, há quem as diga absolutamente diversas.

De antemão, faça-se a devida ressalva; pode se falar em conciliação sob duas perspectivas.

Uma vez instaurado o processo judicial, às partes é facultado conciliar. Tal conciliação exige, para a sua validade, sentença homologatória. Na Justiça do Trabalho, se for em sede de dissídio coletivo, ainda que as partes conciliem na primeira sentada, imediatamente, faz-se necessária sentença normativa que homologue, se for o caso, os termos da conciliação. A conciliação homologada equivale a uma sentença com trânsito em julgado, tanto que, para desconstituir termo de conciliação homologado, requer-se ação rescisória.[10]

Já na perspectiva da conciliação construída não sob a vista do juiz mas a partir da figura do conciliador, central no âmbito dos juizados especiais cíveis, tem-se regime diverso.

No Novo CPC, é a conciliação regulada pelos arts. 165 a 175. Destarte, já o art. 165, §§ 2º e 3º, do NCPC, prevê diferenças entre conciliação e mediação, na medida em que o conciliador tem uma participação mais ativa no processo de negociação, atua preferencialmente nos casos em que não houver vínculo anterior entre as partes e sugere soluções para o litígio. Já o mediador auxilia as partes a compreender as questões e os interesses em conflito, de modo que eles possam, pelo restabelecimento da comunicação, identificar, por si próprios, soluções consensuais que gerem benefícios mútuos; atua preferencialmente nos casos em que houver vínculo anterior entre as partes; e não propõe soluções para os litigantes. Portanto, a diferença entre mediação e conciliação, à luz do NCPC, está apenas na técnica que é empregada.

Na realidade, a conciliação, em sentido lato, é o resultado da composição amigável entre as partes em litígio, o que pode ocorrer extra ou judicialmente, como sob a facilitação de magistrado ou de outrem.

Uma vez a conciliação ocorrendo já instaurado o processo judicial, resta claro que o acordo homologado consubstancia hipótese de heterocomposição. Se a composição ocorre antes ou fora do juízo, sem intervenção do Estado-Juiz, teremos hipótese de autocomposição. Mas, e a mediação, onde se situa?

Há quem diga que a mediação seja autocomposição, há quem a afirme heterocomposição.[11]

---

10 Na esfera trabalhista a Súmula n. 259 do C. TST é categórica: "Termo de conciliação – Ação Rescisória. Só por ação rescisória é atacável o termo de conciliação previsto no parágrafo único do artigo 831 da "Consolidação das Leis do Trabalho."

11 Posição de Araújo Cintra, Grinover e Dinamarco, conforme exposto no capítulo 2.

A nosso ver, o conciliador, e eventualmente o juiz, agem como mediadores. Quanto ao magistrado, para que ele atue, pressupõe-se que haja um processo em juízo, pelo que a conciliação implicará em heterocomposição. O conciliador previsto no digesto processual civil, por igual, atuará em juízo, pelo que o consenso será endoprocessual e estabelecerá heterocomposição.

Portanto, a genuína mediação é aquela que ocorre sem que tenha se feito necessário o ajuizamento de ação judicial, portanto consistindo em técnica autocompositiva de conflitos. É o caso de uma mesa redonda na Superintendência Regional do Trabalho, onde o auditor atua como facilitador e cujo resultado de sua atuação exitosa consiste na elaboração de um contrato coletivo de trabalho.

Quanto ao mediador sugerir solução, o NCPC distingue as esferas de atuação sob a perspectiva do conciliador judicial, sendo inerente à função de mediador que ele venha a esposar seu entendimento quanto à solução mais justa, ainda que não tenha poder além da sugestão, com diametral oposição em relação ao instituto da arbitragem.

A Lei n. 13.140/2015 conceitua mediação, em seu art. 1º, § único: Considera-se mediação a atividade técnica exercida por terceiro imparcial sem poder decisório, que, escolhido ou aceito pelas partes, as auxilia e estimula a identificar ou desenvolver soluções consensuais.

Pela lição de Fernanda Tartuce, a mediação consiste "na atividade de facilitar a comunicação entre as partes para propiciar que estas próprias possam, visualizando melhor os meandros da situação controvertida, protagonizar uma solução consensual para a controvérsia"[12].

4. PRINCÍPIOS E VANTAGENS DA MEDIAÇÃO. OBJETO. LEI N. 13.140/2015.

O instituto da mediação é orientado por certos princípios, destacando-se a imparcialidade e independência do mediador, isonomia de tratamento, oralidade, informalidade, facultatividade, confidencialidade, boa-fé e transparência.

Podem ser objeto de mediação inclusive os conflitos que versem sobre direitos indisponíveis, mas desde que admitam transação. Porém, nos termos § 2º do art. 3º da Lei n. 13.140/2015, nesse caso o eventual acordo há de ser homologado em juízo, com oitiva do Ministério Público. Rechaça-se, aqui, apesar do permissivo legislativo, o sentido de mediação 'pura'.

Poderá ser admitido mais de um mediador para funcionar no mesmo procedimento, quando isso for recomendável em razão da natureza e da complexidade do conflito e desde que as partes concordem (art. 15).

O NCPC previu a existência de empresas facilitadoras, denominadas de "câmaras privadas de mediação e conciliação". Nesse sentido, até mesmo os órgãos e entidades da administração pública podem criar câmaras para a resolução de conflitos entre particulares, que versem sobre atividades por eles reguladas ou supervisionadas.

---

12 TARTUCE, Fernanda. *Mediação nos conflitos civis*. São Paulo: Método, 2008. p. 208.

Exemplo disso são os PROCON's, que podem criar câmara com o objetivo de mediar a solução dos conflitos entre consumidores e fornecedores.

Nos termos da nova lei, a mediação poderá ser feita pela internet ou por outro meio de comunicação que permita a transação à distância, desde que as partes estejam de acordo (art. 46).

Quanto às vantagens da mediação, o fato é que, não importando o espectro do consenso, se requerendo homologação judicial ou não, o benefício do instituto já se evidencia pela sua, em regra, não compulsoriedade. Ou seja, ordinariamente a mediação é facultativa (§ 2º do art. 2º da Lei n. 13.140/2015), havendo de ser algo requerido.

Ressalve-se, porém, que se permite mediação obrigatória, desde que havendo cláusula contratual nesse sentido (cláusula de mediação). Mas, na hipótese, as partes estão adstritas ao dever de comparecimento apenas quanto à primeira reunião de mediação (§ 1º do art. 2º).

Sem dúvida que a autocomposição é a melhor forma de resolução de conflitos. Costuma se dizer que é melhor um mal acordo que uma boa briga. Além do fato de que todos os adágios populares são procedentes, daí serem populares, a solução negociada contém inúmeras vantagens em relação à solução estatal.

A um, por se tratar de algo bem mais simples e acessível. Não se conforma por procedimentos em geral inflexíveis – apesar da nova figura do negócio jurídico sob a amplitude do NCPC. As partes podem fixar com grande liberdade o procedimento negocial respectivo.

Espera-se que a mediação também seja substancialmente mais econômica que o processo judicial, inclusive podendo prescindir de assistência advocatícia.

Quanto à rapidez, há abissal diferença de perspectivas entre a negociação mediante a facilitação de um particular livremente eleito pelas partes e o tempo do processo judicial. Objetivamente, aliás, a mediação visa fundamentalmente não somente desafogar o Poder Judiciário, mas propiciar soluções extremamente mais céleres, o que vai ao encontro da evolução social.

Dentre as principais vantagens da conciliação, registre-se ainda termos uma presumível definitividade quanto à solução encaminhada e consagrada a partir da mediação. Como afirma Joel Figueira Dias, "a mediação propicia aos contendores o encontro da solução amigável capaz de resolver definitivamente a controvérsia, seja pela conciliação ou pela transação"[13].

Ora, o consenso implica, em tese, que ambas as partes restaram atendidas, ainda que mais ou menos satisfeitas. Se a parte aceita a sugestão, ainda que apenas implicitamente encaminhada pelo mediador, ou mesmo com uma autêntica facilitação sem emissão de qualquer diretriz conclusiva, até psicologicamente fica desconfortável

---

13 DIAS, Joel Figueira. *Arbitragem*. Legislação Nacional e Estrangeira e o Monopólio Jurisdicional. São Paulo: LTr, 1999, p. 52.

posterior confronto, na medida em que há liberdade formal de escolha, com autonomia de vontade.

Voltando ao início deste artigo, "o conflito é uma peculiaridade humana, tanto quanto o é a sociabilidade. É um fato humano normal nas relações sociais; é um conjunto de condições psicológicas, culturais e sociais que determinam um choque de atitudes e interesses no relacionamento das pessoas envolvidas"[14]. O problema, pois, situa-se em como resolver a colisão.

Em um país onde a cultura é do acesso ao Poder Judiciário, apesar de sua pouca eficiência, com milhões de ações ajuizadas a cada ano, vemos com bons olhos a existência de mecanismos alternativos de soluções de litígios. A mediação, por sua vez, consiste em uma técnica onde um terceiro – a extrajudicial sendo a que apontamos como genuína – atua como facilitador e onde o resultado pretendido é o consenso entre os contendores e, com isso, a pacificação social, objeto de toda e qualquer civilização.

A mediação, portanto, procura responder a um conjunto de desígnios distintos. Por um lado, busca atenuar um congestionamento alarmante conducente ao descrédito do Poder Judiciário, por outro vem a ser um mecanismo ágil e simples que leva à resolução de conflitos. De forma satélite, visa corrigir o comum desequilíbrio entre os conflitantes. Enfim, chega o momento em que se faz *mister* a mudança de cultura, vendo-se com melhores olhos os mecanismos alternativos de solução de conflitos.

REFERÊNCIAS BIBLIOGRÁFICAS

ARAÚJO CINTRA, Antônio Carlos; GRINOVER, Ada Pellegrini; DINAMARCO, Cândido Rangel. *Teoria geral do processo.* 21. ed. São Paulo: Revista dos Tribunais, 2005.

FIGUEIRA JÚNIOR, Joel Dias. *Arbitragem.* Legislação Nacional e Estrangeira e o Monopólio Jurisdicional. São Paulo: LTr, 1999.

MARINONI, Luiz Guilherme; ARENHART, Sérgio. *Processo de conhecimento.* São Paulo: Revista dos Tribunais, 2000.

TARTUCE, Fernanda. *Mediação nos conflitos civis.* São Paulo: Editora Método, 2008.

VIANA, Márcio Túlio. Conflitos coletivos do trabalho, *in Presente e futuro das relações de trabalho* – Estudos em homenagem a Roberto Araújo de Oliveira Santos. Coord. Georgenor de Sousa Franco Filho; São Paulo, LTr, 2000.

WARAT, Luis Alberto. *O ofício de mediador.* Florianópolis: Habistus, 2001.

[14] WARAT, Luis Alberto. *O ofício de mediador*. Florianópolis: Habistus, 2001, p. 80.

6

RECONSTRUIRE LA CONFIANCE OU DÉCONSTRUIRE LA MÉFIANCE GRACE A LA MEDIATION

Ricardo Pérez Nückel

Atua como consultor, mediador e instrutor. Co-fundador e presidente de AN Groupe (AlterNego, ActaNego, AdhocNego), um escritório de consultoria em gestão de conflitos e negociação, realizando intervenções no setor desde 2000. Possui como formação acadêmica um mestrado em Direito pela Universidade de Panthéon-Sorbonne – Paris 1 e um MBA pela ESSEC Business School.

> La grandeur d'un métier est peut être avant tout d'unir les hommes, mais il n'y a qu'un luxe véritable et c'est celui des relations humaines.[1]

La reconstruction de confiance est évoquée dans des contextes et secteurs très divers, que ce soit le contexte du couple ou de la famille, au sein des équipes ou entre syndicats et direction dans les organisations, entre des organisations et aussi entre des groupes de population ou des mouvements politiques au sein des états, et bien sûr entre nations. La confiance permet en effet à un groupe de coopérer plus efficacement et donc de survivre face à des dangers dépassant l'individu.

Malgré la fréquence d'apparition et d'utilisation du mot «*confiance*», celui-ci reste complexe et mal défini, même s'il est l'objet d'études de psychologues, philosophes, anthropologues, éthologues, économistes, gestionnaires, et même dans le domaine des neurosciences, où certains aimeraient découvrir la molécule de la confiance.

Cependant, le mot «*confiance*» n'apparaît pas dans l'index de nombreux livres de gestion des conflits, de négociation ou de médiation.

Cet article pose des pistes et réflexions pour lier la confiance aux dynamiques conflictuelles et aux interventions de médiation sur la base d'expériences dans des contextes de conflit (au sein de ou entre organisations) ou de post-conflit (ethnique, religieux, politique ou militaire comme au Burundi, au Liberia, au Timor-Leste ou en Israël et Palestine).

---

1 SAINT-EXUPERY, Antoine. *Terre des hommes.* Ed. Folio, 1972.

Qu'est-ce quela confiance? Quelles sont ses dynamiques et ses effets sur la prise de décision? Quelles sont les caractéristiques de la confiance? Finalement, qu'apporte la médiation pour reconstruire la confiance ou du moins déconstruire la méfiance?

CONFIANCE, MÉFIANCE OU DÉFIANCE – UN SENTIMENT TEINT DE RATIONALITÉ QUALIFIANT UNE RELATION

Dans confiance, méfiance ou défiance, «*fiance*» a pour origine le latin «*fides*» – foi. Confiance serait dans son étymologie avoir foi en quelque chose ou quelqu'un, mais peut signifier aussi être de bonne foi. On a ainsi une dynamique active – je fais confiance – et passive – je suis digne de confiance («*trustworthy*» en anglais), ce qui souligne la confiance comme un sentiment qui va lier des individus ou des organisations. La méfiance ou la défiance[2]va au contraire symboliser la rupture du lien.L'un des sens de se méfier sera l'idée de se tenir en garde, de ne pas se mettre en risque ou se donner à l'autre.La difficulté principale à conceptualiser et définir la confiance et la méfiance est qu'il s'agit d'un sentiment basé sur une perception de la capacité d'être digne de confiance de l'autre (avec souvent un historique). La confiance fait habituellement référence à la croyance (ou foi) que l'on peut se «*fier*» à la parole ou promesse de l'autre avec très souvent le risque de conséquences négatives pour soi-même si l'autre ne tenait pas parole. La confiance s'ancre donc dans sa propre vulnérabilité qu'on soumet à l'autre.

La propension à la confiance dépendra évidemment de l'environnement, ducontexte et de l'historique (et l'expérience passée), et comme tout système, il sera aussi composé (mais pas seulement) de la multitude de micro-relations qui le composent.

Par exemple, une enquête[3] a cherché à évaluer le degré de confiance dans le monde avec une question simple «De manière générale, diriez-vous que la plupart des personnes sont dignes de confiance, ou faut-il faire très attention en interagissant avec les autres?» et la formule suivante: «index de confiance = 100 + (% plupart sont dignes de confiance) – (% faire très attention). Mis à part les pays d'Europe du Nord (Norvège, Suède, Danemark et Finlande) et six autres pays avec un nombre égal de personnes faisant et ne faisant pas confiance, le reste est sous l'équilibre avec les Etats-Unis à 78,8, la France à 37,9, le Portugal à 21,9 et le Brésil à 17,5 (le Brésil est ainsi parmi les 10 pays les plus bas au monde).

---

2 En français, le mot « *défiance* » porte aussi le sens de « *défi* » et donc la confrontation dans sa racine, qui est resté dans son équivalent anglais « *defiance*» – en portugais par contre il s'agira d'un seul même mot « *desconfiança*». Dans une démarche de simplification, nous utiliserons uniquement le mot «*méfiance*».

3 DIEZ MEDRANO, Jaime. *Interpersonal Trust Survey*. ASEP/JDS. Disponible en: <http://www.jdsurvey.net/jds/jdsurveyMaps.jsp?Idioma=%20I&SeccionTexto=0404&NOID=104>. Consulté le 14 Mars, ici 2016.

DYNAMIQUES DE CONFIANCE ET MÉFIANCE ET EFFETS SUR LE PROCESSUS DE PRISE DE DÉCISION, SUR LES DÉCISIONS PRISES ET SUR LA COOPERATION

Au delà d'un contexte socio-politico-économique différent, que se cache derrière le sentiment de confiance et quelles sont les caractéristiques de ce lien?

La méfiance est étroitement liée à la peur afin d'identifier des dangers potentiels et assurer ainsi la survie de l'individu ou du groupe. La peur est la réaction naturelle face au danger mais aussi face à l'inconnu. Le contraire de la confiance peut donc aussi être la peur et l'angoisse. La confiance sera ainsi étroitement liée à la sécurité et la certitude. Dans sa racine, fiable provient aussi de « *fides* » et le portugais pour digne de confiance est d'ailleurs « *confiável* ».

La méfiance sera néfaste pour la prise de décisions en commun, car ellegénère de l'incertitude et donc de l'instabilité voire de la peur et des réactions de défense, alors que la confiance permettra de générer davantage de certitude et donc de la prévisibilité, facilitant la décision.

Dans les interactions entre des acteurs et notamment dans le cadre de la négociation comme processus de prise de décision à plusieurs, la confiance sera utile en ce qu'elle permettra de fluidifier les échanges, notamment par sa relation avec la réciprocité et le don. Si je fais confiance à l'autre, je serai, dans l'échange, plus ouvert à l'idée de lui donner de l'information, de lui faire des concessions, d'accepter certaines de ces propositions, et donc de prendre le risque d'un engagement, qui est un promesse d'actions futures. Par contre, si je suis dans la méfiance, toute la dynamique sera plus difficile ou douloureuse, que ce soit au niveau du processus d'échange d'informations, ou que ce soit au niveau du contenu,par exemple des concessions potentielles avec la peur de ne pas avoir de retour ou réciprocité. Finalement, l'engagement sera un défi car comment avoir foi dans une promesse d'actions futures envers quelqu'un de qui on se méfie et que l'on n'estime donc pas fiable?

La confiance est ainsi étroitement reliée à ma capacité à avoir foi dans l'autre pour maintenir la réciprocité et peut ainsi faciliter la propension au don. En effet, lorsqu'on demande dans des situations de crise au sein d'équipes ou de militaires pourquoi certaines personnes font quelque chose pour un autre membre de l'équipe, la réponse est très souvent: « parce qu'il ferait pareil pour moi dans une situation similaire ». On a donc l'idée de la confiance comme ciment des relations aux autres et nécessité pour la survie du groupe et de l'individu.

LA CONFIANCE INDISPENSABLE POUR LA NÉGOCIATION?

Est-ce pour autant que la confiance est indispensable pour arriver à négocier avec l'autre? On considère parfois qu'on ne peut pas négocier et arriver à un accord sans confiance. Pourtant, dans beaucoup de situations, la confiance préalable n'existe pas, on ne connaît pas la personne. De plus,la confiance ne se décrète pas, elle est donc construite par des actions dans le temps. Il faut donc savoir négocier en dehors de toute confiance. Cela est encore différent de la situation de méfiance, où la confiance est l'enjeu en soi, et proviendrait d'une mauvaise expérience avec l'autre partie ou en tout cas de ce qui a été perçu comme une mauvaise expérience.

La confiance équivaut ainsi à se rendre vulnérable à l'autre, je donne ou je me « confie » sans savoir si j'obtiendrai en retour, ou si l'autre tiendra ses engagements. Et donc si l'autre a dans le passé rompu cette confiance par ses actions, c'est qu'il m'a blessé ou trahi dans les accords ou dans mes attentes. Je ne me perçois plus en situation de sécurité par rapport à lui ou ses paroles et la méfiance s'installe. L'erreur consiste dans ces cas là à ne pas négocier le véritable enjeu, celui de la confiance. En effet, l'absence de méfiance est une condition nécessaire à la coopération efficace.

CARACTERISTIQUES DE LA CONFIANCE ET PARTICULARITES DES SITUATIONS CONFLICTUELLES

La confiance est un sentiment, et ses caractéristiques sont difficilement généralisables.

Les trois caractéristiques que l'on retrouve systématiquement pour être digne de confiance sont: compétence pour l'action spécifique (on fait confiance par rapport à une attente précise), transparence et congruence dans la manière de faire et dans la communication (dire ce que l'on fait et faire ce que l'on dit), et fiabilité dans les actions et engagements (tenir parole).

On pourrait donc faire confiance à ses ennemis. La confiance n'est ainsi pas toujours accompagnée de sentiments de bienveillance. Dans certaines situations, ce sera bien sûr le cas: si je dois cohabiter avec quelqu'un au travail ou dans la vie privée, sa bienveillance devient une caractéristique nécessaire pour ma sécurité et donc pour lui faire confiance.

Dans le cadre d'interventions en situations de conflit ou de post-conflit, la situation est évidemment particulière.Le conflit peut être défini comme une interaction entre des acteurs, qui est perçue par au moins l'un des acteurs comme une frustration présente ou à venir des ses propres préoccupations (objectifs, droits, motivations) et est vécue comme une opposition au niveau relationnel: cognitif (pensées) et émotionnel (ressenti), comportemental (actions) et des résultats (contenu).[4]Il est donc émotionnel, interférant avec le sentiment de confiance et aussi une perception d'opposition qui peut dominer la perception de la relation. Deux cas de figure peuvent se présenter, l'existence d'une relation de confiance préalable ou l'absence d'une relation préalable. La confiance comporte en effet toujours une possibilité de tension, par sa composante de vulnérabilité et de risque et il suffit que des attentes explicites ou implicites ne soient pas remplies pour que le sentiment de trahison apparaisse. Tout conflit est à la fois un danger de destruction de la relation et une opportunité de

---

4 PEREZ NUCKEL, Ricardo. Systèmes de gestion des conflits par les entreprises: analyse stratégique et juridique de la prévention et résolution des différends, thèse en cours, Paris, Université de Paris 1, cité dans FORASACCO Corinne, PEREZ NUCKEL, Ricardo. *L'encyclopédie de l'audit social et de la responsabilité sociétale*, Chap. 32 Gestion des conflits et audit social, une fertilization croisée pour l'organisation.. Ed. Ems management &société, 2012.

renforcement de la relation en fonction de sa gestion. Le phénomène du conflit aura cependant rendu la tâche plus difficile car il s'agit aussi d'une perception basée sur un vécu parfois, et qui comporte en soi un renforcement de cette perception de l'autre comme ennemi. La notion même que l'autre m'est opposé créé les conditions de la méfiance et rend la confiance difficile. En effet, ces pré-jugés ou post-jugés suite à l'impact de certaines actions de l'autre vont conditionner mes pensées et mon analyse (notamment par des biais tels que la perception sélective et le biais de confirmation, qui me feront sélectionner des éléments qui me confirment dans mon préjugé), détermineront mes actions et comportements de protection voire d'attaque face à l'autre, et finalement entraîneront comme résultat une spirale d'escalade négative du conflit par des mécanismes d'action et de réaction (dynamique basée sur le schéma de « l'apprentissage à double boucle » ou « *double loop learning* »[5]). Il s'agira donc avant tout de travailler sur ces préjugés lors des interventions de transformation des conflits. Le médiateur aura ainsi pour rôle de casser les bastions de croyances afin d'ouvrir les champs du possible pour remettre les parties en mouvement.

LA MÉDIATION COMME OUTIL DE DÉCONSTRUCTION DE LA MÉFIANCE POUR FACILITER UNE RÉCONCILIATION NECESSAIRE POUR ALLER VERS UN FUTUR DURABLE

Plutôt que de parler de reconstruction de confiance, qui est effectivement un objectif à plus long terme, une première étape dans des interventions sensibles est la déconstruction de la méfiance. L'idée principale est de casser les forteresses de certitudes et de peurs de l'autreet de faire émerger des parties les conditions ou possibilités d'actions futures plus satisfaisantes que la situation actuelle ou qu'une spirale destructrice.

Le défi principal à gérer est bien sûr la conviction que les impacts des actions de l'un ne sont que le reflet d'intentions néfastes nourries à l'égard de l'autre. Sans une véritable action de réconciliation pour apaiser ce vécu négatif assimilé à une trahison ou agression, selon qu'il y ait eu confiance préalable ou non, les parties ne pourront pas prendre de décisions communes ou d'engagements durables. La différence principale entre un accord et un accord efficace résidera en effet sur le rétablissement d'un minimum de relation entre les protagonistes pour accepter d'être interdépendants et donc d'être vulnérables à l'autre. Sinon, il s'agira simplement d'une transaction finale, ou d'un accord qui restera lettre morte (comme dans de nombreux cas d'accords de paix qui sont suivis par des années de conflits sanglants, par exemple les Accords d'Arusha de 2000 et la reconstruction de paix au Burundi). Le travail sur la relation est donc essentiel pour la transformation du conflit.

Le processus de médiation sera un catalyseur pour reconnaître l'histoire et le vécu des parties dans l'espoir de les accompagner vers une autre relation.Les différentes étapes de la médiation: invitation, accueil, représentations de la réalité et

[5] ARGYRIS, Chris; SCHÖN, Donald. *Organizational learning*: a theory of action perspective. Ed. Addison-Wesley, 1978.

compréhension mutuelle auront pour objectif de modifier les perceptions réciproques et donc la réalité de la relation afin que celle-ci permette à nouveau d'envisager des hypothèses de solution et un engagement pour le futur.

LA DÉCONSTRUCTION DE LA MÉFIANCE POUR BATIR UNE RELATION FONCTIONNELLE

L'invitation des parties en médiation marque déjà le début du changement des relations et du système conflictuel en place. La possibilité d'un autre type de relation de confiance apparaît dans la relation au tiers qui intervient. Cette phase est souvent inexistante ou minimisée dans les ouvrages de médiation, et c'est pourtant une phase essentielle pour le succès de la médiation. L'invitation permettra au médiateur d'acquérir une légitimité auprès des parties. Celle-ci sera justement caractérisée par une relation de confiance. Le médiateur pourra ainsi d'exemplifier et structurer une relation de sécurité, au travers de sa posture et de l'explications de son rôle et ses intentions, de transparence et congruence par l'explication des enjeux et défis de la médiation, de compétence par les explications du processus, et finalement de fiabilité par la mise en place d'étapes et conditions claires pour la mise en œuvre de la médiation. Pour gagner l'adhésion au processus, il cherchera à comprendre la situation en facilitant la verbalisation des enjeux et en posant des questions ouvertes et sans jugements, et il posera clairement les limites de son intervention en tant que tiers extérieur, multi-partial et le cadre de confidentialité et de libre adhésion qui apporte sécurité aux protagonistes. Il demandera l'expression du consentement au processus et répondra aux peurs, doutes et objections et finalisera l'invitation par un plan d'action avec des étapes claires. Cet accord donné par les parties de se retrouver à nouveau avec l'autre est l'acceptation de reprendre le risque de la relation et de la vulnérabilité.

La table-ronde comportera trois premières étapes orientées sur le rétablissement d'une relation fonctionnelle: l'accueil, les représentations de la réalité (avec les histoires du conflit et de ses effets) et la compréhension mutuelle avec la clef de voûte essentielle de la reconnaissance de l'impact du conflit sur chacun.

UN CADRE SECURISANT ET BIENVEILLANT PAR LA STRUCTURATION DE L'ACCUEIL

L'accueil est le début de la rencontre des protagonistes du conflit dans un autre cadre, avec d'autres dynamiques proposées et contrôlées par le médiateur. On commence donc par valoriser les acteurs pour leur démarche, et on rappelle ensuite les limites et enjeux de l'interventions pour ensuite annoncer et valider les principes de fonctionnement qui permettent de au médiateur de rassurer et sécuriser les parties (le respect mutuel, la confidentialité) et d'être congruent dans ce qu'il annonce en termes de posture, de timing et d'étapes. C'est l'opportunité pour le médiateur d'être clair sur ses intentions et le motif de chacune des étapes afin de démarrer une dynamique d'explication avant d'inviter rapidement à la prise de parole. C'est aussi le premier accord commun entre les parties sur les manières de faire et être en relation. Ces micro-accords sont essentiels car ils commencent à conditionner des engagements sur des actions qui pourront être vérifiés par l'autre, et c'est les actions qui redonnent confiance lorsqu'elles sont respectées.

DES RÉPRESENTATIONS DE LA REALITÉ JUXTAPOSÉES ET NON OPPOSÉES

Les représentations de la réalité constituent une phase narrative qui est essentielle à la dynamique de la médiation. D'une part, le médiateur devient témoin sans jugement de l'histoire, ce qui permet aux deux parties d'exister aux yeux de celui-ci par son écoute et de verbaliser l'impact du conflit sur elles. D'autre part, ce que les parties vont entendre est différent de ce qu'elles ont entendu jusque là de l'autre pour deux raisonsprincipales : la manière dont on parle au médiateur pour chercher à lui montrer qu'on est celui qui est « raisonnable » et dans le « juste », pour le séduire, est différente de la manière dont on parlait à l'autre avec qui on était en conflit ; et la manière dont le médiateur comprend et questionne l'interlocuteur est aussi différente car ce dernier cherchera à faire exprimer les intentions derrières les actions. Dans cette phase, le médiateur deviendra porteur des deux histoires et proche des deux acteurs (multi- ou omni-partialité) ce qui lui permettra de mettre côte à côte deux représentations ou perceptions sans les opposer et de mettre en lumière un éventuel accord sur le désaccord. Pour reprendre des concepts de reconstruction de paix, cette phase permet de faire acte de mémoire et de témoignage. Pour citer une phrase de Louis Joinet dans un rapport sur la question de l'impunité des auteurs des violations des droits de l'homme « pour pouvoir tourner la page, encore faut-il l'avoir lue ! » et c'est une dynamique qu'on sait nécessaire pour dépasser les traumas.

UNE COMPRÉHENSION MUTUELLE VITALE POUR LA RELATION

La phase de compréhension mutuelle est celle qui sera critique sur une éventuelle reconnexion entre les acteurs. C'est dans cette phase que les émotions, seul phénomène commun aux différents être humains permettront de refaire une connexion par la prise de conscience de mon impact sur l'autre et d'ainsi redécouvrir l'humanité qui nous lie et rapproche. Comprendre ne signifie pas être d'accord, et l'objectif unique doit être de générer une compréhension mutuelle. C'est celle où les protagonistes prennent conscience et reconnaissent l'impact du conflit sur chacun. Cela peut se produire à n'importe quel moment et déclenche souvent une phase de réconciliation. La réconciliation et les besoins pour aller de l'avant sont différents pour chacun d'entre nous et nous parlons, et donc entendons,des langages différents. Gary Chapman et Jennifer Thomas ont ainsi identifié cinq langages de la réconciliation ou d'excuses distincts: exprimer des regrets, reconnaître sa responsabilité, réparer, se repentir et demander pardon[6].Desmond Tutu disait:

---

6 CHAPMAN, Gary, THOMAS, Jennifer. *The five languages of apology:* how to experience healing in all your relationships. Ed. Northfield Publishing, 2006.

> [...] pardonner n'est pas oublier ; c'est plutôt se souvenir – se souvenir et ne pas utiliser le droit de riposte. C'est une deuxième chance pour un nouveau commencement. Et se souvenir est particulièrement important, surtout si on ne veut pas reproduire ce qui s'est passé.[7]

Le succès de cette phase se ressent immanquablement par une baisse de la tension entre les parties et souvent une communication différente qui se rétablit entre elles.

LE DEFI D'ENVISAGER DES SOLUTIONS OU L'ON EST A NOUVEAU DEPENDANT DE L'AUTRE

Dans le conflit, et la méfiance, l'objectif est souvent de ne plus être vulnérable et donc dépendant de l'autre. Toute la difficulté et le paradoxe du conflit vient du fait qu'on ne veut plus avoir à faire à l'autre et que par définition le conflit est un lien, duquel on ne peut être libéré que au travers de l'autre. Si un conflit entre deux personnes apparaît et celles-ci ne se voient plus jamais, ce conflit sera toujours partiintégrante et porté par ces personnes. C'est ce qui rend les conflits familiaux tragiques lorsque l'une des parties décède.

Une fois que la méfiance n'est plus là, la possibilité d'une autre relation et d'autres solutions réapparaît, mais la sécurité aura besoin de garanties, de solutions concrètes qui permettent, même si on est à nouveau vulnérable de minimiser les risques. Cela implique de poser le vrai problème sur la table: le problème de la confiance suffisante pour prendre des décisions et agir ensemble. Plusieurs outils et techniques existent, mais le principe est simple: comment garantir concrètement une minimisation du risque d'être vulnérable à l'autre? Le tiers aura une autonomie et une distance qui lui permettra de guider les parties dans l'invention de possibilités et la recherche de garanties. On peut, par exemple, imaginer des solutions de contrôle et vérification, de répartition du pouvoir et d'autonomie, de sanctions ou compensations, d'étapes préalables, de progression dans les échanges, de ballons d'essai... Au final ce qui importe dans la phase d'engagement, c'est de s'assurer que chacun est en sécurité suffisante pour reprendre le risque de la relation à l'autre. C'est ce départ à nouveau qui permettra de se remettre à marcher, d'abord doucement et par petites étapes.

En conclusion, la médiation, comme processus d'intervention d'un tiers dans un conflit permet de déconstruire les relations de méfiance entre les acteurs par sa structuration et son essence même. Il s'agit en effet d'un processus de responsabilisation des acteurs, qui doivent répondre de leurs actes, réfléchir à leurs motivations et assumer leur impact sur les autres. C'est ainsi en posant un cadre d'honnêteté, de congruence et de sécurité que la vulnérabilité des acteurs pourra s'exprimer à nouveau et que la méfiance pourra être déconstruite pour commencer à reconstruire une relation et éventuellement la confiance malgré les blessures passées.

---

7 TUTU, Desmond. *No future without forgiveness.* Ed. Doubleday, 2000.

Certains parlent de « justice douce », mais on se rend bien compte qu'il s'agit plutôt d'un chemin difficile portant l'espoir de ressortir du conflit grandi et véritablement libéré.

> Pardonner et se réconcilier avec nos ennemis ou nos êtres aimés n'est pas de prétendre que les choses sont différentes de ce qu'elles sont. Ce n'est pas de se taper sur le dos et se détourner de ce qui est mal. La vraie réconciliation expose l'horreur, l'abus, la douleur, la vérité. Cela pourra même parfois rendre les choses pires. C'est une entreprise risquée mais qui en vaut la peine, parce qu'au final, seule une confrontation honnête avec la réalité peut apporter une véritable guérison. Une réconciliation superficielle ne peut apporter qu'une guérison superficielle.. [8]

RÉFÉRENCES BIBLIOGRAPHIQUES

ARGYRIS, Chris, SCHÖN, Donald. *Organizational learning*: a theory of action perspective. Ed. Addison-Wesley, 1978.

CHAPMAN, Gary, THOMAS, Jennifer. *The five languages of apology:* how to experience healing in all your relationships. Ed. Northfield Publishing, 2006.

DIEZMEDRANO, Jaime. *Interpersonal Trust Survey*. ASEP/JDS. Disponible en: <http://www.jdsurvey.net/jds/jdsurveyMaps.jsp?Idioma=%20I&SeccionTexto=0404&NOID=104>. Consulté le 14 Mars, ici 2016.

PEREZ NUCKEL, Ricardo. Systèmes de gestion des conflits par les entreprises: analyse stratégique et juridique de la prévention et résolution des différends, thèse en cours, Paris, Université de Paris 1.Cité dans: FORASACCO Corinne; PEREZ NUCKEL, Ricardo. *L'encyclopédie de l'audit social et de la responsabilité sociétale*, Chap. 32 Gestion des conflits et audit social, une fertilization croisée pour l'organisation.. Ed. Ems management &société, 2012.

SAINT-EXUPERY, Antoine. *Terre des hommes.* Ed. Folio, 1972.

TUTU, Desmond. *No future without forgiveness.* Ed. Doubleday, 2000.

8 TUTU, Desmond. *No future without forgiveness.* Ed. Doubleday, 2000.

7

MEDIAÇÃO JUDICIAL TRABALHISTA

Antônio Gomes de Vasconcelos

Professor Adjunto do Departamento de Direito do Trabalho e Introdução ao Estudo do Direito e do Curso de Pós-Graduação da Faculdade de Direito da UFMG. Juiz do Trabalho. Bacharel em Direito e Filosofia; Mestre (2002) e Doutor (2007) em Direito Constitucional pela Universidade Federal de Minas Gerais. Coordenador Geral do Programa Universitário de Apoio às Relações de Trabalho e à Administração da Justiça da FDUFMG (PRUNART-UFMG). Áreas de investigação: Filosofia da Ciência e Direito; Constitucionalismo e Neoconstitucionalismo; Acesso à Justiça; Organização do Trabalho e Administração da Justiça. Membro do Comitê Gestor da Rede Nacional de Cooperação Judiciária do Conselho Nacional de Justiça e do Núcleo de Cooperação Judiciária do Tribunal Regional do Trabalho da 3ª. Região.

Marcella Furtado de Magalhães Gomes

Professora Adjunta do Departamento de Direito do Trabalho e Introdução ao Estudo do Direito da Faculdade de Direito da UFMG. Possui graduação em Direito (2002), mestrado (2005) e doutorado (2009) em Filosofia do Direito pela Universidade Federal de Minas Gerais. Atualmente, desenvolve temas, no ensino, na pesquisa e na extensão, relativos à: Educação Jurídica (crise, metodologias, estudos empíricos sobre o direito, novas tecnologias); Sociologia Jurídica (questões de classe, gênero e raça; análise social tributária; sociologia do trabalho; administração da justiça); Filosofia do Direito (Filosofia Clássica). É, também: coordenadora da Escola de Formação em Direitos Humanos do Programa Pólos de Cidadania da FDUFMG; coordenadora de eventos do Programa Prunart-FDUFMG; coordenadora das atividades de acolhimento e formação feminista interseccional do Coletivo das Rosas da FDUFMG.

1. INTRODUÇÃO: CARACTERIZAÇÃO TEÓRICA DA MEDIÇÃO

O fomento à implantação e à utilização da mediação, ao lado de outros meios alternativos de resolução de conflitos (conciliação e arbitragem), no Brasil ganhou novo impulso desde a implementação da Política Nacional de tratamento adequado dos conflitos de interesses no âmbito do Poder Judiciário, promovida pelo Conselho Nacional de Justiça, da edição da Lei Nº. 13.140/16 (Marco Legal da Mediação),[1]

---

[1] BRASIL. Lei nº 13.140, de 26 de junho de 2015. Dispõe sobre a mediação entre particulares como meio de solução de controvérsias e sobre a autocomposição de conflitos no âmbito da administração pública; altera a Lei no 9.469, de 10 de julho de 1997, e o Decreto no 70.235, de 6 de março de 1972; e revoga

já em vigor, e da promulgação da Lei 13.105/15 (novo CPC),[2] a viger a partir de 18/03/16. Estas leis consolidaram e ampliaram significativamente as políticas públicas formuladas no âmbito da administração da justiça.

Neste texto, pretendemos analisar os limites e a extensão da mediação na seara trabalhista. Para tanto, iremos, primeiramente, discorrer brevemente sobre a caracterização teórica da mediação, sua previsão na legislação brasileira para, então, problematizarmos sua aplicação no âmbito dos conflitos trabalhistas.

O uso da mediação é milenar, em especial nas civilizações orientais. E seu desenvolvimento se associa ao do comércio, como assinala Di Chio.[3] Contudo, no ocidente, o instituto da mediação foi revigorado recentemente, a partir de meados do século XX.

A teoria da mediação foi construída a partir de fundamentos metajurídicos e interdisciplinares provenientes das ciências do comportamento e compreende que o conflito é inerente às relações humanas, a par de possuir dimensão positiva, uma vez que é fator de crescimento do homem[4]. O conflito decorre naturalmente das diferenças e da insatisfação das necessidades humanas[5].

Highton e Gladys conceituam a mediação como "un procedimiento no adversarial en el cual un tercero neutral ayuda a las partes a negociar para llegar a un resultado mutuamente aceptable".[6] Por ela, procura-se evitar o prejuízo econômico, social e emocional em que incorrem as partes ao longo do processo judicial. É autocomposição assistida. Em sua concepção mais genuína, a mediação é vista como um instrumento de transformação dos "sujeitos" envolvidos nas relações sociais conflituosas. Nesse sentido, difere-se do processo judicial, pois mesmo que nele se logre alcançar solução autocompositiva, quer seja no âmbito do juízo conciliatório ou de procedimentos não judiciais, a solução da controvérsia baseia-se em princípios de justiça corretiva[7].

---

o § 2º do art. 6º da Lei no 9.469, de 10 de julho de 1997. *Diário Oficial da União*, 29 jun. 2015. Disponível em: <http://www.planalto.gov.br/ccivil_03/_Ato2015-2018/2015/Lei/L13140.htm>. Acesso em: 20 fev. 2016.

2 BRASIL. Lei nº 13.105, de 16 de março de 2015. Código de Processo Civil. *Diário Oficial da União*, 17 mar. 2015. Disponível em: <http://www.planalto.gov.br/ccivil_03/_ato2015-2018/2015/lei/l13105.htm>. Acesso em: 20 fev. 2016.

3 DI CHIO, Giuseppe. Mediazione e mediatori. In: *Digesto Commerciale*, 4ª. ed. Turim: Editora UTET, Turim, Itália, 1993, vol. IX, p. 375-377.

4 WEBER, R. Economia y sociedade. In: ROSA, F. A. Miranda (org.). *Direito e conflito social.* Zahar Editores, 1980.

5 LUCHIARI, Valeria F. Lagrasta. *Mediação judicial.* Rio de Janeiro: Forense, 2012.

6 HIGHTON, Elena I.; ÁLVAREZ, Gladys S. *Mediación para resolver conflictos*. Buenos Aires: AD-HOC, 1998, p. 122.

7 ARISTÓTELES. *Ética a Nicômaco.* Tradução: Pietro Nassetti. Coleção A Obra-Prima de Cada Autor. MARTIN CLARET, 2001, *passim*. Compreende-se como justiça corretiva, o entendimento entre as partes com base em critérios legais e não em critérios intersubjetivos de justiça, engendrados segundo o seu interesse.

A solução do conflito enclausurada no litígio (processo) é apenas um simulacro. A mediação busca recuperar o problema humano na sua complexa dimensão e conferir aos "sujeitos" do conflito a responsabilidade pela realidade produzida por eles a partir de suas concepções, práticas e posturas diante do conflito. A mediação envolve, portanto, os sentimentos, as motivações interiores mais profundas do "sujeito" em conflito e, por isso, a busca de uma solução a partir do interesse e do desejo dos próprios envolvidos, ainda que auxiliados pelo mediador.

Em sua concepção mais clássica, a mediação não se prende à apuração de direitos, nem à mentalidade jurídica, por isso a solução não obedece aos ditames da lei, mas ao que as partes considerarem por si mesmas coerente e adequado à sua situação específica gerando, portanto, a sua própria e inédita solução. Isso implica a necessidade de desvincular a solução do conflito do quadro de referência jurídico, entregando-a à livre construção das partes.

Contudo, a construção teórica da mediação percorre por diversas vertentes, a depender das premissas políticas, filosóficas ou ideológicas que as sustentam. Por sua eloquência, registra-se passagem de Six sobre os múltiplos domínios da palavra mediação: "As denominações são tão diversas que se tem a impressão de se encontrar em um hipermercado: o bazar da mediação, com produtos que, colocados lado a lado, estão lá sem ligação entre si, apenas fazendo parte de um conjunto heteróclito".[8] Em geral, os estudiosos identificam duas grandes espécies do gênero mediação: "clássica" e "judicial",[9] além de subespécies distinguíveis por critérios mais detalhados, como a institucional e a carismática.[10]

As diferenças se relacionam à maior ou menor ênfase que se confere aos aspectos objetivos (obtenção de um acordo) ou aos aspectos subjetivos (solução do conflito intersubjetivo, reconciliação) da mediação, premissas em relação às quais os teóricos são dissonantes. O modelo de Harvard, concebido pelo Prof. Frank Sander, tem como principal objetivo a solução do problema (*problem-solving*), baseada no interesse das partes. O modelo não diferencia a conciliação da mediação[11]. O conflito é compreendido como um obstáculo à satisfação dos interesses e necessidades das partes.[12]

O modelo transformativo visa à transformação da relação existente entre as pessoas com base na conscientização e no respeito à posição do outro. Nesse sentido, a composição é, apenas, uma consequência do resultado principal. Compreende o conflito no seu aspecto positivo e construtivo e a partir do seu potencial transformador,

---

8 SIX, Jean François. *Dinâmica da mediação*. Belo Horizonte: Del Rey, 2001, p. 24.

9 CAHALI, Francisco José. *Curso de arbitragem* – mediação, conciliação, resolução CNJ 125/2010. 5ª. ed. São Paulo: RT, 2015, p. 50.

10 A mediação carismática é aquela em que as partes elegem voluntariamente pessoa de sua confiança, que não pertence a entidade ou não tem a capacitação, nos termos exigidos pelo Conselho Nacional de Justiça.

11 CAHALI, *Op. cit.*, p. 97.

12 DIEZ, Francisco; TAPIA, Gachi. *Herramientas para trabajar en mediación*. Buenos Aires: Paidós, 2010, p. 24.

que conduz as partes à autodeterminação, a administrarem os próprios conflitos (*empowerment*) e ao reconhecimento do outro.[13] O transformativo, mais que quaisquer outras concepções, realiza forte crítica ao modelo judicial adversarial de resolução dos conflitos.

O confronto ideológico entre as duas perspectivas acima citadas situa a primeira como corrente acordista e a segunda como corrente transformadora (ecológica, holística, psicológica).[14]

O modelo circular narrativo, voltado especialmente para os conflitos familiares, fundamenta-se na teoria da comunicação e conjuga as divergentes percepções e interpretações das partes quanto aos elementos do conflito. Este emerge do "descompasso entre as narrativas das partes", que devem ser reconstruídas cooperativamente numa versão integrada.

O modelo avaliativo (mediação avaliativa), que parece portar especial interesse na construção teórica da mediação trabalhista como se verá adiante, enfatiza um papel mais ativo do mediador no sentido de alertar as partes sobre possíveis resultados da demanda, em caso de sujeição da questão à decisão judicial, e sugerir possíveis soluções de acordo para o conflito. Nesse sentido, explicita Luchiari:

> O mediador deve prover os disputantes das informações necessárias à obtenção de um acordo, sendo que a diferença está entre fazer determinada afirmação no sentido de que uma ou outra proposta deva ser aceita, ou indagar as partes sobre as possíveis consequências de cada uma delas.[15]

A mediação não é mais simples técnica de aproximação das partes. A mediação deve levar em conta a matéria objeto de discussão e buscar oferecer às partes dados e critérios de decisão, o que demanda do mediador experiência e conhecimento acerca da matéria debatida. A fim de resguardar a pureza do conceito, Luchiari sugere a adoção de procedimento híbrido que se inicia com a mediação estrito senso e termina com uma "avaliação neutra", se esta for a escolha das partes, caso em que as questões apresentadas são analisadas com apresentação de possíveis propostas de solução. Em verdade, cada mediação é única e cada mediador desenvolve uma técnica própria.[16]

Esse breve panorama revela as dificuldades de distinguir conceitualmente a conciliação da mediação. Cahali observa que instituições sérias ofertam conciliação e mediação sob a denominação única de mediação. Ainda de acordo com ele, no ambiente extrajudicial no procedimento de mediação os mediadores acabam por utilizar, quando é o caso, das técnicas da conciliação para a solução do conflito.[17]

---

13 LUCHIARI, Valeria F. Lagrasta. *Mediação judicial*. Rio de Janeiro: Forense, 2012, p. 25.

14 WARAT, Luíz Alberto. *O ofício do mediador*. Florianópolis: Habitus, 2001, p. 84.

15 LUCHIARI. *Op. cit*, p. 26.

16 LUCHIARI. *Op. cit.*, p. 29.

17 CAHALI. *Op. cit*, p. 51.

Nesse cenário, o ideal é a desmitificação do conceito puro de mediação e admissão dessa fusão de técnicas para atender aos aspectos subjetivos e objetivos do conflito. Nestes termos é que Muszkat sugere o uso da designação "mediação integrativa", uma vez que reconhece que, na prática, a mediação se vale das técnicas, métodos e instrumentos dos demais meios alternativos de solução de conflitos.[18] Assim, conciliação e mediação não se distinguem, mas são técnicas intercomplementares e, como assinala Luchiari, a conciliação, neste caso, seria um aspecto da mediação integrativa.[19]

Esta perspectiva é a que foi incorporada pelo modelo italiano no qual, em caso de fracasso do acordo, admite-se a possibilidade de o mediador formular proposta de composição. A doutrina italiana tem qualificado a mediação como um procedimento "bifásico", em que "nella prima fase il mediatore fa il facilitatore del dialogo; nella seconda fa il propulsore della conciliazione".[20] Há, portanto, a junção, num mesmo plano, da "mediazione facilitativa e mediazione aggiudicativa", ou a constituição do conceito misto de mediação.[21] O sistema italiano, conceitua, dessa maneira, a mediação como:

> [...] l'attività comunque denominata, svolta da um terzo imparziale e finalizzata ad assistere due ou più soggetti nella ricerca di un acordo amichevole per la composizione di uma controvérsia, anche com la formulazione di una proposta per la risoluzione della stessa.[22]

Esse conceito é também o que decorre do modelo de mediação adotado no sistema nacional. O Novo CPC estabelece que as normas do Código serão interpretadas "conforme os valores e as normas fundamentais estabelecidos na Constituição da República Federativa do Brasil" (Art. 1º, NCPC). Daí decorre que a exegese do Código não pode ocorrer no sentido da violação dos direitos fundamentais (individuais e sociais, nestes incluídos os direitos trabalhistas). Por seu turno, o Código de Ética de Conciliadores e Mediadores, constante do Anexo III da Resolução 125/CNJ, inseriu entre os *princípios fundamentais* que regem a atuação de conciliadores e mediadores" o *princípio do respeito à ordem pública e das leis vigentes,* isto é, o "dever de velar para que eventual acordo entre os envolvidos não viole a ordem pública, nem contrarie as leis vigentes" (Art. 1º, VI, Resolução 125/CNJ). Enfim, a lei 13.140/2015 explicita que "o consenso entre as partes envolvendo direitos indisponíveis, mas transigíveis, deve ser homologado em juízo, exigida a oitiva do Ministério Público" (art. 3º, § 2º). Não há dúvida, portanto, que a mediação instituída no sistema brasileiro

---

18 MUSZKAT, Malvina Ester (Org.) *Mediação de conflitos:* pacificando e prevenindo a violência. São Paulo: Summus, 2003, p. 25.

19 LUCHIARI. *Op. cit.*, p. 40.

20 MASONI, Roberto. *La mediazione nel processo*. Milano: Giuffrè, 2015, p. 234. Tradução livre: "na primeira fase o mediador é o facilitador do diálogo; na segunda é o propulsor da conciliação".

21 MASONI. *Op. cit.*, p. 235. Tradução livre: "mediação facilitadora e mediação adjudicativa".

22 MASONI. *Op. cit.*, p. 234. Tradução livre: "(É) a atividade realizada por um terceiro imparcial e destinada a ajudar duas ou mais pessoas na busca de uma solução amigável do litígio, ou antes pela formulação de uma proposta de solução do mesmo".

de resolução de conflitos corresponde aos modelos conceituais de "mediação avaliativa", "mediação integrativa" ou "mediação construtivista".[23]

Esta foi, também, a perspectiva adotada no Manual do Mediador, produzido pelo Ministério do Trabalho, segundo o qual a mediação é a "intervenção destinada a produzir um acordo, uma intervenção autocompositiva que apresenta às partes a possibilidade de resolver a disputa de acordo com suas necessidades objetivas".[24] No mesmo sentido sustenta Rodrigues, para quem "na mediação, os litigantes são apenas induzidos à composição, considerando as propostas formuladas por terceiros (mediadores) providos de idoneidade e elevado poder de persuasão".[25]

Contudo, tal como no modelo italiano, a possibilidade que se reconhece ao mediador de formular uma proposta de composição do litígio constitui uma "attività subordinata e residuale, esplicabile unicamente in ipotesi di fallimento di accordo autonomamente perseguito dalle parti".[26]

Parece, portanto, que a mediação não seria instrumento dos mais eficazes para a eliminação das elevadas taxas de congestionamento de processos e da morosidade destes, que alcançaram níveis intoleráveis. O procedimento enfatiza os aspectos qualitativos do sistema de resolução de conflitos em sacrifício dos aspectos quantitativos avaliados segundo critérios de produtividade e eficiência.

No entanto, as políticas públicas voltadas para o incremento da mediação e a regulação da matéria, especialmente a lei da mediação e o Novo Código de Processo Civil, veem-na como um dos instrumentos para o enfrentamento da crise do sistema de justiça. Com efeito, o "renascer dos métodos alternativos de solução de conflitos, na atualidade, deve-se, em grande parte, à crise que atravessa a Justiça",[27] ante o reconhecimento da incapacidade do Judiciário de responder à crescente demanda apenas pelo aumento do número de juízes e Varas ou pela imposição de sobrecarga de trabalho àqueles.[28]

Contudo, boa parte da doutrina vê a mediação como um método mais humanizado de resolução dos conflitos e alerta que a mediação não pode ser vista, apenas, como meio de redução da sobrecarga do Poder Judiciário[29].

---

23 O sentido desta modalidade conceitual de mediação será explicitado oportunamente.

24 MINISTÉRIO DO TRABALHO E EMPREGO. *Manual do Mediador*. Brasília: MTb, SRT, 1996, p. 11.

25 RODRIGUES, Douglas Alencar. Breves notas sobre o instituto da arbitragem e o Direito do Trabalho. In: GENESIS Revista de Direito do Trabalho, n. 72, dezembro de 1998, *apud* VILLATORE, Marco A. César. *Mediação na solução de conflitos de trabalho e o direito comparado.* Disponível em: <http://www.mouraborges.adv.br/MB2_mediacao%20na%20solucao%20de%20conflitos%20de%20trabalho.pdf>. Acesso em: 19 fev. 2016.

26 MASONI. *Op. cit,* p. 23. Tradução livre: "atividade subordinada e residual, explicável unicamente na hipótese de fracasso do acordo autonomamente perseguido pelas partes".

27 LUCHIARI. *Op. cit.*, p. 46.

28 SAKEK, Maria Tereza. *Mediation in Brazil.* Trabalho apresentado no encontro anual do *The Law and Society Association,* Hilton Bonaventure, Montrea, Quebec, Canada, em 27 de maio de 2008. Disponível em: <http://www.allacademic.com/meta/p236220_index.html>. Acesso em: 14 fev. 2016.

29 GRINNOVER, Ada Pelegrini. *Mediação e gerenciamento do processo* – revolução na prestação jurisdicional. São Paulo: Atlas, 2007, *passim.*

Importa, aos autores deste artigo, registrar que o sentido da mediação, no direito brasileiro, há de ser construído, também, a partir das opções feitas pelo legislador nos recentes diplomas legais, pelos quais a ordem jurídica brasileira recepcionou o instituto da mediação.

2. A RECENTE REGULAÇÃO DA MEDIAÇÃO E SEUS CONTORNOS NO DIREITO BRASILEIRO

O primeiro ato normativo que tratou da mediação no Brasil foi a Resolução 125/2010 do Conselho Nacional de Justiça, que institui a "Política Judiciária Nacional de tratamento adequado dos conflitos de interesses no âmbito do Poder Judiciário",[30] com ênfase nos meios consensuais, como a mediação e a conciliação, por meio da criação de Centros Judiciários de Solução dos Conflitos e Cidadania. Tais espaços seriam os responsáveis pela realização de audiências e sessões de conciliação e mediação pré-processuais a cargo de conciliadores e mediadores cadastrados pelos Tribunais, sob a supervisão de um juiz coordenador. Os Tribunais do Trabalho foram excluídos da obrigação de criar tais Centros (art. 8º, Res. 125/2010, CNJ).

Seu objetivo primordial é a busca de "solução mais adequada aos conflitos de interesses, pela participação decisiva de ambas as partes no resultado que satisfaça seus interesses".[31] No plano teórico, a redução do volume de serviços do Poder Judiciário é vista como consequência dessas inovações. Contudo, a política inaugurada atendeu mais à premência e ao risco de colapso do sistema de justiça[32], instaurando ainda dentro da estrutura do sistema judiciário (Centros Judiciários) o conjunto das "portas abertas" (conciliação e mediação) pela nova política de administração da justiça[33].

---

30 CONSELHO NACIONAL DE JUSTIÇA. *Resolução nº 125*, de 29 de novembro de 2010. Dispõe sobre a Política Judiciária Nacional de tratamento adequado dos conflitos de interesses no âmbito do Poder Judiciário e dá outras providências. Disponível em: <http://www.cnj.jus.br/images/stories/docs_cnj/resolucao/arquivo_integral_republicacao_resolucao_n_125.pdf>. Acesso em: 29 fev. 2016.

31 WATANABE, Kazuo. Cultura da sentença e cultura da pacificação. In: MORAES, Maurício Zanoide; YARSHELL, Flávio Luiz (coords.). *Estudos em homenagem à professora Ada Pellegrini Grinover.* São Paulo: DPJ, 2005, p. 684-690.

32 Nesse caso, "*the necessity is the mother of invention*".

33 A ideia que subsidia essa solução, que Cahali classificou como Tribunal Multiportas, foi assimilada do sistema norte-americano de *Multi-door court-house*, no qual se inspiram os Centros Judiciários de Solução de Conflitos e Cidadania. Com a ressalva de que no sistema americano há efetiva participação da sociedade na administração da justiça, à medida que a atuação de particulares na busca ou intermediação da solução dos conflitos é reconhecida pelo sistema de justiça desse país. Apesar disso, ela porta um elemento profundamente inovador na medida em que, ao se referir aos meios adequados para a solução de conflitos, sinaliza que, antes de tudo, ao se buscar solução para os conflitos sociais, deve-se pensar no método mais correto para a solução de cada conflito em espécie (CAHALI. *Op. cit.*, p. 27). Não sendo este um espaço apropriado ao desenvolvimento da matéria, registra-se, tão somente que no sistema de resolução dos conflitos norte-americano incluem-se espécies heterocompositivas e autocompositivas, situadas dentro e fora do processo, dentre os quais: *court-annexed arbitration, rente a judge, fact-finder, court annexed mediation* (este, por exemplo, constitui-se em "mecanismo privado, autônomo e independente do Poder Judiciário", cf. LUCHIARI. *Op. cit.*, p. 109).

Fica a cargo do legislador a conformação, no plano legislativo, de uma política mais ampla de abertura da administração da justiça à participação da sociedade.

São estratégias da política pública implementada, segundo as diretrizes do CNJ: a) a *centralização* das estruturas judiciárias, b) a capacitação de servidores, conciliadores e mediadores, conforme conteúdo programático mínimo previamente estabelecido, c) acompanhamentos estatísticos, d) inclusão de atividades relacionadas aos métodos consensuais de solução de conflitos como atividades a serem consideradas critério de promoção de magistrados por merecimento (grifo nosso), e) elaboração de um código de ética a ser observado pelos conciliadores e mediadores, f) inclusão dos meios não judicias de resolução de conflitos como disciplinas acadêmicas e nos cursos de formação inicial e continuada dos magistrados, g) gestão junto a empresas e instituições públicas e privadas e grandes litigantes, visando ao estímulo e à implementação de práticas autocompositivas dos conflitos[34].

Cabe aos Tribunais criar e manter cadastro de conciliadores e mediadores que atuem em seus serviços, regulamentando o processo de inscrição e de desligamento desses atores. Os conciliadores e mediadores dos Tribunais deverão receber curso de capacitação, treinamento e aperfeiçoamento, promovido diretamente pelos Tribunais ou mediante parcerias.

A despeito dessa centralização, os Centros Judiciários de Solução de Conflitos e Cidadania foram instituídos como o apoio de uma rede integrada pelos órgãos do Poder Judiciário, por entidades públicas e privadas, e de universidades. Houve, também, o reconhecimento de que o ponto de partida dessa nova política pública foram as experiências anteriores de soluções alternativas de conflitos, implementadas por setores da sociedade, que contribuíram para a "redução da excessiva judicialização dos conflitos de interesses"[35].

---

[34] Para tanto, a Resolução criou a seguinte estrutura no âmbito dos Tribunais: I – Núcleos Permanentes de Métodos Consensuais de Solução de Conflitos, a serem criados no prazo de 60 dias, encarregados de: i) planejar, implementar, manter e aperfeiçoar ações pertinentes à consecução da política pública, ii) instalar os Centros Judiciários de Solução dos Conflitos e Cidadania, ii) incentivar programas de mediação comunitária independentes daqueles Centros, iv) *centralizar* e estimular programas de mediação penal ou qualquer outro processo restaurativo; II – Centros Judiciários de Solução de Conflitos e Cidadania, a serem criados como unidades do Poder Judiciário (grifo nosso), no prazo de 4 meses nas capitais e sedes de seções ou regiões judiciárias de maior movimento forense e de 12 meses nas demais comarcas, seções ou regiões judiciárias, com competência nas áreas cível, fazendária, previdenciária, de família ou dos juizados especiais cíveis, criminais e fazendários, obrigatoriamente onde existirem pelo menos 5 unidades jurisdicionais e opcionalmente onde houver pelo menos duas unidades, desde que presente pelo menos uma das referidas competências. Tais centros são incumbidos de *concentrar* (grifo nosso) a realização das sessões e audiências de conciliação e mediação no âmbito de sua atuação, bem como pelo atendimento e orientação ao cidadão. As sessões podem ser realizadas excepcionalmente nos próprios juízos, juizados ou Varas designadas, por conciliadores e mediadores cadastrados pelo Tribunal e supervisionados pelo Juiz Coordenador do Centro. Nos referidos centros que abrangerão setor de solução pré-processual de conflitos, setor de solução processual de conflitos e setor de cidadania, atuarão servidores com dedicação exclusiva, capacitados em métodos consensuais de solução de conflitos.

[35] Nesse sentido, a Resolução considerou imprescindível: a) "estimular, apoiar e difundir a sistematização e o aprimoramento das práticas já adotadas pelos tribunais"; b) a organização dos "serviços de conciliação, mediação e outros métodos consensuais de solução de conflitos, para lhes evitar disparidades

Esse sistema integrado à estrutura do poder judiciário já configurou importante e inegável avanço em direção à mudança paradigmática necessária na administração da justiça nacional. Entretanto, sem o arcabouço configurado pela nova legislação não seria, por si só, suficiente para atender à urgência com que precisa ser enfrentada a questão da administração da justiça em nosso país. Os custos, para o Estado, da implantação dos Centros Judiciários de Solução de Conflitos e Cidadania, com todo o aparato administrativo burocrático necessário à sua instalação e funcionamento, incluídos os recursos humanos e materiais, implicam gastos e alocação de recursos que, por certo, estarão comprometidos diante das dificuldades econômicas e orçamentárias impostas pelo atual debacle da economia brasileira.

Enquanto a normativa do Conselho Nacional de Justiça estabeleceu a política pública de tratamento adequado dos problemas jurídicos e dos conflitos de interesses, organizando em âmbito nacional os serviços judiciais (processos judiciais) e os demais mecanismos de solução de conflitos no âmbito do poder judiciário, a nova legislação ampliou o espectro de atuação do poder público e do poder judiciário na promoção dos meios não judiciais de resolução dos conflitos para, indiscriminadamente, incluir todos os setores do direito e da justiça, inclusive no âmbito penal (justiça restaurativa). Estão incluídos, ainda, os conflitos oriundos das relações de trabalho, porquanto o Novo CPC, *in casu,* tem função supletiva em relação ao processo trabalhista resguardada a compatibilidade de princípios.[36]

Com efeito, as recentes leis, que passaram a tratar da matéria, ampliaram consideravelmente as políticas judiciárias e foram determinantes para que o tema seja, agora, enfocado sob o ponto de vista de uma maior participação da sociedade na administração da justiça.

Com a consolidação das políticas públicas implementadas pelo Conselho Nacional de Justiça e pela nova legislação o sistema de resolução de conflitos supera uma espécie de "desconfiança principiológica" na aptidão dos demais setores da sociedade para promover a solução dos conflitos sociais e contribuir na administração da justiça. Tal política é coerente com o fato de que diversas experiências pré-existentes – parte delas desenvolvidas fora do poder judiciário e oriundas de iniciativas de atores sociais não integrantes do Poder Judiciário -foram invocadas nos discursos de justificação da nova política e nos "considerandos" da norma administrativa do CNJ.

Trataremos, a seguir, tão somente da mediação que é o propósito desse artigo, sob o enfoque da novel legislação.

Por meio da Lei 13.140, de 26 de junho de 2015, já em vigor, a mediação foi reconhecida como meio de solução de controvérsias não somente entre particulares, mas,

de orientação e práticas, bem como *assegurar a boa execução da política pública*, respeitadas as especificidades de cada segmento da Justiça" (grifo nosso). Considerou, também, que os Centros deveriam "servir de princípio e base para a *criação de Juízos de resolução alternativa de conflitos*, verdadeiros órgãos especializados na matéria (grifo nosso) ".

36 Sendo objeto deste artigo esboçar constructos teóricos e operacionais no sentido da compatibilização do instituto da mediação judicial e extrajudicial com o sistema de resolução dos conflitos do trabalho.

também, como instrumento autocompositivo no âmbito da administração pública. Quiçá, em razão da multivocidade do termo, o legislador lançou mão de técnica legislativa incomum e explicitou o conceito de mediação. O art. 1º da lei, parágrafo único, assim dispõe:

> Considera-se mediação a atividade técnica exercida por terceiro sem poder decisório, que, escolhido ou aceito pelas partes, as auxilia e estimula a identificar ou desenvolver soluções consensuais para a controvérsia.

Destacam-se, neste espaço, alguns aspectos da lei que se consideram relevantes para os propósitos deste trabalho.

Podem ser objeto de mediação os direitos disponíveis e os indisponíveis que admitam transação, prevista, neste último caso, a homologação judicial. Os mediadores são equiparados a servidor público, para os efeitos da legislação penal.

A mediação pode ser pessoal ou virtual. A mediação poderá ser, também, judicial ou extrajudicial. Por isso, os mediadores, conforme o caso, podem ser designados pelo Poder Judiciário – mediadores judiciais – ou pelas próprias partes – mediadores extrajudiciais (arts. 4º, 9º, 11 e 46). Entretanto, a ambos se aplicam as hipóteses de impedimento e suspeição a que se sujeitam os juízes (art. 5º).

Na mediação judicial, as partes deverão se fazer acompanhar de advogado, ressalvadas as exceções legais – Leis nº 9.099/95 e 10.259/01 (art. 26). Os mediadores judiciais, cuja remuneração será fixada pelos tribunais e suportada pelas partes, deverão ser graduados, no mínimo há dois anos, em curso superior reconhecido pelo MEC e possuir capacitação em escola ou instituição de formação de mediadores, reconhecida pela Escola Nacional de Formação e Aperfeiçoamento de Magistrados, ENFAM, ou pelos tribunais, desde que em observância aos requisitos mínimos estabelecidos pelo Conselho Nacional de Justiça em conjunto com o Ministério da Justiça (art. 11). Os tribunais manterão, a requerimento dos interessados, cadastro dos mediadores habilitados a atuar na mediação judicial.

Na mediação extrajudicial, qualquer pessoa devidamente capacitada para fazer mediação e que goze da confiança das partes poderá funcionar como mediador, independentemente de possuir vínculo com instituições ou órgão de controle (art. 9º). A mediação extrajudicial poderá resultar de cláusula de mediação (previsão contratual) ou convite de uma das partes, após instaurado o litígio, caso em que o não comparecimento enseja responsabilidade da parte ausente por 50% por cento das custas e honorários sucumbenciais, se vencedora em procedimento arbitral ou judicial.

Cabe ao mediador conduzir "o procedimento de comunicação entre as partes, buscando o entendimento e o consenso e facilitando a resolução do conflito" (art. 4º, parágrafo único).

A mediação pode ocorrer no curso do processo, que será suspenso, e o acordo que vier a ser celebrado pelas partes, se homologado pelo juiz, constitui-se como título executivo judicial. O acordo resultante da mediação extrajudicial ou desprovido da homologação constitui título executivo extrajudicial (art. 20).

Em conformidade com a lei, os tribunais deverão criar "centros judiciários de solução consensual de conflitos" com a mesma finalidade atribuída aos "Centros Judiciários de Solução de Conflitos e Cidadania" (Resolução 125/10, CNJ). Ainda que distinta a nomenclatura, aqueles deverão ser criados de acordo com a normativa do Conselho Nacional de Justiça.

Disposição de grande alcance é a que autoriza à União, Estados e Municípios a criar "câmaras de prevenção e resolução administrativa de conflitos" entre órgãos e entes da administração pública e entre particulares e pessoa de direito público, cuja composição e funcionamento serão regulados pelo ente responsável por sua criação (art. 32). Do mesmo modo, poderão ser criadas câmaras para a resolução de conflitos entre particulares, por órgãos e entidades da administração pública, que digam respeito às atividades reguladas ou supervisionadas pelos mesmos. A mediação nas relações de trabalho será regulada por lei própria, de acordo com o art. 42, parágrafo único, da Lei.

Ampliando ainda mais a abrangência do instituto da mediação no direito brasileiro, o Novo Código de Processo Civil (Lei 13.105, de 15 de março 2015),[37] estabeleceu o dever de todos os atores do sistema judiciário de estimular a solução consensual dos conflitos, dentro e fora do processo. O novo diploma processual reproduziu, também, a regra que determina aos tribunais a criação dos centros judiciários de solução consensual dos conflitos, com as atribuições estabelecidas na legislação anterior, com ênfase na conciliação e na mediação, observada a normativa do Conselho Nacional de Justiça.

Segundo dispõe o Código, a mediação será utilizada "preferencialmente" nos casos em que houver vínculo anterior entre as partes, e a conciliação se inexistente esse vínculo. Ao conciliador é dado sugerir soluções para o litígio, enquanto o mediador tem por ofício contribuir para o restabelecimento da comunicação entre as partes e auxiliá-las a "a compreender as questões e interesses em conflito" de modo que os interessados possam "identificar, por si próprios, soluções consensuais que gerem benefício mútuo" (art. 165, parágrafo único). As partes envolvidas têm autonomia para definir as regras e o procedimento a ser adotado na conciliação e na mediação.

Ratificaram-se as exigências de registro e credenciamento dos conciliadores, mediadores e instituições privadas em cadastro nacional e de tribunais e a respectiva área de atuação, desde que devidamente capacitados, com observância dos requisitos estabelecidos pelo CNJ e pelo Ministério da Justiça. O registro pode ser precedido de concurso público, com publicação anual pelo tribunal responsável. Assegura-se aos tribunais a faculdade de instituir quadro próprio de conciliadores e mediadores a ser preenchido mediante concurso de provas e títulos. Contudo, as partes poderão escolher conciliador, mediador ou instituição privada de mediação que não sejam cadastrados no tribunal. A mediação e a conciliação poderão ser realizadas a título

---

37 BRASIL. Lei nº 13.105, de 16 de março de 2015. Código de Processo Civil. *Diário Oficial da União*, 17 mar. 2015. Disponível em: <http://www.planalto.gov.br/ccivil_03/_ato2015-2018/2015/lei/l13105.htm>. Acesso em: 20 fev. 2016.

de trabalho voluntário ou mediante remuneração fixada em tabela do tribunal com observância das regras do CNJ.

O Código converteu em obrigação dos entes federados (União, Estados, Municípios e DF) a criação de câmaras de conciliação e mediação, com a atribuição de dirimir conflitos entre órgãos e entidades da administração pública e avaliar pedidos de conciliação no âmbito da administração pública. O que era mera faculdade, na Lei 13.140/15, passou a ser obrigação no novo CPC.

A legislação processual recepciona explicitamente "outras formas de conciliação e mediação extrajudiciais vinculadas a órgãos institucionais ou realizadas por intermédio de profissionais independentes" (art. 175, NCPC).

Em suma, enquanto a Resolução 125/CNJ refere-se à conciliação e mediação judiciais, as novas legislações, o marco regulatório da mediação (13.140/15) e o novo Código Processual (13105/15), instituem também a conciliação e a mediação extrajudiciais, inclusive aquelas promovidas por instituições privadas ou conciliadores e mediadores não cadastrados nos tribunais e no Ministério da Justiça. São válidas, portanto, tanto a conciliação e a mediação judiciais, quanto aquelas praticadas por instituições e atores privados não cadastrados no registro público, à escolha das partes interessadas.

De forma adequada ao estágio em que se encontra a mediação no Brasil, Luchiari conclui que não há no Poder Judiciário nacional "uma mediação pura", por isso, alerta que todos os constructos expostos em sua obra, referentes à mediação, englobam a conciliação.[38]

O ponto culminante da política de institucionalização e valorização dos meios não judiciais de resolução dos conflitos é a democratização do sistema de justiça, a descentralização do *locus* de resolução dos conflitos e a substituição da cultura adversarial pela cultura da cooperação, diálogo e da pacificação. Nesse sentido, supera-se um paradigma, o paradigma do monopólio do poder judiciário na solução das controvérsias.[39]

Entretanto, o discurso de justificação da novel política de administração de justiça, em determinados segmentos, ainda está centrado na velha premissa, uma vez que o implemento da política tem sido apresentado tão somente como estratégia de enfretamento da crise do poder judiciário. Para estes setores, os meios alternativos são vistos estrategicamente como meio de filtragem de demandas e desafogamento do poder judiciário e não como instrumento de empoderamento dos cidadãos na definição do seu próprio destino e na autoderminação do modo como pretendem resolver seus conflitos.

---

38 LUCHIARI, Valeria F. Lagrasta. *Mediação judicial*. Rio de Janeiro: Forense, 2012, p. 43.

39 PELUSO *apud* CAHALI, Francisco José. *Curso de arbitragem* – mediação, conciliação, resolução CNJ 125/2010. 5ª. ed. São Paulo: RT, 2015, p. 61. WATANABE, Kazuo. Cultura da sentença e cultura da pacificação. In: MORAES, Maurício Zanoide; YARSHELL, Flávio Luiz (coords.). *Estudos em homenagem à professora Ada Pellegrini Grinover*. São Paulo: DPJ, 2005, p. 684-690.

A despeito de sua importância e grande significado para a administração da justiça e justamente em razão da premência de mudanças num sistema à beira do colapso, a regulação dos meios alternativos de resolução de conflitos tem sido desordenada, fragmentada e assistemática. O tema é tratado em múltiplas fontes normativas.

Com efeito, a Resolução 125/10 do CNJ tratou da mediação exclusivamente judicial resguardando, de certo modo, o viés monopolístico de controle dos meios não judiciais no poder judiciário. Em outra direção caminharam o Novo Código de Processo Civil e a Lei 13.140/2015, que ampliaram sobremaneira o alcance da política ao reconhecer e institucionalizar a conciliação e a mediação promovidas por particulares ou instituições privadas e, assim, instituir, ao lado da mediação judicial, a extrajudicial.

Qualquer pessoa, independentemente de sua formação ou origem, ou de pertencer a algum órgão ou instituição, desde que tenha a confiança das partes e seja capacitada, pode atuar como mediador. Mais. A mediação e a conciliação serão regidas "conforme a livre autonomia dos interessados, inclusive no que diz respeito à definição das regras procedimentais" (NCPC, art. 166, § 4º). Do mesmo modo, "as disposições desta seção não excluem outras formas de conciliação e mediação extrajudiciais vinculadas a órgãos institucionais ou realizadas por intermédio de profissionais independentes, que poderão ser regulamentadas por lei específica" (NCPC, Art. 175, parágrafo único).

3. A MEDIAÇÃO NA SEARA TRABALHISTA

Estas considerações permitem, agora, um posicionamento acerca da mediação judicial trabalhista. A questão requer o seguinte desdobramento: a possibilidade da mediação trabalhista, a mediação judicial (pré-processual, endoprocessual, extraprocessual) e a mediação extrajudicial trabalhista.

O silêncio da Resolução 125/2010 CNJ, a remessa da regulação da mediação trabalhista, pela Lei 13.140/15, à uma legislação específica e a aplicação supletiva do NCPC ao processo do trabalho autorizam a utilização da mediação na seara trabalhista?

Nos dissídios individuais do trabalho os conflitos são de natureza jurídica enquanto nos dissídios coletivos prevalecem os conflitos de interesse.

No campo trabalhista, a solução consentida pelos litigantes sempre foi considerada social e moralmente mais adequada, dados os reflexos sociais dos litígios trabalhistas.[40] A decisão imposta, se não aguça o litígio do ponto de vista psicológico, fragmenta o tecido social, por isto deve ser resguardada para os casos em que a solução consensual resulta impossível.

No âmbito dos dissídios individuais muitos consideram incongruente a conciliação (e, por extensão, a mediação) uma vez que a abordagem da questão litigiosa em

---

40 GIGLIO, Wagner. *A conciliação nos dissídios individuais do trabalho*. Porte Alegre: Síntese, 1997, p. 38.

termos de direitos implica que a razão está com uma das partes. Contudo, os conflitos trabalhistas envolvem sempre questões de fato e de direito e ainda que, em nome da indisponibilidade dos direitos sociais se os tenha como irrenunciáveis, há sempre espaço para o entendimento das partes, quer seja em procedimento conciliatório ou de mediação, quanto aos fatos controvertidos. Com mais razão, a de admitir a autocomposição assistida nos dissídios coletivos de interesse.

A principal característica dos direitos trabalhistas é a indisponibilidade, pela qual se torna juridicamente inviável a abdicação por parte do trabalhador dos direitos e garantias que lhe são asseguradas pelo conteúdo legal mínimo do contrato de trabalho. Não sendo este espaço destinado a discutir as nuanças e o alcance deste princípio, registra-se que há direitos que comportam indisponibilidade absoluta e outros de indisponibilidade relativa, cujo grau é definido pela natureza do bem jurídico-trabalhista protegido. A doutrina e a jurisprudência admitem a transação e a renúncia de direitos, em circunstâncias específicas como, por exemplo, após o término do contrato de trabalho, e a transação judicial. Assim, a indisponibilidade do direito não opõe obstáculo à utilização da mediação para a solução dos conflitos que os envolvam.

O campo em que se situa o conflito e os objetivos eleitos para o seu tratamento determinam o método e o procedimento adequados à sua resolução. No âmbito trabalhista, a solução dos conflitos comporta dupla missão: resguardar a dimensão humana e social dos direitos trabalhistas (indisponíveis e limitadamente transacionáveis), assegurando-lhes a efetividade e a integridade; e auxiliar as partes a solucionar o conflito na sua dimensão intersubjetiva, visando resgatar as relações interpessoais.

As vertentes teóricas que compreendem a mediação como procedimento misto, capaz de reunir técnicas voltadas para a conciliação e aquelas específicas da mediação estrito senso, conferem ao mediador posição ativa e propositiva, adequadas ao tratamento dos conflitos laborais. Nesse rol, situam-se a mediação integrativa-mista (conforme já explicitado acima), a mediação avaliativa e o modelo construtivista, todas elas adequadas à realidade trabalhista. Nesse caso, o mediador fornece às partes parâmetros norteadores da solução mediada em conformidade com o princípio da indisponibilidade do direito. No modelo avaliativo, o mediador utiliza as técnicas para facilitar a autocomposição, do mesmo modo que adota estratégias de avaliação das questões que são importantes para a mediação.[41] O mediador facilita a composição das partes e avalia se estas têm necessidade de orientação qualificada, momento em que elabora, sugere e dirige a solução dos problemas.[42]

No mesmo sentido, caminha a mediação construtivista, cujo diferencial situa-se no resgate da história das partes. Esse resgate constrói-se: a) através da análise e

---

41 RISKIN, Leonard L. *Understanding Mediators' Orientations, Strategies and Techniques*: A Grid for the Perplexed. Harvard Negotiation Law Review, 1996. Disponível em: <http/www.mediate.com/pdf/riskinL2_Cfm.pdf>. Acesso em: 20 fev. 2016, p. 9.

42 SALES, Lilia M. de Morais. *Mediação facilitativa e mediação avaliativa* – estabelecendo diferença e discutindo riscos. Disponível em: <www.univali.br/periodicos>. Acesso: em 20 fev. 16.

dos diagnósticos (princípio do resgate e da projeção); b) do reconhecimento da não neutralidade do mediador, que comparece à mediação inexoravelmente munido de suas crenças e visão de mundo (princípio da neutralidade ativa); c) do mapeamento dos conflitos (conflitos periféricos e conflito nuclear), atuando gradativamente nos conflitos periféricos mais simples, avançando no grau de complexidade até chegar ao conflito central, depois da experimentação de soluções (acordos) parciais.[43] A mediação construtivista almeja harmonizar-se com o direito e "busca ser um instrumento de aplicabilidade dos princípios constitucionais e dos direitos fundamentais de primeira, segunda, terceira e quarta geração", resguardando, pois, os direitos fundamentais sociais.[44]

Os novos estatutos jurídicos que regem o procedimento da mediação no País não vedam, de modo algum, sua compreensão em conformidade com a área de atuação. Os desenvolvimentos dos constructos teóricos indispensáveis à adequação do sistema de resolução não judicial de conflitos à realidade trabalhista são coerentes com a política pública de "tratamento adequado dos conflitos", da qual são meros desdobramentos.

Ao contrário de posições clássicas, como a de Riero e Savatier,[45] que não admitem soluções intermediárias em questões jurídicas (se uma parte tem razão; a outra não tem), no mais das vezes os conflitos se originam em questões de fato. E quanto a estas, a mediação é absolutamente pertinente em sua dupla dimensão (subjetiva e objetiva), uma vez que, com frequência, o conflito objetivo está profundamente enredado a um conflito intersubjetivo. Este último aspecto ganha relevo se o tratamento do conflito se verifica no curso do contrato de trabalho e visa recuperar ou resguardar relações pessoais entre as partes.

Nesta perspectiva, as técnicas de mediação que contemplam a abordagem ampla dos conflitos (objetiva e subjetivamente), como as que foram mencionadas, são instrumentos autocompositivos adequados ao tratamento tanto dos conflitos individuais quanto dos conflitos coletivos do trabalho.[46] Nesse sentido é que se compreende o termo mediação para os fins propostos neste trabalho.

A conciliação trabalhista é inerente ao sistema de composição dos litígios trabalhistas desde os primórdios da organização do trabalho e da administração da justiça laboral. Os mesmos parâmetros pelos quais se admite a conciliação trabalhista (judicial e extrajudicial) se aplicam à mediação. Isso significa que a mediação, sob todos os seus aspectos (judicial – pré-processual, processual e endoprocessual – facilitadora ou adjudicatória), é adequada ao tratamento dos conflitos do trabalho.

Por mediação judicial compreende-se:

---

43 LIMA, Fernanda M. de Araújo. *Mediação construtivista.* Tese de Doutorado defendida na Universidade Federal Fluminense, Niterói, 2015, Orientador Gilvan Luiz Hansen, p. 81-82.

44 LIMA. *Op. cit.*, p. 83.

45 RIERO e SAVATIER *apud* GIGLIO, Wagner. *A conciliação nos dissídios individuais do trabalho.* Porte Alegre: Síntese, 1997, p. 40.

46 Os conflitos individuais do trabalho envolvem dimensão jurídica para além das relações interpessoais das partes; os coletivos, interesses intercategoriais.

- A mediação pré-processual: aquela praticada por mediadores judiciais e nas estruturas definidas na Resolução 125/10-CNJ destinadas a prevenir a instauração de uma demanda trabalhista;
- A mediação endoprocessual: procedimento de mediação instaurado no curso do processo trabalhista e realizada por mediador designado pelo juiz ou pelas partes, com a consequente suspensão do processo nos termos estabelecidos nas Lei 13.140/15 e no NCPC;
- A mediação extra-processual: procedimento de mediação instaurado pelas partes por sua iniciativa exclusiva, no curso do processo, mas fora dele e sem interferência no seu andamento, a não ser quanto à sua extinção, em caso de solução extrajudicial erigida pelas partes.

Naturalmente que a mediação judicial trabalhista realizada, nos termos da Resolução 125/CNJ, implica criação, pelos tribunais do trabalho, dos respectivos Núcleos Permanentes de Métodos Consensuais de Solução de Conflitos e Centros Judiciários de Solução de Conflitos e Cidadania, ou estruturas equivalentes, que possam cumprir os respectivos objetivos institucionais relativos ao desenvolvimento das políticas judiciárias de tratamento adequado dos conflitos[47].

A mediação endoprocessual não exclui a possibilidade de o próprio juiz do trabalho, no exercício do "juízo conciliatório", praticar a mediação – do mesmo modo que ocorre com a conciliação – e se valer de algumas de suas técnicas quando entender que o conflito a ser tratado pode ser mais bem resolvido com o emprego do modelo misto de mediação. Tudo dependerá do contexto, das dimensões objetiva e subjetiva do conflito, da aceitação ou solicitação das partes, bem como da disposição, aptidão e capacitação do magistrado, circunstâncias a serem avaliadas por este na condução do processo. Com efeito, como já assinalado alhures, o novo modelo de tratamento dos conflitos estabelecido na Resolução 125/CNJ, na Lei 13.140/15 e no novo CPC consagram o modelo misto de mediação (mediação seguida de conciliação, quando o emprego desta técnica for necessário), uma vez acolhidos, no sistema, os conceitos de mediação avaliativa, integrativa ou construtivista.

Logo, o dever do magistrado de velar pela legalidade dos atos jurídico-processuais celebrados pelas partes não descaracteriza a mediação. Certo, porém, que caberá ao magistrado a avaliação dos casos em que é recomendável o seu encaminhamento aos Centros Judiciários de Solução de Conflitos e Cidadania ou instâncias equivalentes.

---

[47] Experiência exemplar que implementa as políticas públicas instituídas pela Resol. 215/CNJ, já se encontra institucionalizada no âmbito do Tribunal Regional do Trabalho da 3ª. Região, onde já foram instituídos o Núcleo de Conciliação Permanente da Justiça do Trabalho de Minas Gerais (Portaria nº 451/2011), a Central de Conciliação de 1º Grau do Tribunal Regional do Trabalho da 3ª. Região (Portaria 840/2012) e a Central de Conciliação de 2º Grau (Ato Regulamentar Nº 01/2008 modificado pela Resolução Administrativa 235/2014). Cf. em: TRT3. O que é conciliação. *TRT3 Website*. Disponível em: <http://www.trt3.jus.br/conciliacao/nucleo/o_que_e.htm>. Acesso em: 20 fev. 2016.

A oferta da mediação trabalhista extrajudicial parece-nos possível por meio dos sindicatos, aos quais historicamente, no direito brasileiro se conferiu a função de assistência rescisória e solução não judicial de conflitos, no respectivo âmbito de sua representação, como ocorre com a conciliação por intermédio de dois institutos já presentes no direito brasileiro há quase duas décadas: as Comissões de Conciliação Prévia (art. 625 A-G, CLT) e os Núcleos Intersindicais de Conciliação Trabalhista (art. 625-H, CLT)[48]. Em especial, as instituições jurídica e institucionalmente preparadas para a prática da mediação extrajudicial trabalhista são os Núcleos Intersindicais de Conciliação Trabalhista – Ninter.

O Ninter é instituição intersindical que contempla no rol de suas atividades institucionais a disponibilização de meios não judiciais de resolução dos conflitos individuais e coletivos do trabalho (preferencialmente, a conciliação e a mediação). Dotados de personalidade jurídica própria, são regidos por um estatuto, com a dupla função de organizar administrativamente a instituição e de reger os procedimentos relativos à disponibilização e à prática dos meios não judiciais de resolução de conflitos institucionalizados.

Tais instituições contemplam objetivos mais abrangentes e se constituem em espaço institucional e formal destinado ao diálogo social e ao diálogo interinstitucional entre sindicatos e outras instituições, cuja atuação repercute no âmbito das categorias profissionais e econômicas envolvidas, em especial as instituições públicas do trabalho (Ministério do Trabalho, Ministério Público do Trabalho e Justiça do Trabalho).

Trata-se da abertura de canais de comunicação pelos quais podem transitar *inputs* e *outputs* destinados a contribuir para a adoção concertada de medidas voltadas para a prevenção dos conflitos trabalhistas e para a implementação de meios alternativos, não judicias, de resolução dos conflitos na respectiva área de atuação. Contribuem, ainda, para o aprimoramento das atividades das instituições envolvidas e da negociação coletiva, compreendida em sentido amplo como instrumento de adequação da legislação e de sua aplicação às realidades específicas de cada setor de atividade laboral.

---

[48] Sobre a profunda diferença entre esses institutos cf.: VASCONCELOS, Antônio Gomes de. *O Sistema Núcleo Intersindical de Conciliação Trabalhista*. Do fato social ao instituto jurídico: uma transição neoparadigmática do modelo de organização do trabalho e da administração da justiça. São Paulo: LTr, 2014, páginas 312 e 387 (Especialmente: "Lapsos da doutrina da equiparação entre os institutos do Núcleo Intersindical de Conciliação Prévia e o das Comissões de Conciliação Prévia"; "Organização e estrutura dos Núcleos Intersindicais de Conciliação Trabalhista"); VASCONCELOS, Antônio Gomes de. *Pressupostos Filosóficos e Político- Constitucionais do Sistema Núcleo intersindical de conciliação Trabalhista.* Teoria e prática da razão dialógica e do pensamento complexo na organização do trabalho e na administração da justiça: democracia integral e ética de responsabilidade social. São Paulo: LTr, 2014; VASCONCELOS, Antônio Gomes de. *A função dos conselhos tripartites dos núcleos intersindicais de conciliação trabalhista: a organização intercategorial as relações de trabalho (regulamentação, administração, prevenção e resolução de conflitos) orientada pelo princípio da subsidiariedade ativa.* 2.002. Dissertação de mestrado. Universidade Federal de Minas Gerais. Faculdade de Direito. MINISTÉRIO DO TRABALHO. Núcleo intersindical de conciliação trabalhista (NINTER) – manual básico. Brasília: Ministério do Trabalho e Emprego (SRT), 2000.

Por meio do sistema Núcleo Intersindical de Conciliação Trabalhista – Ninter, o Poder Judiciário e as demais instituições públicas envolvidas e instadas a promover e implementar essas políticas de solução não adversarial dos conflitos encontram canal institucionalizado de comunicação (Conselho Tripartite), através do qual poderão fomentar, supervisionar, acompanhar e fornecer o suporte necessário ao êxito de tais investidas. Destarte, são necessários a capacitação e o cadastro de conciliadores/mediadores, que atuarão junto ao sistema Ninter, de modo a incluí-los no sistema multiportas, como instrumentos de operacionalização da conciliação/mediação judicial e/ou extrajudicial, destinados a colaborar, em harmonia e em cooperação com os Centros Judiciários de Solução de Conflitos e Cidadania, inclusive na prática da mediação judicial pré-processual, extraprocessual e endoprocessual.

4. CONCLUSÃO

A partir da exegese sistêmica dos três sistemas normativos referentes à mediação no Brasil (Resolução 125/10 – CNJ, Lei 13.140/15 e Lei 13.105/15, NCPC) e das modalidades, objetivos, parâmetros e técnicas da mediação que se consideram essenciais e mais adequadas ao tratamento dos conflitos laborais, podemos definir questões adjacentes determinantes ao uso da mediação trabalhista.

Do conceito de mediação pressuposto neste trabalho decorre inequivocamente que o juiz, no exercício do juízo conciliatório obrigatório ou em qualquer fase do processo, poderá utilizar-se da técnica de mediação, adotando, conforme as exigências e características do conflito, ele próprio as técnicas da mediação integrativa, avaliativa e construtivista, desde que entenda possível e salutar à solução do conflito e desnecessária a instauração de procedimento específico de mediação.

Com efeito, a mediação judicial tal como regulada pelo CNJ, a despeito da sua omissão quanto aos conflitos trabalhistas, é inteiramente adequada ao tratamento dos conflitos laborais. A exemplo da experiência já implantada pelo Tribunal Regional do Trabalho da 3ª Região, os Centros Judiciários de Solução de Conflitos e Cidadania e os Núcleos Permanentes de Métodos Consensuais de Solução de Conflitos poderão ser criados no âmbito dos tribunais, para cumprir no poder judiciário trabalhista a política pública: a) de promover os meios não judiciais de resolução dos conflitos (conciliação e mediação), supervisionar, acompanhar e organizar sua prática, bem como estimular outros programas de mediação independentes das estruturas institucionalizadas destinadas a esse fim; b) de capacitar, cadastrar e manter registro dos mediadores aptos a exercer a mediação judicial.

Do mesmo modo, a mediação mista, que contempla os objetivos e as técnicas integrativas, avaliativas e construtivistas – modelo mais adequado ao tratamento dos conflitos do trabalho – pode ser praticada extrajudicialmente. Tais vertentes teóricas permitem a adequação das disposições da Lei da Mediação e do NCPC à realidade trabalhista.

Por hora, nos estreitos limites deste trabalho, remete-se à discussão futura o estudo acerca da aplicabilidade da cláusula de mediação no contrato de trabalho, bem como da possibilidade ou não da mediação privada e/ou carismática para o tratamento dos conflitos trabalhista. Com tais designações refere-se à possibilidade ou não da prática da mediação trabalhista por câmaras ou entes privados e por mediadores individuais privados independentes.

Aos autores, neste estágio, parece possível a oferta da mediação trabalhista extrajudicial pelos sindicatos, aos quais historicamente, no direito brasileiro se conferiu a função de assistência rescisória e solução não judicial de conflitos no respectivo âmbito de sua representação.

Cabendo aos sindicatos velar pelos direitos e interesses individuais e coletivos dos trabalhadores, são estas instituições os atores que detêm maior legitimidade para ofertar meios não judiciais de resolução dos conflitos trabalhistas, no respectivo âmbito de representação, como ocorre com a conciliação por intermédio de dois institutos já presentes no direito brasileiro há quase duas décadas: as Comissões de Conciliação Prévia (art. 625 A-G, CLT) e os Núcleos Intersindicais de Conciliação Trabalhista (art. 625-H, CLT).[49]

Em especial, o Ninter, tal como estruturado normativamente, está aparelhado para ser o instrumento de projeção das políticas públicas estabelecidas na Resolução 125/10 – CNJ, na Lei 13.140/15 e no NCPC, no âmbito da justiça trabalhista.

REFERÊNCIAS BIBLIOGRÁFICAS

ARISTÓTELES. Ética a *Nicômaco.* Tradução: Pietro Nassetti. Coleção A Obra-Prima de Cada Autor. MARTIN CLARET, 2001.

BRASIL. Lei nº 13.105, de 16 de março de 2015. Código de Processo Civil. *Diário Oficial da União*, 17 mar. 2015. Disponível em: <http://www.planalto.gov.br/ccivil_03/_ato2015-2018/2015/lei/l13105.htm>. Acesso em: 20 fev. 2016.

BRASIL. Lei nº 13.140, de 26 de junho de 2015. Dispõe sobre a mediação entre particulares como meio de solução de controvérsias e sobre a autocomposição de conflitos no âmbito da administração pública; altera a Lei no 9.469, de 10 de julho de 1997, e o Decreto no 70.235, de 6 de março de 1972; e revoga o § 2o do art. 6o da Lei no 9.469, de 10 de julho de 1997. *Diário Oficial da União*, 29 jun. 2015. Disponível em: <http://www.planalto.gov.br/ccivil_03/_Ato2015-2018/2015/Lei/L13140.htm>. Acesso em: 20 fev. 2016.

CAHALI, Francisco José. *Curso de arbitragem* – mediação, conciliação, resolução CNJ 125/2010. 5ª. ed. São Paulo: RT, 2015.

CONSELHO NACIONAL DE JUSTIÇA. *Resolução nº 125*, de 29 de novembro de 2010. Dispõe sobre a Política Judiciária Nacional de tratamento adequado dos conflitos de interesses no âmbito do Poder Judiciário e dá outras providências. Disponível em: <http://www.cnj.jus.br/images/stories/docs_cnj/resolucao/arquivo_integral_republicacao_resolucao_n_125.pdf>. Acesso em: 29 fev. 2016.

[49] Mais uma vez, sobre a profunda diferença entre esses institutos conferir a bibliografia citada na nota 48.

DI CHIO, Giuseppe. Mediazione e mediatori. In: *Digesto Commerciale*, 4ª. ed. Turim: Editora UTET, Turim, Itália, 1993, vol. IX.

DIEZ, Francisco; TAPIA, Gachi. *Herramientas para trabajar em mediación*. Buenos Aires: Paidós, 2010.

GIGLIO, Wagner. *A conciliação nos dissídios individuais do trabalho*. Porte Alegre: Síntese, 1997.

GRINNOVER, Ada Pelegrini. *Mediação e gerenciamento do processo* – revolução na prestação jurisdicional. São Paulo: Atlas, 2007.

HIGHTON, Elena I.; ÁLVAREZ, Gladys S. *Mediación para resolver conflictos*. Buenos Aires: AD-HOC, 1998.

LIMA, Fernanda M. de Araújo. *Mediação construtivista*. Tese de Doutorado defendida na Universidade Federal Fluminense, Niterói, 2015. Orientador Gilvan Luiz Hansen.

LUCHIARI, Valeria F. Lagrasta. *Mediação judic*ial. Rio de Janeiro: Forense, 2012.

MASONI, Roberto. *La mediazione nel processo*. Milano: Giuffrè, 2015.

MINISTÉRIO DO TRABALHO E EMPREGO. *Manual do Mediador*. Brasília: MTb, SRT, 1996.

MUSZKAT, Malvina Ester (Org.) *Mediação de conflitos*: pacificando e prevenindo a violência. São Paulo: Summus, 2003.

RISKIN, Leonard L. *Understanding Mediators' Orientations, Strategies and Techniques:* A Grid for the Perplexed. Harvard Negotiation Law Review, 1996. Disponível em: <http/www.mediate.com/pdf/riskinL2_Cfm.pdf>. Acesso em: 20 fev. 2016.

TRT3. O que é conciliação. *TRT3 Website*. Disponível em: <http://www.trt3.jus.br/conciliacao/nucleo/o_que_e.htm>. Acesso em: 20 fev. 2016.

RODRIGUES, Douglas Alencar. Breves notas sobre o instituto da arbitragem e o Direito do Trabalho. In: GENESIS Revista de Direito do Trabalho, n. 72, dezembro de 1998, *apud* VILLATORE, Marco A. César. *Mediação na solução de conflitos de trabalho e o direito comparado*. Disponível em: <http://www.mouraborges.adv.br/MB2_mediacao%20na%20solucao%20de%20conflitos%20de%20trabalho.pdf>. Acesso em: 20 fev. 2016.

SALES, Lilia M. de Morais. *Mediação facilitativa e mediação avaliativa* – estabelecendo diferença e discutindo riscos. Disponível em: <www.univali.br/periodicos>. Acesso em: 20 fev. 2016.

SIX, Jean François. *Dinâmica da mediação*. Belo Horizonte: Del Rey, 2001.

WARAT, Luíz Alberto. *O ofício do mediador*. Florianópolis: Habitus, 2001.

WATANABE, Kazuo. Cultura da sentença e cultura da pacificação. In: MORAES, Maurício Zanoide; YARSHELL, Flávio Luiz (coords.). *Estudos em homenagem à professora Ada Pellegrini Grinover*. São Paulo: DPJ, 2005.

WEBER, R. Economia y sociedade. In: ROSA, F. A. Miranda. (Org.) *Direito e conflito social*. Zahar Editores, 1980.

8

A MEDIAÇÃO E O EXAME DE ORDEM

Marcus Vinicius Furtado Coêlho

Ex- Presidente nacional da Ordem dos Advogados do Brasil (OAB). Doutor em Direito pela Universidade de Salamanca, tem pós-graduação em direito processual pela Universidade Federal de Santa Catarina. No Conselho Federal da OAB, já foi secretário-geral e presidente da Coordenação do Exame de Ordem Unificado. Marcus Vinicius também foi membro da Comissão de Juristas para elaboração do novo Código de Processo Civil, e atua na Comissão do Senado responsável pelo novo texto do Código Eleitoral. É professor na Escola Nacional de Advocacia, nas Escolas de Advocacia dos Estados de São Paulo, Piauí e Distrito Federal e na Escola Judiciária Eleitoral, e também professor convidado da Pós-Graduação da PUC de São Paulo, da Universidade de Brasília e do Instituto Brasiliense de Direito Público.

1. O EXAME DE ORDEM E A PROTEÇÃO DA SOCIEDADE

A atuação do advogado, como detentor do *jus postulandi*, é fundamental e indispensável ao Estado Democrático de Direito, ao devido processo legal e ao acesso à Justiça. A Constituição brasileira reconhece essa importância ao prever, em seu artigo 133, que "o advogado é indispensável à administração da justiça, sendo inviolável por seus atos e manifestações no exercício da profissão, nos limites da lei".

No mesmo sentido é a Lei Federal n. 8.906/94, Estatuto da Advocacia e a Ordem dos Advogados do Brasil (EAOAB), ao reproduzir, em seu art. 2º, o comando constitucional, além de determinar é "o advogado presta serviço público e exerce função social".

O advogado é o único profissional liberal privilegiado com uma seção do texto constitucional. O tratamento legal dado à advocacia decorre de sua importância para democracia e para a Justiça brasileira, não só hoje como desde os primórdios da história nacional, como no processo de redemocratização e elaboração na Constituição. A Ordem foi responsável pela redação quase integral do artigo 5º, que, em repúdio às frequentes violações de direitos humanos praticadas no regime militar por agentes públicos, consagrou a todos os cidadãos a inviolabilidade à vida, à liberdade, à igualdade, à segurança e à propriedade, conforme Bastos[1].

---

1 BASTOS, Marcio Thomaz. A participação da OAB na Constituinte e a construção de uma Justiça mais legítima e eficiente. In: FURTADO, Marcus Vinicius; HERINGER, Mauro B.; CARVALHO, Mariana (org.). *Reflexões sobre a Constituição*: uma homenagem da democracia brasileira. Brasília: Alumnus/ Ordem dos Advogados do Brasil, 2013, p. 95

Cabe ressaltar que a advocacia não é uma profissão mais nobre do que as demais. Todas possuem igual importância, na medida em que contribuem, igualmente, ao progresso social[2]. Todavia, a advocacia não é somente uma profissão liberal, mas também um *múnus público*. É encargo, obrigação e função pública; uma fatigante e árdua atividade a serviço da Justiça. Existe um compromisso inarredável da advocacia para com a sociedade brasileira.

Para o exercício da profissão, portanto, é fundamental um sistema que garanta à sociedade o atendimento por profissional que atenda à qualificação técnica mínima exigida pela lei, nos termos da Constituição, em seu art. 5º, inciso XIII. O objetivo é evitar que advogados possam gerar prejuízos irreparáveis ao cidadão que se vale de seus serviços.

Se é o advogado a voz do cidadão no Judiciário, em defesa dos bens, da liberdade e até mesmo da vida, deve ele ter um mínimo de conhecimento jurídico. O Estado está representado por juízes, promotores e delegados que demonstraram qualificação por meio de um concurso público. Então é justo, racional e imperativo que o representante do cidadão perante essas autoridades também deva ser preparado, sob pena de prejuízo à isonomia entre cidadão e Poder Público.

A preservação dos direitos entalhados na Carta Política Fundamental depende da orientação jurídica e atuação judicial do advogado. A ampla defesa e o contraditório perdem a sua efetividade, como garantias constitucionais, se o profissional responsável por assegurá-las for desqualificado, incapaz de argumentar tese jurídica adequada à proteção do cidadão.

Nesse sentido, o Exame de Ordem possui o escopo de restringir a atuação profissional que não possua o mínimo conhecimento técnico e, dessa forma, protege a própria sociedade e o cidadão individualmente considerado contra abusos e injustiças que lhes venham a prejudicar.

O curso de Direito não é curso de magistratura, de promotoria, de defensoria ou de advocacia. É um curso de bacharelado, que abre oportunidades para inúmeras carreiras jurídicas, cada uma com um teste específico para o ingresso nas profissões. Os estudantes de Direito, ao ingressarem na graduação, têm a ciência desses requisitos para o exercício de todas essas funções.

Uma ferramenta de restrição se torna ainda mais adequada quando o número de cursos de Direito cresce exponencialmente, especialmente a partir da vigência da Lei de Diretrizes e Bases da Educação Nacional. O gráfico a seguir, retirado do Caderno Exame de Ordem em Números, demonstra a influência da Lei de Diretrizes e Bases da Educação Nacional (LDB) para o aumento de matrículas em instituições de ensino superior:

---

[2] SILVA, José Afonso da. *Curso de direito constitucional positivo*. 30. ed. São Paulo: Malheiros, 2008. p. 595.

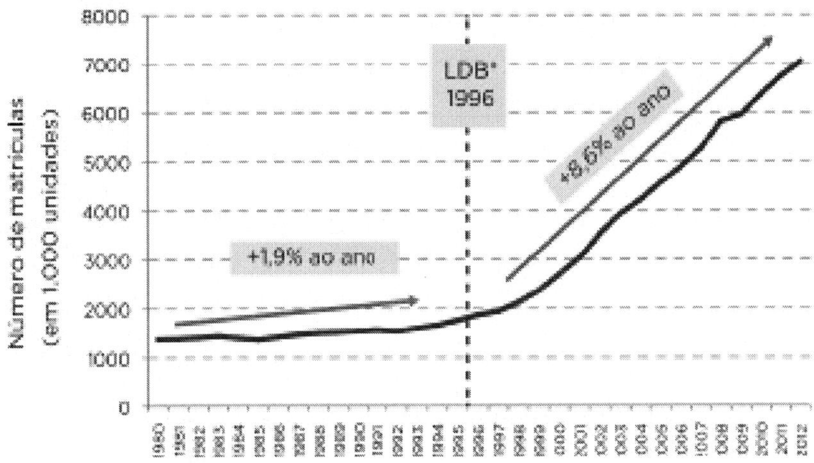

Gráfico 1
Fonte: CFOAB e FGV. Exame de Ordem em Números.
(*) Lei das Diretrizes e Bases da Educação Nacional

Enquanto entre 1980 e 1996 – data de início de vigência da LDB – o número de matrículas no ensino superior subia 1,9% ao ano, a partir de 1996 a taxa de crescimento anual mais do que quadriplicou, atingindo a marca de 8,6% ao ano. A exigência de requisitos mínimos de conhecimento, portanto, se mostra compatível com os dados obtidos pela OAB e pela FGV na análise da realidade do ensino superior brasileiro. Quanto maior o número de bacharéis, mais fundamental é estabelecer um exame para a aferição da mínima qualificação profissional.

Ademais, o Exame de Ordem possui respaldo legal cuja constitucionalidade foi chancelada, por unanimidade, pelo Supremo Tribunal Federal. A exigência de aprovação no exame como requisito para o exercício da advocacia, além de não ser incompatível com a Constituição, é por ela permitida pelo comando do art. 5º, inciso XIII.

No Recurso Extraordinário n. 603.583/RS[3], o ministro relator, Marco Aurélio de Mello, citou o dispositivo constitucional afirmando que "o constituinte limitou as restrições de liberdade de ofícios às exigências de qualificação profissional". A ministra Cármen Lúcia, por sua vez, ao defender a função da Ordem dos Advogados do Brasil, destacou a importância da graduação para a formação do profissional e lembrou que, no entanto, as faculdades formam bacharéis, e não advogados.

O ministro Gilmar Mendes, em seu voto, destacou que o Exame de Ordem brasileiro é ainda menos restritivo do que modelos análogos existentes em outros países.

---

3 SUPREMO TRIBUNAL FEDERAL. RE 603583, Relator(a): Min. Marco Aurélio, Tribunal Pleno, julgado em 26/10/2011. *DJe*-102. Divulgado em 24-05-2012. Publicado em 25-05-2012, RTJ VOL-00222-01 PP-00550.

Na Alemanha, após graduado, o bacharel em Direito deverá realizar dois exames, entre os quais existe um estágio supervisionado. Na França, após aprovados no exame, os bacharéis ainda se submetem a um curso de formação de 18 meses no âmbito do conselho de advogados, podendo exercer a advocacia só após a obtenção do certificado de conclusão do curso. Na Itália, há um estágio de no mínimo dois anos, com participação em pelo menos 20 audiências, para só então ser permitida a realização da avaliação.

Em todos esses países, e também nos Estados Unidos e no Canadá, apenas a título de exemplo, há consenso quanto à relevância de uma fiscalização apriorística da qualificação profissional necessária ao exercício da advocacia.

Cabe ressaltar que, no Brasil, a atividade profissional do advogado não é a única restringida pela exigência de uma certificação. No Sistema Financeiro Nacional, por exemplo, a Lei n. 4.595/64 atribui ao Conselho Monetário Nacional a competência de regular as atividades disciplinadas no art. 4º, inciso VIII, da mesma lei. A Resolução n. 3.158/03, do CNM, estabelece então que, nas instituições cujo funcionamento é condicionado à autorização pelo Banco Central, os empregados que exercerem a distribuição e mediação de títulos, valores mobiliários e derivativos deverão ser considerados aptos no exame de certificação organizado por entidade de reconhecida capacidade técnica.

Exigências de qualificação mínima são fundamentais para se resguardar a prestação de serviços cujo destinatário é a sociedade. São, portanto, medidas de interesse público, e o próprio cidadão reconhece a sua imprescindibilidade para a qualidade dos serviços. Pesquisa nacional Datafolha divulgada em julho de 2015 mostrou que 89% dos brasileiros são favoráveis ao Exame de Ordem. E mais: o modelo garante tamanha segurança para a sociedade que outros 94% desejam que médicos e engenheiros sejam submetidos, antes de exercerem sua profissão, a uma avaliação nos moldes da desenvolvida pela OAB.

O exame vem atendendo aos fins pelos quais foi criada, e não se mostra uma restrição injusta ao exercício da profissão. A prova é genérica, impessoal, isonômica, com nível técnico compatível com a qualificação exigível de um bacharel em Direito, nacionalmente unificada e aplicada a todos os interessados em exercer a advocacia, indistintamente. Ademais, não conduz à aprovação de determinados indivíduos pré-selecionados por uma corporação nem representa reserva de mercado aos já advogados.

Cabe observar que não há limite de vagas para aprovação, nem se inibem as tentativas do graduado para alcançá-la. Trata-se de uma prova com 80 questões objetivas e outra que consiste em apresentar uma petição profissional e com perguntas de ordem prática, na área jurídica previamente escolhida pelo examinando.

Numa visão econômica, são inválidos os argumentos de que o Exame de Ordem gera riquezas à OAB. Mais rentável seria o fim do Exame de Ordem, pois a Ordem passaria a ter milhares de novos inscritos, pagando uma anualidade média de cerca de R$ 800,00 e gerando uma arrecadação quase bilionária.

A existência de um exame para aferir qualificações mínimas, portanto, só possui um único objetivo, que é garantir à sociedade a melhor prestação dos serviços advocatícios: um múnus público, conforme já asseverado. A proteção do cidadão, de forma qualificada, deve ser privilegiada pela ordem constitucional. É essa a garantia fornecida pelo Exame de Ordem.

2. MEDIAÇÃO E EXAME DE ORDEM

Se a função do Exame de Ordem é definir os requisitos mínimos para uma prestação qualificada dos serviços advocatícios, os conteúdos cobrados nas avaliações devem refletir as peculiaridades da atuação profissional do advogado. O cotidiano profissional deve ser o fundamento de toda a matéria exigida do advogado, sob pena de se desvirtuar a intenção do exame.

E em uma contemporaneidade de Tribunais sobrecarregados de processos, métodos alternativos de solução de conflitos passam a se tornar realidade e necessidade da Justiça brasileira. Instrumentos como a mediação e a arbitragem recebem então um lugar de destaque na prática advocatícia; o domínio dessas ferramentas é, agora, um diferencial para todos aqueles que procurem atuar como advogados.

O novo Código de Processo Civil é expresso ao determinar, ao abordar as normas fundamentais do processo civil, que a conciliação, a mediação e outros métodos de solução consensual deverão ser estimulados por todos os profissionais do Direito (art. 3º, § 3º).

Nesse sentido, a ordem natural dos eventos é que a mediação, em razão da sua crescente relevância no meio jurídico, seja inserida no conteúdo programático que orienta a elaboração das provas do Exame de Ordem.

Mas antes de se abordar a questão da inserção da mediação no conteúdo das avaliações, é fundamental perquirir quais as previsões normativas que regulam o tema. O Provimento n. 144/2011, que dispõe sobre o exame, prevê, em seu art. 11, § 4º, as disciplinas integrantes do conteúdo das provas do Exame de Ordem, nos seguintes termos:

O conteúdo das provas do Exame de Ordem contemplará as disciplinas do Eixo de Formação Profissional, de Direitos Humanos, do Estatuto da Advocacia e da OAB e seu Regulamento Geral e do Código de Ética e Disciplina, podendo contemplar disciplinas do Eixo de Formação Fundamental.

O conteúdo do Exame, portanto, compõe-se das matérias de Direitos Humanos, Estatuto da Advocacia e da OAB, seu Regulamento Geral e Código de Ética e Disciplina, bem como daquelas constantes nos Eixos de Formação Profissional e Fundamental.

Quanto às primeiras disciplinas, não há o que ser minuciado; são elas delimitadas no próprio provimento. Entretanto, quanto às disciplinas que compõem os eixos de formação, a definição do conteúdo encontra complemento em resolução da lavra do Ministério da Educação, exarada pela Câmara de Educação Superior do Conselho Nacional de Educação.

Atualmente, as diretrizes curriculares do Curso de Direito são regidas pela Resolução CNE/CES nº 9, de 29 de setembro de 2004. Os Eixos de Formação

Fundamental e Profissional possuem sua previsão no art. 5º, incisos I e II, respectivamente. O primeiro se compõe das disciplinas Antropologia, Ciência Política, Economia, Ética, Filosofia, História, Psicologia e Sociologia, essenciais para a integração do estudante com outras áreas do saber. O Eixo de Formação Profissional, por sua vez, abrange as disciplinas Direito Constitucional, Direito Administrativo, Direito Tributário, Direito Penal, Direito Civil, Direito Empresarial, Direito do Trabalho, Direito Internacional e Direito Processual, diretamente ligadas à atuação do advogado.

Determinadas essas linhas gerais, pode-se chegar à conclusão de que só podem ser cobradas no Exame de Ordem as disciplinas previstas expressamente no Provimento n. 144/2011 e, consequentemente, na Resolução do MEC, que estabelece as Diretrizes Curriculares Nacionais do Curso de Graduação em Direito.

E a mediação, considerada a sua relevância na atual conjuntura nacional? Pode ela ser cobrada no Exame de Ordem? A resposta, sem sombra de dúvidas, é afirmativa. A dúvida reside na forma como será feita sua inserção nos conteúdos programáticos, visto que não há nenhuma previsão expressa.

A Coordenação Nacional do Exame de Ordem Unificado, atenta às demandas profissionais da categoria, em reunião realizada no dia 26 de maio de 2015, deliberou por solicitar à Fundação Getulio Vargas (FGV) que inclua a temática de Mediação e Arbitragem na cadeira de Direito Processual Civil. Essa recomendação foi levada pelo coordenador das bancas e pelo coordenador nacional, Lúcio Teixeira dos Santos, à assessoria da FGV.

Ademais, a própria FGV, em proposta encaminhada ao CFOAB em fevereiro de 2015, comprometeu-se, dentre outras coisas, a inserir questões na prova ligadas a esse tema junto à cadeira de Direito Processual Civil, informação protocolada no CFOAB por meio do n. 49.0000.2015.000958-6.

A mediação, portanto, ingressa o rol de conteúdo do Exame de Ordem junto às demais subdivisões de Processo Civil. É a previsão do art. 11, § 4º, do Provimento 144/2011 do CFOAB, combinado com o art. 5º, inciso II, da Resolução CNE/CES nº 9/04, que respalda a sua cobrança na prova da Ordem.

Nesse sentido, vale relembrar que as formas consensuais e alternativas de resolução de conflito não constituem disciplina autônoma, mas sim um desdobramento da cadeira de Direito Processual. Sobre o tema, cumpre destacar que tramita na Comissão Nacional de Exame de Ordem o processo n. 49.0000.2013.008113-9, no qual se discute a possibilidade de inserção dos métodos alternativos de resolução de conflitos como um conteúdo autônomo da avaliação. A questão se encontra em andamento, e ainda não há definição sobre o pedido.

CONSIDERAÇÕES FINAIS

O Exame de Ordem, antes de ser um exame para aferir o conhecimento mínimo necessário ao exercício da advocacia, é um instrumento de proteção da sociedade e do cidadão no que concerne aos seus bens, à sua liberdade e até à sua vida. A indispensabilidade do advogado para a garantia de direitos exige um profissional competente e em constante aprimoramento, adequado às exigências de uma Justiça em modernização.

Ao avaliar a qualificação dos bacharéis em Direito para que possam exercer a profissão, portanto, é essencial que conteúdos de grande influência no cotidiano da advocacia sejam exigidos do estudante. Nesse sentido, os métodos autocompositivos de solução de conflitos adquirem especial relevância, sobretudo em um Brasil cujo Poder Judiciário encontra-se sobrecarregado e cada vez mais dependente da implementação de alternativas à judicialização das lides.

Atentas a essa necessidade, a OAB e a FGV trabalham pela inserção da mediação no conjunto de conteúdos dos Exames de Ordem, estimulando os graduandos em Direito a estudarem a matéria com mais afinco, bem como induzindo as instituições de ensino superior a acrescentarem, nas grades programáticas das aulas de Processo Civil, mais horas-aula para a reflexão sobre os métodos alternativos de resolução de conflitos.

O profissional deve estar apto a compor lides, e não apenas a litigar judicialmente. Somente um advogado qualificado, que possa honrar os anseios do povo ao resolver conflitos de forma efetiva, é capaz de exercer o papel de protagonista no processo de construção de uma sociedade mais justa, equânime e solidária.

REFERÊNCIAS BIBLIOGRÁFICAS

BASTOS, Marcio Thomaz. A participação da OAB na Constituinte e a construção de uma Justiça mais legítima e eficiente. In: FURTADO, Marcus Vinicius; HERINGER, Mauro B.; CARVALHO, Mariana (org.). *Reflexões sobre a Constituição*: uma homenagem da democracia brasileira. Brasília: Alumnus/Ordem dos Advogados do Brasil, 2013.

CFOAB e FGV. *Exame de Ordem em Números*. Disponível em: <http://fgvprojetos.fgv.br/sites/fgvprojetos.fgv.br/files/exame_de_ordem_em_numeros.pdf>. Acesso em: 04 set. 2015.

SILVA, José Afonso da. *Curso de direito constitucional positivo*. 30 ed. São Paulo: Malheiros, 2008.

SUPREMO TRIBUNAL FEDERAL. RE 603583, Relator(a): Min. Marco Aurélio, Tribunal Pleno, julgado em 26/10/2011. DJe-102. Divulgado em 24-05-2012. Publicado em 25-05-2012, RTJ VOL- 00222-01 PP-00550.

9

MEDIAÇÃO EXTRAJUDICIAL: O CONFLITO PELO DIREITO E PELO AVESSO

Mônica Sette Lopes

Professora Associada da Faculdade de Direito da UFMG. Desembargadora do Tribunal Regional do Trabalho da 3ª Região. Doutora em Filosofia do Direito

O DIREITO PELO AVESSO

Os gregos são sempre um bom começo, especialmente neste tema que pode ser mais frontalmente escandido a partir da ética aristotélica, pela apropriação da equidade e da solução pela mediania que exige uma perspectiva heterônoma ou exterior ao dissenso, seja a do juiz que decide, seja, na questão que interessa aqui discutir, a do mediador, que contribui para que as partes decidam, elas próprias, sobre suas vidas. São sentidos diferentes, a abordar o conflito, e eles dizem, olham, ouvem e tocam os envolvidos de modo distinto com movimentos peculiares, a partir dos meios utilizados e do modo de alcançar os objetivos que são a decisão, num caso, e a superação das diferenças, no outro. O juiz sente o conflito para decidir, valendo-se dos ritos e fórmulas do procedimento judicial. O mediador sente o conflito para restabelecer a interlocução. A decisão não é dele: ela é construída pelos interessados. O conflito é matéria-prima do direito, lugar comum que não se esgota na perfectibilidade que sempre remonta ao infinito, ao imprevisível. Para acertar diferenças pode-se chegar à necessidade última de explicitar regras numa procedimentalidade que vai sempre além da aparente limpidez das palavras registradas nas normas. A mediação, supervalorizada no Código de Processo Civil de 2015[1], busca o acerto das diferenças a partir do avesso delas, ou seja, a partir da fusão da substância do tipicamente jurídico com os elementos de uma cena, cujas nuances não são necessariamente reveladas e traduzidas no processo judicial (onde nem todas as cartas são postas na mesa), permitindo com isso que as partes cheguem à superação que põe o litígio em novas bases, criadas com o reencontro delas, intermediado pela figura neutra do mediador. As perguntas a serem feitas e cuja resposta se tentará são as seguintes: No lado avesso do direito, onde se expõem as tramas, como se antevê o percurso da mediação fora dos limites da atuação estatal para a solução dos conflitos

---

1 Vejam-se, por exemplo, as disposições dos arts. 250, IV, 303, II, 308, § 3º, 319, VII, 334, 335, 359, 565 do CPC/2015.

no Brasil? Será que ela será assimilada e absorvida como prática ou costume na cultura de solução dos conflitos? Que entraves ela encontrará para a realização de seus propósitos assumidos como sendo legítimos pela CPC/2015?

O TECIDO DO DIREITO

Para Aristóteles, o encontro do justo em cada caso não se faz mediante uma armação límpida, mas pela descoberta do ponto médio a partir da apreensão de variáveis que se expõem de forma arestosa e irregular. A melhor justiça decorre da medição de circunstâncias por uma régua maleável[2]. Para encontrá-la, pode ser necessário um terceiro precipuamente identificado com a figura do juiz, mas que também pode ser um ator qualquer que propicie a (inter)mediação dos interesses e que promova a descoberta da mediana num processo de acertamento de diferenças que muito raramente se resolvem numa equação de proporcionalidades aritméticas.

A mediação sempre se dá pela apropriação dialética dos elementos recuperados e avaliados da história das partes, transportada para o presente. Na geometria do conflito, igualar as proporções demanda um denominador comum que não é dado pelo acaso. Ele se molda na reconstrução argumentativa da história, na ponderação de circunstâncias pela dialética que se produz nas idas e vindas do (re)conhecimento do conflito. Em outras palavras, ele se baseia na reconstrução pela narrativa do conflito embebida nas dimensões da compreensão equitativa. Assimiladas pelas partes no convívio orientado pelo mediador.

Quando Aristóteles, antes de tantos, falou de um processo complexo do amoldamento das regras em abstrato a uma realidade cheia de nuances, ele cuidava do processo de decidir, mas também, inadvertidamente talvez, de todos os processos de superação da cena do conflito.

Diferentemente do escopo limitado do processo judicial, a mediação admite (exige mesmo) a dedução de mágoas, de dissensos, de incômodos, mal-estar recíproco, palavras ditas a esmo, porque tudo isso pode romper o ritmo do conflito e direcionar as partes para uma tessitura argumentativa mais conciliatória. Na mediação, portanto, medem-se escalas da vida, pelas vozes que debatem com profundidade muito maior do que se apresenta para o percurso adversarial do processo com as pretensões deduzidas pelas partes em exercício de contraditório.

Nada é simples, porém. Ainda que não haja dúvida sobre a qualidade maior da mediação sobre a solução imposta pela decisão do Poder Judiciário, a qual ainda deve se submeter à lentidão da execução compulsória, ele não representa um automático na assimilação pelos atores do conflito no Brasil. As dificuldades vão desde o desconhecimento, ao volume ainda pequeno dos agentes capazes de realizar a mediação, ao excesso de pessoas que vivem do conflito. Finalmente, não há como discernir com precisão se a mediação atinge, preponderantemente, os conflitos judicializados ou judicializáveis, ou se ela abarca aqueles que sequer chegariam ao âmbito da Justiça,

---

2 ARISTÓTELES. *Ética a Nicômaco*. Trad. Edson Bini. São Paulo: EDIPRO, 2002. p. 159-160.

tudo a depender de uma análise que não verse apenas a quantidade, mas que abrange a qualidade dos agentes responsáveis pela mediação.

Voltar a Aristóteles, portanto, significa apenas reafirmar a ancestralidade da questão, que se renova na alteração de cultura projetada pelo CPC/2015 com a insistência com que se volta para o uso da mediação. A pergunta é: Como resolver conflitos numa sociedade de massa? Como dar voz às pessoas para falar sobre si? A resposta, com Aristóteles, foca na amarração de um conjunto de dados, assentados numa tradição de litigiosidade e enfrentamento do tempo dilatado do processo, que se entranha na vivência das partes. Para antever o que pode ser dos processos de mediação, a extrajudicial especial, há a necessidade de considerar muitas variáveis, todas para dizer o que será de seu futuro:

> Esta é a razão porque quando ocorrem disputas os indivíduos recorrem a um juiz. Dirigir-se a um juiz é dirigir-se à justiça, pois o juiz ideal é, por assim dizer, a justiça personificada. E também os homens necessitam de um juiz para que seja um elemento mediano, pelo que, efetivamente, em alguns lugares eles são chamados de mediadores, pois pensam que se eles atingem a mediana, atingem o que é justo. Assim o justo é uma espécie de mediana na medida em que o juiz é um meio (intermediário) entre os litigantes[3].

O mediador também é um intermediário, mas se distingue do juiz, na medida em que o processo de mediação não é um processo de conhecimento, com partes contrapostas e com vistas a um julgamento. O processo de conhecer, que é também de sua essência, visa a alcançar o cerne do problema para a reconstrução da solução. Se o movimento argumentativo está presente no julgamento e na mediação, o conteúdo do processo dialógico tem possibilidades muito abertas nesta última, porque a avaliação de relevância das posições e das falas vai muito além dos limites da lide. Ela alcança espectros subliminares da relação de vida, os quais, desvendados, passam muitas vezes a ser os deflagradores da solução concertada.

Numa das histórias recontadas por Friedman e Himmelstein, dois irmãos, Graziella e Ricardo, são herdeiros de um rancho: ela o explora numa pousada, ele numa fazenda de produtos orgânicos e num santuário de pássaros. Um incidente leva a que Ricardo fique muito agressivo e Graziella passa a ter medo das reações dele e a evitá-lo. Um circuito de mal-entendidos vai se formando em relação a pequenos detalhes e eles acabam se desentendendo por qualquer pretexto[4]. No circuito da mediação, uma pequena frase dita por Ricardo sobre o valor que dá à família e sobre não querer prejudicar a irmã desarma o espírito de ambos como um passe de mágica. E a resposta à mediação foi se apresentando e estabelecendo uma nova forma de vínculos para o futuro.

Esse resultado é muito difícil de se alcançar na redação de uma decisão. Por mais claros que sejam os fundamentos, por mais francamente que eles deduzam o seu

---

3 ARISTÓTELES. *Ética a Nicômaco*. Trad. Edson Bini. São Paulo: EDIPRO, 2002. p. 144.

4 FRIEDMAN, Gary; HIMMELSTEIN, Jack. *Challenging conflict: mediation through understanding*. Chicago: American Bar Association, 2008. E-book, Kindle Edition.

entendimento da história das partes, é pouco provável que o vencido aceite o teor da decisão que lhe é compulsoriamente imposta. Haverá a senda dos recursos em que a posição de cada um é traduzida para a linguagem limitadora do litígio e do processo.

Não se trata de rejeitar a intervenção do direito e mesmo do processo judicial. Quando se fala de mediação extrajudicial, não se está excluindo o fator jurídico na relevância que tem para a análise das circunstâncias e de seus riscos. O mediador não julga, é certo. Mas no processo de incentivo do diálogo entre as partes, cabe a ele acompanhar a internalização no debate dos efeitos que vêm do direito, como mais um aspecto contingencial que compõe a realidade da disputa ou do dissenso.

É fácil remontar a esse ambiente de complexidade do direito, em sua formulação conceitual, já com Kelsen. Isso pode parecer um paradoxo, mas o teórico do direito, no capítulo 8, da Teoria Pura do Direito, permite ir pelo bom caminho para entender a distinção:

Se um indivíduo quer observar uma norma que regula a sua conduta, quer dizer, pretende cumprir um dever jurídico que sobre ele impende realizando aquela conduta a cuja conduta oposta a norma jurídica liga uma sanção, esse indivíduo, quando tal conduta não se encontra univocamente determinada na norma que tem de observar, também tem de realizar uma escolha entre diferentes possibilidades. Porém essa escolha não é autêntica. Ela não é vinculante para o órgão que aplica essa norma jurídica e, por isso, corre sempre o risco de ser considerada como errônea por este órgão [...][5]

A autenticidade que Kelsen atribui ao ato de decisão do juiz (que, para decidir, aprecia todas as questões, com o uso de elementos da estática e da dinâmica jurídicas, e toda a matéria de fato e a modulação argumentativa com a qual se coloca) não significa que a solução construída pelas partes seja menos relevante ou que ela deva ou possa desconsiderar o direito, que possa ser antijurídica.

Quando, em sua novidade, o Código de Processo Civil de 2015 dá tanta ênfase à mediação, ele tende a recuperar aquela posição precursora de Kelsen quanto ao processo de igualação do que é substancialmente diferente na posição das partes em seus interesses antagônicos. A decisão autêntica continua sendo a decisão judicial, mas a internalização do conteúdo jurídico para a solução do conflito pode se dar por outras vias:

> Art. 3º Não se excluirá da apreciação jurisdicional ameaça ou lesão a direito.
>
> § 1º É permitida a arbitragem, na forma da lei.
>
> § 2º O Estado promoverá, sempre que possível, a solução consensual dos conflitos.
>
> § 3º A conciliação, a mediação e outros métodos de solução consensual de conflitos deverão ser estimulados por juízes, advogados, defensores públicos e membros do Ministério Público, inclusive no curso do processo judicial.

---

[5] KELSEN, Hans. *Teoria pura do direito*. Trad. João Baptista Machado. São Paulo: Martins Fontes, 1985. p. 370.

Assim, em que pese a reserva da última palavra para o Poder Judiciário, houve uma explicitação do projeto de ampliação dos canais de negociação.

A redundância no CPC/2015, explicitada no volume de vezes em que se refere à mediação, inclusive quando formalmente a integra no cenário da audiência, que antes era apenas de conciliação, define um projeto de lançar para o futuro a incorporação, na cultura, da solução do conflito pela participação dos nele envolvidos.

As dificuldades na implantação de órgãos auxiliares nos processos de conciliação e de mediação incluem-se na faixa judicial da questão e interessam apenas residualmente na matéria aqui tratada[6]. A previsão do art. 165 de criação de "centros judiciários de solução consensual de conflitos, responsáveis pela realização de sessões e audiências de conciliação e mediação e pelo desenvolvimento de programas destinados a auxiliar, orientar e estimular a autocomposição" certamente esbarra em todos os percalços que caracterizam a administração pública e a gestão de seus interesses. Aqui tem-se mais um campo de serviço público a gerir, de política pública a tornar efetiva. Lá estará um prédio, com suas salas, com pessoas trabalhando, com o uso de dinheiros públicos, com equipamentos adquiridos por meio de licitação. Lá estará um grupo de pessoas com variados interesses a funcionar como mediadores. Porque a vocação do CPC/2015 para a solução negociada não pode significar uma atuação periférica ou ocasional. Os serviços devem ser disponibilizados com base na principiologia do art. 37 da CR/88, especialmente no que concerne à eficiência e à impessoalidade. O acesso à mediação envolve um problema quantitativo (a disponibilização de lugares bastantes aos quais os interessados possam ir para a mediação e com custos compatíveis com a capacidade econômica das partes incluindo a isenção deles) e um problema qualitativo (a participação de mediadores experientes e habilitados).

A distinção feita nos §§2º e 3º do art. 165 do CPC/2015 entre as figuras do conciliador e do mediador recupera o enfoque dado ao nível da intervenção. Ao conciliador permite-se a proposta de modos de solução do litígio. Mas o mediador apenas estimula que as partes encontrem essa solução, na medida em que "auxiliará aos interessados a compreender as questões e os interesses em conflito, de modo que eles possam, pelo restabelecimento da comunicação, identificar, por si próprios, soluções consensuais que gerem benefícios mútuos".

Nos §§ 2º e 3º do art. 165 do CPC/2015, distingue-se também a inserção da história das partes na formação do conflito. O conciliador atuará preferencialmente nos casos em que não houver um vínculo continuado que ligue as partes a uma história. O conflito origina-se de um ato único e isso torna mais fácil que ele sugira

6 Excluem-se, naturalmente, da temática central os conciliadores e os mediadores judiciais, que encontram, nas previsões dos arts. 165 e seguintes do CPC/2015, a regulação de sua competência, vinculada diretamente à atuação dos tribunais. Do mesmo modo excluem-se aqueles dispositivos que regulam os meios de controle e de regularização dos conciliadores, mediadores e das câmaras privadas de conciliação e mediação que serão usadas na conciliação e na mediação judicial, o que inclui a criação de quadro próprio. O art. 173 prevê as hipóteses em que se dará a exclusão de conciliadores e mediadores do cadastro mediante processo administrativo.

uma solução. O mediador terá que atuar num campo de relações humanas de maior complexidade e, com grande certeza, terá que enfrentar elementos da vivência das partes que escapam do âmbito mais estrito do conflito.

Com todas as dificuldades conjunturais, para o acesso a serviços públicos, não seria razoável presumir que os mediadores, bem treinados, estivessem acessíveis à massa da população em volume suficiente para realmente atrair as pessoas e formar uma cultura que supere as expectativas projetadas pela ação judicial. Não se trata de assumir que o Poder Judiciário funcione bem, mas de considerar que a adesão ao novo sistema proposto dependerá muito dos resultados que ele oferecer e do modo como isso for sendo absorvido como uma modelo de vivência da cultura jurídica de solução de conflitos.

Aos pesquisadores do direito, cabe discutir a experiência e conhecê-la na medida em que ela for se assentando.

A mediação extrajudicial

No jornal de um domingo, 27.12.2015, foi manchete num canto de página final do primeiro caderno: "Prefeitura entrega centro para mediação de conflitos". Em cima dela, há uma foto onde estão, sorridentes, o Prefeito do Rio de Janeiro (Eduardo Paes) e o Secretário Municipal de Habitação e Cidadania, Sérgio Sveiter, que teria dito:

> "- Os moradores vão resolver não só os seus problemas em relação às pessoas daqui [do Morro da Coroa, no Catumbi], mas também em relação a empresas. Aqui tem uma problemática muito grande com a Light e a Oi. Uma vez que os mediadores forem treinados pelo tribunal, passam a ter um diploma, e o que for resolvido aqui, depois de assinado, terá valor legal junto à Justiça"[7].

O Centro Municipal de Mediação Comunitária do Rio, cuja primeira unidade é essa do Morro da Coroa, foi criado com a pretensão de que "mediadores da própria comunidade"[8] lidem com questões como "ameaças de despejo e brigas entre vizinhos, sem que os casos precisem chegar à Justiça" [9]. Outro objetivo seria "solucionar conflitos com empresas prestadoras de serviço" [10].

Ainda que possa haver treinamento dos mediadores pelo Tribunal de Justiça, o centro para mediação de conflitos é um exemplo de espaço para a busca de solução extrajudicial.

A inauguração do espaço, com a presença de autoridades públicas, corrobora o esforço na ideia de internalização de uma nova cultura na solução dos litígios. Não há como negar, porém, a exploração da imagem do centro de mediação como se o ato de inauguração fosse suficiente para deflagrar a funcionalidade do espaço para os

---

7 FERREIRA, Paula. *Prefeitura entrega centro para mediação de conflitos*. Jornal O Globo. Rio de Janeiro, 27 dez. 2015, p. 14.

8 *Idem*, p. 14.

9 *Ibdem*, 2015, p. 14.

10 *Ibidem*, 2015, p. 14.

fins previstos. A visibilidade, transfundida em propaganda para os agentes públicos, não significa o fornecimento adequado do serviço prometido e, principalmente, que as pessoas sejam atraídas pela promessa e por sua concretização.

O centro de mediação atende o sentido prefigurado no art. 175 do CPC/2015, que é explícito no sentido de que não se excluem "outras formas de conciliação e mediação extrajudiciais vinculadas a órgãos institucionais ou realizadas por intermédio de profissionais independentes, que poderão ser regulamentadas por lei específica"; ressalva no parágrafo único a aplicação dos dispositivos "no que couber, às câmaras privadas de conciliação e mediação".

Mas é preciso enfrentar com muita coragem o risco de a ideia *não pegar* como uma solução absorvida pela prática e pela cultura.

Uma lei nova, como é o CPC/2015, carrega muitas promessas, cuja realização depende de uma assimilação espontânea do seu conteúdo e de um uso que se faça naturalmente. Bons resultados são um chamariz. Correção nos agires também. Rapidez é essencial. Ausência de artificialismo e de procedimentos burocratizantes são fundamentais. Por isso, o porvir das projeções das perspectivas antecipadas pelo Código se farão no tempo e na dispersão variada dos espaços. O direito deve enfrentar esse cenário de muitas variantes.

No caso da mediação extrajudicial, para que realmente haja uma representatividade na contenção do volume das demandas, seria necessária a certeza de haver espaços de mediação acessíveis, com número suficiente de pessoas bem formadas, que pudessem acolher, de forma legítima e eficiente, as partes que normalmente se dirigiriam aos órgãos do Poder Judiciário. Seria necessário ainda que tanto as partes, como os advogados assimilassem bem essa possibilidade do tratamento dos conflitos. Tudo está a depender do resultado: para as partes no acerto dos problemas, para os advogados com a abertura de novos campos no mercado de trabalho. Não se pode ser ingênuo a imaginar que, num âmbito de tanta concorrência pelo êxito profissional, a opção por não litigar decorra de razões meramente éticas. Há também, de um ponto de vista da retórica da litigiosidade, o alerta que põe em dúvida a definitividade do acerto pela mediação. A possibilidade de litigar e de recorrer ao Poder Judiciário, tornando provisório tudo que não tenha a eficácia da coisa julgada, é um empecilho que deve ser suplantado pela adesão a um melhor modo de resolver conflitos.

Vem-me sempre à lembrança o escritório multidisciplinar que as amigas montaram na década de 90 para a solução extrajudicial de conflitos, especialmente os de família, e o fato de elas não terem clientes. Os advogados não aceitavam bem a ideia de *perder o cliente*. As partes não tinham acesso à informação sobre sua existência.

Há um tipo de demanda, em que há necessidade de formalização judicial dos resultados, que podem ser magnificamente acertados pelos processos de mediação. Os problemas ligados a divórcios e à sucessão são exemplares.

Um conhecido narrou a história da família de muitos irmãos que vem passando necessidades porque não consegue resolver o inventário dos pais. Há um litígio fomentado por um deles, que faz com que todos vivam a incerteza quanto ao *status* econômico da família. Enquanto não se acertam, os bens desvalorizam e o inventário fica mais caro. Pode-se dar formalmente a indicação de que uma mediação seria ideal ou, no simples dos fatos, que eles deveriam se reunir para tentar resolver suas pendências, deveriam todos falar sobre elas, armados de um conhecimento prévio da dimensão jurídica relevante das questões. No entanto, a mera possibilidade de partir para uma outra perspectiva de acerto não é bem assimilada porque ela não tem lastro na cultura que vivenciam.

É sempre interessante ver a posição do CPC/2015 toda voltada para a solução negociada, quando se tem como contraponto de comparação a experiência do direito e do processo do trabalho.

Ainda que se referindo apenas à conciliação (e não à mediação), esta mesma mensagem, recebida, com muitos percalços, no futuro alargado que remonta a 1943, está no art. 764 da CLT:

> Art. 764 - Os dissídios individuais ou coletivos submetidos à apreciação da Justiça do Trabalho serão sempre sujeitos à conciliação.
>
> § 1º - Para os efeitos deste artigo, os juízes e Tribunais do Trabalho empregarão sempre os seus bons ofícios e persuasão no sentido de uma solução conciliatória dos conflitos.
>
> § 2º - Não havendo acordo, o juízo conciliatório converter-se-á obrigatoriamente em arbitral, proferindo decisão na forma prescrita neste Título.
>
> § 3º - É lícito às partes celebrar acordo que ponha termo ao processo, ainda mesmo depois de encerrado o juízo conciliatório.

Essa experiência, desprezada em sua complexidade vivencial no Brasil, levou a Justiça do Trabalho a ser sempre considerada uma justiça menor. Não me foge da memória a voz do velho professor de outra área a dizer que a Justiça do Trabalho era um *mercado persa*. Os abusos existem e eles vão desde os acordos forjados que nem sempre o juiz consegue detectar até o uso da conciliação para escamotear direitos não quitados.

O incentivo à negociação, nesse âmbito de franco desperdício da experiência, pode ser analisado ainda na perspectiva da negociação coletiva e mesmo na atuação extrajudicial, hoje reconhecidamente facultativa, das Comissões de Conciliação Prévia prevista nos arts. 625 –A-H.

O desprezo por essas formas complexas de solução de conflitos, por seus acertos e por seus equívocos, desaconselha a se ver a mediação, especialmente a extrajudicial, como uma possibilidade que se destina ao pleno, imediato e absoluto sucesso. O muito que há por fazer não discrepa do volume de providências necessárias para maior agilidade na gestão dos processos judiciais. Da mesma forma como a experiência das Comissões de Conciliação Prévia foi em grande medida derrubada pelas distorções e abusos, é preciso uma atenção verificadora para que se conforme uma cultura do cuidado e do zelo nos percursos de mediação.

A MEDIAÇÃO EXTRAJUDICIAL E O AVESSO DA MEMÓRIA

Quem seriam os mediadores que cuidariam da mediação extrajudicial? De que modo os interessados chegariam até eles?

Gary Friedman e Jack Himmelstein, nesse livro de 2008, contam muitas histórias de sua experiência de mediação. Vinculados a Harvard, os casos analisados referem-se a contratos com boa remuneração em que figuraram e que tinham como escopo o desenvolvimento da mediação. Os autores entendem que, quando "o conflito toma conta, ele cria a própria realidade. Ele dita os termos nos quais nós experimentamos um conflito, assim como aqueles nos quais nós trabalhamos com eles" [11]. Para fugir ao modelo estatal de judicialização de conflitos e de soluções, eles demonstram, com o relato das experiências, uma base metodológica que os conduz procedimentalmente e que tem as seguintes premissas nas quais se baseiam para as opções argumentativas: a) o poder do entendimento, que abrange a compreensão da matéria fática e da matéria jurídica discutida muitas vezes para o aclaramento em dois momentos distintos do percurso da mediação; b) a responsabilidade das partes (e de seus advogados, se for o caso) nas manifestações e assunções; c) a importância do trabalho conjunto (*working together*) optando pela discussão conjunta e compartilhada em todas fases em vez de sucessivos encontros separados tendo o mediador como tradutor das expectativas; d) o descobrimento do que está no substrato do nível visível em que as partes experimentam o conflito.[12]

Eles ressaltam a diferença em relação ao processo judicial que está no fato de o processo da mediação escapar da argumentação polarizada entre certo/errado, ganhar/perder[13]. A distinção mais relevante, porém, está na sobreposição da ideia de adesão sobre a da coerção, que só é enunciada quando se avaliam riscos jurídicos de parte a parte[14].

A dúvida que vem do livro, cuja abordagem faz da leitura uma experiência bastante agradável, está em imaginar que aquela experiência possa se espraiar como algo regular ou corriqueiro e mesmo preferível à tradição, ainda que vivenciada sob o espectro da morosidade e da ineficiência da solução judicial.

E é nesse ponto que cabe tocar no aspecto apontado para razão principal para o incentivo da solução negociada: Será que a mediação, especialmente a mediação extrajudicial, pode funcionar como uma barreira para o excesso de litigiosidade?

Num pequeno artigo, publicado em 2000, François Ost propõe, desde o título, uma indagação: Excesso de direitos, abuso processual? E, para expor o que ele chama de "religião jurídica e culto do processo", suscita uma avaliação de contingências que passa pela descrição (onde expõe aspectos quantitativos apurados quanto ao

---

[11] FRIEDMAN, Gary; HIMMELSTEIN, Jack. *Challenging conflict: mediation through understanding.* Chicago: American Bar Association, 2008. E-book, Kindle Edition.

[12] *Idem, ibidem.*

[13] *Idem, ibidem.*

[14] *Idem, ibidem.*

volume de processos), pela explicação e pela avaliação[15]. Ao elencar as raízes do problema, refere-se ao papel desempenhado pelos legisladores, com a inflação de direitos e de ações, criadas nas leis, em grande medida abertas à interpretação e ao preenchimento dos juízes[16], os quais também respondem pelo problema, na medida em que alimentam a litigiosidade ao darem soluções "pedagógicas" e que implicam a formulação de regras muito gerais[17].

Mas, quando se analisa o quadro em projeção para a mediação extrajudicial, interessam dois aspectos levantados que, segundo Ost, seriam um trivial e outro especulativo:

"Trivial: seria impertinente (mesmo quando a interrogação frise a impertinência) sugerir que o aumento considerável do número de advogados se relacionaria com o superconsumismo judiciário (e o paralelo com a questão do superconsumismo medicamentoso estaria totalmente superado)? Especulativo: A proliferação de direitos e a explosão do contencioso não seria o efeito inevitável de uma sociedade que se tornou radicalmente individualista?"[18]

Qualquer antecipação em torno das projeções programadas pelo CPC/2015 deveria analisar esses dois ângulos. A trivialidade do aumento expressivo do volume de advogados no Brasil, efeito da abertura sem reservas de cursos de formação jurídica, é um dado para o superconsumismo do conflito e para o superconsumismo do processo. Não parece razoável antever que esse estado de coisas se transforme no superconsumismo da solução negociada extrajudicialmente pela mediação a não ser que a isso correspondam ganhos com honorários. Se o conflito, se a clientela são fonte de renda, não se pode antever, numa projeção suave e inocente, que a mediação extrajudicial venha a ser imposta como um valor natural, pelo só fato de ela estar no código ou de produzir melhores resultados. O especulativo reside mesmo nos efeitos das demandas de massa, com seus frutos cobrados no varejo das pequenas causas, na proporção de ganho que se faz pelo volume das ações. Seria possível uma mediação extrajudicial nessas demandas que se caracterizam por valores pequenos espalhados na multitude dos processos? Ou esses casos, em que a história das partes não se conjuga na expansão do tempo, seriam passíveis apenas da conciliação, conduzida muitas vezes com o descaso dos processos em que não detectam as nuances do caso, daquele específico caso?

UMA CRÔNICA ALEATÓRIA PODE JOGAR LUZES SOBRE ESSES RISCOS.

O art. 694, por seu parágrafo único, é o que mais frontalmente remete a solução à mediação extrajudicial. Ele prevê que, nas ações de família, "todos os esforços serão empreendidos para a solução consensual da controvérsia, devendo o juiz

---

15 OST, François. *Dire le droit, faire justice*. 2. ed. Paris: Bruylant, 2012. p. 149.

16 *Op. cit.*, p. 151.

17 *Op. cit.*, p. 151.

18 *Op. cit.*, p. 151.

dispor do auxílio de profissionais de outras áreas de conhecimento para a mediação e conciliação". No parágrafo único, prevê que, a requerimento das partes, "o juiz pode determinar a suspensão do processo enquanto os litigantes se submetem a mediação extrajudicial ou a atendimento multidisciplinar".

Uma crônica de jornal descreve um processo judicial de divórcio:

"A partir de certa altura o casal em litígio não consegue mais trocar duas frases sem que um deles passe mal e tenha que ser internado numa UTI de forma que começam a conversar por meio dos respectivos advogados. Péssima ideia. É como pedir a um pirômano, melhor, a dois pirômanos para ajudar a controlar um incêndio; é como pedir ajuda a um tubarão quando começamos a nadar. O processo arrasta-se. As acusações sobem de tom. Pior do que lavar roupa suja em público é lavar o público juntamente com a roupa suja"[19].

A descrição do conflito judicialmente deduzido constitui um absoluto oposto do que se prefiguraria pela solução negociada pela mediação em especial pelo campo mais aberto da mediação extrajudicial. O mediador não pode ser confundido nem com o juiz, nem com advogado que se compara ao pirômano que controla um incêndio. Cumpridas as projeções, dele se espera uma atuação que ponha os litigantes na trilha da reconstrução de suas vidas.

O cronista repara que há "muitos filmes sobre divórcios e quase todos são comédias"[20]:

> "Creio que isso acontece porque aquilo que nos parece um drama insuportável quando somos nós a vivê-lo, parece a quem está de fora uma comédia mais ou menos estúpida, mais ou menos incongruente, mais ou menos chata, mais ou menos extravagante. Mas sempre uma comédia" [21].

Essa reflexão sobre o conflito, relativizando-o na comparação com outros eventos da vida cotidiana, e transportando-o para a esfera de outra relação correlata, é um caminho muito apropriado no circuito da mediação. E conclui:

"Moral da história: em caso de divórcio tente olhar para todo o processo a partir de fora. Lembre-se do que dizia Charles Chaplin: "A vida é uma tragédia quando vista de perto e uma comédia quando vista de longe"[22].

A máxima de Chaplin talvez sirva para dar o necessário tom crítico às expectativas muito ingênuas de assimilação dos processos de mediação, sem que haja a experiência disseminada de seu uso, em substituição ao litígio. É preciso observar o cenário de longe, com a consciência de que o drama humano e suas soluções oscilam entre a tragédia e a comédia. E a consciência disso pode permitir certa inventividade

---

19 AGUALUSA, José Eduardo. *Drama particular, comédia pública*. Jornal O Globo, Segundo Caderno, Segunda-feira, 8 fev. 2016. p. 2.

20 *Idem, ibidem.*

21 *Idem, ibidem.*

22 *Idem, ibidem.*

e imaginação para a atuação dos vários grupos que vão se dedicar à mediação dentro das necessidades e das possibilidades da realidade deste país.

O avesso do avesso do avesso

Há elementos da experiência brasileira que apontam para um outro cenário de mediação. Um artigo resume com bastante proficiência o uso da mediação mais como uma intermediação, pela formação de redes para a solução de questões junto a órgãos públicos. Não se trata simplesmente de restabelecer a comunicação entre pessoas que não conseguiam enxergar a extensão de seus problemas, mas de dar conhecimento e meios para que os interessados cheguem à solução de conflitos para o que é imprescindível a gestão de interesses junto a órgãos públicos os mais diversos. Num breve relato sobre a experiência do Programa Pólos de Cidadania, todos os exemplos implicam essa abertura de canais, essa intermediação junto a órgãos públicos, seja para formalizar guarda de crianças, seja para dar início a investigação policial[23].

Pode-se falar num efeito benfazejo da mediação, nesses casos, que é dar às partes ou aos interessados um poder que decorre do conhecimento de sua situação jurídica, ou seja, da forma como se dá o encontro em sua vida dos vetores de juridicidade a prever direitos, deveres, faculdades. Esse saber permite à parte decidir sobre si. E essa é uma esfera da mediação que decorre da pedagogia do direito. Ela não está no registro dos livros especializados com casos de grande monta, de significativa repercussão financeira ou existencial.

Está ali na miudeza dos dias e num estado de mediação que pode se fazer num canto de rua quando alguém pergunta a outrem o que acha de certo problema.

Ainda que não se presuma que isso deva acontecer em um lugar específico, como uma resposta à ideia do CPC/2015 de alastrar a experiência da solução negociada, isso representa um empoderamento que pode permitir à pessoa um domínio maior sobre sua posição diante dos outros na família, no trabalho, na cidade, perante os órgãos públicos, perante as empresas.

No comum dos dias, no corriqueiro deles, a mediação pode ser ou é um meio que se impõe no curso dos acasos para estimular as pessoas à solução dos próprios conflitos. Ele propaga-se na informalidade invisível dos processos pelos quais se municiam os interessados com o conhecimento do direito e com a reflexão sobre sua vida. Não é preciso dar aula. Não é preciso um cenário montado em que se dê a cada um o seu papel: mediador, partes, advogados. Nos encontros casuais em torno dos conflitos e dos direitos, estão as pessoas com quem dividimos o dia a dia (o porteiro, a faxineira, a cozinheira, o garçom). Elas normalmente querem solução, querem resolver um problema, um conflito. Pode ser hoje uma lembrança de alguém que cortou uma manhã, com o chamado para a dúvida: "Posso fazer uma pergunta?" Essa é normalmente a introdução para algo complicado. Na pergunta estava o marido da irmã dela que queria trazer a amante e a filha que tiveram para morar em casa deles.

---

[23] ORSINI, Adriana Goulart de Sena; SILVA, Nathane Fernandes da. *A mediação como instrumento de efetivação dos direitos humanos e de promoção da cidadania.* Disponível em: <http://www.publicadireito.com.br/artigos/?cod=92262bf907af914b>. Acesso em: 18.fev.2016.

E a mulher dele, a irmã da consulente, estava com a autoestima baixa, achando que deveria ceder. Dali a alguns dias, chega ela de manhã com nova interrogação. Dessa vez era a mãe idosa que fizera uma permuta de imóvel no longe da terra em que nascera e a troca era por um bem pior. Não tinha fruta. Só branquiara.

Nos dois casos, a solução jurídica é fácil, se arrolada em artigos de lei e em conceitos. Sabe-se como começar o litígio, como fazer a petição, quais os requisitos, as presunções, o que procurar na lei e na forma do processo. Mas, ao ouvir essas histórias e as dos porteiros, das faxineiras, de todas as pessoas que cruzam o dia, há sempre um desassossego da solução pelo muito procedimento, pelo muito papel, pelo muito aonde ir para atingir as propostas formais.

Pode-se perder alguns minutos e explicar riscos, possibilidades, modelos formais de regra. Pode-se perder alguns minutos e explicar as variáveis, dizer o que é inegociável, enfatizar os absurdos e, assim, devolver a pessoa ao cerne dos problemas para o exercício da conversa. Pode-se estimular o consulente a conversar. Dizer à irmã que ela vale mais do que isso tudo e que ela tem que dizer não àquele marido. Dizer à pessoa que trocou o imóvel como se sentiam, como a mãe era idosa e não pode decidir isso sozinha, como a troca prejudica a família.

Passadas algumas semanas, pode-se criar coragem de voltar ao problema e perguntar o que aconteceu. A resposta pode focar o resultado de uma ação efetiva. Uma conversa com o marido da irmã que expõe o conhecimento dos fatos e dos seus riscos jurídicos e o desfazimento da troca informal dos imóveis.

Para quem lida com o direito, há uma alegria fulcral que vem dessa negociação tão direta, tão real, dessa habilidade de dizer na simplicidade que saiu da boca dessa pessoa tão pura na sua noção sobre os acertos da vida. Aquilo deu uma alegria de ver o direito efetivamente realizado.

O CPC/2015 lança uma mensagem e o trabalho em torno dela deve ser feito com os olhos abertos para a concreção e suas vicissitudes.

O campo para a mediação extrajudicial é enorme. Não se trata de um caminho traçado, assentado, pavimentado com a convicção de uma cultura que se espalha como sendo a coisa natural. Não há modo melhor de resolver conflitos do que estabelecendo entre os envolvidos a forma mais suave de perpassar o problema revigorando os dias em sua delicadeza. Mas, também aqui, há muito trabalho para expor o direito de todos lados: na clareza conceitual de sua face mais visível, no avesso onde estão as tramas, as emendas, as linhas que carregam o traçado imponderável das vidas que se cruzam.

REFERÊNCIAS BIBLIOGRÁFICAS

AGUALUSA, José Eduardo. Drama particular, comédia pública. *O Globo*, Segundo Caderno, Segunda-feira, 08.02.2016, p. 2.

ARISTÓTELES. *Ética a Nicômaco*. Trad. Edson Bini. São Paulo: EDIPRO, 2002.

FERREIRA, Paula. Prefeitura entrega centro para mediação de conflitos. *O Globo*. Rio, domingo, 27.12.2015, p. 14.

FRIEDMAN, Gary; HIMMELSTEIN, Jack. *Challenging conflict:* mediation thrugh understanding. Chicago: American Bar Association, 2008. E-book, Kindle Edition.

KELSEN, Hans. *Teoria pura do direito*. Trad. João Baptista Machado. São Paulo: Martins Fontes, 1985.

ORSINI, Adriana Goulart de Sena; SILVA, Nathane Fernandes da. *A mediação como instrumento de efetivação dos direitos humanos e de promoção da cidadania*. Disponível em: <http://www.publicadireito.com.br/artigos/?cod=92262bf907af914b>. Acesso em: 18.fev.2016.

OST, François. *Dire le droit, faire justice*. 2. Ed. Paris: Bruylant, 2012.

10

MEDIACIÓN Y EMPRESA DE FAMILIA

Juan Tausk

Psicoanalista - Mediador y Consultor organizacional. Profesor Asociado regular Clínica Psicológica y Psicoterapias II Cátedra. Facultad de Psicología. Universidad de Buenos Aires. 1989 a la actualidad. Coordinador del Diplomado en Competencias para el Liderazgo con formación en mediación y negociación. APEP Asoc. Civil Programas de Estudios de Postgrado (Buenos Aires, Argentina). Director de la Maestría Latinoamericana Europea en Mediación y Negociación. Institut Universitaire Kurt Bösch (Sion, Suiza) y APEP. 2005 a la actualidad.

1. UNA CUESTIÓN DE OPORTUNIDAD

> Estos son momentos en que se despliega con potencia la mediación en el Brasil. Se percibe el entusiasmo y la pasión, como también el furor y se extiende la percepción de que sucede algo de trascendencia.

Es claro que el desarrollo de los derechos humanos en sociedades crecientemente democráticas extiende la conciencia de las necesidades e intereses insatisfechos así como a una iones informales por los más diversos medios tecnológicos. No obstante, parece que una buena fomayor percepción compartida de las injusticias, exclusiones, desigualdades y prejuicios así como los actos que subvierten los valores republicanos y la moral pública. En eso, claro, ayudan los medios de comunicación y el crecimiento exponencial de las comunicacrma de ocultar es hacerlo visible y accesible como demuestra Edgar Allan Poe en su cuento La carta robada.[1] A su vez, cierto retiro o ausencia del Estado expone al ciudadano a arreglárselas por su cuenta, lo que en otro plano se traduce como, 'si fracasas se debe a que habrás hecho mal las cosas', pudiéndose así desplazar la responsabilidad del Estado, respecto a la protección de los ciudadanos frente a la vulnerabilidad propia de la contemporaneidad, directamente hacia un fenómeno de culpabilización del individuo por sus fracasos, lo que se fundamenta de modo penoso, por no decir de modo escalofriante , en el *best seller* mundial de hace ya 15 años, "Quién se ha llevado mi queso".[2]

---

1 POE, Edgar Allan. *La Carta Robada*, traducción de Julio cortazar. en Cuentos / 1, Alianza Editorial, 1998, Madrid.

2 TAUSK, Juan: *Nace un mito para iniciar el milenio*: el best seller: "Quién se ha llevado mi queso" Diario Clarín . Marzo 18,2001. Texto original: *Quién se ha llevado mi queso.* Cómo adaptarnos a un mundo

A su vez, se desarrolla un efecto inverso: la asunción de responsabilidad del ciudadano respecto de sus acciones, de la relación de convivencia con los demás y de las condiciones de habitabilidad de su entorno, que trae nuevos aires a la conflictiva vida en la ciudad. Poder decidir con el otro acerca de los mejores destinos de una situación conflictiva que abruma o trastorna la convivencia es sin duda el aporte más significativo de los medios denominados alternativos de resolución de conflictos, básicamente la mediación. No sólo porque haya tantas situaciones que no tiene sentido decir: "¡Hablarás con mi abogado!", pues hay tantos derechos y necesidades que no están indiciados en código legal alguno, que los jueces deben verse en figurillas para decidir una sentencia, si pretenden hacer de su oficio el mejor acto de justicia posible. Esto lo fundamente un autor con un renombre bien merecido[3] al tratar sobre las conductas conflictuantes permitidas y las conductas prohibidas.

Si bien estas ideas, desplegadas de modo tan sucinto, pretenden subrayar el valor de los nuevos métodos como modos de encontrar respuestas percibidas más apropiadas para los protagonistas de las situaciones conflictivas, al poder participar de la decisión que pretende resolverlas de modo más equilibrado: con responsabilidad propia y cívica, reconocimiento del otro como alteridad y el empoderamiento para elegir las condiciones mejores y posibles de convivencia. Que necesite de un mediador es razonable, pues como cantaban los Beatles: "I get by with a little help from my friends". Que alguien abra la dimensión de confrontación de a dos para crear una situación de 'terceridad'[4] Es lo más amistoso que ofrece el mediador, junto con su capacidad de empatía, escucha 'activa' y lucidez. Hay veces en que uno se preocupa si no se torna en administrador de la palabra y de la pregunta, el apaciguador de los ánimos caldeados y el regulador de los buenos usos y de los valores sublimes, o sea un penoso 'burócrata'. Y hay que decir que a veces nos podremos sentir así y por ello el primer trabajo del mediador es consigo mismo.

Hay que decir que la mediación reduce la acumulación exponencial de las demandas presentadas a los Tribunales. Esa acumulación implica que haya causas, que por motivos procesales, no se discute eso, o por motivos de exceso de causas, se dilatan en el tiempo, cuando la gente se sigue cocinando en aceite hirviendo día y noche, hasta que revienta, o se cansa o se olvida. Se ha estudiado extensamente que no basta con crear más y más tribunales, pues la cultura litigiosa se reproduce como los conejos, en la doble ilusión de esperar por un lado que la Verdad sea reconocida en la sabiduría del juez o que la máquina tragamonedas finalmente nos dispense generosamente las monedas ansiadas y probablemente inmerecidas. Es por esto que

---

en constante cambio. Spencer Johnson. Edic. Empresa Activa, 1999. Buenos Aires." Who moved my cheese". Putnam's and Sons.

3 ENTELMAN, Remo. *Teoría de conflictos*. Hacia un nuevo paradigma. Barcelona: Gedisa, 2002. Fallecido tempranamente.

4 Término que evoca sin duda la idea del mediador como tercero imparcial, etc. Pero al favorecer la permeabilidad de la dupla antagónica pero unida por el odio, introduce con su presencia y su acto la dimensión de la ley, la cultura y opera como aporte civilizatorio. O sea, introduce la palabra y el diálogo donde prevalece el acto.

hay que reconocer que el tiempo ganado facilita a los ciudadanos en su posibilidad de hacer vidas mejores, pues las situaciones conflictivas les consumen la atención, el interés, el afecto; les toman el cuerpo y la cabeza, "*heart and soul*"[5]. Y atención, que no se trata de lo instantáneo e inmediato, lógica atribuida a la contemporaneidad, sino más bien de los tiempos de vida que los sujetos preferimos habitar mejor, pues a fin de cuentas, de las pocas cosas que no podemos perder es el tiempo, si somos conscientes de nuestra mortalidad, para poder ofrecerlo donde queremos hacerlo. Decisión. Libertad.

Eso sin duda preocupa a los que practicamos la clínica psicoanalítica. Sabemos de las condiciones de repetición de conductas que no favorecen, más bien perjudican al sujeto, sin poder evitarlas aún (subrayo), y en eso ver lo penoso en que tornan a sus propias vidas, lo que necesariamente se replica y afecta la vida con los otros.[6]

Pero es ese tiempo que se infinitiza cargando situaciones conflictivas no resueltas o cuanto menos transformadas, que hacen miserable la vida, o sufrida, o dolorosa. No querría en este momento referir cuando justamente todo eso es activamente y repetidamente buscado y donde el sufrimiento se torna en deseable, es tema para otro momento, pero no quisiera dejar de señalarlo. Sí indicar que el ganar tiempo es bueno, es recomendable, cuando se puede. La vida no es algo que está en un futuro por venir, pues el futuro nos llega antes. Un conjunto de rock, La Renga, tiene una letra sugestiva en su canción 'Cuando vendrán'. "Es que la muerte está tan segura de vencer que nos da toda una vida de ventaja."

Esa vida que debemos ganar es también un tiempo que se gana cuando la mediación se instala en los tribunales y en la calle.

2. CUESTIÓN DE HERMANOS Y EMPRESAS FAMILIARES

Participa de esta conversación que ya tiene muchos años:

" Cuántas reuniones puede requerir?"

" Cinco"

" No sé si entiendo bien, ¿cinco? No puede ser. "

" Supongo así. Si en cinco reuniones de mediación, la conversación no permite llegar a buen puerto y acordar en algo significativo, quizás no sea el momento aún, o quizás yo no fuera la persona indicada."

Ella no podía acreditar lo que escuchaba. Al final fueron seis como verán más abajo. Pero yo pensaba: esto es lo que me cautivó de la mediación veinte años atrás: brevedad, una relación que inicia y concluye, y resultados efectivos que se potencian y enlazan a otras situaciones. La función del fermento. La réplica como ondas en el agua. Hay crecimiento de las personas y crecimiento de la vida y de la tarea en

---

5 "Corazón y alma' Canción popular de 1938, cantada también por Ella Fitzgerald.

6 Vale consultar sobre esto a las ideas claras y accesibles de NASIO, Juan David. ¡El inconsciente es la repetición!". *Revista Generaciones*, Año 2 No. 2. Buenos Aires: Eudeba, 2013.

común. Si 'cura' de algo, no es de una enfermedad sino que permite desarrollar esa condición humana que nos habita a todos y poder construir y encontrar salidas.

Una psicoanalista me refiere a una paciente suya que llevaba ya no pocos años de consulta, atribulada permanentemente por una relación conflictiva con su hermana, que llegó a estallar a razón de un hecho, cualquiera, pero fundamental para ellas. Comparten un emprendimiento agrícola además de varias propiedades. Supone que quizás una mediación pudiera construir un puente ante esa grieta, ¡qué digo! un abismo creciente y devorador. Me pareció que tenía razón, la idea era buena. Ambas concurren. Inés y Marta.

La literatura sobre la empresa familiar y la mediación en las mismas es extensa, rica y accesible. Sabemos que las empresas familiares son las dos terceras partes de las empresas en el mundo, que 50% sobrevive a la segunda generación y que sólo 10-15% sobrevive a la tercera. Solamente 32 empresas familiares han durado más de 200 años.

De hecho es uno de los espacios donde la conflictiva tiene especificidades que vale subrayar: la intersección de las relaciones de familia propiamente dicha, con el despliegue de la actividad empresarial y la relación de propiedad. A su vez se puntualizan los conflictos propios de las diversas etapas de crecimiento de las mismas en contrapunto con la figura del fundador y la sucesión.

Además, en esta breve referencia se debe puntualizar dos cosas. Una que la mayor parte de las empresas son empresas familiares – raramente las multinacionales, pero las hay – y son las que dan más empleo en nuestras sociedades. La segunda es que el pasaje de la primera generación a la segunda implica muchas disoluciones básicamente por motivos de disfuncionalidad de las familias y que a la tercera generación llegan decididamente pocas (hay cifras diversas pero siempre bajas), pese al valor de pertenencia y de lealtad a las mismas y a la vocación familiar de continuidad.

Refiero una empresa farmacéutica importante que, ante la muerte de su fundador, la viuda y sus dos hijos no dejaron de construir raras alianzas de dos contra uno, de modo sucesivo, cruzando demandas judiciales variadas que ponían en serio peligro la continuidad del laboratorio. La línea conductora, ¡vaya novedad!, era que 'prefiero perder con tal que el otro no tenga lo que quiere'. No podía yo dar crédito a tanta malicia potenciada y no entendía como el laboratorio no quebraba. Una mediación con ellos, anhelada por sus abogados, fue un decidido fracaso, aunque con el tiempo llegaron a acuerdos de 'cuerdos' (port. sensato).

Ellas eran dos mujeres lúcidas, agradables y bien afectadas por una situación llevada casi en silencio pero con fuertes disonancias en el entorno familiar. Una, Inés, quería usar una casa en un pueblo como casa de fin de semana y la otra, Marta, se negaba. La casa en efecto pertenecía a ambas. Marta ya tenía su casa de fin de semana. Percibía un clima de desconfianza y de dolor, pero a la vez me apenaba el sufrimiento que embargaba a ambas. Uno piensa, claro, pero calla. Pensaba que si la solución podía ser tan fácil, ¿por qué no podían arribar a ella? Pero también pensaba que ninguna trama es tan banal como para que un tercero, bien intencionado y abundante de ideas aporte la solución conveniente. De esa necedad nunca terminamos de cansarnos. Pero por suerte nos abstenemos de hablar, más bien preguntamos para saber desde donde los otros se sitúan en este drama.

La historia es así. Ambas heredan del padre unas tierras que hacen producir en común. Perdieron a su madre en momentos muy tempranos de su vida, Inés tenía apenas dos años, y Marta cuatro ¡Chiquitas! – toma nota. Para su fortuna, fueron muy cuidadas por los abuelos maternos, casa en que habían vivido y donde se crió su madre y luego viven con el padre que vuelto a casar, fue siempre muy amoroso con ellas así como su nueva mujer. La muerte temprana de una madre, eso solo lo sabe el que la ha pasado, o quizás nunca termina de saberlo lo suficiente. Pero si sobre eso se añadiera el abandono, el descuido, la estigmatización y otras delicias que la vida puede deparar, la situación es totalmente diferente. No fue su caso. Una madre amorosa que gustaba contarles cuentos y una imposibilidad de ceder la casa de los abuelos que habían fallecido en los años anteriores al encuentro conmigo. Ambas casadas, ya tienen hijos y Marta está cerca de tener otro. Ella quiere resolver antes, antes del parto. Por supuesto estas situaciones tienen sus réplicas en la familia. Primitos que no se ven, maridos apuntalando la razón y el argumento de sus esposas. Varias personas enojadas e implicadas.

Si algo puede hacer un mediador es saber tener paciencia e inducir eso en los que consultan. No es fácil desenredar la madeja, tomando hilo por hilo, desatando los nudos. Es aquí donde el concepto de 'escucha activa' toma importancia. Lejos de educar, inducir, sugestionar y señalar lo correcto, el mediador escucha algo que va más allá de las palabras dichas, pero está en el corazón de las mismas. Es reducir el espesor de las cuestiones en juego si uno dice que, atacados de una posición a la que no se puede ni quiere renunciar, se los lleva a reflexionar sobre cuáles son los intereses que los mueve, domina y desean. Soplar y hacer botellas, no puede ser tan simple. Pero tampoco puede ser un misterio exclusivo de iniciados.

¿Qué debe poder escuchar el mediador más allá de las palabras, pero en ellas mismas? Allí creo que se debe aportar una idea que hace a la esencia de la clínica psicoanalítica y que los mediadores que son a su vez psicoanalistas o aquellos que han tenido esa experiencia saben reconocer. Se la denomina 'escucha inconsciente'. Y no he de abrumarlos pero sí espero compartir una idea que me resulta atractiva. Ya Sigmund Freud sabía decir que toda persona tiene un instrumento para esa escucha que es: "captar el curso del pensamiento inconsciente del otro, con el propio inconsciente". ¿Qué quiere decir?[7] Que una idea que se debate, se anida y no termina de aflorar en el pensamiento de una persona, puede ser enunciada por el que escucha. Y el que escucha puede ser cualquier persona cuya capacidad de acoger la palabra del otro, de poder tener empatía, de dejar de lado sus convicciones o ideas usuales, que escucha y está abierta a la palabra del otro. Recuerdo el acápite de un escrito,

[7] TAUSK, Juan: El Obscuro objeto del deseo. Una perspectiva psicológica de la mediación. *Sección Psicología,* página 12. 1999. Secretaría de Publicaciones Fac. de Psicología 2003.

tomado de Goethe, que lo parodia bien: "Dos adivinas se encuentran. Una le dice a la otra, 'Vos estás bien, ¿cómo estoy yo?' "

Digo más, no es cuestión de brujería, sino que es cuestión de 'sintonía' y para ello uno debe estar 'afinado' y su `palabra debe ser 'afilada'. Afinado como un instrumento, afilado como un cuchillo: el corte exacto, la palabra que debe venir. Pero, lo principal, que eso lo puede hacer cualquiera, no depende de su oficio o profesión o nivel de educación o cultura. No lo digo más fuerte, pues este es el instrumento por excelencia del trabajo del psicoanalista y del éxito de sus intervenciones.

En una red de palabras y de humores cambiantes, avanzamos en nuestras conversaciones hasta la cuarta reunión. Cómo es la casa, qué contiene, qué significa, cómo viven, como fue su relación, la infancia, los hijos. Hay tanto para conversar cuando la gente está dispuesta. Pero eso no basta pues puede no llevar sino a círculos que convergen y se superponen hasta el hartazgo, conversaciones que se 'metonimizan' o sea que derivan sin eje ni destino.

Pero estamos en una negociación a fin de cuentas. Y siempre va y viene hasta que llega a un punto. Si arriba. Va y viene extendido en el tiempo y en las razones que cada uno esgrime (es una esgrima). Que el mediador se canse, fastidie o aburra es asunto de él. Ese punto es lo que he denominado '*turning point*', '*ponto de viragem*'. A partir de allí todo cambia, los tiempos se acortan, las negociaciones avanzan hacia su salida. Fluyen dulcemente.

Percibo que Inés y Marta quieren avanzar pero hay un cerco que lo impide. El clima es pesado y penoso. Allí el mediador piensa si realmente cumple su papel y de cumplirlo si realmente sirve. Y no es de pura melancolía, hay casos de mediación que nos apena no haber podido ayudar más. O mejor. Y hay veces que pensamos lo parecidos que somos a nuestros clientes.

Súbitamente Inés dice algo que me deja impactado: "¡Vos has tenido más madre que yo!" Nunca escuché una frase así. Recuerdan, Inés tenía dos años y Marta cuatro. Y en ese instante de impacto, que está lleno de ideas e incertidumbre, un segundo, nada más, digo algo que no sabía que podía decir:

" Sí, es cierto, pero también es cierto que Marta perdió más madre que vos"

De inmediato me doy cuenta que esa frase me sorprende a mí tanto como a ellas. Vaya frase insólita. Pienso tan rápido como puedo, pues debo salir de este raro estado, y me doy cuenta que lo que acabo de hacer es una nave insignia de la mediación: equilibro poder. A la vez el efecto paradojal es provocador.

A partir de ahí todo cambió. Ni ganadoras ni perdedores, ni mejores ni peores, ambas perdieron a su mami y descubren que eso está presente desde siempre y aflora en un momento, cualquiera, a razón de una casa que significa más de lo que es. Como todas las cosas. El proceso se torna en acelerado, y cuando idean algo razonable respecto de la casa, por supuesto la va a usar Inés, compensan con el emprendimiento agrícola, planean dividir propiedades, concuerdan continuar juntas con la empresa familiar y hasta reparten los muebles de los abuelos, más la vajilla y las copas, de la manera más generosa. Lo he visto pocas veces, pero lo vi y usted lector también.

Y debo decir que la belleza que alumbra es increíble. "Si vos queréis es tuyo"; "Pero si siempre te gustó a vos" etc. etc. Pregunto si algo más quieren repartir, ya que estamos. Si, las joyas de la madre. Y otra vez lo mismo.

Ahora les sugiero que para la próxima reunión consulten a sus abogados para ver si hacen bien las cosas, pero deciden compartir la consulta con un solo abogado. En la quinta reunión redactamos un acuerdo, que incluye volver a encontrarnos si surge alguna contingencia, lo que nunca sucedió. Pero les propongo que antes de firmarlo, lo consideren con sus respectivos maridos y que ellos también vengan a la reunión. Usted que me está leyendo se imaginará para qué.

Ellos seguramente apoyaron las razones y el sufrimiento de sus respectivas esposas, de modo que si ellas acuerdan lindo, ellos quedan 'offside'. Pueden permanecer resentidos con los otros, sabotear el acuerdo o simplemente aguantárselas. Eso último. Ellos vienen con cara de mal humor, ambos. Dispuestos a firmar también el acuerdo, descreen que realmente el conflicto haya concluido. Pero es cierto, los conflictos no concluyen, se transforman y dan lugar a otras situaciones, por lo general hay un ascenso de sensibilidad, comprensión e inteligencia, ascienden 'culturalmente' o para decirlo de otra manera, se tornan más civilizados.

Quizás de algo me haya arrepentido y es la falta de audacia o quizás haya sido el sometimiento a las reglas del oficio. Vaya uno a saber. Yo imaginé, en la medida que iban componiendo la relación que quizás podían compartir lo que tanto recordaban de su madre, la lectura de cuentos. Les dije, que seguramente podrán hacer eso juntas, pero, si bien lo pensé, no me animé a regalarles un libro de cuentos infantil. No importa, eso fue hace tantos años. Hoy lo podría hacer de pleno derecho, salvo que un lector me sugiera otra cosa.

3. DE HERMANOS Y SALMOS

En el encuentro anual de 2014 de los Centros de Mediación de la Asociación de Colonias Menonitas del Paraguay, en Asunción, tuve el privilegio de ser invitado a participar desarrollando dos cursos breves: "Construcción de diálogos" y "Construyendo negociaciones que no pierdan de vista su objetivo". Para los menonitas es de mucha importancia y lidera sus acciones la búsqueda de paz y la no violencia, por lo que tienen motivos significativos, en la vida de sus comunidades, para el desarrollo de métodos de resolución pacífica y consensuada de conflictos.

Me encontraba concluyendo la jornada con el relato de este conflicto en la empresa familiar, de hermanos en situaciones aparentemente 'sin salida' y el proceso de mediación realizado. Concluyo contando que evocaba una canción que solíamos cantar en mi juventud cuyo texto era: "Mira qué bueno y placentero es cuando los hermanos se sientan juntos."

El coordinador del evento me dice que ese es el Salmo 133 y que ellos suelen cantarlo. Invita a los más de ochenta participantes a cantarlo juntos. Nos ponemos de pie y entonamos la canción con la misma música de otrora, en un clima de honda emoción. Esa es la idea, que los hermanos podamos sentarnos juntos y disfrutar la vida.

Pero ellos agregan una frase más, que suena totalmente extemporánea. "Es como el precioso óleo sobre la cabeza, que baja sobre la barba de Aaron". Nos ubicamos: se trata de un salmo entonado en el 2º Templo de Jerusalén, y el óleo consagrado se derrama por las barbas del supremo sacerdote. Pienso: ¿qué tiene que ver con la canción que yo conocía y con la ocasión? Eso también inquieta a mi interlocutor y amigo, pues me pregunta si sé qué significa esa frase. Vuelvo a Buenos Aires con la incógnita y abro el libro de Salmos. Acompáñame en esta búsqueda pues había más.

Cuándo creí entenderlo, le escribo a mi colega, tomando el Salmo entero, afortunadamente de los más breves. Le digo que me seguía resonando el canto compartido y que me sentía con ellos como hermano. Pero vamos al asunto.

El Salmo dice así:

> Mira cuán bueno y agradable es cuando los hermanos se sientan juntos. Es como el precioso aceite (volcado) sobre la cabeza, que baja sobre la barba de Aarón y las faldas de sus vestiduras, como el rocío del (Monte) Hermón que desciende sobre las montañas de Sión, pues allí ordenó el Señor la bendición y la vida por siempre.[8]

Detente, no sigas leyendo. Trata primero de hacer el trabajo vos. ¿Qué quiere decir?

Sigo. Lo placentero de la unión fraterna es como el óleo sobre el sumo sacerdote, momento de máxima unción. ¿Y? Nada, hay un salto de significado incomprensible. Pero al comparar las gotas del óleo con las gotas de rocío del Monte, ya vemos un segundo salto metafórico y de traslado de significación. Estamos en otro lado, aunque aún sin comprender. Solamente el cierre de la idea aparece con una nueva trasposición: en esos montes reside el Señor, y no solo eso, sino que bendice con y por la vida. ¿Pero a quién? A los hermanos que se sientan juntos, que conviven. Ahora sí cierra. Cuatro pasos y se los debe recorrer antes de sacar conclusiones o suponer entender.

Al mejor estilo hermenéutico: ¿Qué se aprende de esto? ¿Qué aprendí yo? Dos cosas.

La primera es la dificultad de entender al otro. Se le da un sentido al decir del interlocutor porque somos máquinas interpretativas y no podemos tolerar la frustración y la angustia de un vacío de sentido. Completamos con lo que podemos, pero aplastamos el decir del otro y nos condenamos a seguir pensando lo mismo de siempre. ¿Se denomina a eso prejuicio? Ciertamente, en el sentido más amigable del término, porque sabemos que es inevitable. La tarea de 'correrse de uno mismo', para dar lugar a la incógnita, al enigma y con ello a la emoción del descubrimiento es otra cosa y es siempre junto con el otro.

Probablemente esto sea lo más difícil para el mediador o el negociador como lo es para cada uno en su vida cotidiana y reclama un trabajo y un espacio de silencio

---

[8] BIBLIA. Hebreo español. Versión de Moisés Katznelson. Editorial Sinai Tel Aviv. 1991. El verbo también significa vivir, residir, estar incluso convivir.

a veces tan difícil de tolerar. Allí ubicamos un término bien frecuentado por nuestra gente, la "escucha activa". Que como vemos, no basta enunciarlo para que suceda. Hay una pregunta que tratamos de sostener: ¿qué dice alguien cuando dice algo? O su equivalente: ¿qué quiere alguien cuando quiere algo? Presentando así la complejidad de la condición humana y la diversidad que nos habita.

Pero vamos a la segunda cosa aprendida. Recuerdas como he mencionado al referir el relato de la empresa familiar, de hermanos en pugna y el enorme placer que produce cuando un diálogo se construye generosamente y permite llegar a mejores destinos en nuestras vidas. En los términos 'teológicos' del Salmo, para algunos lejanos en nuestros tiempos, para otros no, el Señor bendice y extiende las vidas. Para un creyente esto no tiene misterio, o más bien es el misterio que le concierne y le importa.

Más bien podemos entender que cuando se pueden transformar e incluso resolver situaciones conflictivas que embargan la vida de la gente y los captura en una dimensión de sufrimiento, se alivia esa carga infinita en la cual la vivencia del enojo y la rabia[9] percibido hacia uno y su reciprocidad, además de la que cada uno dirige hacia uno mismo en términos de 'culpa'. Situaciones que quitan potencia, creatividad y capacidad de realizar obras, satisfacer necesidades y hacer una buena vida.

La idea de la dimensión de 'terceridad', la que facilita el 'tercero' mediador, entendida como construcción de cultura y como acción civilizatoria, es una expectativa de resultado anhelado de nuestras mediaciones y de los diversos métodos de gestión de conflictos contemporáneos, mucho más allá de la situación conflictiva en sí y por ello tanto más potente en sus resultados y efectos educativos e irradiativos en nuestras comunidades.

La frase que concluye el salmo, 'la vida eterna' o la 'eternidad' ya no nos concierne. Alocado quien se pretende en ese lugar salvador, ingenuo quien se imaginó constructor de paz. Porque eso lo debemos hacer los hermanos juntos y contra nadie, ninguno tiene garantizada esa 'salvación' y tampoco la impone al otro. Ni siquiera imaginar una paz suficiente cuando no definitiva.

Finalmente, si el Salmo reza porque los hermanos estén juntos es porque es un deseo de lo bello y placentero. Pero no lo están. No lo están siempre. Pero podrían.

¿De qué hablamos? De los que participan de empresas familiares. Pero también de los ciudadanos que convivimos en nuestras sociedades. De los que participamos de organizaciones civiles, entes gubernamentales, tribunales de justicia y emprendimientos empresariales.

9 El término rabia y la furia son términos más fuertes que el de enojo, pero s más amable que el de 'odio'. He verificado que mucha gente prefiere no referirlo a un sentimiento propio. Pareciera ser muy fuerte. Para los psicoterapeutas, el par odio/ amor es lenguaje cotidiano.

Hay allí mucha tarea para hacer más habitable nuestras vidas y la de nuestras comunidades. Tomando una frase de Emilio Cárdenas[10], que siempre quise hacer propia y la comparto: "Se trata de participar de la fiesta de la vida"

REFERENCIAS BIBLIOGRAFICAS

BIBLIA, La. Hebreo español. Versión de Moisés Katznelson. Editorial Sinai Tel Aviv. 1991.

CÁRDENAS, Eduardo José. *La mediación en conflictos familiares.* Lo que hay que saber. Buenos Aires: Ed. Lumen/Humanitas, 1998.

ENTELMAN, Remo. *Teoría de conflictos.* Hacia un nuevo paradigma. Barcelona: Gedisa, 2002.

JOHNSON, Spencer Poe. La Carta Robada, traducción de Julio cortazar. En: *Cuentos /* 1, Alianza Editorial 1998, Madrid "Quién se ha llevado mi queso. Cómo adaptarnos a un mundo en constante cambio". Edic. Empresa Activa, 1999. Buenos Aires." Who moved my cheese". Putnam's and Sons.

NASIO, Juan David. ¡El inconsciente es la repetición!. *Revista Generaciones*, Año 2 Nº. 2. Buenos Aires: Eudeba, 2013.

POE, Edgar Allan. *La Carta Robada*, traducción de Julio cortazar. en Cuentos / 1, Alianza Editorial, 1998, Madrid.

TAUSK, Juan: El Obscuro objeto del deseo: Una perspectiva psicológica de la mediación. *Sección Psicología,* página 12. 1999. Secretaría de Publicaciones Fac. de Psicología 2003.

TAUSK, Juan: *Nace un mito para iniciar el milenio*: el best seller: "Quién se ha llevado mi queso". Diario Clarín . Marzo 18, 2001.

[10] Eduardo Cárdenas, juez de familia retirado, docente brillante y agudo pensador. Autor de varios libros, entre ellos: CÁRDENAS, Eduardo José. *La mediación en conflictos familiares.* Lo que hay que saber.. Buenos Aires: Ed. Lumen/Humanitas, 1998.

11

A MEDIAÇÃO E O PRINCÍPIO DA AUTONOMIA PRIVADA COLETIVA COMO ALICERCES NA RESOLUÇÃO DOS CONFLITOS SINDICAIS

Bruno Martins Torchia

Advogado, Mestrando no Programa de Pós-Graduação em Direito da Faculdade de Ciências Humanas – FUMEC, na área de concentração: Direito Público – Linha: Esfera pública, Legitimidade e Controle. Especializando em Direito Público pela Pontifícia Universidade Católica – PUC MINAS (2015). Especialista com Pós-Graduação em Direito de Empresa pela Universidade Gama Filho – UGF (2011). Graduação em Direito pela Faculdade de Direito Arnaldo Janssen – FAJANSSEN (2009). Tem experiência e atuação na área do Direito, com ênfase em Direito Administrativo, Empresarial e Tributário. Atuação na análise e repressão a fraudes corporativas. Autor de artigos publicados em Revistas Jurídicas e Periódicos de Congressos Jurídicos.

Tacianny Mayara Silva Machado

Advogada, Mestranda no Programa de Pós-Graduação em Direito da Pontifícia Universidade Católica de Minas Gerais/ PUC Minas, na área de concentração: Direito Privado – Linha: Trabalho, Modernidade e Democracia. Possui MBA em Gestão Ambiental e Sustentabilidade (2013), Especialista com Pós-graduação em Direito do Trabalho e Previdenciário (2011), Graduação em Direito – Faculdades Arnaldo Janssen (2009). Concluiu o Curso Intensivo: Direito do Trabalho entre Evolução Histórica e Comparação, na *Università degli Studi di Roma Tor Vergata* (2015), Realizou programa de extensão internacional na Babson College, USA, voltado a Liderança Empresarial (2014). Atua profissionalmente como Assessora Jurídica da Federação do Comércio de Bens, Serviços e Turismo do Estado de Minas Gerais – Fecomercio MG. Tem experiência e atuação na área do Direito, com ênfase em Direito Material e Processual do Trabalho, bem como no Direito Coletivo do Trabalho e Direito Sindical. Membro da Comissão Nacional de Negociação Coletiva do Comércio da Confederação Nacional do Comércio de Bens, Serviços e Turismo – CNC e da Comissão de Direito Sindical da OAB/MG. Co-autora do artigo “A terceirização no novo contexto das Relações do Trabalho do Século XXI”, publicado no Livro Ensaios Críticos de Direito Privado (2014), Ed. Arraes. Autora de artigos publicados em Revistas Jurídicas e Periódicos de Congressos Jurídicos.

1. INTRODUÇÃO

A isonomia entre as partes e a autonomia da vontade são princípios norteadores da mediação, elencados na Lei Federal nº. 13.140, de 26 de junho de 2015. Os métodos alternativos para solução de conflitos, notadamente a mediação, além de desjudicializar parte das contendas apresentadas perante o Poder Judiciário, promovem o exercício do princípio constitucional da autonomia privada pelas partes.

Na esfera coletiva, os meios consensuais empregados para resolução de conflitos devem ser usados e incentivados à exaustão pelas entidades sindicais, haja vista a equalização das partes negociadoras. A autonomia privada coletiva implica, na visão de Amauri Mascaro Nascimento, o "poder conferido aos representantes institucionais dos grupos sociais e de trabalhadores e de empregadores de criar vínculos jurídicos regulamentadores das relações de trabalho".[1]

É por intermédio desta autonomia regida pelos contratos, convenções, acordos coletivos dentre outros que as entidades sindicais exercem plenamente a defesa dos interesses da categoria representada sem intervenção Estatal, nos termos do artigo 8º, da Constituição Federal.

Essa concepção ampla, tornou-se consenso na doutrina italiana. Gino Giugni explica que esta abrangência deu-se por "haver interpretado e sistematizado de modo congruente a exigência de liberdade perante o Estado por parte dos grupos organizados, tal como se apresentou depois da queda do sistema corporativista".[2] A importância desta visão reside na conjugação de liberdade sindical e autonomia privada. A noção de autonomia, por sua vez, é bivalente porque pressupõe autorregulamentação.

Por intermédio da mediação o exercício da autonomia privada coletiva reluz a toda a sociedade, e, por consequência, promove o assentamento de princípios e valores sindicais insculpidos na Constituição Federal e nas Recomendações da Organização Internacional do Trabalho culminando com o desvencilhamento da estrutura sindical do comando Estatal.

2. REGULAMENTAÇÃO DA MEDIAÇÃO: LEI 13.140/2015

Após vários anos de discussão e tramitação no Congresso Nacional foi publicada a Lei Federal nº.13.140, de 26 de junho de 2015, que regulamenta no Brasil o procedimento de mediação. O ponto central deste marco legislativo reside na instituição da mediação como novo paradigma de justiça, em que todas as pessoas, empresas e até mesmo a administração pública possam resolver suas divergências através de soluções consensuais, pautadas, dentre o mais, no princípio da autonomia da vontade.

A norma reforça o caráter voluntário da mediação, não impondo à parte permanência no procedimento se não for por sua vontade. Até mesmo nos casos em que as partes se obrigaram contratualmente a participar do procedimento prévio de mediação seu dever é de comparecimento à primeira reunião, e não de prosseguimento aos seus termos.

---

1 NASCIMENTO, Amauri Mascaro. *Teoria geral do Direito do Trabalho*. São Paulo: Saraiva, 1998, p. 125- 126.

2 GIUGNI, Gino. *Il diritto sindacale e i suoi interlocutori*. Rivista Trimestrale di Diritto e Procedura Civile, Milano, ano 24, p. 388-389, 1970.

Cuidou o próprio texto normativo de conceituar a mediação como a "atividade técnica exercida por terceiro imparcial sem poder decisório, que, escolhido ou aceito pelas partes, as auxilia e estimula a identificar ou desenvolver soluções consensuais para a controvérsia".[3] De igual forma, consignou expressamente, também, os princípios da imparcialidade do mediador, isonomia entre as partes, oralidade, informalidade, busca do consenso, confidencialidade e boa-fé como regentes do procedimento de mediação.

O mediador não julga e não compõe o litígio, ele apenas estimula as partes a chegarem a um acordo. A mediação, além de apresentar alguns benefícios comuns à arbitragem, como a celeridade na pacificação do litígio e a confidencialidade, possui ainda outras vantagens, tal qual o fato de ser mais justa, produtiva, acessível e com menor dispêndio financeiro.

A Lei de Mediação converge com as diretrizes do Novo Código de Processo Civil, cujas disciplinas e normas estão elencadas na Lei Federal nº. 13.105, de 16 de março de 2015. Ambos os diplomas legislativos buscam privilegiar os métodos consensuais de conflitos que deverão ser estimulados por juízes, advogados, defensores públicos e membros do Ministério Público, inclusive no curso do processo judicial.

É cediço que as vias consensuais representam uma importante ferramenta para o alcance do princípio constitucional da celeridade processual cunhado no artigo 5º, inciso LXXVIII, da Constituição Federal, que hoje enfrenta como principal obstáculo o acúmulo de aproximadamente cem milhões de processos judiciais em tramitação. Outrossim, estes meios alternativos atuam proporcionando rapidez, eficiência e eficácia na solução de litígios, sem excluir o acesso ao Judiciário.

Sobre o tema, um dos principais mestres do direito processual, Mauro Cappelleti, em seu clássico estudo sobre o acesso à justiça, destaca a relevância dos métodos alternativos de solução de disputas na pacificação dos conflitos sociais:

> Devemos estar conscientes de nossa responsabilidade; é nosso dever contribuir para fazer que o direito e os remédios legais reflitam as necessidades, problemas e aspirações atuais da sociedade civil; entre essas necessidades estão seguramente as de desenvolver alternativas aos métodos e remédios, tradicionais, sempre que sejam demasiado caros, lentos e inacessíveis ao povo; daí o dever de encontrar alternativas capazes de melhor atender às urgentes demandas de um tempo de transformações sociais em ritmo de velocidade sem precedente.[4]

---

3 BRASIL. Lei nº 13.140, de 26 de junho de 2015. Dispõe sobre a mediação entre particulares como meio de solução de controvérsias e sobre a autocomposição de conflitos no âmbito da administração pública; altera a Lei no 9.469, de 10 de julho de 1997, e o Decreto no 70.235, de 6 de março de 1972; e revoga o § 2o do art. 6o da Lei no 9.469, de 10 de julho de 1997. Diário Oficial da União, 29 jun. 2015. Disponível em: <http://www.planalto.gov.br/ccivil_03/_Ato2015-2018/2015/Lei/L13140.htm>. Acesso em: 20 fev. 2016.

4 CAPPELLETI, Mauro. *Os Métodos Alternativos de Solução de Conflitos no Quadro do Movimento Universal de Acesso à Justiça*, in Revista de Processo, nº 74, ano 19, abril-junho de 1994, p. 97.

Atento a importância do tema o Conselho Nacional de Justiça (CNJ)[5] traçou, em 2015, no seu Relatório Anual de Gestão a diretriz de potencializar a desjudicialização, por meio de formas alternativas de solução de conflitos, compartilhando, na medida do possível, com a própria sociedade, a responsabilidade pela recomposição da ordem jurídica rompida. O reforço das ações de mediação e conciliação é uma das grandes prioridades do CNJ que incentiva a transformação cultural que acarrete a mudança da forma como hoje é encarada a solução de conflitos.

A Lei nº. 13.140/2015 prevê duas modalidades de mediação: a judicial e extrajudicial. Segundo a legislação a atuação como mediador na via extrajudicial poderá ser exercida por qualquer pessoa capaz que tenha confiança das partes não havendo necessidade de integrar nenhum conselho, entidade de classe ou associação. Já no âmbito judicial, foram fixados alguns critérios a serem observados, quais sejam: ser civilmente capaz, graduado há pelo menos dois anos em curso de ensino superior, possuir capacitação em escola ou instituição de formação de mediadores reconhecida pela Escola Nacional de Formação e Aperfeiçoamento de Magistrados ou pelos Tribunais.

É notório que o processo de mediação pressupõe uma maior participação da sociedade visando à pacificação de litígios anteriormente outorgados ao Poder Estatal. Rememorando as lições do filósofo Michael Walzer é possível afirmar que a mediação, notadamente a extrajudicial, na qual faculta-se às partes a escolha do mediador, existem fortes traços da justiça distributiva, defendida pelo filósofo político. Isso porque, sendo o mediador uma pessoa de confiança das partes e com capacidade para compreender como elas se relacionam entre si, possui ele ao seu dispor informações relevantes envolvendo os costumes da comunidade no qual estão inseridas os litigantes, seus valores, religião, dentre outros. Tudo isso propiciará condições favoráveis para a pacificação do litígio atendendo aos significados sociais, e, consequentemente, promovendo uma justiça mais igualitária.

Na visão de Michael Walzer, uma sociedade somente será considerada justa se a vida das pessoas que ali residem forem vividas de maneira fiel ao senso comum interpretativo de cada um de seus membros. Portanto, "uma sociedade que ignora a cultura, religião, acordos políticos, situações geográficas de seus membros, e valoriza os significados sociais hierárquicos e integrados a justiça ocorrerá de forma desigual".[6]

Considerando que a dinâmica e a complexidade das relações empresariais, sociais, comunitárias e pessoais no mundo atual exigem a construção de soluções adequadas para cada situação específica, visando prevenir e resolver os litígios, dificilmente um sistema de solução de controvérsias padrão atenderá de forma adequada as necessidades de cada um desses conflitos. Os métodos alternativos de composição de conflitos, nessa senda, ganham espaço e representam uma alternativa

---

5 CONSELHO NACIONAL DE JUSTIÇA. *Relatório anual do CNJ-2015*. Disponível em: <http://www.cnj.jus.br>. Acesso em 10 fev.2016.

6 WALZER, Michael. *Esferas da Justiça*: uma defesa do pluralismo e da igualdade. São Paulo: 2003. Martins Fontes.

eficaz para dirimir e pacificar controvérsias em menor tempo e custo, proporcionando às partes uma melhoria do relacionamento, ou pelo menos evitando sua deterioração, na medida em que se promove um ambiente de colaboração na abordagem ao problema.

3. A MEDIAÇÃO COMO INSTRUMENTO DA AUTONOMIA PRIVADA COLETIVA PELAS ENTIDADES SINDICAIS

Para Amauri Mascaro Nascimento a autonomia privada coletiva "funda-se na ideia de uma ordem sindical baseada na liberdade política, sem interferência do Estado, ou com um mínimo de interferência, uma visão distante do controle estatal sobre a organização e a ação dos sindicatos".[7]

De acordo com o jurista italiano Giancarlo Perone o seu significado é cambiante: "a natureza e a eficácia dos atos de autonomia coletiva, a relação entre esta e a normatização estatal, variam no espaço, de acordo com o ordenamento dos vários Estados, e no tempo, uma vez que nos Estados se sucederam diversos sistemas sindicais".[8] Segundo Amauri Mascaro o autor Italiano relaciona a autonomia coletiva com as fontes do direito do trabalho onde normas de origem estatal coexistem com disposições de origem sindical.

A origem do fenômeno da autonomia privada coletiva está no século XVIII, na primeira Revolução Industrial. A nascente industrialização gerou a exploração da força de trabalho em proporções até então desconhecidas fora do regime da escravidão e levou os trabalhadores à revolta, primeiro de forma espontânea e desordenada, destruindo máquinas e instalações industriais, e depois de modo organizado, reunindo-se em entidades "clandestinas" que acabaram obtendo reconhecimento legal, quando o Estado adotou posição intervencionista.

Sob a ótica do Direito do Trabalho a fábrica surge para propiciar ao empresário o acúmulo de riquezas. Ensina Márcio Túlio Viana que "o empresário queria acumular. E para acumular tinha de produzir. Mas para produzir tinha de reunir. Juntar mãos e máquinas num mesmo prédio. Só assim podia vigiar organizar e exigir". [9]

Dentro da fábrica havia uma grande reunião de trabalhadores dividindo não apenas o mesmo espaço físico, mas também, seus sonhos, angústias e emoções. Este conjunto de trabalhadores aprendeu neste ambiente comum a solidarizar-se uns com os outros. O reconhecimento pelos operários de que estavam inseridos em uma mesma situação de exploração e que a atuação coletiva seria a única maneira de exercer pressão sobre os patrões e sobre o Estado para buscar a melhoria das condições de trabalho e de vida, neste contexto, surgem os sindicatos.

A intervenção do Estado nas relações de trabalho não esgotou a função da autonomia privada coletiva. Ficou evidente que o Estado não detinha meios para regular

---

7 NASCIMENTO, Amauri Mascaro. *Compêndio de Direito Sindical*. São Paulo: LTR, 2005. p. 137-138.

8 PERONE, Giancarlo. *L'Organizzazione e L'Azione del Lavoro Nell'Imprensa,* Padova, Cedan, 1981.

9 VIANA, Márcio Túlio. *70 anos da CLT*: Uma história de trabalhadores. Belo Horizonte: RTM, 2014.

minuciosamente as condições de trabalho em cada caso concreto e que o processo de elaboração das leis é mais lento e rígido do que o processo negocial. Portanto, o espaço conquistado à força pelos trabalhadores foi mantido mesmo com a atuação estatal, coexistindo no mesmo ordenamento jurídico normas estatais e negociais.

Neste período os sindicatos ganharam considerável poder na esfera da negociação coletiva preservando de alguma forma o controle dentro das fábricas sobre as especificações de tarefas, sobre a segurança e as promoções, e conquistaram importante poder político (embora nunca determinante) sobre as questões como benefícios da seguridade social.

É fato, que o corporativismo caracteriza-se como um intervencionismo nocivo para a sociedade, na medida em que cerceia a liberdade sindical e submete os sindicatos ao Estado, que desempenha o papel de único dirigente da política socioeconômica e julgador supremo dos conflitos sociais.

No Brasil parte do modelo corporativista Estatal com o movimento sindical foi rompido com a Constituição Federal de 1988, que estabeleceu no artigo 8º a liberdade sindical, vedando a interferência e a ingerência do Estado nas Organizações Sindicais. De igual forma, o texto constitucional privilegiou o princípio da autonomia privada coletiva ao elevar o papel das negociações e dos acordos coletivos de trabalho.

Se por um lado, podemos afirmar que houve grandes avanços na organização sindical, muito embora, nos afeiçoamos a corrente que defende que a ruptura com o modelo corporativista estatal não ocorreu em sua plenitude. Por outro, é evidente que restou ao movimento sindical o grande desafio de fazer valer a autonomia lhe outorgada zelando pelos valores sindicais em sua máxima prevalência. Dentre eles, destacamos o dever de representar de forma efetiva e não apenas formal os interesses da categoria representada, seja ela, profissional ou empresarial.

Neste contexto, julgamos fundamental a utilização dos métodos alternativos de solução de conflito como mecanismos que podem e devem ser utilizados pelas entidades sindicais para efetivar o exercício da representatividade sindical e pacificar demandas de direito individual e coletivo.

No âmbito do direito individual o movimento sindical por força legislativa estruturou as denominadas Comissões de Conciliação Prévia, um valoroso mecanismo de composição paritária com objetivo de tornar mais célere à resolução de lides trabalhista.

O instituto advindo da Lei Federal nº. 9.958 de 12 de janeiro de 2000, que introduziu no texto celetista de 1943 o Título V-A denominado "Das Comissões de Conciliação Prévia", buscou privilegiar a negociação extrajudicial entre empresas e sindicatos como forma de pacificação dos conflitos individuais de trabalho. Nessa perspectiva, o legislador fixou na norma do artigo 625-D a previsão de que "qualquer demanda de natureza trabalhista será submetida à Comissão de Conciliação Prévia se, na localidade da prestação de serviços, houver sido instituída a Comissão no âmbito da empresa ou do sindicato da categoria".

O entendimento firmado pela doutrina e jurisprudência foi no sentido de que a norma criou a "obrigatoriedade" de submissão prévia das demandas trabalhistas às comissões de conciliação antes de ingressar no Judiciário. Face a esta interpretação foram ajuizadas três Ações Diretas de Inconstitucionalidade (ADIs 2139-DF, 2160-DF e 2237-DF), questionando a constitucionalidade da obrigatoriedade fixada no artigo 625-D do texto celetista. Ao analisar as ações o Supremo Tribunal Federal concedeu medida liminar para determinar que as demandas trabalhistas poderão ser submetidas ao Poder Judiciário independentemente de prévio encaminhamento a comissão de conciliação prévia.

Frise-se, no entanto, que os ministros do Pretório Excelso analisaram tão somente o caráter da "obrigatoriedade" de prévia submissão das demandas trabalhistas às comissões de conciliação. Por conseguinte, o instituto permanece com total legitimidade de atuação, desde que seja buscado voluntariamente pelas das partes, e sem sombra de dúvidas, constitui um importante instrumento de solução extrajudicial dos conflitos trabalhistas individuais.

Na seara dos conflitos coletivos as entidades sindicais através dos princípios da autonomia privada coletiva e da liberdade sindical podem e devem valer-se da mediação como forma de composição de litígios afetos as negociações e acordos coletivos de trabalho, interposição de bases territoriais e categorias por outros sindicatos, processos eleitorais e tantos outros afetos a rotina sindical.

Octavio Bueno Magano, define conflito coletivo como:

> Aquele em que a divergência em face de individualizado interesse envolve a disputa entre sujeitos constituídos por um "grupo de trabalhadores, de um lado, e empregador ou grupo de empregadores, de outro", e se "ademais, o objeto da divergência corresponde ao interesse do próprio grupo, ou de seus membros considerados não *uti singuli mas uti universi*".[10]

Além da recente Lei nº. 13.140/2015, a mediação para os conflitos coletivos de trabalho, notadamente os afetos a negociação coletiva, já contava com regulamentação do Decreto nº. 1.572, de 28 de julho de 1995, e nos §§1º a 4º do artigo 11 da Lei nº. 10.192, de 14 de fevereiro de 2001. Os dispositivos em síntese estabelecem a possibilidade das partes recorrerem ao Ministério do Trabalho e Emprego ou a um terceiro credenciado junto a este órgão, com comprovada experiência, para mediar conflito envolvendo negociações.

Os normativos acima demonstram a importância de privilegiar os mecanismos extrajudiciais para solucionar demandas próprias do direito coletivo, tal fato, também pode ser evidenciado com a Emenda Constitucional nº. 45 de 2004, que dentre outras inovações, trouxe a previsão expressa no §2º do artigo 114 da CR/88[11] do comum acordo para o ajuizamento de dissídio coletivo.

---

[10] MAGANO, Octavio Bueno. *Manual de direito do trabalho*. São Paulo: LTr, 1990.

[11] Art. 114. Compete à Justiça do Trabalho processar e julgar:
(..)
§ 2º Recusando-se qualquer das partes à negociação coletiva ou à arbitragem, é facultado às mesmas, de comum acordo, ajuizar dissídio coletivo de natureza econômica, podendo a Justiça do Trabalho decidir

Apesar das críticas lançadas ao "comum acordo" é fato que a partir dele as entidades sindicais foram impulsionadas a buscar cada vez mais o exaurimento das tratativas visando à celebração da negociação coletiva. Ou seja, almejou-se com a medida privilegiar a solução construída pelas partes legitimamente constituídas e eleitas para representar os interesses de sua categoria, ao invés de delegar ao Poder Judiciário a fixação de cláusulas negociais a serem seguidas por empregados e empregadores com representação sindical.

Resta evidenciado que a autonomia privada coletiva das entidades sindicais é uma garantia fundamental constitucional. Estas entidades, por seu turno, devem efetivar os mecanismos postos à sua disposição, sob pena de se tornarem inócuos no ordenamento jurídico e abrir espaço à indesejada intervenção estatal. E mais, é preciso demonstrar a sociedade que o sindicalismo possui competência para enfrentar e resolver seus problemas e da categoria com assertividade.

Sobre o tema traz-se à lume posicionamento do Procurador Regional do Trabalho Francisco Gérson Marques de Lima:

> Quando as entidades sindicais passarem a resolver seus próprios problemas, sem a tutela primária do Estado, aí sim poderão reafirmar na prática a liberdade sindical que, com todo direito, reclamam. Para tanto, porém, é necessário que o sindicalismo brasileiro obtenha amadurecimento e consciência de que as questões sindicais não sejam submetidas, de logo, ao crivo do Poder Público, e, nesta esteira, seus integrantes deixem de demandar ao Estado de forma tão frequente. Um trabalho que somente o sindicalismo pode fazer.[12]

A partir dos métodos extrajudiciais de solução de controvérsias muitas demandas sindicais de caráter coletivo poderão ser pacificadas com uma entrega muito mais próxima da realidade das partes, porquanto no processo de mediação há construção a partir do diálogo de uma solução que atenda aos interesses de todos os envolvidos e jamais haverá vencedor ou perdedor. Lado outro, reduzirá consideravelmente o número de demandas levadas para apreciação do Poder Judiciário, o que tornará mais efetiva e célere a prestação judicial aos jurisdicionados. Converge com este entendimento o eminente Ministro do Tribunal Superior do Trabalho, Ives Gandra da Silva Martins Filho ao afirmar recentemente que:

> [...] Assim, entendemos que, a menos que se prestigiem os meios alternativos de solução dos conflitos laborais e se racionalize a prestação jurisdicional, com simplificação recursal e efetiva concentração do TST na uniformização de jurisprudencial, estaremos frustrando as expectativas de trabalhadores e empresários que

---

o conflito, respeitadas as disposições mínimas legais de proteção ao trabalho, bem como as convencionadas anteriormente. BRASIL. Constituição (1988). Constituição da República Federativa do Brasil, de 5 de outubro de 1988. *Diário Oficial da União*, 5 out. 1988. Disponível em: <http://www.planalto.gov.br/ccivil_03/Constituicao/Constituicao.htm>. Acesso em: 20 set. 2015.

12 LIMA, Francisco Gérson Marques de. *Liberdade Sindical e Autorregulação*: pelo assentamento de princípios e valores sindicais nacionais. São Paulo: LTr, 2015. p. 152.

confiam na Justiça do Trabalho para a harmonização de suas relações e soluções de suas demandas.[13]

Chamamos atenção, entretanto, para o fato de que, aliada a uma intensificação de atuação das entidades sindicais se valendo do poder de autorregulamentação e autonomia coletiva, é fundamental que o Poder Judiciário e o Ministério Público compreendam a relevância de não tornar letra morta estes princípios e os previstos nos artigos 7º, incisos VI, XII e XIV e 8º da Constituição Federal. É fato, que não raras vezes, presenciamos um desprestígio da atuação sindical em decisões judiciais proferidas anulando, por exemplo, cláusulas negociais pactuadas livremente entre as partes.

Sobre o tema, o Supremo Tribunal Federal, exercendo o controle de constitucionalidade das decisões judiciais da Justiça do Trabalho, ao julgar o RE 590.415-SC, determinou limites menos restritivos à autonomia negocial coletiva, ao considerar válida cláusula que admitia quitação geral de passivo trabalhista por adesão ao plano de desligamento voluntário promovido por Banco, mediante acordo coletivo de trabalho. A própria ementa do julgado deixa claro como a Suprema Corte considera um dos pilares da democracia brasileira a negociação coletiva, reforçando a autonomia privada coletiva das entidades sindicais[14].

É cediço que os mecanismos extrajudiciais de solução de conflitos intersindicais ou intrasindicais devem ser estimulados, porque conferem maior autonomia e liberdade às entidades. É assim que entende o Comitê de Liberdade Sindical, da Organização Internacional do Trabalho (OIT), *verbis:*

> 460. A liberdade sindical implica o direito das organizações de empregadores e de trabalhadores em resolver elas mesmas suas divergências sem ingerência das autoridades, e incumbe ao governo criar um clima que permita chegar à solução destas divergências (recopilação, de 2006)[15].

Dessa feita, sendo certo que no âmbito coletivo presenciamos simetria de poder entre as partes envolvidas temos que a utilização da mediação pode e deve ser usada

---

13 MARTINS FILHO, Ives Gandra da Silva. *Métodos alternativos de solução de conflitos laborais: Viabilizar a jurisdição pelo prestígio à negociação coletiva.* LTR. São Paulo: 2015, p.799.

14 (...) Direito do trabalho. Acordo coletivo. Plano de dispensa incentivada. Validade e efeitos. (...) 3. No âmbito do direito coletivo do trabalho não se verifica a mesma situação de assimetria de poder presente nas relações individuais de trabalho. Como consequência, a autonomia coletiva da vontade não se encontra sujeita aos mesmos limites que a autonomia individual. 4. A Constituição de 1988, em seu artigo 7º, XXVI, prestigiou a autonomia coletiva da vontade e a autocomposição dos conflitos trabalhistas, acompanhando a tendência mundial ao crescente reconhecimento dos mecanismos de negociação coletiva, retratada na Convenção nº. 98/1949 e na Convenção nº. 154/1981 da Organização Internacional do Trabalho. O reconhecimento dos acordos e convenções coletivas permite que os trabalhadores contribuam para a formulação das normas que regerão a sua própria vida (...). SUPREMO TRIBUNAL FEDERAL. RE 590.415/SC. Rel. Min. Roberto Barroso. Brasília: Diário da Justiça, 28 maio 2015.

15 ORGANIZAÇÃO INTERNACIONAL DO TRABALHO. *Princípios de Liberdade Sindical.* Disponível em: <http://www.ilo.org/brasilia/lang--pt/index.htm>. Acesso em: 22 fev. 2016.

pelas entidades sindicais em maior escala, viabilizando a solução de conflitos interno de forma *sui generis* garantindo efetiva pacificação de litígios.

CONSIDERAÇÕES FINAIS

A Lei Federal nº. 13.140, de 26 de junho de 2015, disciplinou importantes aspectos relacionados à pratica da mediação no país, consolidando um ambiente ainda mais propício para o desenvolvimento desse instituto. Seguramente esse mecanismo possui enorme espaço para utilização, considerando o número de processos que chegam diuturnamente aos Tribunais brasileiros e não são solucionados tempestivamente.

O exercício das prerrogativas sindicais reforçadas e ampliadas pelo Constituinte de 1988 através do desvencilhamento dos sindicatos ao comando estatal representa um grande avanço para o processo democrático, todavia, é papel destes agentes coletivos zelar e efetivar a autonomia outorgada. Lado outro, cabe ao Poder Judiciário respeitar o alcance e amplitude das decisões adotadas por esses entes no exercício da sua atividade negocial porque construídas em um cenário jurídico constitucional que reconhece a plena autonomia e capacidade da vontade destas partes. Defendemos também que estamos a falar de um ambiente em que os protagonistas são as entidades sindicais, e não o Poder Público através de seu desmedido e quase sempre incoerente e efusivo intervencionismo.

É fato, que os desafios lançados às representações sindicais têm aumentado consideravelmente, impulsionados em sua maioria, pela pluralidade de seus representados que vivem em uma sociedade cada vez mais dinâmica. É preciso que o sistema sindical dê respostas rápidas e satisfatórias à categoria, sob pena de caírem no descrédito e desprestígio. Nasce a necessidade destas entidades reinventar-se a todo o momento para atender as reais demandas dos "novos" e "atuais" empregados e empresários.

Instituir nas organizações sindicais uma política de maior proximidade com a categoria passa necessariamente por um processo de novos métodos de abordagem, indo além dos tradicionais e triviais encontros sindicais. A atuação dos sindicatos como facilitadores no procedimento de mediação além de proporcionar uma alternativa para solução dos conflitos internos e externos promoverá uma maior reconhecimento com a categoria através do diálogo na busca do consenso.

No âmbito interno, as entidades sindicais poderão valer-se da mediação para equacionar conflitos inerentes a procedimentos eleitorais, aplicação de estatutos, regulamentos e regimentos, disputas envolvendo bases territoriais e categorias dentre outros vivenciados no dia a dia do sindicalismo. Já na seara externa, através da estruturação de câmaras de mediação nos municípios abrangidos pelo sindicato, bem como, mediante promoção de cursos de capacitação para formação de mediadores.

Em suma, conclui-se que o exercício dos métodos alternativos de resolução de conflitos, mormente a mediação, pelos sindicatos além dar efetividade ao princípio da autonomia privada coletiva previsto na Carta Magna converge com os objetivos da organização sindical que é na sua essência formada para promoção e defesa dos direitos dos integrantes de uma determinada categoria profissional ou econômica. De igual forma, certamente promoverá uma justiça mais igualitária atendendo as aspirações das partes através da construção de soluções consensuais para a controvérsia.

REFERÊNCIAS BIBLIOGRÁFICAS

BRASIL. Constituição (1988). Constituição da República Federativa do Brasil, de 5 de outubro de 1988. Diário Oficial da União, 5 out. 1988. Disponível em: <http://www.planalto.gov.br/ccivil_03/Constituicao/Constituicao.htm>. Acesso em: 20 set. 2015.

BRASIL. Decreto-Lei nº 5.452, de 1º de maio de 1943. Aprova a Consolidação das Leis do Trabalho. *Diário Oficial da União*, 9 ago. 1943, retificado pelo Decreto-Lei nº 6.353, de 1944 e pelo Decreto-Lei nº 9.797, de 1946. Disponível em: <http://www.planalto.gov.br/ccivil_03/decreto-lei/Del5452.htm#art20>. Acesso em: 6 out. 2015.

BRASIL. Lei nº 13.140, de 26 de junho de 2015. Dispõe sobre a mediação entre particulares como meio de solução de controvérsias e sobre a autocomposição de conflitos no âmbito da administração pública; altera a Lei nº 9.469, de 10 de julho de 1997, e o Decreto nº 70.235, de 6 de março de 1972; e revoga o § 2º do art. 6º da Lei nº 9.469, de 10 de julho de 1997. *Diário Oficial da União*, 29 jun. 2015. Disponível em: <http://www.planalto.gov.br/ccivil_03/_Ato2015-2018/2015/Lei/L13140.htm>. Acesso em: 20 fev. 2016.

Brasil. Supremo Tribunal Federal. RE590.415-SC. Rel. Min. Roberto Barroso. *Diário da Justiça,* Brasília, 28.mai.2015

CAPPELLETI, Mauro. Os Métodos Alternativos de Solução de Conflitos no Quadro do Movimento Universal de Acesso à Justiça, *in Revista de Processo*, nº 74, ano 19, abril-junho de 1994, p. 97.

CONSELHO NACIONAL DE JUSTIÇA. Relatório anual do CNJ-2015. Disponível em: http://www.cnj.jus.br. Acesso em 10 fev. 2016.

GIUGNI, Gino. Il diritto sindacale e i suoi interlocutori. *Rivista Trimestrale di Diritto e Procedura Civile*, Milano, ano 24, p. 388-389, 1970

LIMA, Francisco Gérson Marques de. *Liberdade Sindical e Autorregulação*: pelo assentamento de princípios e valores sindicais nacionais. LTR. São Paulo: 2015. p. 152.

MARTINS FILHO, Ives Gandra da Silva. *Métodos alternativos de solução de conflitos laborais*: Viabilizar a jurisdição pelo prestígio à negociação coletiva. São Paulo: LTr, 2015. p. 799.

MAGANO, Octavio Bueno. *Manual de direito do trabalho*. São Paulo: LTr, 1990.

NASCIMENTO, Amauri Mascaro. *Compêndio de Direito Sindical*. São Paulo: LTr, 2005.

NASCIMENTO, Amauri Mascaro. *Teoria geral do Direito do Trabalho*. São Paulo: Saraiva, 1998.

ORGANIZAÇÃO INTERNACIONAL DO TRABALHO. *Princípios de Liberdade Sindical.* Disponível em: <http://www.ilo.org/brasilia/lang--pt/index.htm>. Acesso em: 22 fev. 2016.

PERONE, Giancarlo. *L'Organizzazione e L'Azione del Lavoro Nell' Imprensa.* Padova: Cedan, 1981.

VIANA, Márcio Túlio. *70 anos da CLT*: Uma história de trabalhadores. Belo Horizonte: RTM, 2014.

WALZER, Michael. *Esferas da Justiça*: uma defesa do pluralismo e da igualdade. São Paulo: Martins Fontes, 2003.

12

MEDIAÇÃO E CONCILIAÇÃO NO NOVO CÓDIGO DE PROCESSO CIVIL – SEUS DESDOBRAMENTOS NO DIREITO PROCESSUAL DO TRABALHO

Luiz Ronan Neves Koury

Titulação: Desembargador 2º Vice-Presidente do Tribunal Regional do Trabalho da 3ª Região. Mestre em Direito Constitucional pela UFMG. Professor de Direito Processual do Trabalho da Faculdade de Direito Milton Campos.

INTRODUÇÃO

As sociedades modernas, com as múltiplas visões de mundo que convivem em seu interior, são por excelência conflitivas. O desafio que se coloca, na perspectiva de construção de consensos, é como atuar sobre essa realidade de inúmeros e variados conflitos, multifacetados por aspectos ideológicos, políticos, econômicos e sociais.

No campo jurídico existem meios de interferir nas controvérsias, podendo ser destacadas, dentre outras, a conciliação e a mediação.

No exame da mediação/conciliação é importante lembrar que, embora delas participe um terceiro, representam mecanismo fundamental para que as partes adquiram maturidade no exercício da cidadania porquanto, em última análise, são elas que constroem a solução para o conflito.

Tem-se, com consequência, o empoderamento das partes em decorrência de sua atuação no processo de mediação/conciliação, como também a chamada validação, em que as partes passam a distinguir o outro como alguém merecedor de respeito e consideração.

Independente de se entender a mediação/conciliação como equivalentes jurisdicionais, meios alternativos de solução dos conflitos ou forma adequada de atuação na controvérsia, o importante é que funcionam como mecanismo indispensável de acesso à justiça, sempre com a preservação da dignidade da pessoa humana.

Como reconhece parcela da doutrina, juntamente com a previsão da cooperação, trata-se da maior inovação do Novo Código de Processo Civil, com extensa previsão normativa, marcando o nascimento de um novo paradigma de tratamento do processo (pelo espaço que se dá a ele) e dos conflitos.

É possível enquadrar a conciliação/mediação como desdobramento dos mais importantes princípios do processo, previstos na Constituição, como o princípio do acesso à justiça ou mesmo o princípio do devido processo legal pois passaram a figurar como momento obrigatório no itinerário processual.

Cumpre dizer também que a mediação/conciliação, na forma em que se encontram positivadas, demonstram a preocupação do legislador, fiel à construção doutrinária desses meios alternativos (adequados) de solução do conflito, com as relações jurídicas continuadas e com a sua pacificação ao longo do tempo e de forma duradoura, especialmente em relação à mediação.

A sua superioridade em relação à solução jurisdicional, reconhecida pelos estudiosos da matéria, decorre exatamente do efeito pedagógico que acarretam no sentido de criar nas partes a consciência de que os problemas futuros, surgidos no curso da relação jurídica, podem ser por elas resolvidos, independente de um terceiro, aspecto que representa verdadeiro avanço civilizatório nas relações interpessoais e sociais.

Nesse passo é necessário registrar que a conciliação (e não a mediação) se confunde com a própria história da Justiça do Trabalho em função de sua origem administrativa e da estrutura paritária que, até certo momento, caracterizou-a.

A previsão da conciliação no novo CPC, com a relevância agora dada a ela, serve para justificar a importância que sempre lhe foi atribuída no campo trabalhista, e a sua colocação, na condição de norma fundamental do processo, apenas confirma o acerto histórico do procedimento trabalhista.

Nas palavras acertadas de Freitas Júnior, tem-se agora a substituição da cultura da arena pela cultura da alteridade. Abandona-se o espetáculo da discórdia para construção de espaços institucionais orientados pelo estímulo do diálogo e da tolerância com o dissenso e a diversidade. [1]

1. HISTÓRICO

A mediação, historicamente em nosso ordenamento jurídico, sempre esteve associada ou conhecida como conciliação, como informa o professor Kazuo Watanabe [2].

Faz parte da História do Brasil desde a época da colônia, nas Ordenações Filipinas de 1603 (Livro III, T.20, § 1º), com a preocupação que já se manifestava pela solução consensual dos conflitos.[3]

Com a Proclamação da Independência, mais precisamente na Constituição de 1824, fixou-se verdadeira política pública de solução de conflitos, com a previsão de

---

1 FREITAS JÚNIOR, Antônio Rodrigues. Sobre a relevância de uma noção precisa de conflito. *Revista do Advogado*, Ano XXXIV, n. 123, agosto de 2014, p. 18.

2 WATANABE, Kazuo. Mediação como Política Pública Social e Judiciária. *Revista do Advogado*: Mediação e Conciliação, São Paulo, Ano XXXIV, n. 123, agosto de 2014, p. 35.

3 WATANABE, Kazuo, *op. cit.*, p. 35-36.

que nenhum processo seria iniciado caso não se registrasse ou se tentasse a reconciliação das partes como constava de seu art. 161.[4]

Nesse período a conciliação tinha como agente principal o juiz de paz, (art. 162 da Constituição de 1824), ou seja, toda atividade em torno da conciliação se baseava em sua atuação.

Aspectos políticos, entretanto, não permitiram que se ampliasse essa atuação e que se consolidasse uma verdadeira política pública de solução consensual dos conflitos, pois, enquanto os liberais ampliavam o raio de sua atuação, valorizando a figura do juiz de paz em detrimento do autoritarismo estatal, os conservadores limitavam os seus poderes, impedindo a criação de uma cultura da conciliação.[5]

Proclamada a República, a conciliação, já pouco utilizada, foi inteiramente eliminada de nossa legislação processual, deixando-se de lado a fixação de uma política pública de valorização do consenso, ensaiada por ocasião do Império.[6]

O CPC vigente menciona a conciliação em vários dispositivos, sem um tratamento orgânico próprio de uma política pública da conciliação, ainda que se considerem os acréscimos da Lei 8.952/74 no tocante ao dever do magistrado de tentar a conciliação (art. 125, IV) e a previsão da conciliação na audiência preliminar (art. 331).[7]

A sua retomada ocorreu, entendida do ponto de vista de lhe emprestar relevância e espaço normativo, com a Lei dos Juizados Especiais de Pequenas Causas, de 1984.[8]

Tem-se, também, a previsão do art. 98, I da Constituição vigente quanto à criação dos juizados especiais para conciliação de causas cíveis de menor complexidade, regulamentados pelas Leis 9.099/95 (Juizados Especiais Cíveis e Criminais Estaduais) e 10.259/2001 (Juizados Especiais Cíveis e Criminais Federais).[9]

A rigor, no entanto, é em 2010, com a Resolução nº 125/2010, que se passou a ter, de forma abrangente, o tratamento da mediação e conciliação como ferramentas indispensáveis a uma política pública de solução de conflitos, sem, no entanto, fazer uma distinção entre elas.[10]

Segundo Watanabe, são os seguintes os pontos de destaque da referida Resolução:

> a) A mudança de paradigma dos serviços judiciários, abrangendo também os mecanismos consensuais de solução dos conflitos. Incluiu-se, portanto, nos serviços

---

4 WATANABE, Kazuo, *op. cit.*, p. 36.

5 WATANABE, Kazuo, *op. cit.*, p. 36.

6 WATANABE, Kazuo, *op. cit.*, p. 36.

7 GONÇALVES, Marcelo Barbi, Meios Alternativos de Solução de Controvérsias: Verdades, Ilusões e Descaminhos no Novo Código Processual Civil. *In* Revista de Processo – Editora Revista dos Tribunais LTDA, São Paulo, ano 40, ed. 242, abril/2015, p. 605.

8 WATANABE, Kazuo, *op. cit.*, p. 36.

9 GONÇALVES, Marcelo Barbi. Meios Alternativos de Solução de Controvérsias: Verdades, Ilusões e Descaminhos no Novo Código Processual Civil. *In Revista de Processo* – Editora Revista dos Tribunais LTDA, São Paulo, ano 40, ed. 242, abril/2015, p. 605.

10 WATANABE, Kazuo, *op. cit.*, p. 37.

judiciários, além da solução jurisdicional, a possibilidade da utilização de outros mecanismos, como a mediação e conciliação (art. 1º, *caput* e parágrafo único);

b) A exigência de que esses mecanismos sejam desenvolvidos com qualidade, com a capacitação adequada de mediadores e conciliadores;

c) A centralização dos serviços de conciliação em centros ou centrais, assegurando-se o seu permanente aperfeiçoamento através de dados estatísticos.

A partir dessa norma Kazuo Watanabe registra que a conciliação e a mediação não deverão ser consideradas mais como meios alternativos de solução dos conflitos, mas sim como meios adequados de solução de controvérsias.

No processo do trabalho pode-se dizer que a conciliação, e não propriamente a mediação, esteve presente ao longo das inúmeras normas que trataram do tema.

A tentativa de conciliação obrigatória na Justiça do Trabalho foi restabelecida a partir de 1932, pois suprimida anteriormente ao argumento de que cometia um atentado à liberdade individual.

A conciliação sempre se confundiu com a ideia e história da Justiça do Trabalho, como já dito anteriormente, seja pela tradição ou mesmo pela intensidade com que é praticada.

A origem administrativa da Justiça do Trabalho combinada com a tarefa de pacificação das relações entre o capital e o trabalho fizeram da conciliação verdadeiro princípio e instituto fundamental do processo do trabalho.

No processo do trabalho, mais do que nunca, impõe-se a assertiva de Watanabe, que se trata de mecanismo incluído nos serviços judiciários como forma adequada e não alternativa de solução dos conflitos.

CONCILIAÇÃO E MEDIAÇÃO

Para Paulo Eduardo Alves da Silva, são espécies do gênero e método de solução dos conflitos por meio do consenso provocado pela intervenção de um terceiro. Pressupõem a negociação e têm como objetivo o acordo.[11]

A nota característica é a intervenção de um terceiro, estranho em relação às partes e ao conflito. E é essa intervenção do terceiro, em grau e intensidade, que vai definir se se trata de conciliação, mediação (auxílio para obtenção do acordo), arbitragem ou solução judicial (descoberta da verdade).[12]

O autor mencionado ainda afirma que a diferença deve ter relevância do ponto de vista prático e operacional a fim de proporcionar o uso inteligente desses métodos a partir de uma variação das técnicas que cada um disponibiliza. Do ponto de vista teórico, diz que não é importante a diferença.

Critérios de diferenciação utilizados por ele:

---

11 SILVA, Paulo Eduardo Alves da. Mediação e Conciliação, Produtividade e Qualidade, *Revista do Advogado*, Mediação e Conciliação, São Paulo Ano XXXIV, n. 123, agosto de 2014, p. 42.

12 SILVA, Paulo Eduardo Alves da, *op. cit.*, p. 42.

CONCILIAÇÃO	MEDIAÇÃO
Conflito único e instantâneo.	Conflitos de relações continuadas.
Matéria em discussão: conflitos de ordem patrimonial. Visa a definir um acordo.	**Matéria em discussão**: conflitos de natureza não patrimonial. Visa a uma composição mais sólida e detalhada do conflito.
Intervenção no conflito: atuação superficial para fixação de valores.	**Intervenção no conflito**: descobrir as suas causas e o seu tratamento.

O fundamental, em tema de solução consensual dos conflitos, é o registro de que hoje se inserem no procedimento e que há um caráter contingencial na atuação do mediador ou conciliador.

A possibilidade de sugerir o acordo ou simplesmente conduzir a ele, a necessidade de intervenções mais propositivas e incisivas ou apenas tênues e sugestivas não são atitudes que devem ser adotadas em abstrato, mas dependem do caso concreto e da conjuntura do conflito, isto é, a natureza do conflito, das partes e da atuação do terceiro.[13]

Didier esclarece que, na mediação e conciliação, não cabe ao terceiro resolver o problema como ocorre na arbitragem, mas sim exercer um papel de catalisador da solução negocial do conflito.

Afirma que o adjetivo alternativo (de meios alternativos) utilizado para caracterizar esses métodos de solução de conflitos se deve à sua contraposição à atuação da jurisdição estatal.

Depois de conceituá-las, apontando as suas características, ensina que a diferença entre elas é sutil, representando técnicas distintas para obtenção da autocomposição. Enquanto a atuação do conciliador é mais ativa, podendo propor soluções para o litígio, o mediador é mais um facilitador do diálogo, ajudando as partes na compreensão das questões a fim de que elas encontrem uma saída para o impasse.[14]

Importante registrar, neste quadro, os princípios inscritos no Código de Ética do CNJ, quais sejam, a necessidade de que o terceiro deva manter a confidencialidade (art. 1º, inciso I), podendo ser excepcionada no caso de violação à ordem pública ou às leis vigentes; atuar com independência e autonomia (art. 1º, inciso V), o que afasta a exigência de redigir acordo ilegal e inexequível, e promover a validação, isto é, estimular os interessados a se perceberem reciprocamente como seres humanos merecedores de atenção e respeito (art. 1º, inciso VIII).[15]

13 SILVA, Paulo Eduardo Alves da, *op. cit.*, p. 43.

14 DIDIER JR., Fredie. *Curso de Direito Processual Civil*: introdução ao direito processual civil, parte geral e processo de conhecimento. 17. Ed., Salvador: Ed. Jus Juspodivm, 2015, p. 275-276.

15 TAKABASHI, Bruno. Dilemas éticos de um conciliador. *Revista do Advogado*. Mediação e Conciliação, Ano XXXIV, n. 123, agosto de 2014, p. 67.

Dubugras, na mesma linha de Watanabe, faz referência à conciliação qualificada que, mais do que forma alternativa à sentença, representa um tipo de prestação jurisdicional adequada a alguns tipos de conflitos. Compreende o tempo adequado, o conciliador qualificado, o ambiente conciliatório, os advogados comprometidos com a conciliação e o controle da legalidade e a execução dos acordos sob a autoridade do Judiciário.[16]

Cabe, por fim, citar, com a doutrina especializada, as sempre valorizadas técnicas desses mecanismos representadas pela busca incessante da solução convergente (em um mar de divergências); adquirir a confiança das partes (que não paire qualquer dúvida quanto à imparcialidade, até no mesmo nível em relação ao juiz); a exata compreensão e dimensão do papel do conciliador/mediador e de sua atuação; desenvolver especial forma de escuta das partes (considerando todas as suas reações); desenvolvimento de inteligência emocional que dê um valor especial à intuição acima mesmo da razão; desenvolver uma criatividade equiparável à necessária no campo das artes.

CONCILIAÇÃO E MEDIAÇÃO NO NOVO CPC

O Novo CPC trata da solução consensual dos conflitos no §2º do art. 3º como incumbência do Estado, verdadeira política pública judiciária.

A seguir, no § 3º do mesmo artigo, faz referência expressa à conciliação e à mediação como também a outros métodos de solução consensual de conflitos que deverão ser estimulados por todos os operadores jurídicos, inclusive no curso do processo judicial.

Fixa a solução consensual como norma fundamental do processo, no mesmo patamar dos princípios processuais constitucionais, impondo essa modalidade de solução de conflito como prioridade para atuação do Estado.

Para Didier a tendência de incentivo à autocomposição é inequivocamente estimulada no Novo CPC, como mencionado a seguir:

> a) Dedica um capítulo inteiro para regular a mediação e a conciliação (arts. 165 – 175);
>
> b) Estrutura o procedimento de modo a pôr a tentativa de autocomposição como ato anterior ao oferecimento da defesa pelo réu (arts. 334 e 695);
>
> c) Permite a homologação judicial de acordo extrajudicial de qualquer natureza (art. 515, III; art. 725, VIII);
>
> d) Permite que, no acordo judicial, seja incluída matéria estranha ao objeto litigioso do processo (arts. 515 e 829) e permite acordos processuais (sobre o processo, não sobre o objeto do litígio) atípicos (art. 190).[17]

---

[16] DUBUGRAS, Regina Maria Vasconcelos. A conciliação e a mediação na Justiça do Trabalho: conciliação qualificada, *Revista do Advogado* – Mediação e Conciliação, Ano XXXIV, n. 123, agosto de 2014, p. 117.

[17] DIDIER JR., Fredie, *op. cit.*, p. 273.

No que se refere à Justiça do Trabalho, cabe dizer que alguns aspectos relacionados especificamente com a mediação, como o cadastro de conciliadores/mediadores e os centros judiciários de solução de conflitos, terão alguma dificuldade de assimilação e implantação, considerando-se a estrutura da Justiça do Trabalho, o procedimento trabalhista, os princípios do processo do trabalho e, no quesito da remuneração, a própria experiência traumática com a representação classista.

O tratamento dado à conciliação e mediação (arts. 165/175), bem como à audiência em que atuarão o conciliador/mediador (art. 334), será objeto de análise, a seguir, neste item.

Primeiramente é necessário chamar a atenção para dois dispositivos legais do Novo CPC que tratam da conciliação e da mediação, a saber, o art. 139, que trata do Juiz e de suas incumbências na direção do processo, em especial o seu inciso V, como também o art. 149, ao se referir expressamente ao mediador e conciliador judicial como auxiliares da justiça.

No art. 139, V, do Novo CPC retirou-se o verbo tentar, presente no anterior art. 125, IV, do CPC/73, e foi colocado o verbo promover e, de forma mais técnica, porque de previsão doutrinária, utilizou-se o termo autocomposição, acrescentando que a atuação judicial deverá ocorrer preferencialmente com o auxílio de conciliadores e mediadores judiciais.

Embora com previsão de audiência para atuação dos conciliadores e mediadores, é certo, pelos dizeres da norma anterior, que a participação de conciliadores e mediadores pode se dar a qualquer tempo, na tarefa de auxiliar o Juiz em obter a autocomposição.

Como auxiliares da justiça, na forma prevista no art. 149, é natural que figurem ao lado dos auxiliares tradicionais do juiz, como, por exemplo, o perito e o oficial de justiça, dentre outros, sujeitando-se também à arguição de impedimento e suspeição (art. 148, II, do Novo CPC).

Os arts. 165/175 representam uma espécie de desdobramento da parte principiológica fixada nos artigos iniciais do código, como forma de manter coerência com a profissão de fé feita pelo legislador em relação aos princípios fixados em sua parte introdutória.

O art. 165, *caput*, prevê a criação de Centros Judiciários de Solução Consensual de Conflitos nos Tribunais que, além de se responsabilizar pela marcação de sessões e audiências, têm a incumbência de desenvolver programas para estimular a autocomposição. O seu § 1º prevê que os Tribunais definirão a organização e composição dos Centros, observadas as normas do Conselho Nacional de Justiça – CNJ.

O § 2º do mesmo artigo trata do conciliador, fixando os casos e as características do litígio objeto de sua atuação e, fiel à extensão de seu papel, permite que apresente solução para a controvérsia. A vedação de se fazer uso do constrangimento e intimidação para que seja obtida a composição é básico, sendo certo que a sua utilização contraria o próprio espírito da conciliação, que se funda na livre manifestação de vontade, pelo que sequer deveria ser mencionada na norma legal.

Quanto ao mediador, faz referência ao tipo de controvérsia em que deverá atuar, devendo desempenhar um papel de facilitador para que as partes estabeleçam, por si próprias, a melhor forma de solucionar as suas pendências.

O art. 166, em seu *caput,* trata dos princípios que devem reger a atuação de mediadores e conciliadores, referindo-se expressamente à **independência** (em relação aos envolvidos não devendo existir qualquer vínculo de sujeição com as partes) e **imparcialidade** (confunde-se com o princípio anterior, mas se refere à ausência de interesse na solução do litígio favoravelmente a um dos contendores; impõe-se que seja idêntica à imparcialidade que se exige do magistrado).

A **autonomia da vontade** figura também na referida norma legal, representando o respeito que se deve ter à vontade das partes na confecção do acordo ou mesmo o seu desejo de não se submeter ao procedimento da mediação ou conciliação; **confidencialidade** (como consequência do próprio nome, é essencial na atuação do conciliador/mediador, pois a publicidade das tratativas é fator de inibição para que se chegue ao objetivo da composição, exceção quanto às questões de ordem pública, crimes, etc. – § 1º do art. 166. O § 2º trata de mais uma exceção em que a testemunha está escusada de depor).

A **oralidade e a informalidade** são complementares na medida em que as questões mencionadas sem o respectivo registro, característica de um procedimento informal, são essenciais para se atingir o desiderato da composição; e a **decisão informada** é a necessidade de se oferecer a mais ampla informação às partes sobre o que está sendo negociado e as suas consequências.

Para Daniel Amorim Asumpção Neves, deve ser considerado também como princípio, embora não previsto legalmente, o da normalização do conflito, pois este só será "normalizado" (solução da lide sociológica) se as partes ficarem satisfeitas concretamente com o seu desfecho.

Afirma o autor mencionado que os princípios do empoderamento (conscientização de que a solução dos conflitos pode ser obtida pelas próprias partes) e da validação (em que as partes se percebam como seres humanos merecedores de respeito e atenção) inserem-se na normalização do conflito e devem ser considerados como princípios/técnicas de mediação/conciliação.

O § 3º do art. 166 traz a previsão de se admitir técnicas negociais para favorecer a autocomposição, o que não poderia ser diferente.

O § 4º do art. 166 dá ampla liberdade aos interessados para reger a conciliação e a mediação, inclusive quanto a regras procedimentais. Aqui tem-se uma permissão, também presente no art. 190, para que as partes fixem regras de procedimento, ou seja, um acessório ao objeto da discussão realizada por elas.

É certo que as partes devem ter ampla liberdade na mediação e conciliação quanto à formalização de prazos, multas, etc, mas não podem influenciar na convicção do juiz em homologar ou não determinado acordo quando esteja em jogo matéria de ordem pública, como ocorre na Justiça do Trabalho.

O art. 167 trata do cadastro de conciliadores e mediadores, prevê os requisitos de capacitação mínima para o seu aproveitamento, não necessitando que seja bacharel em direito, a divulgação da atividade e seus membros, (informação sobre a atuação do mediador/conciliador), bem como a possibilidade da realização de concurso público para formação de quadro próprio de mediadores e conciliadores.

O art. 168 trata da hipótese de escolha de conciliadores e mediadores pelas partes, independente de se encontrar cadastrado no Tribunal, levando-se em conta as informações contidas no artigo anterior no que se refere à atuação do conciliador/mediador.

Na ausência de quadro próprio do Tribunal, o conciliador e mediador receberão pelo trabalho realizado, na forma do art. 169, *caput*, podendo ser realizado trabalho voluntário, existindo a previsão de percentual de audiências não remuneradas.

O impedimento, nas mesmas hipóteses dos demais auxiliares do juízo (arts. 144/145 e 148), deverá ser comunicado de forma imediata, como prevê o art. 170, ainda que iniciado o procedimento, quando acarretará a suspensão deste.

A impossibilidade temporária, sem que a lei explicite as hipóteses, deverá ser comunicada para se evitar distribuições desnecessárias (art. 171).

O art. 172 prevê a hipótese de quarentena do conciliador e mediador em relação à representação de qualquer das partes, pelo prazo de 1 ano da última audiência de que tenha participado.

Nelson Nery e Rosa Nery lembram que, no Código de Ética dos Conciliadores/Mediadores Judiciais, art. 7º do Anexo III da Res. 125/2010 do CNJ, o conciliador e o mediador ficam absolutamente impedidos de prestar qualquer serviço profissional aos envolvidos em processo de mediação sob a sua condução, por prazo indeterminado, mas que agora, por força da hierarquia das normas, há de prevalecer o prazo previsto no Novo CPC. [18]

O art. 173 trata da exclusão do quadro de conciliadores e mediadores, com apuração em processo administrativo, nas hipóteses de culpa ou dolo na condução do procedimento ou quando infringir o princípio da confidencialidade, bem como atuar quando esteja impedido ou suspeito, com a previsão da hipótese de seu afastamento até a instauração do referido processo.

A criação de câmaras de mediação e conciliação no âmbito administrativo e até mesmo a promoção e aceleração de termo de ajuste de conduta têm previsão no art. 174.

O art. 175 abre a possibilidade de outras formas de conciliação e mediação extrajudiciais regulamentadas por legislação específica, como também a aplicação da regulamentação contida no CPC às câmaras privadas de conciliação e mediação.

---

18 NERY JÚNIOR, Nelson; NERY, Rosa Maria Andrade. *Comentários ao Código de Processo Civil.* São Paulo: Ed. Revista dos Tribunais, 2015, p. 651.

Cabe também mencionar a atuação dos conciliadores e mediadores nas audiências de conciliação previstas no art. 334, obrigatórias pela dicção do referido dispositivo legal.

A rigor pode-se dizer que esse dispositivo não tem aplicação ao procedimento trabalhista, que tem itinerário procedimental próprio, inclusive porque a realização da audiência em que se tentará a conciliação independe da vontade das partes. Nada impede, todavia, que sejam utilizados aspectos da regulamentação da audiência de conciliação/mediação prevista no Novo CPC, como, por exemplo, a pena imposta às partes pelo não comparecimento injustificado.

A designação das audiências ocorrerá caso não estejam presentes os óbices previstos em seu *caput* e que seja de interesse das partes, registre-se ambas as partes, pois o desinteresse de apenas uma delas não inviabiliza a realização da audiência.

O conciliador ou o mediador, onde houver, atuará necessariamente nessas audiências, admitindo-se a realização de mais de uma audiência.

O § 8º prevê multa para ambas as partes, com base de cálculo diversa, e o não comparecimento injustificado à audiência é considerado como ato atentatório à dignidade da justiça. Há uma aparente incongruência na leitura conjugada dos § 3º e § 8º do art. 334, pois, se a intimação do autor, de forma imperativa, será feita na pessoa de seu advogado, como ele (autor) poderá ser apenado pelo não comparecimento à audiência visto que a intimação não é pessoal.

As partes devem estar acompanhadas de advogado, podendo constituir representante por meio de procuração específica, com poderes para negociar e transigir. Aqui me parece que com atribuições semelhantes às do preposto na Justiça do Trabalho, porém, mais reduzidas, mas com capacitação para se chegar à transação.

Para Didier, na mesma linha do entendimento supra, o advogado pode atuar nessa condição, o que não se confunde com as atribuições de preposto que tem funções processuais mais amplas, como depor pela parte, não incorrendo na vedação do art. 34 do Código de Ética da OAB, porquanto no exercício de atividades típicas da advocacia, como a negociação e assinatura do termo de acordo.[19]

A autocomposição será reduzida a termo e homologada por sentença, devendo ser respeitado o intervalo de 20 minutos na sua designação (§ 11 e 12).

CONCLUSÃO

Indiscutivelmente a previsão da mediação/conciliação no Novo CPC, com o espaço normativo a elas atribuído, representa uma evolução no tratamento das formas de solução do conflito e uma mudança de paradigma quanto à exclusividade ou pelo menos ao papel de destaque que tradicionalmente se emprestava à solução jurisdicional.

---

[19] DIDIER JR., Fredie, *op. cit.*, p. 626.

Além de fazer parte obrigatoriamente do procedimento, com audiência de conciliação ou de mediação, a mediação e a conciliação passam a ter regulamentação específica, inclusive quanto à forma de atuação dos mediadores e dos conciliadores, o que, de resto, presta reverência às normas fundamentais do Código, (arts 1º a 12), em que se tem inscrita a solução consensual dos conflitos como objetivo primordial do processo.

A previsão de princípios informadores de atuação do mediador e conciliador é um aspecto da maior importância na normatização sobre o tema, porquanto deixa evidenciada a relevância que o legislador dá à ética na atuação dos mediadores/conciliadores.

Em termos de processo do trabalho, pode-se dizer, com Homero Batista Mateus da Silva,[20] que é impossível a prática da mediação na Justiça do Trabalho por parte do juiz. No entanto, é possível superar alguns óbices com uma maior aproximação entre juiz e jurisdicionado e também em razão da matéria com a qual é obrigado a lidar, de conotação pré-judicial.

Não se trata, portanto, na linha de raciocínio adotado por Homero Batista, de qualquer disparate a utilização de técnicas de mediação pelo juiz do trabalho nas hipóteses em que a lei prevê a sua atuação com equidade, como também deve despertar o interesse das partes para a conciliação e fomentar a cooperação.

A realidade brasileira necessita dessa intermediação, como afirma o referido autor, dada a escassez de espaços de diálogo e a abundância de ruídos na relação capital e trabalho, com a necessidade de que sejam estabelecidas pontes de comunicação.

REFERÊNCIAS BIBLIOGRÁFICAS

DIDIER JR., Fredie. *Curso de Direito Processual Civil*: introdução ao direito processual civil, parte geral e processo de conhecimento. 17. Ed., Salvador: Ed. Jus Podium, 2015.

DUBUGRAS, Regina Maria Vasconcelos. *A conciliação e a mediação na Justiça do Trabalho*: conciliação qualificada. *Revista do Advogado* – Mediação e Conciliação, Ano XXXIV, n. 123, agosto de 2014, p. 115-122.

FREITAS JÚNIOR, Antônio Rodrigues. Sobre a relevância de uma noção precisa de conflito. *Revista do Advogado*, Ano XXXIV, n. 123, agosto de 2014, p. 11-18.

GONÇALVES, Marcelo Barbi. Meios Alternativos de Solução de Controvérsias: Verdades, Ilusões e Descaminhos no Novo Código Processual Civil – *in Revista de Processo* – Editora Revista dos Tribunais, LTDA, São Paulo, ano 40, ed. 242, abril/2015, p. 597-629.

NERY JÚNIOR, Nelson; NERY, Rosa Maria Andrade. *Comentários ao Código de Processo Civil*. São Paulo: Ed. Revista dos Tribunais, 2015.

---

20 SILVA, Homero Batista Mateus da. Técnicas de mediação para o aprimoramento do processo do trabalho. *Revista do Advogado* – Mediação e Conciliação, Ano XXXIV, n. 123, agosto de 2014, p. 106-108.

SILVA, Homero Batista Mateus da. Técnicas de mediação para o aprimoramento do processo do trabalho. *Revista do Advogado*. Mediação e Conciliação, Ano XXXIV, n. 123, agosto de 2014, p. 105-114.

SILVA, Paulo Eduardo Alves da. Mediação e Conciliação, Produtividade e Qualidade, *Revista do Advogado* – Mediação e Conciliação, São Paulo Ano XXXIV, n. 123, agosto de 2014, p. 40-47.

TAKABASHI, Bruno. Dilemas éticos de um conciliador. *Revista do Advogado* – Mediação e Conciliação, Ano XXXIV, n. 123, agosto de 2014, p. 62-69.

WATANABE, Kazuo. Mediação como Política Pública Social e Judiciária. *Revista do Advogado*: Mediação e Conciliação, São Paulo, Ano XXXIV, n. 123, agosto de 2014, p. 35-39.

13

O GESTOR MEDIADOR

Andréa Aparecida Lopes Cançado

Mestre em Direito do Trabalho na PUC-MG. Pós-graduada (lato sensu) em Direito do Trabalho e Previdenciário pela Universidade Gama Filho/RJ. Especialista em Gestão de Pessoas pela Fundação João Pinheiro. Professora de Curso Preparatório. Assessora de Desembargador do TRT da 3ª Região.

Marcella Pagani

Doutora e Mestre em Direito do Trabalho pela Pontifícia Universidade Católica de Minas Gerais. Pós-graduada (lato sensu) em Direito do Trabalho e Previdenciário pela Universidade Gama Filho/RJ. Advogada. Professora universitária.

"Como nos ensinam as mais laicas entre as ciências humanas,

é o outro, é o seu olhar, que nos define e nos forma".

Umberto Eco

O ambiente de trabalho, em decorrência do grande tempo de convivência diária, das diferenças de gerações, de histórias de vida, dentre outros fatores que diferenciam os seres humanos, constitui lugar onde inevitavelmente surgem conflitos.

A mediação, uma das formas de se dirimir conflitos, proporciona o empoderamento dos envolvidos, na medida em que, por intermédio de um facilitador imparcial, promove a percepção, pelos atores sociais, da capacidade que possuem de solucionar as próprias divergências.

Objetiva a mediação "propiciar mudanças na relação dos conflitantes que viabilizem a realização de acordos consistentes, o que, em última análise, significa ajudá-los a recuperar o respeito e a cooperação, encontrar solução para o conflito e tomar decisões a respeito dele"[1].

---

1 FERREIRA, Verônica A. da Motta Cezar. *Mediação*: notas introdutórias. Conceito e procedimento. In: TOSTA, Jorge; TODELO, Armando Sérgio Prado de; ALVES, José Carolos Ferreira. (Coord.) *Estudos avançados de mediação e arbitragem*. Rio de Janeiro: Elisier, 2014. p. 48.

Dessa forma, torna-se possível transformar o conflito em algo positivo, proporcionando crescimento pessoal, profissional e, consequentemente, o melhor desempenho da gestão da própria instituição.

A mediação, além de ser um eficaz mecanismo democrático de solução de conflito, auxilia no desenvolvimento da cidadania, na medida em que as partes envolvidas, enquanto sujeitos ativos na busca da pacificação, tornam-se também importantes atores da "construção da decisão jurídica que regula as suas relações"[2].

O MEDIADOR

A mediação é voltada aos interesses, sentimentos e questões dos envolvidos. Entretanto, como coloca Azevedo[3], o mediador exerce papel relevante, por lhe competir fornecer a estrutura e a proteção necessárias para aproximar as partes, com a finalidade de que percebam o conflito de forma natural e positiva. O mediador deve se conscientizar que o seu papel é promover um ambiente de cooperação e controle, permitindo que as partes se sintam seguras para apresentarem os seus interesses.

Explica Junqueira[4] que as partes, na mediação, são figuras ativas, com disposição para transigir quanto ao dissenso que entendem existir e também em relação aos objetivos almejados. São elas partícipes ativas das soluções a quem chegam. O terceiro (mediador) atua como apoio para que dos próprios envolvidos surja a solução.

Interessante e perspicaz a observação de Rosa:

> Se aceitarmos a comparação do conflito com uma fogueira em chamas, o mediador está muito adiante do jurista. Enquanto o jurista quer saber quem colocou o fogo, apurar responsabilidades – a partir de um ordenamento jurídico – e aplicar as sanções, o mediador está interessado no que a chama, o fogo, possa significar para os envolvidos. Não quer necessariamente o apagar. Talvez seja justamente a manutenção da vivacidade do fogo que possa transformar as relações dos concernidos. Em resumo: o jurista apaga o fogo antes de conversar, enquanto ao mediador quer dançar com o fogo, pois somente ele guarda o enigma do vivo. Talvez o fim de uma sessão possa ser um traço, mesmo que breve, de felicidade, a saber, o momento em que a vida e a morte podem estar sem ódio, diria Benjamim, prontas para renascer, na vida![5]

Apesar de terceiro, como se percebe, o mediador exerce uma função essencial, porquanto atua com o fim de eliminar do conflito o seu aspecto destrutivo. "Ou seja,

---

2 DIDIER JR, Fredie. *Curso de Direito Procesual Civil*: Introdução ao Direito Processual Civil, Parte Geral e Processo de Conhecimento. v. 1. 17 ed. Salvador: Ed. Jus Podivm, 2015. p. 273.

3 AZEVEDO, André Gomma de (Org.). *Manual de mediação judicial.* Edição curso a distância. Brasília: Ministério da Justiça e Programa das Nações Unidas Para o Desenvolvimento – PNUD, 2013.

4 JUNQUEIRA, Kátia. *Mediação e conciliação*: reflexões para evitar a judicialização. Revista Justiça & Cidadania, 2012.

5 ROSA, Alexandre Morais da. Prefácio. *In* BRAGA NETO, Adolfo. SALES, Lilia Maia de Morais. *Aspectos atuais sobre a mediação e outros métodos extra e judiciais de resolução de conflitos.* Rio de Janeiro: ed. GZ, 2012.

o mediador contribui com um outro olhar sobre o conflito, faz com que os envolvidos enxerguem o conflito como um espaço de reconstrução, de aprendizado, de construção de sua autonomia"[6].

Pondera Carneiro[7] que o mediador deve, primeiramente, perceber o conflito como algo em movimento, um processo, porquanto o dissenso revelado certamente é maior e anterior à sua eclosão.

É função do mediador transformar[8] a relação conflituosa a partir da proposta, aos envolvidos, de um novo olhar sobre o fenômeno em discussão, que poderá levar a uma convergência de posições ou opiniões. O mediador é um incentivador e facilitador da comunicação entre os envolvidos.

Conforme Lima[9], o mediador exerce o papel de líder capacitado para facilitar a comunicação entre os envolvidos, com o intuito de que eles dimensionem de forma adequada e real o conflito e encontrem uma solução. Empatia e segurança são fundamentais para que os envolvidos reconheçam no mediador uma liderança que decorre da postura que inspire confiança e credibilidade e aceitem a interferência desse terceiro na condução do diálogo.

A empatia, para Azevedo,

> significa saber se colocar na situação do outro, sem contudo, tomar partido. O mediador deve ser sensível aos sentimentos e às reações pessoais das partes a cada momento do processo de mediação. Ao desenvolver a empatia, o mediador compreende melhor as questões, os interesses e os sentimentos das partes.[10]

Pode-se comparar o mediador com um maestro, que deve conduzir a orquestra, atendo à harmonia e ao tom que deve ser mantido durante todo o conserto. Para tanto, o mediador deve ser capacitado e possuir plena consciência de seu papel de líder facilitador da comunicação. É indispensável atenção para resistir às situações que podem conduzi-lo a assumir outro papel, aparentemente mais fácil para um ajuste entre os envolvidos, como a utilização do poder.

---

6 CARNEIRO, Rosamaria Giatti. *Mediação*: a meidação, o conflito e a psicanálise. 2006. disponível em http://www.conpedi.org.br/manaus/arquivos/Anais/Rosamaria%20Giatti%20Carneiro.pdf. Acesso em: 09 mar. 2016, p. 2.

7 Idem.

8 "(...) do ponto de vista psicanalítico, essa premissa é questionável, uma vez que transformar relações humanas é tarefa árdua, demorada, e que requer métodos profissionais específicos para tal, como os psicanalistas, por exemplo" (NAZARETH, 2000, p. 32). Não obstante, "a terapia, por sua vez, é mais duradoura e objetiva ocasionar mudanças profundas no comportamento (...). Além disso, o mediador focaliza as discussões no presente e no futuro, enquanto o terapeuta enfoca problemas anteriores ou passados". De outro lado, Carneiro (2006, p. 11) apresenta uma outra visão: "Ora todos esses focos de atenção da mediação transformadora constituem focos trabalhados e analisados pela psicanálise. O trabalho analítico considera de forma primordial todos os pontos anunciados na mediação transformadora".

9 LIMA, Alessandro de Souza. O papel do conciliador e sua relação com os envolvidos no processo de conciliação. *In* Estudos avançados de mediação e arbitragem. Coord. Todelo, Armando Sérgio Prado de. Tosta Jorge. Alves, José Carlos Ferreira. 1 ed, Rio de Janeiro: Elisier, 2014.

10 AZEVEDO, André Gomma de (Org.). *Manual de mediação judicial.* Edição curso a distância. Brasília: Ministério da Justiça e Programa das Nações Unidas Para o Desenvolvimento – PNUD, 2013, p. 159.

A técnica do mediador, assim como de bons professores, baseia-se no conhecido método socrático de busca da verdade – mauiêutica –, fundamentado no diálogo, em que há a condução de questionamentos e discussões, com direcionamento do que se quer saber, extraindo o conhecimento das próprias pessoas envolvidas. Possibilita-se, assim, que os envolvidos encontrem uma solução adequada para o conflito.

Adverte Warat[11], contudo, que o mediador é um mestre, não um professor. O mestre pensa o outro, muda-o e sabe que a mudança e o crescimento decorrem da confiança, da lealdade, que levará ao amor.

O mediador deve zelar pelos princípios éticos que norteiam a mediação: confidencialidade, competência, imparcialidade, neutralidade, independência, autonomia, respeito à ordem pública e às leis vigentes[12].

A lição é que:

> A mediação, como forma pacífica e participativa de resolução de conflitos, exige das partes envolvidas a discussão sobre os problemas, sobre os comportamentos, sobre direitos e deveres de cada um – todo esse diálogo realizado de forma cooperativa, fortalecendo o compromisso ético com o diálogo honesto.[13]

O mediador deve, então, estimular as partes a conversarem sobre a existência das possibilidades da resolução do conflito, provocando a participação ativa dos envolvidos para dirimir o dissenso. Ele deve contribuir para a existência de um clima de ajuste, em que prevaleça o respeito ao outro, pelos sentimentos e posições existentes.

Azevedo[14] enfatiza que o mediador, ao estabelecer o diálogo entre as partes, deve utilizar um tom de voz eficiente, de maneira calma e incisiva. Ele é modelo de comportamento para as partes.

Segundo o autor, os gestos do mediador, "seu modo de se comunicar e seu semblante influenciam as partes. Os gestos, se bem utilizados, podem evitar situações desagradáveis ou repetições desnecessárias"[15]

Para Serrão:

> [...] o mediador, além de conhecer a técnica do processo de mediação, precisa ter capacidade para entender a complexidade do conflito, ter boa comunicação, habili-

---

11 WARAT, Luis Alberto. *Surfando na pororoca*: o ofício do mediador. Florianópolis: Fundação Boiteux, 2004.

12 Consultar *Código de ética de mediadores e conciliadores judiciais.* Disponível em Conhttp://www.cnj.jus.br/images/atos_normativos/resolucao/resolucao_125_29112010_compilada.pdf. Acesso em: 13. fev. 2015.

13 SALES, Lilia Maia de Morais. ALENCAR, Emanuela Cardoso Onofre de Alencar. *Mediação de conflitos sociais, polícia comunitária e segurança pública.* Disponível em http://www.conpedi.org.br/manaus/arquivos/anais/salvador/lilia_maia_de_morais_sales-1.pdf. Acesso em: 10 jan. 2015, p. 546

14 AZEVEDO, André Gomma de (Org.). *Manual de mediação judicial.* Edição curso a distância. Brasília: Ministério da Justiça e Programa das Nações Unidas Para o Desenvolvimento – PNUD, 2013.

15 Ibidem, p. 157.

dade em escutar e entender critérios e juízos de valor de outras pessoas, além de incorporar o real intereresse no bem estar delas[16].

O mediador deve ser perspicaz e agir com amizade e fraternidade, já que pretende a harmonia entre as partes para que elas cheguem à resolução do conflito. Os sentimentos, a suas razões, são a base da mediação.

É com sentimento amoroso que o homem poderá respeitar o outro, compreendendo as inúmeras variedades do ser e de seu colega de trabalho. "Da afetividade, do amor depende uma cota considerável de nossas possibilidades de melhorar a qualidade de vida e encontrar o equilíbrio emocional, a harmonia com o outro e com o mundo"[17].

Para Warat[18], o mediador deve atuar com a verdade, tendo ciência de que as partes envolvidas não se encontram para serem enganadas. Ele deve promover o diálogo, trazendo o problema e ter sensibilidade para perceber o que está invisível na relação e que deve ser transformado.

Segundo o autor mencionado, os conflitos reais encontram-se no coração das pessoas e, para alcançá-los, é preciso uma nova linguagem, cheia de sentimento, com poesia. A linguagem, diferente da escrita ou da falada, deve ser sentida, vinda do coração.

Nesse sentido, ainda com Warat[19], a formação do mediador na maioria das vezes é incompleta. Os futuros mediadores são capacitados com técnicas, formalidades, recomendações, mas há negligência quanto ao trabalho dos sentimentos, da sensibilidade. A mediação precisa ser experimentada, vivenciada e não apenas explicada. Para ele, o mediador deve ser levado ao estado de mediação, de viver e sentir a mediação, no sentido de compreender o valor de não impor, não lutar, manipular ou resistir, para permitir a liberdade da energia dos outros.

O mediador, como já dito, necessita ver aquilo que está oculto. Para tanto, deve estar atento aos gestos, à postura corporal dos envolvidos, mais que a postura verbal.

A mediação, portanto, deve ser compreendia, vivida e vista com outros olhos. Os olhos da sensibilidade, do amor e da fraternidade devem transpassar o conflito, porque "quem vai mediar precisa estar ligado com a vida"[20].

O gestor mediador, além de estar conectado com a vida, deve também estar ligado ao trabalho, às especificidades e necessidades da lida, com as dificuldades, alegrias e imposições que ela traz.

---

16 SERRÃO, Marília Gonçalves Martins. *Mediação*: o papel e as características do mediados, 2010, disponível em http://www.inteligentesite.com.br/modelos/modelo51/subconteudo.asp?ID=226&IDSUBLINK=3016. Acesso e 09.03.2016, p. 1.

17 WARAT, Luis Alberto. *Surfando na pororoca: o ofício do mediador*. Florianópolis: Fundação Boiteux, 2004, p. 76.

18 WARAT, Luis Alberto. *Surfando na pororoca: o ofício do mediador*. Florianópolis: Fundação Boiteux, 2004.

19 *Idem, Ibidem.*

20 *Idem*, p. 38.

O GESTOR MEDIADOR

Preleciona Fischer[21] que as organizações dependem, em maior ou menor grau, do desempenho humano para seu sucesso. E as relações humanas, como se mencionou, são permeadas por desavenças com repercussão no modelo de gestão adotado[22].

Parece evidente, como explica Fischer[23], que todo e qualquer negócio depende e atrela-se às formas de comportamento, interferindo até mesmo na preservação e na agregação de valor ao empreendimento. Assim, as relações interpessoais e o comportamento delas dentro da instituição são determinantes na visão que essa mesma instituição reflete na sociedade.

Para Dutra:

> O desafio, lançado para a gestão de pessoas é como encarar cada pessoa considerando sua individualidade e como gerenciá-la dentro desse ambiente de diversidade. CHANLAT (1992) propõe reflexões sobre a necessidade da criação de uma ética das relações quotidianas na gestão de pessoas pelas organizações, em que o papel e o equilíbrio psíquico dessas pessoas sejam considerados e compreendidos dentro da particularidade de cada contexto[24].

Preservar a harmonia do corpo de pessoas é essencial, a fim de assegurar a coerência entre o padrão de comportamento e os fins, objetivos e planejamentos da organização.

Em importante reflexão coloca Longo, que:

> Mais de vinte e cinco anos de dedicação à gestão pública, na administração e no mundo acadêmico, foram fortalecendo minha convicção da importância crucial do fator humano como chave para explicar os êxitos e fracassos dos governos e das organizações do setor público.
>
> Na condição de dirigente, experimentei na primeira pessoa o caráter crítico do comportamento humano nas organizações, seu extraordinário peso nos resultados de qualquer iniciativa ou projeto, e também a complexidade de suas motivações, a fluidez e pluralidade dos fatores que o influenciam, o quanto é árdua a tarefa de decifrar as origens e procurar as respostas aos problemas que afetam as pessoas no trabalho[25].

---

21 FISCHER, A. L. Um resgate conceitual e histórico dos modelos de gestão de pessoas. *In*: FLEURY, M. T. L. et al. *As pessoas na organização*. São Paulo: Gente, 2002.

22 "Entende-se por modelo de gestão de pessoas a maneira pela qual uma empresa se organiza para gerenciar e orientar o comportamento humano no trabalho" FISCHER, A. L. Um resgate conceitual e histórico dos modelos de gestão de pessoas. *In*: FLEURY, M. T. L. et al. *As pessoas na organização*. São Paulo: Gente, 2002, p. 12.

23 FISCHER, A. L. Um resgate conceitual e histórico dos modelos de gestão de pessoas. *In*: FLEURY, M. T. L. et al. *As pessoas na organização*. São Paulo: Gente, 2002.

24 DUTRA, Joel de Souza. Gestão de pessoas: modelo, processos, tendências e perspectivas. São Paulo: Atlas, 2012, p. 21.

25 LONGO, Francisco. *Mérito e flexibilidade: a gestão das pessoas no setor público*. Tradução Ana Corbisier, Lucia Jahn, Luis Reyes Gil, Paulo Anthero Barbosa; revisão Helena Jansen; revisão técnica Pedro Anibal Drago, Sandra Souza Pinto. – São Paulo: FUNDAP, 2007, p.15.

O atribuído ao ser humano revela-se, assim, nuclear e fundamental na cultura de um grupo. Dentro desse contexto, lidar positivamente com conflitos revela-se essencial.

Em determinadas situações de conflito entre dois membros da equipe, o gestor poderá atuar como mediador, o que gera várias vantagens, dentre elas a mais importante é que a solução encontrada pelas próprias partes tem maiores possibilidades de se sustentar do que uma forma imposta pela chefia, contribuindo para a construção de um ambiente de trabalho saudável e produtivo.

As condições necessárias para essa abordagem do conflito são cinco, conforme Burbridge[26]: neutralidade do gestor, tempo adequado, local adequado e preparação do gestor para mediar.

A neutralidade diz respeito não apenas ao fato de o gestor ser imparcial, mas principalmente que assim seja percebido pelas partes. Quanto ao tempo, é importante que os envolvidos previamente concordem em permanecer no processo por um tempo adequado.[27]

O local deve ser adequado, em um lugar ser distrações, como uma sala de reuniões, servida com água e café e o gestor precisa ser capacitado para mediar; não precisa ser tornar profissional, mas é imprescindível que estude e tenha conhecimento adequado acerca da mediação e de seus métodos básicos,

Qualquer gestor pode se tornar um mediador, com treinamento relativamente simples, para atuar na resolução de conflitos entre pessoas que estejam afetando negativamente a organização e seus objetivos.

O mediador age sem a pretensão de apresentar uma solução para o conflito, com intuito de insuflar a construção de uma resposta comum, elaborada com o conhecimento, as razões e as emoções dos envolvidos.

Como bem coloca Carneiro: a mediação "demanda a escuta do outro e atua como um exercício de sua liberdade de expressão[28]".

Na lição de Warat[29], o papel do mediador é dar amor. Nesse caminho, o gestor mediador deve ajudar os subordinados envolvidos em um conflito a refletirem, falarem de si, para que possam dar uma solução e continuar trabalhando lado a lado.

---

26 BURGDIGE, R. Marc; BURGDIGE, Anna. Gestão de conflitos: desafios do mundo corporativo. São Paulo: Saraiva, 2012.

27 "Estudos de Daniel Dana da *Mediation Training Institute*, dos Estados Unidos, realizados durante os últimos 20 anos, têm confirmado que o ciclo retaliatório na fase de confrontação, em uma reunião de mediação tende a levar 60 minutos, e o ciclo de conciliação, 30 minutos. A virada acontece a partir do momento em que alguém reconhece algum erro próprio ou valoriza algo do outro lado, ou algo similar, e é o resultado de fatores previsíveis" (BURBRIDGE, 2012, p. 125).

28 CARNEIRO, Rosamaria Giatti. *Entre idas e vindas: a meidação, o conflito e a psicanálise.* 2006. disponível em http://www.conpedi.org.br/manaus/arquivos/Anais/Rosamaria%20Giatti%20Carneiro.pdf. Acesso em: 09 mar. 2016, p. 8.

29 WARAT, Luis Alberto. *Surfando na pororoca:* o ofício do mediador . Florianópolis: Fundação Boiteux, 2004.

É preciso levar as partes a redimensionar o problema e, para tanto, o gestor mediador atua em colaboração, reconstruindo a relação conflituosa.

O modelo de gestão e de resolução de conflitos deve-se pautar no amor, porque, somente assim, será possível alcançar a harmonia e a confiança dos subordinados.

É imprescindível a capacitação para a mediação, assim como para o exercício da própria gestão.

Afinal, a gestão profissional de uma instituição requer de seus empregados e colaboradores o domínio de conhecimentos, habilidades, o que se somente se aperfeiçoa ao longo do processo de aprendizagem, de forma contínua, aliando prática e teoria.

O GESTOR AUTO MEDIADOR

Há uma técnica, denominada automediação, que hoje é aplicada em vários países, inclusive no Brasil. O seu objetivo é ajudar as pessoas a gerenciar um conflito existente, quando a própria pessoa faz parte integrante do conflito[30].

Em regra, os mediadores profissionais rejeitam a intitulação automediação, considerando que um dos princípios norteadores da mediação é a imparcialidade, que dificilmente será obtida quando o próprio mediador é também um dos envolvidos no conflito.

Na linha de pensamento de Burbridge, a técnica funciona e deve ser utilizada em mediações internas, não complexas; não em mediações judiciais e privadas profissionais. "Se bem aplicada, o resultado é surpreendentemente efetivo"[31].

Utiliza-se o diálogo, mediante um prévio compromisso entre as partes: não utilização do poder (imposição de uma solução) ou de fuga (encerrar o diálogo, antes de se esgotar o assunto). Depois de algum tempo, em média noventa minutos, o sentimento de agressão cansa e nasce um desejo inerente de resolver o desconforto. O acúmulo da catarse, da fadiga e da procura de resolver o desconforto abre oportunidade para uma nova dinâmica. Nesse instante, há espaço para a reconciliação e a produção de soluções.

Desse modo, mostra-se indispensável o autoconhecimento e a compaixão para estar como automediador.

CONCLUSÃO

A convivência laboral, mesmo no setor público, é fator de desencadeamento de conflitos, os quais devem ser compreendidos como oportunidades para transformações pessoal e institucional.

Nesse contexto, a mediação, amparada no amor fraterno, revela-se método de resolução de conflitos a ser adotado no âmbito das instituições, sejam públicas ou

---

30 BURGDIGE, R. Marc; BURGDIGE, Anna. *Gestão de conflitos*: desafios do mundo corporativo. São Paulo: Saraiva, 2012.

31 *Idem*, p. 115.

privadas, de modo a proporcionar a continuidade saudável e eficiente da prestação de serviços.

O mediador atua de modo a facilitar a comunicação entre os envolvidos, a fim de que eles dimensionem de forma adequada o conflito e encontrem uma solução para o impasse existente, com respeito pelo outro, sentimentos e posições reveladas. A atitude do mediador deve estar pautada no amor e nos princípios éticos que norteiam a mediação: confidenciabilidade, imparcialidade, neutralidade, independência respeito à ordem pública e às leis vigentes.

A formação do mediador deve ser técnica e abarcar também o envolvimento com os sentimentos e com a sensibilidade para captar os conflitos ocultos, que são atingidos com uma linguagem diferente, vinda do coração.

Enfim, é com um agir generoso, com sentimento de amor que o homem poderá respeitar o outro, compreendendo as inúmeras nuances de viver e de trabalhar.

REFERÊNCIAS BIBLIOGRÁFICAS

ALMEIDA, Tânia Almeida. *Mediação de conflitos*: um meio de prevenção e resolução de controvérsias em sintonia com a atualidade. Disponível em: <http://www.cnj.jus. br/images/programas/movimento-pela-conciliacao/arquivos/Artigo%20Tania-86_Dez-31_Mediacao_de_Conflitos_Um_meio_de_prevencao_e_resolucao_de_controversias_em_sintonia_com.pdf>. Acesso em: 16 jan. 2016.

ÁVILA, Eliete Mattos. *Manual de mediação familiar* (elab. e org.). Tribunal de Justiça de Santa Catarina, 2004. Disponível em http://www.tjsc.jus.br/institucional/mediacaofamiliar/.pdf. Acesso em: 16 jan. 2015.

AZEVEDO, André Gomma de (Org.). *Manual de mediação judicial.* Edição curso a distância. Brasília: Ministério da Justiça e Programa das Nações Unidas Para o Desenvolvimento – PNUD, 2013.

BOBBIO, Norberto. *A era dos direitos*. Tradução de Carlos Nelson Coutinho; apresentação Celso Lafer. Rio de Janeiro: Elsevier, 2004, p. 81.

BOFF, Leonardo. *O que precisa ser incorporado ao processo de educação.* Disponível em https://leonardoboff.wordpress.com/2015/02/21/o-que-precisa-ser-incorporado-ao-processo-de-educacao/. Acesso em: 21 fev. 2016.

BRAGA NETO, Adolfo, Entrevista. *Revista eletrônica Getúlio,* 2009, Disponível em: <http://bibliotecadigital.fgv.br/dspace/bitstream/handle/10438/7031/Ed.%2013%20-%20 Entrevista%20%28site%29.pdf?sequence=1>. Acesso em: 15 jan. 2016.

BRAGA NETO, Adolfo. A mediação de conflitos no contexto empresarial. *In: Âmbito Jurídico*, Rio Grande, XIII, n. 83, dez 2010. Disponível em: <http://www.ambito-juridico.com.br/site/index.php?n_link=revista_artigos_leitura&artigo_id=8627. Acesso em: 15 jan. 2016.

BRASIL. Lei nº 13.105, de 16 de março de 2015. Código de Processo Civil. *Diário Oficial da União*, 17 mar. 2015. Disponível em: <http://www.planalto.gov.br/ccivil_03/_ato2015-2018/2015/lei/l13105.htm>. Acesso em: 20 fev. 2016.

BURGDIGE, R. Marc; BURGDIGE, Anna. *Gestão de conflitos*: desafios do mundo corporativo. São Paulo: Saraiva, 2012.

CARNEIRO, Rosamaria Giatti. *Entre idas e vindas*: a mediação, o conflito e a psicanálise. Disponível em: <http://www.conpedi.org.br/manaus/arquivos/Anais/Rosamaria%20Giatti%20Carneiro.pdf>. Acesso em: 09 mar. 2016.

DIDIER JR, Fredie. *Curso de Direito Procesual Civil*: Introdução ao Direito Processual Civil, Parte Geral e Processo de Conhecimento. v. 1. 17 ed. Salvador: Ed. Jus Podivm, 2015.

DUTRA, Joel de Souza. *Gestão de pessoas*: modelo, processos, tendências e perspectivas. São Paulo: Atlas, 2012.

FALECK, Diego; TARTUCE, Fernanda. Introdução histórica e modelos de mediação. In: TODELO, Armando Sérgio Prado de; TOSTA, Jorge; ALVES, José Carlos Ferreira. (Coord.) *Estudos avançados de mediação e arbitragem*. Rio de Janeiro: Elisier, 2014.

FERREIRA, Verônica A. da Motta Cezar. Mediação: notas introdutórias. Conceito e procedimento. In: TODELO, Armando Sérgio Prado de; TOSTA, Jorge; ALVES, José Carlos Ferreira. (Coord.) *Estudos avançados de mediação e arbitragem*. Rio de Janeiro: Elisier, 2014.

FISCHER, A. L. Um resgate conceitual e histórico dos modelos de gestão de pessoas. *In*: FLEURY, M. T. L. et al. *As pessoas na organização*. São Paulo: Gente, 2002.

GALANA, Mônica Haydée. A comunicação na mediação. In: TODELO, Armando Sérgio Prado de; TOSTA, Jorge; ALVES, José Carlos Ferreira. (Coord.) *Estudos avançados de mediação e arbitragem*. Rio de Janeiro: Elisier, 2014.

GHISLENI, Ana Carolina; SPENGLER, Fabiana Marion. *Mediação de Conflitos a partir do Direito Fraterno*. Santa Cruz do Sul: EDINISC, 2011. Disponível em: <http://www.unisc.br/portal/upload/com_editora_livro/e_book_mediacao.pdf>. Acesso em: 5 fev. 2016.

GÓMEZ, Salvador Morillas. Pistas de fraternidade na aplicação do Direito Empresarial. In: CASO, Giovanni; et. al. (Orgs.) *Direito & Fraternidade*: ensaios, prática forense. São Paulo: LTr, 2008.

JUNQUEIRA, Kátia. Mediação e conciliação: reflexões para evitar a judicialização. *Revista Justiça & Cidadania*, 2012.

LIMA, Alessandro de Souza. O papel do conciliador e sua relação com os envolvidos no processo de conciliação. *In Estudos avançados de mediação e arbitragem*. Coord. Todelo, Armando Sérgio Prado de. Tosta Jorge. Alves, José Carolos Ferreira. 1 ed. Rio de Janeiro: Elisier, 2014.

LONGO, Francisco. *Mérito e flexibilidade*: a gestão das pessoas no serviço público. São Paulo: FUNDAP, 2007.

MANDELBAUM, Helena Gurfinkel. Comunicação: teoria, axiomas e aspectos. In: TODELO, Armando Sérgio Prado de; TOSTA, Jorge; ALVES, José Carlos Ferreira. (Coord.) *Estudos avançados de mediação e arbitragem*. Rio de Janeiro: Elisier, 2014.

MAURÍCIO, Gabriele. *Repensando o Protesto Notarial:* uma alternativa em auxílio à superação da Crise do Judiciário e ao Acesso à Justiça. Maurício Gabriele. 2013. 155f. Dissertação (Mestrado) – Uninove, 2013.

MENDES, Maria Lúcia Ribeiro de Castro Pizzotti. In: TODELO, Armando Sérgio Prado de; TOSTA, Jorge; ALVES, José Carlos Ferreira. (Coord.) *Estudos avançados de mediação e arbitragem*. Rio de Janeiro: Elisier, 2014.

MICHAELLIS, Dicionário *on line*. Disponível em http://michaelis.uol.com.br/moderno/portugues/index.php?lingua=portugues-portugues&palavra=media%E7%E3o. Acesso em: 5 fev. 2016.

MOORE, Chirsopher W. *O processo de mediação*: estratégias práticas para a resolução de conflitos. Porto Alegre: Artemed, 1998.

ROSA, Alexandre Morais da. Prefácio. *In* BRAGA NETO, Adolfo; SALES, Lilia Maia de Morais. *Aspectos atuais sobre a mediação e outros métodos extra e judiciais de resolução de conflitos*. Rio de Janeiro: ed. GZ, 2012.

SALES, Lilia Maia de Morais; ALENCAR, Emanuela Cardoso Onofre de Alencar. *Mediação de conflitos sociais, polícia comunitária e segurança pública*. Disponível em http://www.conpedi.org.br/manaus/arquivos/anais/salvador/lilia_maia_de_morais_sales-1.pdf. Acesso em: 10 jan. 2015.

SALES, Lilia Maia de Morais. VASCONCELOS, Mônica Carvalho. *A família na contemporaneidade e a mediação familiar*. Disponível em http://www.conpedi.org.br/manaus/arquivos/anais/XIVCongresso/015.pdf. Acesso em: 10 jan. 2015.

SARMENTO, Daniel. *Direitos fundamentais e relações privadas*. Rio de Janeiro: Lúmen Júris, 2006.

SERRÃO, Marília Gonçalves Martins. *Mediação*: o papel e as características do mediador. Disponível em: <http://www.inteligentesite.com.br/modelos/modelo51/subconteudo.asp?ID=226&IDSUBLINK=3016>. Acesso em: 09 mar. 2016.

TARGA, Maria Inês Corrêa de Cerqueira César. *Mediação em juízo*. São Paulo: LTr, 2004.

VASCONCELOS, Carlos Eduardo de. *Mediação de conflitos e práticas restaurativas*. São Paulo: Método, 2008.

VEZZULLA, Juan Carlos. *Mediação*: teoria e prática. Guia para utilizadores e profissionais. Lisboa: Agora publicações, 2001.

WARAT, Luis Alberto. *Surfando na pororoca*: o ofício do mediador. Florianópolis: Fundação Boiteux, 2004.

14

MEDIAÇÃO JUDICIAL TRABALHISTA – HISTÓRICO LEGISLATIVO DA EXCLUSÃO DA APLICABILIDADE DA LEI Nº 13.140/15 AOS CONFLITOS DE TRABALHO

Lília Carvalho Finelli

Mestre em Direito pela Faculdade de Direito da Universidade Federal de Minas Gerais; pesquisadora/bolsista pela FAPEMIG; advogada da Clínica de Trabalho Escravo e Tráfico de Pessoas da UFMG; bacharel em Direito pela Faculdade de Direito da UFMG; técnica em Administração de Empresas pela Escola Técnica de Formação Gerencial do SEBRAE/MG.

No Direito do Trabalho, as formas alternativas de resolução de controvérsias nem sempre são tidas como bons instrumentos. Com relação especificamente à mediação, a confusão que se faz do instituto com os demais – arbitragem, conciliação, negociações das Comissões de Conciliação prévia etc. – prejudica sua aplicação.

Veremos a seguir as previsões legislativas que cercam o tema, buscando encontrar os fatos que permitiriam sua utilização no processo do trabalho. Antes, portanto, será necessário conceituar o instituto.

Para Maurício Godinho Delgado, a mediação:

> [...] consiste na conduta pela qual determinado agente, considerado terceiro imparcial em face dos interesses contrapostos e das respectivas partes conflituosas, busca auxiliá-las e, até mesmo, instigá-las à composição, cujo teor será, porém, decidido pelas próprias partes.[1]

O grande mérito da mediação pode ser entendido como a capacidade das partes de chegarem, elas mesmas, a uma solução proveniente da conjugação de suas vontades. Não caberia a cada uma delas vencer a demanda, mas sim solucionar o problema com o auxílio de um mediador que não favorecesse ou preferisse a nenhuma delas.

Para coordenar seu funcionamento, há que se primar pela flexibilidade do procedimento, sua consensualidade e confidencialidade. Por isso, o novo Código de Processo Civil diferencia tal instituto da conciliação da seguinte maneira, abordando o responsável pela condução da prática:

---

1 DELGADO, Maurício Godinho. *Direito Coletivo do Trabalho*. 4. Ed. São Paulo: LTr, 2011, p. 238.

> Art. 165. [...]
>
> § 2º O conciliador, que atuará preferencialmente nos casos em que não houver vínculo anterior entre as partes, poderá sugerir soluções para o litígio, sendo vedada a utilização de qualquer tipo de constrangimento ou intimidação para que as partes conciliem.
>
> § 3º O mediador, que atuará preferencialmente nos casos em que houver vínculo anterior entre as partes, auxiliará aos interessados a compreender as questões e os interesses em conflito, de modo que eles possam, pelo restabelecimento da comunicação, identificar, por si próprios, soluções consensuais que gerem benefícios mútuos.[2]

Inicialmente, na Justiça do Trabalho, é comum tratar da mediação como instrumento do Direito Coletivo, que é aquele que regula "as relações entre organizações coletivas de empregados e empregadores e/ou entre as organizações obreiras e empregadores diretamente".[3]

Na mediação trabalhista anterior ao conflito, as demandas muitas vezes se tornam coletivas pelo objeto, sendo necessária a atuação de representantes sindicais para tentar solucionar a questão diretamente com o empregador. Trata-se de mediação extrajudicial, no âmbito do Ministério do Trabalho e Emprego.[4]

O mediador tem um poder especial: se preocupa, principalmente, com o entendimento real das partes, em fornecer a elas elementos para que possam decidir sozinhas os problemas que enfrentam. Em suma e, de forma mais importante, cabe ao mediador estabelecer um diálogo verdadeiro entre as partes.

Por isso, afirma Sandro Augusto de Souza que a técnica de mediar:

> É método que apresenta maior tangibilidade em fase pré-instrutória, quando ainda se enfrenta o nascedouro da controvérsia, podendo ser aplicado, entretanto, em qualquer fase processual e, se do interesse das partes, até mesmo antes do processo judicial.[5]

Transpor esse conceito para os casos que já tramitam ou irão, por vontade das partes, tramitar na Justiça do Trabalho não se mostra, porém, tão simples. As evoluções

---

2 BRASIL. Lei nº 13.105, de 16 de março de 2015. Código de Processo Civil. *Diário Oficial da União*, 17 mar. 2015. Disponível em: <http://www.planalto.gov.br/ccivil_03/_ato2015-2018/2015/lei/l13105.htm>. Acesso em: 20 fev. 2016.

3 DELGADO, Maurício Godinho. *Direito Coletivo do Trabalho*. 4. Ed. São Paulo: LTr, 2011, p. 15.

4 É o que a Portaria 3.122/1988 denomina como "mesa-redonda". Cf.: MTE. *Manual do mediador*. 2. Ed. Brasília: MTE, SRT, 2002. Disponível em: <files.dp-online.webnode.com.br/.../Manual%20do%20mediador.pdf>. Acesso em: 20 fev. 2016.

5 SOUZA, Sandro Augusto de. (Coord.) *A mediação pré-processual e a composição de conflitos em fase pré-instrutória*. Inovações do Projeto de Lei 7169/2014. Novos paradigmas e ferramentas à celeridade da Justiça do Trabalho. Disponível em: https://ead.trt9.jus.br/moodle/pluginfile.php/22502/mod_resource/content/8/Pesquisa%20-%20Media%C3%A7%C3%A3o%20-%20TRT9%20-%20FINAL.pdf. Acesso em: 20 fev. 2016.

legislativas do instituto enfrentam, no campo trabalhista, fortes entraves, tal como vem acontecendo com a arbitragem.[6]

Atualmente, a mediação tem regulamentação genérica por lei, além de portarias e resoluções. A situação de ausência de previsão em norma específica foi solucionada a partir do Projeto de Lei nº 7.169, de 19 de fevereiro de 2014, de autoria do Senador Renan Calheiros,[7] transformado na Lei nº 13.140, de 26 de junho de 2015.[8]

Com relação estritamente à aplicação judicial do instituto, referida lei esclarece:

> Da Mediação Judicial
>
> Art. 24. Os tribunais criarão centros judiciários de solução consensual de conflitos, responsáveis pela realização de sessões e audiências de conciliação e mediação, pré-processuais e processuais, e pelo desenvolvimento de programas destinados a auxiliar, orientar e estimular a autocomposição.
>
> Parágrafo único. A composição e a organização do centro serão definidas pelo respectivo tribunal, observadas as normas do Conselho Nacional de Justiça.
>
> Art. 25. Na mediação judicial, os mediadores não estarão sujeitos à prévia aceitação das partes, observado o disposto no Art. 5º desta Lei.
>
> Art. 26. As partes deverão ser assistidas por advogados ou defensores públicos, ressalvadas as hipóteses previstas nas Leis nos 9.099, de 26 de setembro de 1995, e 10.259, de 12 de julho de 2001.
>
> Parágrafo único. Aos que comprovarem insuficiência de recursos será assegurada assistência pela Defensoria Pública.

---

6 Com relação a essa modalidade, o problema se encontra na substituição do juiz pelo árbitro, cuja decisão não pode ser posteriormente apreciada pela Justiça do Trabalho. Como os direitos sociais são em grande parte irrenunciáveis, a maior parte da doutrina considera inaplicável a eleição arbitral. Contrário a esse entendimento se encontra Antônio Álvares da Silva, aduzindo que todos os métodos extrajudiciais deveriam ser obrigatórios, podendo a parte optar por qualquer um deles, tendo a decisão final caráter vinculante, sujeita a uma única instância trabalhista de revisão. Cf.: TRT3. RO 00259-2008-075-03-00-2. Des. Rel. Antônio Álvares da Silva. *DJ-JT* 31 jan. 2009. Disponível em: <http://as1.trt3.jus.br/consulta/redireciona.htm?pIdAcordao=646424&acesso=a5266b971764cad7cd52f7dd55b9e99a>. Acesso em: 20 fev. 2016.

7 CÂMARA DOS DEPUTADOS. *Projeto de lei nº 7.169*, de 19 de feveiro de 2014. Dispõe sobre a mediação entre particulares como o meio alternativo de solução de controvérsias e sobre a composição de conflitos no âmbito da Administração Pública; altera a Lei nº 9.469, de 10 de julho de 1997, e o Decreto nº 70.235, de 6 de março de 1972; e revoga o § 2º do art. 6º da Lei nº 9.469, de 10 de julho de 1997. Disponível em: <http://www.camara.gov.br/proposicoesWeb/fichadetramitacao?idProposicao=606627>. Acesso em: 20 fev. 2016.

8 BRASIL. Lei nº 13.140, de 26 de junho de 2015. Dispõe sobre a mediação entre particulares como meio de solução de controvérsias e sobre a autocomposição de conflitos no âmbito da administração pública; altera a Lei nº 9.469, de 10 de julho de 1997, e o Decreto nº 70.235, de 6 de março de 1972; e revoga o § 2º do Art. 6º da Lei nº 9.469, de 10 de julho de 1997. *Diário Oficial da União*, 29 jun. 2015. Disponível em: <http://www.planalto.gov.br/ccivil_03/_Ato2015-2018/2015/Lei/L13140.htm>. Acesso em: 20 fev. 2016.

> Art. 27. Se a petição inicial preencher os requisitos essenciais e não for o caso de improcedência liminar do pedido, o juiz designará audiência de mediação.
>
> Art. 28. O procedimento de mediação judicial deverá ser concluído em até sessenta dias, contados da primeira sessão, salvo quando as partes, de comum acordo, requererem sua prorrogação.
>
> Parágrafo único. Se houver acordo, os autos serão encaminhados ao juiz, que determinará o arquivamento do processo e, desde que requerido pelas partes, homologará o acordo, por sentença, e o termo final da mediação e determinará o arquivamento do processo.
>
> Art. 29. Solucionado o conflito pela mediação antes da citação do réu, não serão devidas custas judiciais finais.[9]

No entanto, longe de realizar avanços na seara trabalhista, a Lei nº 13.140/15 excluiu sua aplicação imediata a estes conflitos:

> Art. 42. Aplica-se esta Lei, no que couber, às outras formas consensuais de resolução de conflitos, tais como mediações comunitárias e escolares, e àquelas levadas a efeito nas serventias extrajudiciais, desde que no âmbito de suas competências.
>
> Parágrafo único. A mediação nas relações de trabalho será regulada por lei própria. [10]

Apesar da previsão legal expressa, entendemos que a determinação de utilizar lei própria para regular a mediação nas relações trabalhistas se mostra errônea, pelos seguintes motivos.

O posicionamento dos tribunais superiores nunca foi, em sua maioria, favorável à utilização dos métodos alternativos, como demonstrou o STF ao suspender liminarmente o art. 625-D da Consolidação das Leis do Trabalho em duas Ações Diretas de Inconstitucionalidade:

> JUDICIÁRIO – ACESSO – FASE ADMINISTRATIVA – CRIAÇÃO POR LEI ORDINÁRIA – IMPROPRIEDADE. Ao contrário da Constituição Federal de 1967, a atual esgota as situações concretas que condicionam o ingresso em juízo à fase administrativa, não estando alcançados os conflitos subjetivos de interesse. Suspensão cautelar de preceito legal em sentido diverso.[11]
>
> DESPACHO AÇÕES DIRETAS DE INCONSTITUCIONALIDADE. COINCIDÊNCIA DE OBJETO. ALTERAÇÃO DA CLT PELAS LEIS NS. 9.957 e 9.958, AMBAS DE 2000. CAUTELARES PARCIALMENTE DEFERIDAS. VISTA

---

9 BRASIL. Lei nº 13.140, de 26 de junho de 2015. *Cit.*.

10 BRASIL. Lei nº 13.140, de 26 de junho de 2015. Cit..

11 STF. ADI 2160 MC, Relator: Min. Octavio Gallotti, Relator p/ Acórdão: Min. Marco Aurélio, Tribunal Pleno, julgado em 13/05/2009, *DJe-200*, 23 out. 2009. EMENT VOL-02379-01 PP-00129 RIOB-TP v. 21, n. 250, 2010, p. 18-47. Disponível em: <http://stf.jus.br/portal/jurisprudencia/listarJurisprudencia.asp?s1=%28ADI%24%2ESCLA%2E+E+2160%2ENUME%2E%29+OU+%28ADI%2EACMS%2E+ADJ2+2160%2EACMS%2E%29&base=baseAcordaos&url=http://tinyurl.com/d6aacln>. Acesso em: 20 fev. 2016.

> AO ADVOGADO-GERAL DA UNIÃO E AO PROCURADOR-GERAL DA REPÚBLICA PARA JULGAMENTO DO MÉRITO. [...] 3. Discute-se, nas ações diretas remanescentes (ns. 2.139 e 2.160), a higidez constitucional de dispositivos acrescentados à Consolidação das Leis do Trabalho pelas Leis 9.957 e 9.958 (art. 625-D e 852-B, inc. II), ambas de 12 de janeiro de 2000, os quais, em síntese, dispõem sobre as Comissões de Conciliação Prévia e impossibilitam a citação por edital no procedimento sumaríssimo da Justiça do Trabalho, respectivamente. 4. Em 13.5.2009, este Supremo Tribunal concluiu o julgamento das medidas cautelares requeridas nesta e na ação direta de inconstitucionalidade apensa (n. 2.160), deferindo-as parcialmente, por maioria, para dar interpretação conforme à Constituição da República relativamente ao artigo 625-D, introduzido pelo artigo 1º da Lei n. 9.958/00, no sentido de afastar a obrigatoriedade da fase de conciliação prévia que disciplina (DJe 23.10.2009). [...].[12]

O TST seguiu também tal entendimento, afirmando que a análise das demandas trabalhistas pela Comissão de Conciliação Prévia não pode ser pressuposto processual ou condição da ação:

> RECURSO DE REVISTA. NÃO SUBMISSÃO DA DEMANDA À COMISSÃO DE CONCILIAÇÃO PRÉVIA. Este Tribunal Superior, diante do posicionamento adotado pelo Supremo Tribunal Federal, no sentido de que demandas trabalhistas podem ser submetidas ao Poder Judiciário antes que tenham sido analisadas por uma comissão de conciliação prévia (ADIs 2139 e 2160), por não se tratar de condição da ação, tem pacificado entendimento no sentido de que não subsiste mais impedimento processual ao exame do presente feito. Assim, correto o posicionamento adotado pelo Tribunal Regional, vez que a prévia submissão da demanda à Comissão de Conciliação Prévia não configura pressuposto processual ou condição de ação. Precedentes da SBDI-1 do Tribunal Superior do Trabalho. [...][13]

O posicionamento dos tribunais é, portanto, de considerar a obrigatoriedade das conciliações prévias como inconstitucional. Porém, no caso da mediação prevista pela Lei nº 13.140/15 e pelo NCPC, ressalta-se a inexistência de tal obrigatoriedade na aplicação do instituto, bem como a impossibilidade de transacionar sobre direitos indisponíveis sem a homologação judicial posterior:

> Art. 2º [...]

---

12 STF. ADI 2139, Relator(a): Min. Cármen Lúcia, julgado em 01/02/2010, publicado em *DJe-027* 12 fev. 2010. Disponível em: <http://stf.jus.br/portal/jurisprudencia/listarJurisprudencia.asp?s1=%28ADI%24%2ESCLA%2E+E+2139%2ENUME%2E%29+NAO+S%2EPRES%2E&base=baseMonocraticas&url=http://tinyurl.com/d9nko6s>. Acesso em: 20 fev. 2016.

13 TST. RR 139900-53.2005.5.05.0003, Relator Ministro: Pedro Paulo Manus, Data de Julgamento: 29/08/2012, 7ª Turma, Data de Publicação: *DEJT* 31 ago. 2012. Disponível em: <http://aplicacao5.tst.jus.br/consultaunificada2/inteiroTeor.do?action=printInteiroTeor&format=html&highlight=true&numeroFormatado=RR%20-%20139900-53.2005.5.05.0003&base=acordao&rowid=AAANGhAAFAAAJHTAAX&dataPublicacao=31/08/2012&localPublicacao=DEJT&query=>. Acesso em: 20 fev. 2016.

> § 1º Na hipótese de existir previsão contratual de cláusula de mediação, as partes deverão comparecer à primeira reunião de mediação.
>
> § 2º Ninguém será obrigado a permanecer em procedimento de mediação.
>
> Art. 3º Pode ser objeto de mediação o conflito que verse sobre direitos disponíveis ou sobre direitos indisponíveis que admitam transação.
>
> § 1º A mediação pode versar sobre todo o conflito ou parte dele.
>
> § 2º O consenso das partes envolvendo direitos indisponíveis, mas transigíveis, deve ser homologado em juízo, exigida a oitiva do Ministério Público.[14]

Não haveria então, *a priori*, qualquer razão para excluir a mediação trabalhista, já que sua utilização não seria obrigatória e seria exigida a oitiva do Ministério Público e a homologação em juízo no caso de direitos indisponíveis. Por quais motivos, portanto, o projeto da nova lei de mediação, quando protocolado inicialmente no Senado Federal, previa a aplicação desta a todos tipos de conflitos, incluindo os trabalhistas (art. 42),[15] e, quando de sua aprovação final na Câmara dos Deputados, excluiu-se tal seara?

Para responder tal questionamento, é necessário realizar uma análise do histórico legislativo da Lei nº 13.140/15.

Inicialmente denominado de PLS 517/2011, ao ser encaminhado pelo Senado Federal à Câmara dos Deputados, em 11 de fevereiro de 2014, o projeto previa a aplicação da mediação aos conflitos trabalhistas,[16] sendo que, no quadro comparativo das emendas feitas durante tal fase legislativa, não houve qualquer alteração nesse tocante.[17] Até o momento, definia-se apenas que a lei se aplicaria às formas consensuais de resolução de conflitos, incluindo mediações trabalhistas, da seguinte forma:

> Art. 41. Aplica-se esta Lei, no que couber, a outras formas consensuais de resolução de conflitos, tais como mediações comunitárias, escolares, penais, trabalhistas, bem como àquelas levadas a efeito nas serventias extrajudiciais.[18]

Ao receber o projeto de lei do Senado, a Câmara dos Deputados, no entanto, efetuou diversas mudanças.[19] Durante o exame do PLS 517/2011 pela Comissão de

---

14 BRASIL. Lei nº 13.140, de 26 de junho de 2015. Cit..

15 SENADO FEDERAL. *Projeto de lei do Senado nº 517*, de 25 de agosto de 2011. Institui e disciplina o uso da mediação como instrumento para prevenção e solução consensual de conflitos. Disponível em: <http://www25.senado.leg.br/web/atividade/materias/-/materia/101791>. Acesso em: 20 fev. 2016.

16 SENADO FEDERAL. *Texto final revisado do Projeto de Lei do Senado nº 517*, de 2011. 11 fev. 2014. Disponível em: <http://legis.senado.leg.br/mateweb/arquivos/mate-pdf/144947.pdf>. Acesso em: 20 fev. 2016.

17 SENADO FEDERAL. *Quadro comparativo do Projeto de Lei do Senado nº 517*, de 2011. 11 fev. 2014. Disponível em: <http://legis.senado.leg.br/mateweb/arquivos/mate-pdf/144945.pdf>. Acesso em: 20 fev. 2016.

18 SENADO FEDERAL. *Texto final revisado do Projeto de Lei do Senado nº 517*, de 2011. Cit..

19 SENADO FEDERAL. *Substitutivo da Câmara dos Deputados nº 9*, de 2015, ao Projeto de Lei do Senado nº 517, de 2011. Disponível em: <http://www.senado.leg.br/atividade/rotinas/materia/getPDF.asp?t=165738&tp=1>. Acesso em: 20 fev. 2016.

Constituição e Justiça e de Cidadania da Casa (transformado então em PL 7.159/2014), o deputado federal Alessandro Molon propôs duas mudanças ao texto original, atendendo a pedidos da própria Associação Nacional dos Magistrados da Justiça do Trabalho – ANAMATRA:

> Sugerimos a emenda aditiva supracitada em atendimento à Associação Nacional dos Magistrados da Justiça do Trabalho – ANAMATRA, justificando-se sua inclusão pelo caráter indisponível dos chamados direitos sociais (os "direitos trabalhistas", previstos no artigo 7º da Constituição), que devem ser considerados pelos meios alternativos de resolução de conflitos trabalhistas, em razão do princípio da irrenunciabilidade que informa a base axiológica e epistemológica de toda a legislação trabalhista.[20]

A justificativa de proteger os direitos indisponíveis poderia dar a entender não ser do interesse dos magistrados do trabalho qualquer tipo de mediação. Porém, essa interpretação pode ser refutada pelo segundo requerimento de emenda ao substitutivo feito pelo mesmo deputado, quando se propôs que o art. 43 ditasse sobre a possibilidade de mediar extrajudicialmente conflitos trabalhistas:

> Art. 43 Nos conflitos que versem sobre relações de trabalho ou direitos trabalhistas em geral, admitir-se-á mediação extrajudicial entre particulares, na forma e para os efeitos desta lei, exclusivamente nos seguintes casos:
>
> I – Nos casos de interesses difusos, coletivos e individuais homogêneos, quando mediados por órgão do Ministério Público do Trabalho, ou quando uma das partes solicitar ao Ministério do Trabalho e Emprego a designação de mediador, que convidará as demais partes;
>
> II – Na negociação coletiva tendente à participação dos trabalhadores nos lucros ou resultados das empresas, quando houver comum acordo entre as partes quanto à mediação e o mediador.
>
> Parágrafo único. Em todo caso, a mediação prevista neste artigo terá caráter meramente facultativo, sem quaisquer ônus para os trabalhadores individualmente considerados, direta ou indiretamente.[21]

O posicionamento da ANAMATRA se firmou no sentido de aceitar, portanto, a mediação trabalhista extrajudicial. Entretanto, a redação final do projeto acabou por excluir qualquer forma de utilização do método. Assim justificou o relator do substitutivo, deputado federal Sérgio Sveiter, ao excluir o termo:

---

[20] CÂMARA DOS DEPUTADOS. *Justificativa da Emenda ao Substitutivo (ESB) nº 8* CCJC ao SBT 1 CCJC ao PL 7169/2014. Disponível em: <http://www.camara.gov.br/proposicoesWeb/fichadetramitacao?idProposicao=865885>. Acesso em: 20 fev. 2016.

[21] CÂMARA DOS DEPUTADOS. *Justificativa da Emenda ao Substitutivo (ESB) nº 9* CCJC ao SBT 1 CCJC ao PL 7169/2014. Disponível em: < http://www.camara.gov.br/proposicoesWeb/fichadetramitacao?idProposicao=865886>. Acesso em: 20 fev. 2016.

> Por fim, a exclusão do termo "trabalhistas" do artigo 46 deveu-se em razão de nota técnica encaminhada por sugestão da Associação Nacional dos Magistrados Trabalhistas – ANAMATRA. Outrossim, esta alteração se harmoniza com o acréscimo do inciso IV no §3º do art. 3º deste projeto de lei.

Alegou-se, dessa forma, que seria retirada a previsão de aplicação genérica aos conflitos trabalhistas, uma vez que o §3º do art. 3º do projeto seria suficiente para permitir a mediação judicial trabalhista. O dispositivo indicava a possibilidade de usar a mediação para definir aspectos patrimoniais e questões que admitissem transação:

> Art. 3º [...]
>
> §3º Salvo em relação aos seus aspectos patrimoniais ou às questões que admitam transação, não se submete à mediação o conflito em que se discuta:
>
> I – filiação, adoção, poder familiar ou invalidade de matrimônio;
>
> II – interdição;
>
> III – recuperação judicial ou falência;
>
> IV – relações de trabalho.[22]

A previsão de mediar as relações de trabalho em seus aspectos patrimoniais ou em questões que admitissem transação parecia acertada e, em nova alteração, com o segundo substitutivo ao Projeto de Lei a redação passou a excluir apenas os casos de mediação privada ou obrigatória, com qualquer formato ou sob qualquer circunstância, em matéria de saúde, segurança e higiene do trabalho.[23]

A proposta, até o momento, era de fato condizente com o posicionamento dos tribunais pela não obrigatoriedade da forma de solução e pela indisponibilidade de alguns direitos sociais, como é o caso das normas de saúde, segurança e higiene, não fosse sua infeliz exclusão da redação final do projeto, que seguiu os seguintes passos.

No parecer do relator Sergio Sveiter em 25/03/2015, este manifestou a necessidade de retirar as hipóteses exclusivas das alíneas do §3º do art. 3º, entendendo que o *caput* já dava normativa necessária para permitir a mediação em caso de direitos passíveis de transação, ainda que de fundo trabalhista. Na mesma ocasião, recusou as emendas do deputado federal Alessandro Molon e inseriu, teoricamente a pedido da própria ANAMATRA e da Associação Paulista de Magistrados (APAMAGIS),

---

22 CÂMARA DOS DEPUTADOS. *Substitutivo nº 1 da CCJC ao PL 7.169/2014*. 10 jun. 2014. Disponível em: <http://www.camara.gov.br/proposicoesWeb/fichadetramitacao?idProposicao=865877>. Acesso em: 20 fev. 2016.

23 CÂMARA DOS DEPUTADOS. *Substitutivo nº 2 da CCJC ao PL 7.169/2014*. 18 dez. 2014. Disponível em: <http://www.camara.gov.br/proposicoesWeb/fichadetramitacao?idProposicao=858952>. Acesso em: 20 fev. 2016.

o já citado art. 42, que excluiu totalmente as chances de aplicar a mediação para tais conflitos.[24]

Ao chegar à Comissão de Trabalho, de Administração e Serviço Público, o tema não recebeu tratamento, dando o relator, deputado federal Alex Canziani, parecer pela aprovação de forma genérica.[25] O mesmo aconteceu no retorno do projeto ao Senado.[26]

As iniciativas protetivas da ANAMATRA, portanto, acabaram dando aos deputados federais argumentos para excluir a mediação judicial trabalhista, mesmo diante do texto do novo Código de Processo Civil, que já estava aprovado à época.

Sob o pretexto de criar lei regulamentando apenas os casos envolvendo as matérias da Especializada, perdeu-se assim a oportunidade de avançar na colocação dos métodos judiciais alternativos de resolução de controvérsias. Esqueceu-se, ainda, do fato de que já existe projeto de lei tratando exatamente da mediação judicial trabalhista, parado há 20 anos no Senado Federal: o PLS nº 246, de 1996.[27]

Retirada da legislação atual a possibilidade de mediar os conflitos trabalhistas, deve-se perquirir de qual modo sua introdução ao ordenamento jurídico poderá ser feita.

Dessa forma, ao que tudo indica, diante do histórico legislativo da regulamentação da mediação no Brasil, o Direito do Trabalho terá dois caminhos a tomar: definir a aplicabilidade das normas previstas sobre o tema no novo Código de Processo Civil ao Processo do Trabalho; ou reavivar a discussão, com o desarquivamento do PLS nº 246/1996. Ressalte-se que o colendo Tribunal Superior do Trabalho tratou de editar o Ato 168/2016, com base no art. 764 da CLT e da própria Resolução 125 do CNJ. A permissão inicial é para as demandas coletivas, como é o caso dos dissídios de natureza econômica, jurídica ou de greve.

Dessa forma, apenas nesses sentidos se entende possível o uso deste instrumento tão importante: a mediação judicial na seara trabalhista.

REFERÊNCIAS BIBLIOGRÁFICAS

BRASIL. Lei nº 13.105, de 16 de março de 2015. Código de Processo Civil. *Diário Oficial da União*, 17 mar. 2015. Disponível em: <http://www.planalto.gov.br/ccivil_03/_ato2015-2018/2015/lei/l13105.htm>. Acesso em: 20 fev. 2016.

---

24 CÂMARA DOS DEPUTADOS. *Parecer nº 4 da CCJC ao PL 7.169/2014*. 25 mar. 2015. Disponível em: <http://www.camara.gov.br/proposicoesWeb/fichadetramitacao?idProposicao=1150186>. Acesso em: 20 fev. 2016.

25 CÂMARA DOS DEPUTADOS. *Parecer nº 1 da CTASP ao PL 7.169/2014*. 30 abr. 2015. Disponível em: < http://www.camara.gov.br/proposicoesWeb/fichadetramitacao?idProposicao=613829>. Acesso em: 20 fev. 2016.

26 SENADO FEDERAL. *Quadro comparativo do Substitutivo da Câmara dos Deputados nº 9, de 2015, ao Projeto de Lei do Senado nº 517*, de 2011. 11 fev. 2014. Disponível em: < http://legis.senado.leg.br/mateweb/arquivos/mate-pdf/166954.pdf>. Acesso em: 20 fev. 2016.

27 SENADO FEDERAL. Projeto de Lei do Senado nº 246, de 19 nov. 1996. Disponível em: <http://www25.senado.leg.br/web/atividade/materias/-/materia/30214>. Acesso em: 20 fev. 2016.

BRASIL. Lei nº 13.140, de 26 de junho de 2015. Dispõe sobre a mediação entre particulares como meio de solução de controvérsias e sobre a autocomposição de conflitos no âmbito da administração pública; altera a Lei nº 9.469, de 10 de julho de 1997, e o Decreto nº 70.235, de 6 de março de 1972; e revoga o § 2º do Art. 6º da Lei nº 9.469, de 10 de julho de 1997. *Diário Oficial da União*, 29 jun. 2015. Disponível em: <http://www.planalto.gov.br/ccivil_03/_Ato2015-2018/2015/Lei/L13140.htm>. Acesso em: 20 fev. 2016.

CÂMARA DOS DEPUTADOS. *Projeto de lei nº 7.169*, de 19 de feveiro de 2014. Dispõe sobre a mediação entre particulares como o meio alternativo de solução de controvérsias e sobre a composição de conflitos no âmbito da Administração Pública; altera a Lei nº 9.469, de 10 de julho de 1997, e o Decreto nº 70.235, de 6 de março de 1972; e revoga o § 2º do art. 6º da Lei nº 9.469, de 10 de julho de 1997. Disponível em: <http://www.camara.gov.br/proposicoesWeb/fichadetramitacao?idProposicao=606627>. Acesso em: 20 fev. 2016.

CÂMARA DOS DEPUTADOS. *Justificativa da Emenda ao Substitutivo (ESB) nº 8* CCJC ao SBT 1 CCJC ao PL 7169/2014. Disponível em: <http://www.camara.gov.br/proposicoesWeb/fichadetramitacao?idProposicao=865885>. Acesso em: 20 fev. 2016.

CÂMARA DOS DEPUTADOS. *Justificativa da Emenda ao Substitutivo (ESB) nº 9* CCJC ao SBT 1 CCJC ao PL 7169/2014. Disponível em: < http://www.camara.gov.br/proposicoesWeb/fichadetramitacao?idProposicao=865886>. Acesso em: 20 fev. 2016.

CÂMARA DOS DEPUTADOS. *Substitutivo nº 1 da CCJC ao PL 7.169/2014*. 10 jun. 2014. Disponível em: <http://www.camara.gov.br/proposicoesWeb/fichadetramitacao?idProposicao=865877>. Acesso em: 20 fev. 2016.

CÂMARA DOS DEPUTADOS. *Substitutivo nº 2 da CCJC ao PL 7.169/2014*. 18 dez. 2014. Disponível em: <http://www.camara.gov.br/proposicoesWeb/fichadetramitacao?idProposicao=858952>. Acesso em: 20 fev. 2016.

CÂMARA DOS DEPUTADOS. *Parecer nº 4 da CCJC ao PL 7.169/2014*. 25 mar. 2015. Disponível em: <http://www.camara.gov.br/proposicoesWeb/fichadetramitacao?idProposicao=1150186>. Acesso em: 20 fev. 2016.

CÂMARA DOS DEPUTADOS. *Parecer nº 1 da CTASP ao PL 7.169/2014*. 30 abr. 2015. Disponível em: < http://www.camara.gov.br/proposicoesWeb/fichadetramitacao?idProposicao=613829>. Acesso em: 20 fev. 2016.

DELGADO, Maurício Godinho. *Direito Coletivo do Trabalho*. 4. Ed. São Paulo: LTr, 2011, p. 238.

MTE. *Manual do mediador*. 2. Ed. Brasília: MTE, SRT, 2002. Disponível em: <files.dp-online.webnode.com.br/.../Manual%20do%20mediador.pdf>. Acesso em: 20 fev. 2016.

SENADO FEDERAL. *Projeto de lei do Senado nº 517*, de 25 de agosto de 2011. Institui e disciplina o uso da mediação como instrumento para prevenção e solução consensual de conflitos. Disponível em: <http://www25.senado.leg.br/web/atividade/materias/-/materia/101791>. Acesso em: 20 fev. 2016.

SENADO FEDERAL. *Texto final revisado do Projeto de Lei do Senado nº 517*, de 2011. 11 fev. 2014. Disponível em: <http://legis.senado.leg.br/mateweb/arquivos/mate-pdf/144947.pdf>. Acesso em: 20 fev. 2016.

SENADO FEDERAL. *Quadro comparativo do Projeto de Lei do Senado nº 517*, de 2011. 11 fev. 2014. Disponível em: <http://legis.senado.leg.br/mateweb/arquivos/mate-pdf/144945.pdf>. Acesso em: 20 fev. 2016.

SENADO FEDERAL. *Substitutivo da Câmara dos Deputados nº 9*, de 2015, ao Projeto de Lei do Senado nº 517, de 2011. Disponível em: <http://www.senado.leg.br/atividade/rotinas/materia/getPDF.asp?t=165738&tp=1>. Acesso em: 20 fev. 2016.

SENADO FEDERAL. *Quadro comparativo do Substitutivo da Câmara dos Deputados nº 9, de 2015, ao Projeto de Lei do Senado nº 517*, de 2011. 11 fev. 2014. Disponível em: <http://legis.senado.leg.br/mateweb/arquivos/mate-pdf/166954.pdf>. Acesso em: 20 fev. 2016.

SENADO FEDERAL. Projeto de Lei do Senado nº 246, de 19 nov. 1996. Disponível em: <http://www25.senado.leg.br/web/atividade/materias/-/materia/30214>. Acesso em: 20 fev. 2016.

SOUZA, Sandro Augusto de. (Coord.) *A mediação pré-processual e a composição de conflitos em fase pré-instrutória*. Inovações do Projeto de Lei 7169/2014. Novos paradigmas e ferramentas à celeridade da Justiça do Trabalho. Disponível em: <https://ead.trt9.jus.br/moodle/pluginfile.php/22502/mod_resource/content/8/Pesquisa%20-%20Media%C3%A7%C3%A3o%20-%20TRT9%20-%20FINAL.pdf>. Acesso em: 20 fev. 2016.

STF. ADI 2160 MC, Relator: Min. Octavio Gallotti, Relator p/ Acórdão: Min. Marco Aurélio, Tribunal Pleno, julgado em 13/05/2009, *DJe-200*, 23 out. 2009. EMENT VOL-02379-01 PP-00129 RIOBTP v. 21, n. 250, 2010, p. 18-47. Disponível em: <http://stf.jus.br/portal/jurisprudencia/listarJurisprudencia.asp?s1=%28ADI%24%2ESCLA%2E+E+2160%2ENUME%2E%29+OU+%28ADI%2EACMS%2E+ADJ2+2160%2EACMS%2E%29&base=baseAcordaos&url=http://tinyurl.com/d6aacln>. Acesso em: 20 fev. 2016.

STF. ADI 2139, Relator(a): Min. Cármen Lúcia, julgado em 01/02/2010, publicado em *DJe-027* 12 fev. 2010. Disponível em: <http://stf.jus.br/portal/jurisprudencia/listarJurisprudencia.asp?s1=%28ADI%24%2ESCLA%2E+E+2139%2ENUME%2E%29+-NAO+S%2EPRES%2E&base=baseMonocraticas&url=http://tinyurl.com/d9nko6s>. Acesso em: 20 fev. 2016.

TRT3. RO 00259-2008-075-03-00-2. Des. Rel. Antônio Álvares da Silva. *DJ-JT* 31 jan. 2009. Disponível em: <http://as1.trt3.jus.br/consulta/redireciona.htm?pIdAcordao=646424&acesso=a5266b971764cad7cd52f7dd55b9e99a>. Acesso em: 20 fev. 2016.

TST. Ato n. 168/TST.GP, de 4 de abril de 2016. Diário Eletrônico da Justiça do Trabalho, Brasília, DF, n. 1950, 5 abr. 2016. Caderno Administrativo [do] Tribunal Superior do Trabalho, p. 1-2. Disponível em: <http://aplicacao.tst.jus.br/dspace/handle/1939/82592>. Acesso em: 5 abr. 2016.

TST. RR 139900-53.2005.5.05.0003, Relator Ministro: Pedro Paulo Manus, Data de Julgamento: 29/08/2012, 7ª Turma, Data de Publicação: *DEJT* 31 ago. 2012. Disponível em: <http://aplicacao5.tst.jus.br/consultaunificada2/inteiroTeor.do?action=printInteiroTeor&format=html&highlight=true&numeroFormatado=RR%20-%20 139900-53.2005.5.05.0003&base=acordao&rowid=AAANGhAAFAAAJHTAAX&dataPublicacao=31/08/2012&localPublicacao=DEJT&query=>. Acesso em: 20 fev. 2016.

15

MÉTODOS DE COMPOSIÇÃO DE CONFLITOS E A LEGISLAÇÃO BRASILEIRA

Rêmolo Letteriello

Desembargador aposentado do Tribunal de Justiça de Mato Grosso do Sul. Advogado. Mediador. Diplomado nos Cursos "Introductorio al Curso de Formación Básico de Mediación", "Introductorio al Curso Teórico Práctico de Entrenamiento y las Pasantias del Curso de Formación Básico de Mediación", "Teórico Práctico de Entrenamiento correspondiente al Curso de Formación Básico de Mediación", ministrados pela APEP -Programas de Estudios de Postgrado Asociacion Civil", da "Maestria Latino-americana Europea en Mediación y Negociación", sediada em Buenos Aires-AR e vinculada ao "Institut Universitaire Kurt Bosch", reconhecido pelo Governo Suíço. Livros publicados: "Ação Reivindicatória" em co-autoria com Paulo Tadeu Haendchen, "Ação de Usucapião Ordinária", ambos pela Editora Saraiva e "Repertório dos Juizados Especiais Cíveis Estaduais", pela Editora DelRey. Monografia a publicar: "Temas de Mediação no Direito Comparado".

As iniciativas de criação de meios alternativos de resolução dos conflitos, foram consequências das crises do sistema judicial, fenômeno que ocorreu em todos os países que tinham na Justiça estatal, praticamente, o único remédio para garantir direitos, proteger bens e defender liberdades.

Inúmeros problemas, ao longo do tempo, afetaram o Poder Judiciário, tornando-o desacreditado perante os povos, e destinatário de severas críticas, principalmente pela demora na solução das causas a ele submetidas e pela inoperância no cumprimento da sua função primordial. Por operar um sistema processual arcaico, complicado, extremamente formalista, tudo isso contribuiu para o congestionamento dos tribunais que, a cada ano, viam crescer, em progressão geométrica, a massa de novos processos.

É certo que a insatisfação das pessoas vinculadas ao processo judicial, muitas vezes, não decorre apenas e tão somente da demora em receber a solução para o litígio instaurado, mas também da injustiça das decisões arbitrárias, desqualificadas ou destituídas de uma mínima fundamentação lógica e jurídica.

Em face desses estigmas, sentiu-se, nos países que tradicionalmente encaravam a Justiça com o único meio para dirimir disputas, a necessidade de se descobrir alternativas ao sistema judicial e criar uma consciência de que se deve "conversar mais" e "demandar menos", para obter resultados mais satisfatórios para as partes em conflito.

São inúmeros os métodos ou modos alternativos de resolução de conflitos criados e regulados por leis ou atos normativos diversos. Apontam-se os principais usados no país e no estrangeiro: Conciliação, Arbitragem, Mediação, Negociação, Mini-juízo (*mini-trial*), Avaliação Neutra-Prévia (*early neutral evaluation*), Julgamento Sumário por Jurados (*summary jury trial*) e Juiz de Aluguel (*rent-a-judge*).

Abordaremos, a seguir, o tratamento que a legislação brasileira confere aos métodos mais utilizados entre nós, que são os três primeiros acima apontados.

CONCILIAÇÃO

A Conciliação já era cogitada em eras passadas. Esteve presente nas Ordenações Manuelinas[1], de 1514 (Livro III, Título XV. § 1º) e Filipinas[2], de 1603 (Livro III, Título XX, § 1º), onde se estabelecia que "E no começo da demanda dirá o Juiz a ambas as partes que antes que façam despezas, e se sigam entre ellas os ódios e dissensões, se devem concordar e não gastar suas fazendas por seguirem suas vontades, porque o vencimento da causa sempre he duvidoso".

Essa índole da conciliação, de procedimento prévio à propositura de demandas, permaneceu no contexto jurídico brasileiro pós Ordenações.

De verdade, a Constituição Política do Império do Brasil[3], de 25 de março de 1824 prescrevia que "Sem se fazer constar que se tem intentado o meio da reconciliação, não se começará processo algum" (art. 161).

Ao regulamentar a ordem do Juízo no Processo Comercial, o art. 23 do Decreto 737, de 25 de novembro de 1850 estabeleceu que "Nenhuma causa commercial será proposta em Juízo contencioso, sem que previamente se tenha tentado o meio da conciliação, ou por acto judicial, ou por comparecimento yoluntario das partes"

A Consolidação das Leis do Processo Civil de 1879[4], também tinha preceito semelhante, vez que dispunha que "Em regra nenhum processo póde começar sem que se faça constar que se tem intentado o meio de conciliação perante o Juiz de Paz" (art. 185). Nesse ordenamento, a conciliação tinha feição de uma instituição de ordem pública e, assim, a sua falta, como medida prévia à instauração do processo judicial, implicava em nulidade absoluta que não podia ser suprida, nem renunciada.

O Decreto 359[5] de abril de 1890, embora tenha abolido a conciliação como formalidade preliminar para serem intentadas as ações cíveis e comerciais, ressalvou

---

1 PORTUGAL. Ordenações Manuelinas (1521). Disponível em: <http://www1.ci.uc.pt/ihti/proj/manuelinas/>. Acesso em: 15 jan. 2016.

2 PORTUGAL. Ordenações Manuelinas. In: ALMEIDA, Candido Mendes de. 1818-1881.; Brasil. [Leis etc].; Portugal. [Leis etc]. Rio de Janeiro : Typ. do Instituto Philomathico, 1870., 1870. Disponível em: <http://www2.senado.leg.br/bdsf/browse?type=author&value=Portugal.%20[Leis%20etc].>. Acesso em: 15 jan. 2016.

3 BRASIL. Constituição (1824). Constituição Politica do Imperio do Brazil, de 25 de março de 1824. Disponível em: <http://www.planalto.gov.br/ccivil_03/Constituicao/Constituicao24.htm>. Acesso em: 20 jan. 2016.

4 BRASIL. Decreto nº 2.827, de 15 de março de 1879. Consolidação das leis do processo civil. Rio de Janeiro: Dias da Silva Júnior, 1879. Disponível em: <http://www2.senado.leg.br/bdsf/item/id/220533>. Acesso em: 16 jan. 2016.

5 BRASIL. Decreto nº 359, de 26 de abril de 1890. Revoga as leis que exigem a tentativa da conciliação preliminar ou posterior como formalidade essencial nas causas civeis e commerciaes. *Coleção de Leis do Brasil,*

o instituto nas hipóteses em que as partes estivessem na livre administração dos seus bens.

No âmbito do Direito do Trabalho, o Decreto 1.637[6], de 5 de janeiro de 1907, que criou os sindicatos profissionais e as sociedades cooperativas, já prescrevia, no seu art. 8º, que "Os syndicatos que se constituirem com o espirito de harmonia entre patrões e operarios, como sejam os ligados por conselhos permanentes de conciliação e arbitragem, destinados a dirimir as divergencias e contestações entre o capital e o trabalho, serão considerados como representantes legaes da classe integral dos homens do trabalho e, como taes, poderão ser consultados em todos os assumptos da profissão".

De outra parte, instituindo Comissões Mistas de Conciliação, o Decreto 21.396[7], de 12 de maio de 1932, estabeleceu, *in verbis:* "Nos municípios ou localidades onde existirem sindicatos ou associações profissionais de empregadores ou empregados, organizados de acordo com a legislação vigente, o Ministério do Trabalho, Indústria e Comércio instituirá Comissões Mistas de Conciliação, às quais incumbirá dirimir os dissídios entre empregadores e empregados" (art. 1º).

Por fim, o Decreto 1.237[8], de 2 de maio de 1939, que organizou a Justiça do Trabalho, previu a criação das Juntas de Conciliação e Julgamento, órgãos da Administração da Justiça Trabalhista, competentes para a conciliação e julgamento dos dissídios individuais e das reclamações envolvendo o reconhecimento da estabilidade de empregados.

A Constituição de 1937[9] conferiu competência aos Estados para, independentemente de autorização, legislar sobre diversas matérias, entre elas, sobre "organizações públicas, com o fim de conciliação extrajudiciária dos litígios ou sua decisão arbitral" (art. 18, *caput* e alínea "d").

A Carta Magna seguinte, de 1946[10], indicou as "Juntas ou Juízes de Conciliação e Julgamento" como um dos órgãos da Justiça do Trabalho, estabelecendo que a lei

---

1890, Página 684 Vol. 1 fasc. IV. Disponível em: <http://www.camara.gov.br/legin/fed/decret/1824-1899/decreto-359-26-abril-1890-506287-publicacaooriginal-1-pe.html>. Acesso em: 12 jan. 2016.

[6] BRASIL. Decreto nº 1.637, de 5 de janeiro de 1907. Crea syndicatos profissionaes e sociedades cooperativas. *Diário Official da União*, 11 jan. 1907, Página 251. Disponível em: <http://www2.camara.leg.br/legin/fed/decret/1900-1909/decreto-1637-5-janeiro-1907-582195-publicacaooriginal-104950-pl.html>. Acesso em: 12 jan. 2016.

[7] BRASIL. Decreto nº 21.396, de 12 de maio de 1932. Institue Comissões Mistas de Conciliação e dá outras providências. *Diário Oficial da União*, Seção 1, 16 maio 1932, p. 9.390. Disponível em: <http://www2.camara.leg.br/legin/fed/decret/1930-1939/decreto-21396-12-maio-1932-526753-publicacaooriginal-1-pe.html> Acesso em: 12 jan. 2016.

[8] BRASIL. Decreto-Lei nº 1.237, de 2 de maio de 1939. Organiza a Justiça do Trabalho. *CLBR*, 31 dez. 1939. Disponível em: <http://www.planalto.gov.br/ccivil_03/Decreto-Lei/1937-1946/Del1237.htm>. Acesso em: 12 jan. 2016.

[9] BRASIL. Constituição (1937). Constituição dos Estados Unidos do Brasil, de 10 de novembro de 1937. *Diário Oficial da União*, 10 nov. 1937. Disponível em: <http://www.planalto.gov.br/ccivil_03/Constituicao/Constituicao37.htm>. Acesso em: 10 nov. 2015.

[10] BRASIL. Constituição (1946). Constituição dos Estados Unidos do Brasil, de 18 de setembro de 1946. *Diário Oficial da União*, 19 set. 1946. Disponível em: <http://www.planalto.gov.br/ccivil_03/Constituicao/Constituicao46.htm>. Acesso em: 20 set. 2015.

instituiria as Juntas, "podendo, nas Comarcas onde elas não forem instituídas, atribuir as suas funções aos Juízes de Direito" (art. 122, III e § 3º).

Na sequência dos diplomas constitucionais, a Carta Magna de 1967[11], criou os Tribunais Regionais do Trabalho outorgando-lhes a atribuição de instituir as "Juntas de Conciliação e Julgamento, podendo, nas Comarcas onde elas não forem instituídas, atribuir sua jurisdição aos Juízes de Direito". Essas disposições foram mantidas na atual Constituição, de 1988 (art. 112).

A Lei Maior Trabalhista (Consolidação das Leis do Trabalho – Decreto-Lei 5.452[12], de 1º de maio de 1943) foi alterada pela Lei 9.958, de 12 de janeiro de 2000, quando se instituiu e regulamentou a composição e o funcionamento das Comissões de Conciliação Prévia (artigos 625-A a H), órgãos, com a atribuição de tentar conciliar os conflitos individuais do trabalho. Foram mantidas, na CLT, as Juntas de Conciliação e Julgamento, como órgãos da Justiça do trabalho, com competência para conciliar e julgar: (i) os dissídios em que se pretenda o reconhecimento da estabilidade de empregado; (ii) os dissídios concernentes a remuneração, férias e indenizações por motivo de rescisão do contrato individual de trabalho" (iii) os dissídios resultantes de contratos de empreitadas em que o empreiteiro seja operário ou artífice; e (iv) os demais dissídios concernentes ao contrato individual de trabalho.

No plano das controvérsias familiares, a Lei 968[13], de 10 de dezembro de 1949, estabelecia que nas causas de desquite litigioso e de alimentos, inclusive os provisionais, o juiz, antes de despachar a petição inicial, logo que lhe fosse apresentada, deveria promover todos os meios para que as partes se reconciliassem ou transigissem, nos casos e segundo a forma em que a lei permitisse a transação.

O Código de Processo Civil, de 1973, revogado pela Lei 13.105[14], de 16 de março de 2015, que instituiu o novo CPC, determinava que o juiz tentasse, a qualquer tempo, conciliar as partes (art. 125, IV) e, versando a causa sobre direitos que admitam transação, deveria designar audiência preliminar (art. 331) para intentar a conciliação que, se obtida, seria reduzida a termo e homologada por sentença (§ 1º). O referido estatuto dedicava ao instituto, uma Seção (II), no Capítulo que trata "Da Audiência" (VII), estabelecendo a obrigatoriedade de o juiz determinar o comparecimento

---

11 BRASIL. Constituição (1967). Constituição da República Federativa do Brasil, de 24 de janeiro de 1967. *Diário Oficial da União*, 24 jan. 1967. Disponível em: <http://www.planalto.gov.br/ccivil_03/Constituicao/Constituicao67.htm>. Acesso em: 20 set. 2015.

12 BRASIL. Decreto-Lei nº 5.452, de 1º de maio de 1943. Aprova a Consolidação das Leis do Trabalho. *Diário Oficial da União*, 9 ago. 1943, retificado pelo Decreto-Lei nº 6.353, de 1944 e pelo Decreto-Lei nº 9.797, de 1946. Disponível em: <http://www.planalto.gov.br/ccivil_03/decreto-lei/Del5452.htm#art20>. Acesso em: 6 out. 2015.

13 BRASIL. Lei nº 968, de 10 de dezembro de 1949. Estabelece a fase preliminar de conciliação ou acôrdo nas causas de desquite litigioso ou de alimentos, inclusive os provisionais, e dá outras providências. *Diário Oficial da União*, 15 dez. 1949. Disponível em: <http://www.planalto.gov.br/ccivil_03/leis/1930-1949/L0968.htm>. Acesso em: 12 jan. 2016.

14 BRASIL. Lei nº 5.869, de 11 de janeiro de 1973. Institui o Código de Processo Civil. *Diário Oficial da União*, 17 jan. 1973. Disponível em: <http://www.planalto.gov.br/ccivil_03/leis/L5869.htm>. Acesso em: 16 jan. 2016.

pessoal das partes ao início da audiência de instrução e julgamento, quando o litígio versasse sobre direitos patrimoniais de caráter privado (art. 447, *caput*), dispondo que, em causas relativas à família, teria lugar, igualmente, a conciliação (parágrafo único). Prescrevia, ainda, a obrigatoriedade de o juiz tentar conciliar as partes antes de iniciar a instrução, lavrando o termo respectivo se os litigantes chegassem a um acordo (art. 448); o referido termo seria assinado pelas partes e uma vez homologado pelo juiz teria força de sentença (art. 449).

O método da Conciliação, passou a ser mais conhecido e aplicado, a partir da vigência da Lei 7.244[15], de 7 de novembro de 1984 (Lei do Juizado Especial de Pequenas Causas), que teve como fonte inspiradora, a primeira experiência de solução de conflitos sem utilização das vias judiciais, ocorrida com a iniciativa da Associação dos Juízes do Rio Grande do Sul (AJURIS), de criar o Conselho de Conciliação e Arbitramento, instalado em 23 de julho de 1982, na Comarca de Rio Grande. Esse Conselho era integrado por advogados com larga experiência e poder de persuasão, os quais, sem função judicante e sob a supervisão de um juiz de direito, estimulavam os litigantes à composição amigável, mostrando-lhes as vantagens da conciliação.

O notável Prof. Kazuo Watanabe, considerado o grande mentor da Lei 7.244/84, costumava dizer que a Conciliação era a "alma dos Juizados", sempre ressaltando a sua magnitude e importância para o novo sistema que inaugurou uma verdadeira revolução no Judiciário Brasileiro, com os escancarar das portas de acesso à Justiça.

Considerando a Conciliação como objetivo primordial do sistema, aquela lei impunha a sua busca permanente (art. 2º), do início até o término do processo; constituía a primeira fase do procedimento (audiência de conciliação), em cujo ato o juiz deveria esclarecer "as partes presentes sobre as vantagens da conciliação, mostrando-lhes os riscos e as consequências do litígio..."

De se assinalar que a Lei 7.224/84, emprestou enorme relevância e importância à conciliação, posto que permitiu que as leis locais de organização judiciária estendesse a sua aplicação em outras causas, fora da sua competência, ficando, então, à critério dos Tribunais de Justiça enumerar nos seus Códigos Judiciários, as causas que, versando sobre direitos disponíveis e não arroladas nos incisos, I, II e III, do seu art. 3º, pudessem ser endereçadas aos Juizados, exclusivamente, para fins de conciliação.

Todas as regras que disciplinavam o instituto da conciliação, foram mantidas na Lei nº 9.099[16], de 26 de setembro de 1995 (Lei dos Juizados Especiais Cíveis e Criminais), quanto ao processo de conhecimento. Com a nova legislação, houve um avanço significativo, quando se concedeu atribuições executivas aos Juizados Especiais Cíveis, estabelecendo-se, na execução de título extrajudicial, a audiência de conciliação,

---

15 BRASIL. Lei nº 7.244, de 7 de novembro de 1984. Dispõe sobre a criação e o funcionamento do Juizado Especial de Pequenas Causas. *Diário Oficial da União*, 8 nov. 1984. Disponível em: <http://www.planalto.gov.br/ccivil_03/leis/1980-1988/L7244.htm>. Acesso em: 12 jan. 2016.

16 BRASIL. Lei nº 9.099, de 26 de setembro de 1995. Dispõe sobre os Juizados Especiais Cíveis e Criminais e dá outras providências. *Diário Oficial da União*, 27 set. 1995. Disponível em: <http://www.planalto.gov.br/ccivil_03/leis/L9099.htm>. Acesso em: 12 jan. 2016.

de caráter obrigatório (art. 53, § 1º), possibilitando-se a autocomposição dos conflitos pelos próprios credores e devedores, e em cujo ato o conciliador buscará "o meio mais rápido e eficaz para a solução do litígio..." (art. 53, § 2º).

O atual Código de Processo Civil, assinala que tanto a conciliação como "a mediação e outros métodos de solução consensual de conflitos, deverão ser estimulados por juízes, advogados, defensores públicos e membros do Ministério Público, inclusive no curso do processo judicial" (art. 1º, § 3º). Ao tratar dos deveres do juiz, coloca, à sua disposição, ao lado da conciliação, mais um método alternativo de resolução de conflitos (a mediação) para "promover, a qualquer tempo, a autocomposição, preferencialmente com auxílio de conciliadores e mediadores judiciais" (art. 139, V). Na Seção (III, do Capítulo relativo aos Auxiliares da Justiça) destacou os conciliadores e mediadores judiciais, preceituando que os tribunais devem criar "centros judiciários de solução consensual de conflitos, responsáveis pela realização de sessões e audiências de conciliação e mediação e pelo desenvolvimento de programas destinados a auxiliar, orientar e estimular a autocomposição" (art. 165).

O estatuto processual civil que passou a vigorar recentemente, criou um novo instituto que não existia nos diplomas anteriores, qual seja, a "tutela antecipada requerida em caráter antecedente" e ao normatizar o seu procedimento, dispôs, no art. 308, §3º, que, uma vez concedida a tutela requerida, "o réu será citado e intimado para a audiência de conciliação ou de mediação, na forma do art. 334...". Isso não ocorria no código anterior, porquanto, outorgada a tutela antecipada, o processo prosseguia até final julgamento (art. 273, § 5º).

Uma outra novidade verificada no CPC de 2015, é a que imprimiu sistemática diferente à Audiência de Conciliação ou de Mediação. Esta, será designada "com antecedência mínima de 30 (trinta) dias), devendo ser citado o réu com pelo menos 20 (vinte) dias de antecedência", quando "a petição inicial preencher os requisitos essenciais e não for o caso de improcedência liminar do pedido" (art. 334). De se anotar que a parte autora tem a faculdade de não optar pela realização da referida audiência, devendo, entretanto, comunicar com antecedência, seu desinteresse, o que pode ser feito quando do oferecimento da petição inicial (art.319, VII); ambas as partes podem, igualmente, manifestarem, expressamente, o desinteresse na composição consensual, caso em que a audiência também não será realizada (art. 334, § 4º, I).

A audiência de conciliação e mediação e a última sessão de conciliação (no caso de desdobramento em mais de uma audiência), são pontos iniciais da contagem do prazo de quinze dias para o oferecimento da contestação do réu, pessoa física (art. 335, I).

Uma outra regra introduzida no novo CPC e que não existia na legislação revogada, é a que estabelece, *in verbis*: "Nas ações de família, todos os esforços serão empreendidos para a solução consensual da controvérsia, devendo o juiz dispor do auxílio de profissionais de outras áreas de conhecimento para a mediação e conciliação" (art. 694). Nessas ações, será ordenada, na citação, o comparecimento da parte ré, à audiência de conciliação ou mediação, citação que ocorrerá com antecedência mínima de quinze dias em relação à data da audiência (ao contrário do procedimento comum, cuja antecedência é de vinte dias), como dispõe o art. 965, *caput* e § 2º.

ARBITRAGEM

As Ordenações do Reino já faziam alusão à arbitragem. As Manuelinas[17], de 1514, mencionavam a jurisdição exercida pelos "Juízes Arbitros", distintos do "Juizes Ordinarios", estes com atribuição de executar as sentenças prolatadas por aqueles (Livro III, Título LXIII). As Filipinas, de 1603, dedicavam um capítulo inteiro aos "Juizes árbitros", reproduzindo, praticamente, as normas das Ordenações Manuelinas (Livro III, Título XVI).

A Constituição do Império de 1824[18], concedia às partes a faculdade de optarem pela arbitragem, nomeando "Juizes Arbitros", para o deslinde das causas "cíveis" e das "penaes civilmente intentadas" (art. 160).

Lei de 26 de Julho de 1831, que extinguiu as Provedorias de Seguros das Províncias do Império, previa que as questões resultantes dos contratos de seguros seriam decididas por árbitros nomeados pelas mesmas partes, se estes não se conciliassem perante os Juizes de Paz. (art.3º).

Ainda no Império, a Lei 108, de 11 de outubro de 1837, tratando dos contratos de locação de serviços dos colonos, antevia que as partes poderiam requerer a intervenção de árbitros para decidir as ações derivadas de contratos de locação de serviços celebrados em conformidade com aquela legislação (art. 14).

O Código Comercial de 1850[19] (Lei 566, de 25 de Junho), determinava que 'Todas as questões resultantes de contratos de locação mercantil" seriam "decididas em juízo arbitral" (art. 245), assim como "Todas as questões sociais que se suscitarem entre sócios durante a existência da sociedade ou companhia, sua liquidação ou partilha" (art.294).

Ainda no campo mercantil, o Decreto 737, de 25 de novembro de 1850, cuidando da ordem do Juízo no Processo Comercial, disciplinou o funcionamento do "Juizo arbitral" nos artigos 411 a 475.

O instituto esteve presente no Código Civil de 1916 que previa a possibilidade de, em qualquer tempo, as pessoas capazes de contratar, "louvar-se, mediante compromisso escrito, em árbitros, que lhes resolvam as pendências judiciais ou extrajudiciais", regulamentando a matéria sobre "Compromisso" nos artigos 1.037 a 1.048

---

17 PORTUGAL. Ordenações Manuelinas (1521). Disponível em: <http://www1.ci.uc.pt/ihti/proj/manuelinas/>. Acesso em: 15 jan. 2016.

18 BRASIL. Constituição (1824). Constituição Politica do Imperio do Brazil, de 25 de março de 1824. Disponível em: <http://www.planalto.gov.br/ccivil_03/Constituicao/Constituicao24.htm>. Acesso em: 20 set. 2015.

19 BRASIL. Lei nº 556, de 25 de junho de 1850. Código Comercial. *CLB*, 1850. Disponível em: <http://www.planalto.gov.br/ccivil_03/leis/L0556-1850.htm>. Acesso em: 16 jan. 2016.

dispositivos esses que foram revogados pela Lei da Arbitragem[20] (Lei 9.307, de 23 de setembro de 1966).

A Constituição de 1937[21] conferiu competência aos Estados para, independentemente de autorização, legislar sobre diversas matérias, entre elas, sobre "organizações públicas, com o fim de conciliação extrajudiciária dos litígios ou sua decisão arbitral" (art. 18, *caput* e alínea "d").

No âmbito do direito processual, o Código de Processo Civil de 1939, no seu Livro IX, tratando do Juízo Arbitral (artigos 1.031 a 1.046), havia regulamentado a função dos árbitros e o procedimento a ser empregado na arbitragem, seu início, julgamento e homologação do laudo.

A Consolidação das Leis do Trabalho[22] (Decreto-Lei 5.452/43), determinou a conversão do juízo conciliatório em arbitral, em não havendo acordo nos processos relativos aos dissídios individuais ou coletivos (art. 764, § 2º).

Ainda no âmbito do direito processual, o CPC[23] de 1973, recentemente revogado, previa o Juízo Arbitral, de uma forma mais ampliada que o código anterior (1939) regulando a matéria através dos artigos 1.072 a 1102, que igualmente foram revogados pela Lei da Arbitragem.

Na Lei de Pequenas Causas[24] (Lei 7.244/84) instituiu-se o juízo arbitral, como segunda fase do procedimento, a ser inaugurada quando frustrada a fase conciliatória (artigos 25 a 27), sistema que foi mantido na Lei 9.099/95, que criou os Juizados Especiais Cíveis e Criminais (artigos 24 a 26).

Em 23 de setembro de 1996, passou a constar do ordenamento jurídico brasileiro, a primeira lei específica sobre o instituto da arbitragem, constituindo o seu marco legal. A Lei 9.307/96, sistematizada em quarenta e quatro artigos, ofereceu, aos interessados, importante instrumento para a solução de conflitos de natureza patrimonial disponível, destacando-se, no seu corpo, regras inovadoras, relativas às

---

20 BRASIL. Lei nº 9.307, de 23 de setembro de 1996. Dispõe sobre a arbitragem. *Diário Oficial da União*, 24 set. 1996. Disponível em: <http://www.planalto.gov.br/ccivil_03/leis/L9307.htm>. Acesso em: 16 jan. 2016.

21 BRASIL. Constituição (1937). Constituição dos Estados Unidos do Brasil, de 10 de novembro de 1937. *Diário Oficial da União*, 10 nov. 1937. Disponível em: <http://www.planalto.gov.br/ccivil_03/Constituicao/Constituicao37.htm>. Acesso em: 12 jan. 2016.

22 BRASIL. Decreto nº 22.213, de 14 de dezembro de 1932. Aprova a Consolidação as Leis Penais, da autoria do Sr. Desembargador Vicente Piragibe. *Diário Oficial da União*, Seção 1 - 17/12/1932, Página 23034. Disponível em: <http://www2.camara.leg.br/legin/fed/decret/1930-1939/decreto-22213-14-dezembro-1932-516919-norma-pe.html>. Acesso em: 5 out. 2015.

23 BRASIL. Lei nº 5.869, de 11 de janeiro de 1973. Institui o Código de Processo Civil. *Diário Oficial da União*, 17 jan. 1973. Disponível em: <http://www.planalto.gov.br/ccivil_03/leis/L5869.htm>. Acesso em: 16 jan. 2016.

24 BRASIL. Lei nº 7.244, de 7 de novembro de 1984. Dispõe sobre a criação e o funcionamento do Juizado Especial de Pequenas Causas. *Diário Oficial da União*, 8 nov. 1984. Disponível em: <http://www.planalto.gov.br/ccivil_03/leis/1980-1988/L7244.htm>. Acesso em: 12 jan. 2016.

homologações da "sentença arbitral" e das "sentenças arbitrais estrangeiras". Quanto às primeiras, outorgou à jurisdição arbitral plena autonomia e independência, não mais sujeitando a sentença arbitral à homologação pelo Poder Judiciário (art. 18), como era feito na sistemática anterior (art. 1045, do Código Civil/1916 e 1.097, do Código de Processo Civil/1973); relativamente às segundas, determinou que a homologação seja feita pelo Superior Tribunal de Justiça (art. 35).

Por fim, a Lei 13.129[25], de 26 de maio de 2015, objetivando atualizar e aperfeiçoar a Lei 9.307, nada obstante mantendo a sua estrutura normativa, nela promoveu alterações pontuais, ampliando a área de incidência desse método de resolução de conflitos (a arbitragem passa a solucionar conflitos relacionados como os contratos da administração pública, com o direito do consumidor e com as relações de trabalho), bem como dissipando dúvidas que existiam quanto à aplicação de alguns institutos do direito material e do direito processual.

MEDIAÇÃO

Até o advento da Lei 13.140[26], de 26 de Junho de 2015, inexistia no ordenamento jurídico nacional lei específica tratando da mediação. Como método, meio ou forma de resolução de conflitos, o instituto era previsto tão somente em leis esparsas, mormente na área do Direito do Trabalho, utilizado para a solução das controvérsias oriundas dos dissídios coletivos ou individuais.

A primeira iniciativa de se institucionalizar o assunto, deu-se há mais de dezessete anos atrás, precisamente em dezembro de 1998, quando a então Deputada Zulaiê Cobra apresentou, na Câmara Federal, uma proposição, identificada como PL 4.827/98, visando a institucionalização da mediação. Tal Projeto, nada obstante pioneiro, recebeu acentuada crítica em razão da sua extrema concisão, uma vez que pretendendo normatizar tão importante matéria, dispunha de apenas sete artigos. Definia o método, instituía a figura do mediador, previa as modalidades de mediação judicial e extrajudicial, se referindo à mediação endoprocessual e ao acordo com força de título executivo. E nada mais.

Dois anos após, o Instituto Brasileiro de Direito Processual, ofereceu um projeto mais substancioso, que instituía e disciplinava a "Mediação paraprocessual, como

---

25 BRASIL. Lei nº 13.129, de 26 de maio de 2015. Altera a Lei nº 9.307, de 23 de setembro de 1996, e a Lei nº 6.404, de 15 de dezembro de 1976, para ampliar o âmbito de aplicação da arbitragem e dispor sobre a escolha dos árbitros quando as partes recorrem a órgão arbitral, a interrupção da prescrição pela instituição da arbitragem, a concessão de tutelas cautelares e de urgência nos casos de arbitragem, a carta arbitral e a sentença arbitral, e revoga dispositivos da Lei nº 9.307, de 23 de setembro de 1996. *Diário Oficial da União*, 27 maio 2015. Disponível em: <http://www.planalto.gov.br/ccivil_03/_Ato2015-2018/2015/Lei/L13129.htm>. Acesso em: 16 jan. 2016.

26 BRASIL. Lei nº 13.140, de 26 de junho de 2015. Dispõe sobre a mediação entre particulares como meio de solução de controvérsias e sobre a autocomposição de conflitos no âmbito da administração pública; altera a Lei nº 9.469, de 10 de julho de 1997, e o Decreto nº 70.235, de 6 de março de 1972; e revoga o § 2º do art. 6o da Lei nº 9.469, de 10 de julho de 1997. *Diário Oficial da União*, 29 jun. 2015. Disponível em: <http://www.planalto.gov.br/ccivil_03/_Ato2015-2018/2015/Lei/L13140.htm>. Acesso em: 20 fev. 2016.

mecanismo complementar de solução de conflitos no Processo Civil", com a previsão de que os mediadores seriam, obrigatoriamente, advogados.

Esses dois projetos foram reunidos, gerando o Substitutivo (PLC 94/02), de autoria do Senador Pedro Simon que, repartia as modalidades de mediação em prévia, incidental, judicial e extrajudicial, impunha as condições para ser mediador judicial, prevendo a figura do comediador e estabelecia o registro, a fiscalização e o controle das atividades do condutor do método.

Esse PL, mesmo após longo tempo de tramitação, não foi finalizado. Percorreram em conjunto, com ele, no Senado, os PLS 517/2011 e 405 e 434, ambos de 2013.

O Projeto 405 tratava exclusivamente da "mediação extrajudicial", conceituando essa modalidade e estabelecendo as regras do proceder da "pré-mediação". Cuidou, em capítulos distintos, dos Mediadores e das condições para o exercício da função, do procedimento da mediação propriamente dita e do seu termo final. Instituiu, por último a mediação na administração pública, a ser utilizada nos órgãos da administração pública direta e indireta da União, dos Estados, do Distrito Federal e dos Municípios.

O PLS 434, iniciava por definir e arrolar os princípios que devem nortear o instituto, disciplinando as atividades dos mediadores judiciais e extrajudiciais e normatizando os procedimentos das modalidades judicial e extrajudicial. Também previu a Mediação Pública, acrescentando, ao final, uma novidade consistente na Mediação *on line*, para a resolução, pela *internet,* dos conflitos decorrentes da comercialização de bens ou da prestação de serviços.

O texto original do PLS 517, tratava a matéria de forma abrangente, apresentando um panorama amplo sobre os pontos fundamentais da mediação, iniciando por bem defini-la e por enumerar os princípios básicos a serem observados pelas partes e pelo mediador, explicando claramente a sua função e as condições impostas para o exercício do cargo. Repartia a mediação em judicial ou extrajudicial, enfatizando o momento em ela poderia ocorrer, sendo prévia (antes da propositura da demanda) ou incidental (quando já instaurada a relação processual). Cuidou de estabelecer, de forma concisa e objetiva, as especificidades das mediações judicial e extrajudicial, dispondo, finalmente, sob a etapa culminante do procedimento, qual seja a, a elaboração do acordo.

Esse Projeto, que havia recebido inúmeras contribuições e sugestões de estudiosos do tema e de participantes de organismos e entidades privadas que já atuam na prestação de serviços de mediação, nada obstante omisso quanto à Mediação Pública, recomendava a criação de institutos de extrema importância e relevância como a "cláusula compromissória" de mediação e estabelecia, como muita clareza e precisão, as regras dos procedimentos de aplicação nas duas modalidades, detalhando também o desenvolvimento da mediação feita por mediadores autônomos ou realizada em instituições privadas.

No ano de 2014, o Senador Vital do Rego apresentou um Substitutivo ao Projeto de Lei do Senado nº 517/2011, de autoria do Senador Ricardo Ferraço, que regulamentava o uso da mediação judicial e extrajudicial, aproveitando, dito Substitutivo, textos de dois outros PLS, 405 e 434, ambos de 2013. Encaminhado à Câmara dos Deputados, foi convertido no Projeto de Lei 1769/2014, aprovado pela Comissão de Constituição e Justiça e de Cidadania (CCJ) da Câmara dos Deputados, no dia 7 de abril passado.

Tal Projeto, lamentavelmente, não eliminou os defeitos e nem abrigou os pontos positivos dos PLS 517, 405 e 434, frustrando as expectativas de especialistas em temas relativos aos métodos alternativos de soluções amigáveis de controvérsias e de tantos quantos aguardavam a elaboração de uma legislação convincente, que estabelecesse o verdadeiro marco legal da mediação, inaugurando uma nova ordem jurídica, eficaz e efetiva, no âmbito das resoluções alternativas de conflitos, particularmente, na esfera daquele método.

Verificou-se que o aludido Projeto não deu importância ao instituto da convenção pré-estabelecida de mediação, que era prevista no Projeto de Lei n. 517/2011, e que se resumia na chamada "cláusula compromissória de mediação", ***importante*** instrumento de ajuste que, constante da Lei de Arbitragem (Lei n. 9.307/96), tem se revelado de grande significância e utilidade no procedimento arbitral. Referida convenção teria acentuada vantagem sobre a cláusula compromissória de arbitragem, porquanto, sem efeito cogente ou vinculante, como ocorre com esta, proporcionaria às partes, se frustrada a mediação, socorrer-se dos outros meios não-adversariais de resolução de disputas, como da negociação e da conciliação, ou adversariais, como da arbitragem ou da via judicial.

Por outra parte, inspirado no PLS 405, tratando dos "Mediadores Extrajudiciais", preceituou um único e extravagante artigo, assim redigido: "Art. 9º - Poderá funcionar como mediador extrajudicial qualquer pessoa capaz, que tenha a confiança das partes e que se considere capacitada para fazer mediação, independentemente de integrar qualquer tipo de conselho, ou associação, ou nele inscrever-se". Essa regra, que acabou sendo acatada pela Lei da Mediação (art. 9º), destoa, flagrantemente, da que normatiza a atuação dos "Mediadores Judiciais", dos quais se exige graduação em curso de ensino superior, formação, capacitação e outros requisitos mínimos (art.11). Lamentavelmente, o comportamento manifestamente irracional do legislador, sem dúvida, proporcionará a banalização das mediações privadas, por conta de que, os serviços poderão ser conduzidos por qualquer pessoa sem qualificação, capacitação, preparo ou experiência, sem nenhuma vinculação a organismos de controle e fiscalização de suas atividades profissionais, e sem dever de obediência a qualquer código de ética que protegeria as partes atendidas.

Seria muito mais sensato, que a Lei disciplinasse, numa Sessão única, a matéria relativa aos mediadores judiciais e extrajudiciais, evitando a injustificável diferenciação entre eles, que bem poderia alimentar a imaginação da subsistência de categorias profissionais de primeira e segunda classes.

De se anotar que, dado a inexistência de qualquer regulamentação legislativa sobre a utilização dos meios não adversariais de resolução de controvérsias, já em 2010, sentido a a imperiosa necessidade de se implantar uma política nacional de tratamento dos conflitos de interesse, o Conselho Nacional de Justiça (CNJ), tomou a iniciativa de normatizar as práticas da conciliação e da mediação e o fez através da edição da Resolução n° 125, de 29 de novembro de 2010. Na justificativa preambular desse ato normativo, fez-se registrar, entre outros considerandos: "a conciliação e a mediação são instrumentos efetivos de pacificação social, solução e prevenção de litígios, e que a sua apropriada disciplina em programas já implementados no país tem reduzido a excessiva judicialização dos conflitos de interesses, a quantidade de recursos e de execução de sentença".

A Resolução 125/2010, impôs aos Tribunais de Justiça dos Estados a obrigatoriedade da implementação da referida política no sentido de se utilizar os métodos alternativos de resolução de disputas, especificamente a conciliação e a mediação, ao mesmo tempo em que apontou as diretrizes a serem observadas por essas Cortes, quais sejam: 1) a fixação de critérios de capacitação básica; 2) o estabelecimento de critérios para a seleção dos conciliadores e mediadores; 3) a cobrança sobre a qualidade dos serviços prestados, à vista de avaliações permanentes; 4) a apuração de dados referentes aos números de usuários atendidos e acordos obtidos; 5) o estabelecimento de um Código de Ética para conciliadores e mediadores; 6) providências para a definição de uma remuneração condigna para conciliadores e mediadores; 7) a adoção de uma política voltada a incentivar as instituições públicas e privadas da área do Ensino a incluírem nas grades escolares, matérias sobre os métodos da conciliação e mediação; e 8) o estímulo às Escolas da Magistratura para que mantenham nos cursos de iniciação aplicados aos novos juízes, um ou mais módulos voltados aos métodos alternativos de resolução de conflitos.

A Lei 13.140/2015[27], apesar das suas incongruências e contrassensos, veio suprir uma lacuna na legislação nacional, especificamente no que refere ao método mais adequado e eficaz, no meu ponto de vista, para a resolução dos conflitos.

Com quarenta e oito artigos, a Lei da Mediação, além de definir o instituto e fixar os seus critérios orientadores, normatizou as atividades dos mediadores e o procedimento de mediação, realçou as especificidades das mediações judicial e extrajudicial, tratou, em Seção própria, do tema da confidencialidade e suas exceções, bem como estabeleceu regras para a mediação de conflitos em que for parte a pessoa jurídica de direito público. Nas Disposições Finais: (i) autorizou a criação de um banco de dados pela Escola Nacional de Mediação e Conciliação; (ii) previu a aplicação da lei em outras modalidades de mediação, como a comunitária e a escolar, e que a mediação trabalhista fosse regulada por lei própria; (iii) concedeu aos órgãos e entidades da administração pública, a faculdade de criar câmaras para a resolução de conflitos; (iv) alterou disposições da Lei 9.469/97, que por sua vez, modificou parte da legislação relativa à Advocacia-Geral da União; (v) alterou norma do Decreto

---

27 BRASIL. Lei nº 13.140, de 26 de junho de 2015. Dispõe sobre a mediação entre particulares como meio de solução de controvérsias e sobre a autocomposição de conflitos no âmbito da administração pública; altera a Lei nº 9.469, de 10 de julho de 1997, e o Decreto nº 70.235, de 6 de março de 1972; e revoga o § 2º do art. 6º da Lei nº 9.469, de 10 de julho de 1997. *Diário Oficial da União*, 29 jun. 2015. Disponível em: <http://www.planalto.gov.br/ccivil_03/_Ato2015-2018/2015/Lei/L13140.htm>. Acesso em: 20 fev. 2016.

70.235/72, pertinente ao processo executivo fiscal; e (vi) permitiu a realização da mediação pela internet.

Por fim, pela primeira vez, se aclama o instituto no âmbito do direito processual civil. De verdade, o novo Código de Processo Civil (Lei 13.105/2015), normatiza a "mediação judicial", prestigiando o Conselho Nacional de Justiça que, através da Resolução 125/2010, já havia instituído os centros judiciários de resolução consensual de conflitos (com destaque para a conciliação e a mediação), organismos que, também pelo novo CPC, deverão, obrigatoriamente, ser criados pelos tribunais (art. 165, *caput*).

Os parágrafos 2º e 3º do mencionado art. 165, sobre abordar um dos pontos diferenciadores dos institutos da *conciliação* e da *mediação*, estabelecendo que o conciliador atuará preferencialmente nos casos em que "não houver" vínculo anterior entre as partes, e o mediador nas questões em que "houver" tal vínculo, também orienta o papel de ambos, permitindo ao conciliador "sugerir soluções para o litígio" e delimitando a atuação do mediador à tarefa de, apenas auxiliar as partes a encontrar, por elas próprias, uma solução para a disputa.

O novo estatuto assenta, igualmente, os princípios fundamentais do procedimento da mediação, regulando ainda: (i) a escolha do mediador; (ii) a forma de percepção de remuneração pelo trabalho prestado; (iii) as providências que deverão ser tomadas no caso de impedimento e de impossibilidade temporária do exercício da função; (iv) os casos de exclusão dos mediadores, do cadastro do tribunal; (v) a criação, pela União, Estados, Distrito Federal e Municípios, das câmaras de mediação para a resolução consensual dos conflitos no âmbito da administração pública. Prevê, por fim, a aplicação, no que couber, dos dispositivos que se referem aos "conciliadores e mediadores judiciais" (Seção V, do Capítulo III) às câmaras privadas de conciliação e mediação.

No novo CPC, a mediação também foi referenciada nos artigos 1º, § 3º, 139, V, 308, § 3º, 319, VII e 334, *caput* e § 4º, I (remete-se à leitura das breves alusões a esses dispositivos, nos comentários ao instituto da Conciliação, acima).

REFERÊNCIAS BIBLIOGRÁFICAS

Brasil. [Leis etc].; Portugal. [Leis etc]. Rio de Janeiro : Typ. do Instituto Philomathico, 1870., 1870. Disponível em: <http://www2.senado.leg.br/bdsf/browse?type=author&value=Portugal.%20[Leis%20etc].>. Acesso em: 15 jan. 2016.

BRASIL. Constituição (1824). Constituição Politica do Imperio do Brazil, de 25 de março de 1824. Disponível em: <http://www.planalto.gov.br/ccivil_03/Constituicao/Constituicao24.htm>. Acesso em: 20 jan. 2016.

BRASIL. Decreto nº 2.827, de 15 de março de 1879. Consolidação das leis do processo civil. Rio de Janeiro: Dias da Silva Júnior, 1879. Disponível em: <http://www2.senado.leg.br/bdsf/item/id/220533>. Acesso em: 16 jan. 2016.

BRASIL. Decreto nº 359, de 26 de abril de 1890. Revoga as leis que exigem a tentativa da conciliação preliminar ou posterior como formalidade essencial nas causas civeis e commerciaes. *Coleção de Leis do Brasil*, 1890, Página 684 Vol. 1 fasc. IV. Disponível em: <http://www.camara.gov.br/legin/fed/decret/1824-1899/decreto-359-26-abril-1890-506287-publicacaooriginal-1-pe.html>. Acesso em: 12 jan. 2016.

BRASIL. Decreto nº 1.637, de 5 de janeiro de 1907. Crea syndicatos profissionaes e sociedades cooperativas. Diário Official, 11 jan. 1907, Página 251. Disponível em: <http://www2.camara.leg.br/legin/fed/decret/1900-1909/decreto-1637-5-janeiro-1907-582195-publicacaooriginal-104950-pl.html>. Acesso em: 12 jan. 2016.

BRASIL. Decreto nº 21.396, de 12 de maio de 1932. Institue Comissões Mistas de Conciliação e dá outras providências. *Diário Oficial da União*, Seção 1, 16 maio 1932, p. 9.390. Disponível em: <http://www2.camara.leg.br/legin/fed/decret/1930-1939/decreto-21396-12-maio-1932-526753-publicacaooriginal-1-pe.html> Acesso em: 12 jan. 2016.

BRASIL. Decreto-Lei nº 1.237, de 2 de maio de 1939. Organiza a Justiça do Trabalho. CLBR, 31 dez. 1939. Disponível em: <http://www.planalto.gov.br/ccivil_03/Decreto-Lei/1937-1946/Del1237.htm>. Acesso em: 12 jan. 2016.

BRASIL. Constituição (1937). Constituição dos Estados Unidos do Brasil, de 10 de novembro de 1937. *Diário Oficial da União*, 10 nov. 1937. Disponível em: <http://www.planalto.gov.br/ccivil_03/Constituicao/Constituicao37.htm>. Acesso em: 10 nov. 2015.

BRASIL. Constituição (1946). Constituição dos Estados Unidos do Brasil, de 18 de setembro de 1946. *Diário Oficial da União*, 19 set. 1946. Disponível em: <http://www.planalto.gov.br/ccivil_03/Constituicao/Constituicao46.htm>. Acesso em: 20 set. 2015.

BRASIL. Constituição (1967). Constituição da República Federativa do Brasil, de 24 de janeiro de 1967. *Diário Oficial da União*, 24 jan. 1967. Disponível em: <http://www.planalto.gov.br/ccivil_03/Constituicao/Constituicao67.htm>. Acesso em: 20 set. 2015.

BRASIL. Decreto-Lei nº 5.452, de 1º de maio de 1943. Aprova a Consolidação das Leis do Trabalho. *Diário Oficial da União*, 9 ago. 1943, retificado pelo Decreto-Lei nº 6.353, de 1944 e pelo Decreto-Lei nº 9.797, de 1946. Disponível em: <http://www.planalto.gov.br/ccivil_03/decreto-lei/Del5452.htm#art20>. Acesso em: 6 out. 2015. 172

BRASIL. Lei nº 968, de 10 de dezembro de 1949. Estabelece a fase preliminar de conciliação ou acôrdo nas causas de desquite litigioso ou de alimentos, inclusive os provisionais, e dá outras providências. *Diário Oficial da União*, 15 dez. 1949. Disponível em: <http://www.planalto.gov.br/ccivil_03/leis/1930-1949/L0968.htm>. Acesso em: 12 jan. 2016.

BRASIL. Lei nº 5.869, de 11 de janeiro de 1973. Institui o Código de Processo Civil. *Diário Oficial da União*, 17 jan. 1973. Disponível em: <http://www.planalto.gov.br/ccivil_03/leis/L5869.htm>. Acesso em: 16 jan. 2016.

BRASIL. Lei nº 7.244, de 7 de novembro de 1984. Dispõe sobre a criação e o funcionamento do Juizado Especial de Pequenas Causas. *Diário Oficial da União*, 8 nov. 1984. Disponível em: <http://www.planalto.gov.br/ccivil_03/leis/1980-1988/L7244.htm>. Acesso em: 12 jan. 2016.

BRASIL. Lei nº 9.099, de 26 de setembro de 1995. Dispõe sobre os Juizados Especiais Cíveis e Criminais e dá outras providências. *Diário Oficial da União*, 27 set. 1995. Disponível em: <http://www.planalto.gov.br/ccivil_03/leis/L9099.htm>. Acesso em: 12 jan. 2016.

BRASIL. Lei nº 556, de 25 de junho de 1850. Código Comercial. *CLB*, 1850. Disponível em: <http://www.planalto.gov.br/ccivil_03/leis/L0556-1850.htm>. Acesso em: 16 jan. 2016.

BRASIL. Lei nº 9.307, de 23 de setembro de 1996. Dispõe sobre a arbitragem. *Diário Oficial da União*, 24 set. 1996. Disponível em: <http://www.planalto.gov.br/ccivil_03/leis/L9307.htm>. Acesso em: 16 jan. 2016.

BRASIL. Decreto nº 22.213, de 14 de dezembro de 1932. Aprova a Consolidação as Leis Penais, da autoria do Sr. Desembargador Vicente Piragibe. *Diário Oficial da União*, Seção 1 - 17/12/1932, Página 23034. Disponível em: <http://www2.camara.leg.br/legin/fed/decret/1930-1939/decreto-22213-14-dezembro-1932-516919-norma-pe.html>. Acesso em: 5 out. 2015.

BRASIL. Lei nº 13.129, de 26 de maio de 2015. Altera a Lei nº 9.307, de 23 de setembro de 1996, e a Lei nº 6.404, de 15 de dezembro de 1976, para ampliar o âmbito de aplicação da arbitragem e dispor sobre a escolha dos árbitros quando as partes recorrem a órgão arbitral, a interrupção da prescrição pela instituição da arbitragem, a concessão de tutelas cautelares e de urgência nos casos de arbitragem, a carta arbitral e a sentença arbitral, e revoga dispositivos da Lei nº 9.307, de 23 de setembro de 1996. *Diário Oficial da União*, 27 maio 2015. Disponível em: <http://www.planalto.gov.br/ccivil_03/_Ato2015-2018/2015/Lei/L13129.htm>. Acesso em: 16 jan. 2016.

BRASIL. Lei nº 13.140, de 26 de junho de 2015. Dispõe sobre a mediação entre particulares como meio de solução de controvérsias e sobre a autocomposição de conflitos no âmbito da administração pública; altera a Lei nº 9.469, de 10 de julho de 1997, e o Decreto nº 70.235, de 6 de março de 1972; e revoga o § 2º do art. 6º da Lei nº 9.469, de 10 de julho de 1997. *Diário Oficial da União*, 29 jun. 2015. Disponível em: <http://www.planalto.gov.br/ccivil_03/_Ato2015-2018/2015/Lei/L13140.htm>. Acesso em: 20 fev. 2016.

PORTUGAL. Ordenações Manuelinas (1521). Disponível em: <http://www1.ci.uc.pt/ihti/proj/manuelinas/>. Acesso em: 15 jan. 2016.

PORTUGAL. Ordenações Manuelinas. In: ALMEIDA, Candido Mendes de. 1818-1881.

16

A MEDIAÇÃO NOS CONFLITOS COLETIVOS E OS TERMOS DE AJUSTE DE CONDUTA

Lorena Vasconcelos Porto

Lorena Vasconcelos Porto é Procuradora do Ministério Público do Trabalho. Doutora em Autonomia Individual e Autonomia Coletiva pela Universidade de Roma II. Mestre em Direito do Trabalho pela PUC-MG. Especialista em Direito do Trabalho e Previdência Social pela Universidade de Roma II. Professora Titular do Centro Universitário UDF. Professora Convidada do Mestrado em Direito do Trabalho da Universidad Externado de Colombia, em Bogotá.

1. INTRODUÇÃO

O presente artigo visa ao estudo da mediação nos conflitos coletivos de trabalho e a função, nesse contexto, dos termos de ajuste de conduta, com ênfase na atuação do Ministério Público do Trabalho no Brasil.

Primeiramente, serão conceituados os conflitos coletivos de trabalho, os meios de solução de tais conflitos e a mediação. Em seguida, será analisada a atuação do Ministério Público do Trabalho nessa seara, em especial por meio da utilização dos termos de ajuste de conduta.

2. OS CONFLITOS COLETIVOS DE TRABALHO

O vocábulo conflito origina-se do latim *confictus*, de *confligere*, sendo utilizado na linguagem jurídica para indicar embate, oposição, pendência, pleito. Tem o sentido de entrechoque de ideias ou de interesses, em razão do qual se forma o embate ou a divergência entre fatos, coisas ou pessoas[1]. Os conflitos decorrem da vida em sociedade, sendo, portanto, de ocorrência comum e inerente ao ser humano. No âmbito trabalhista, observa-se, a cada dia, o aumento dos conflitos, sobretudo em épocas de crise econômica e social, quando se agrava a já desigual distribuição de riqueza e de poder no sistema capitalista.

Os conflitos trabalhistas costumam ser classificados como coletivos, quando envolvem grupos de trabalhadores e empregadores, no âmbito do estabelecimento ou empresa, ou mesmo da categoria ou comunidade obreira mais ampla. Distinguem-se

---

1 SILVA, De Plácido e. *Vocabulário jurídico*. 28. ed. Rio de Janeiro: Forense, 2009. p. 344.

dos conflitos individuais, em que se contrapõem as partes de determinado contrato de trabalho, isto é, empregado e empregador. A repetição constante de conflitos individuais iguais ou semelhantes pode ser a gênese de um conflito coletivo.

Os conflitos coletivos trabalhistas, por sua vez, podem ser classificados como de natureza jurídica, que se origina da divergência de interpretação de normas jurídicas existentes, ou de natureza econômica, quando envolve reivindicações econômico -profissionais dos trabalhadores ou pleitos dos empregadores perante estes, visando alterar condições existentes na respectiva empresa ou categoria[2].

3. OS MEIOS DE SOLUÇÃO DOS CONFLITOS E A MEDIAÇÃO

A fim de viabilizar o convívio social, desenvolveram-se mecanismos de solução dos conflitos coletivos, que podem ser autocompositivos ou heterocompositivos. A autocomposição ocorre quando as partes envolvidas no conflito resolvem-no direta e autonomamente, por meio da negociação coletiva. Esta pode ser impulsionada por mecanismos de autotutela, como a greve, ou pela mediação.

Na heterocomposição, por sua vez, a solução do conflito coletivo cabe a um terceiro, a quem as partes entregam a sua resolução, como no caso da arbitragem, ou mesmo não conseguem impedir, com seu impasse, que o terceiro intervenha, como na hipótese do dissídio coletivo. No curso de um processo heterocompositivo, também podem atuar mecanismos de autotutela, como a greve, ou mesmo a mediação.

A mediação consiste em uma técnica por meio da qual um terceiro imparcial aos interesses das partes em conflito busca auxiliá-las, aproximar as respectivas vontades e estimulá-las à composição, cujo teor, no entanto, será decidido pelas próprias partes.

No âmbito trabalhista, a mediação dos conflitos coletivos pode ser realizada, por exemplo, pelo Ministério do Trabalho e Emprego, nas denominadas mesas redondas, e pelo Ministério Público do Trabalho.

Ressalta-se que a prevenção de conflitos e, caso ocorram, a busca de sua solução, são essenciais para a efetivação do Direito do Trabalho. Para o alcance de tais objetivos é fundamental a implementação de instrumentos processuais coletivos criados ou mantidos pela Constituição Federal de 1988 -, como o inquérito civil, o termo de ajuste de conduta e a ação civil pública -, que são capazes de prevenir parte significativa dos conflitos trabalhistas e de solucionar outra grande fração de forma coletiva, contribuindo decisivamente para a efetividade dos direitos trabalhistas e para a celeridade da prestação jurisdicional[3].

---

2 DELGADO, Mauricio Godinho. *Curso de Direito do Trabalho*. 14. ed. São Paulo: LTr, 2015. p. 1391-1392.

3 MELO, Raimundo Simão de. *Ação Civil Pública na Justiça do Trabalho*. 4. ed. São Paulo: LTr, 2012. p. 35-36.

4. A ATUAÇÃO DO MINISTÉRIO PÚBLICO DO TRABALHO NA SOLUÇÃO DE CONFLITOS E OS TERMOS DE AJUSTE DE CONDUTA

O Ministério Público do Trabalho adquiriu, na Constituição Federal de 1988, novo perfil e variados instrumentos que lhe conferem papel de relevo no ordenamento jurídico nacional. É a partir daí que ele se insere definitivamente no âmbito do Ministério Público em geral, como instituição essencial à existência do Estado brasileiro nos moldes previstos no texto constitucional, à defesa dos direitos nele contidos, sendo protagonista das transformações necessárias na sociedade brasileira como decorrência da realização dos valores constitucionais.

A menção expressa no texto constitucional ao caráter permanente e essencial do Ministério Público reveste-se de enorme importância na medida em que os poderes constituídos não podem tomar decisões e praticar atos que alterem o seu perfil constitucional. Propostas que modifiquem significativamente sua estrutura e organização, ou esvaziem o rol de suas atribuições, devem ser consideradas incompatíveis com a Constituição da República, sendo inquestionável o enquadramento do Ministério Público como "cláusula pétrea" implícita. A defesa da ordem jurídica e do regime democrático situa o Ministério Público como instrumento essencial para a realização dos valores inerentes ao Estado Democrático de Direito. Ou seja, o processo de realização desse último, segundo a Constituição brasileira, exige a participação efetiva do Ministério Público[4].

Ao Ministério Público do Trabalho foi conferida constitucionalmente, portanto, a elevada missão de defesa dos direitos e interesses coletivos *lato sensu* na seara laboral, razão pela qual depara corriqueiramente, em sua atuação quotidiana, com conflitos coletivos de trabalho.

Entre os instrumentos utilizados pelo Ministério Público do Trabalho no exercício de seu mister constitucional, destaca-se o termo de ajuste de conduta, que se encontra previsto no artigo 5º, §6º, da Lei 7.347/85 (Lei da Ação Civil Pública), o qual foi acrescido pela Lei 8.078/90 (Código de Defesa do Consumidor). Esse instrumento propicia maior agilidade e efetividade à tutela dos direitos e interesses difusos, coletivos e individuais homogêneos ao viabilizar a solução extrajudicial do conflito.

Os procedimentos investigatórios (inquérito civil ou procedimento preparatório de inquérito civil) são instaurados pelo Ministério Público do Trabalho, em geral, a partir de denúncias apresentadas pelos trabalhadores, diretamente ou por meio dos sindicatos profissionais, acerca da ameaça ou violação a direitos e interesses coletivos. Desse modo, os conflitos coletivos por vezes estão na gênese dos procedimentos de investigação conduzidos pelo Ministério Público do Trabalho. O termo de ajuste pode ser firmado no curso de um procedimento investigatório, ou mesmo de um procedimento de mediação conduzido pelo Ministério Público.

---

4 PORTO, Lorena Vasconcelos; PEREIRA, Ricardo José Macêdo de Britto. Solução de controvérsias e a atuação do Ministério Público do Trabalho. In: ORSINI, Adriana Goulart de Sena; ÁVILA, Flávia de; FANTINI, Karine Monteiro de Castro; SILVA, Nathane Fernandes da. (Orgs.) Mecanismos de Solução de Controvérsias Trabalhistas nas Dimensões Nacional e Internacional. São Paulo: LTr, 2015. p. 98.

O objetivo do procedimento investigatório é a coleta de elementos probatórios visando à propositura da ação civil pública. Por vezes, a sua mera instauração, por si só, é capaz de impedir a consumação da conduta lesiva a direito transindividual, ou pôr-lhe fim, até mesmo sem a formalização do termo de ajuste de conduta, propiciando, desse modo, a solução extrajudicial do conflito. Isso pode ocorrer também por meio da expedição de recomendações às partes pelo Ministério Público[5].

O termo de ajuste de conduta é, portanto, um meio extrajudicial de composição de conflitos metaindividuais, com natureza jurídica de título executivo extrajudicial (artigo 5º, §6º, da Lei 7.347/85, e artigo 876 da CLT). Pode consistir em autocomposição, quando o Ministério Público é parte, em contraposição, por exemplo, aos interesses de empresa, ente público, sindicato, etc., contrários à ordem jurídica. Pode consistir também em mediação ou arbitragem, quando o Órgão Ministerial atua como um terceiro entre as partes envolvidas no conflito. De fato, o Ministério Público do Trabalho pode ser chamado pelas partes a atuar como mediador ou como árbitro em um conflito coletivo de trabalho (artigo 83, inciso XI, da Lei Complementar 75/93). Na mediação, o Ministério Público tentará levar as partes a um consenso e, na arbitragem, irá decidir o conflito coletivo[6].

Pode-se citar, como exemplo, pedido de mediação recebido pelo Ministério Público do Trabalho de Campinas/SP, oriundo de órgão público federal, no qual relatava que havia rescindido o contrato de prestação de serviços recepção e telefonia mantido com empresa terceirizada e, em virtude de esta ter dispensado os empregados sem o pagamento do saldo salarial, das verbas rescisórias e da multa fundiária, havia glosado o pagamento dos valores devidos à empresa. Todavia, por ausência de previsão contratual, não podia efetuar o pagamento diretamente aos trabalhadores e receava que a empresa não o fizesse, caso recebesse tais valores.

Em audiência realizada com a presença de representantes do órgão público, do sindicato representante dos trabalhadores e da empresa terceirizada, esta firmou termo de ajuste de conduta, por meio do qual se comprometeu, sob pena de substancial multa cominatória, a utilizar integralmente os valores que receberia do órgão público para o pagamento dos trabalhadores. O sindicato, por sua vez, comprometeu-se a homologar todas as rescisões contratuais, inclusive dos trabalhadores com tempo de serviço inferior a um ano, e, como os valores não seriam suficientes para quitar as

---

5 MELO, Luís Antônio Camargo de. Meios alternativos de resolução de conflitos trabalhistas: o termo de ajustamento de conduta firmado perante o Ministério Público do Trabalho. In: PIMENTA, Adriana Campos de Souza Freire; LOCKMANN, Ana Paula Pellegrina. (Coord.) Conciliação judicial individual e coletiva e formas extrajudiciais de solução dos conflitos trabalhistas. Homenagem ao Ministro Antonio José de Barros Levenhagen. São Paulo: LTr, 2014. p. 139.

6 LORENTZ, Lutiana Nacur. *Métodos extrajudiciais de solução de conflitos trabalhistas*. São Paulo: LTr, 2002. p. 102. Acerca da restrição da arbitragem, na esfera trabalhista, ao âmbito coletivo, consoante o sistema constitucional vigente, sendo, portanto, incompatível e inaplicável às relações individuais de trabalho, entendimento adotado, inclusive, em decisão da SBDI-I do TST (E-ED-RR-79500-61.2006.5.05.0028, Rel. Min. João Batista Britoo Pereira, DEJT 30.03.2010), vide GARCIA. Gustavo Filipe Barbosa. *Curso de Direito Processual do Trabalho*. 4. ed. Rio de Janeiro: Forense, 2015. p. 74-76.

verbas devidas a todos os empregados, o pagamento seria feito *pro rata*. O sindicato comprometeu-se, ainda, a ajuizar a ação civil coletiva em face da empresa, para cobrar as diferenças, ou prestar a assistência jurídica aos trabalhadores no ajuizamento das ações individuais.

Podem ser citados também termos de ajuste de conduta firmados no curso de procedimentos de mediação conduzidos pelo Ministério Público do Trabalho entre sindicato profissional e empresa, por meio dos quais, por exemplo: a empresa compromete-se a não mais praticar conduta antissindical consistente na recusa em negociar com o sindicato; o sindicato compromete-se a não mais deflagrar greve abusiva e a empresa, a cumprir determinada cláusula da convenção coletiva de trabalho, ou a não mais atrasar o pagamento do salário ou do PLR, ou mesmo a não realizar dispensa em massa sem negociação prévia e efetiva com o sindicato.

Como se constata pela experiência diária, a utilização do termo de ajuste de conduta adquire especial importância no âmbito das relações de trabalho, em razão de ser grande a conflituosidade causada pelo corriqueiro desrespeito dos direitos dos trabalhadores[7]. Como observado de maneira perspicaz por Márcio Túlio Viana, os direitos trabalhistas, ao contrário dos direitos civis, tendem a não ser cumpridos espontaneamente. Uma pessoa que saísse de um estabelecimento sem pagar pelo produto adquirido seria imediata e fortemente repreendida, ao passo que o mesmo não ocorre com o empregador que deixa de pagar o adicional de horas extras a seu empregado.

O termo de ajuste de conduta visa, portanto, ao cumprimento da ordem jurídica de forma espontânea, simples, célere e com menor custo para o Estado, contribuindo para o desafogo do Poder Judiciário ao propiciar a resolução extrajudicial do conflito. Por consistir em título executivo extrajudicial, também reduz consideravelmente a duração e o ônus da demanda, quando necessária, pois elimina a fase de conhecimento. E, por tratar de conflitos metaindividuais, o termo de ajuste evita a multiplicação de ações individuais e, portanto, decisões dissidentes, contribuindo, assim, para a segurança jurídica[8].

Apenas quando não é possível ou conveniente a assinatura do termo de ajuste, é ajuizada a correspondente ação civil pública, pois, por mais rápida que seja a sua tramitação, o resultado, além de duvidoso, será mais demorado. Em determinados casos, quando não se obtém a concessão de uma antecipação de tutela de cunho preventivo, a ação chega a perder o seu objeto, pela ineficácia do provimento que vier a ser dado após o decurso de certo lapso temporal[9].

---

7 Ilustrativamente, em correição realizada pela Corregedoria do Conselho Nacional do Ministério Público no Estado do Amazonas em 2009, constatou-se a existência de um maior número de termos de ajuste de conduta firmados perante o Ministério Público do Trabalho, em comparação com os demais órgãos ministeriais (Ministério Público Federal, Ministério Público Militar e Ministério Público do Estado do Amazonas).

8 Hugo Nigro Mazzili destaca o enorme proveito social propiciado pelo termo de ajuste de conduta, "já que, por intermédio desse instituto, evitam-se milhares de lides no nascedouro.". MAZZILI, Hugo Nigro. *Tutela dos interesses difusos e coletivos*. 7. ed. São Paulo: Saraiva, 2014. p. 166.

9 MELO, Raimundo Simão de. *Ação Civil Pública na Justiça do Trabalho*. p. 104.

Por se tratar de solução consensual, o termo de ajuste de conduta goza de maior aceitação por parte de seu signatário em comparação com uma decisão imposta pelo Poder Judiciário, o que lhe assegura maior efetividade, com menor possibilidade de descumprimento[10].

Por vezes a tarefa de reduzir a termo o ajuste de conduta demanda várias rodadas de negociações em audiências, o que, de todo modo, vale o esforço, pois a solução negociada, como visto, apresenta inúmeras vantagens em relação ao processo judicial. No curso das tratativas para a assinatura do termo de ajuste ocorre, inclusive, uma aproximação natural das partes, que direcionam seus esforços no sentido da solução do problema.

O termo de ajuste de conduta pode ser considerado, portanto, um instrumento para a prevenção e a solução dos conflitos coletivos trabalhistas, contribuindo para a efetividade dos direitos trabalhistas. Possibilita também o acesso dos trabalhadores aos direitos sociais durante a vigência do contrato de trabalho, já que, em regra, tais direitos só lhe são garantidos individualmente, pela via judicial, quando já se encontram desempregados[11].

O termo de ajuste também tem se mostrado muito útil, na prática, para a implementação do diálogo social entre empregados e empregadores, impulsionando a negociação coletiva como instrumento democrático para a solução dos conflitos entre capital e trabalho.

Em termos de efetivação dos direitos metaindividuais, o ideal seria que os próprios atores sociais, como os sindicatos, buscassem e obtivessem a solução para os conflitos coletivos, diretamente ou por meio das ações judiciais cabíveis. Todavia, em nosso País, os sindicatos, em sua maioria, ainda carecem da força e organização necessárias para tanto, precisando por vezes da atuação do Poder Público para conseguir cumprir o seu papel.

Observa-se, não raramente, que após a negociação de um termo de ajuste de conduta perante o Ministério Público do Trabalho com a participação do sindicato profissional, implementa-se um diálogo social mais profícuo dele com a empresa, o que é bastante salutar[12]. O Estado não tem condições de tutelar de forma permanente

---

10 A propósito, a doutrina destaca que "alcança superior índice de efetividade o avençado ante o sentenciado, tendo em vista que a parte assume um maior compromisso, em termos psicológicos, quando da solução por este ajustada em relação à imposta pelo ente estatal, até porque esta resvala, em regra, em descontentamento.". SILVA, Luciana Aboim Machado Gonçalves da. *Termo de Ajuste de Conduta*. São Paulo: LTr, 2004. p. 53.

11 LEITE, Carlos Henrique Bezerra. *Ministério Público do Trabalho: doutrina, jurisprudência e prática*. 6. ed. São Paulo: Saraiva, 2014. p. 251.

12 A título de exemplo, após a assinatura, no curso de procedimentos investigatórios instaurados pelo MPT de Campinas/SP, de termos de ajuste de conduta, em especial quanto ao meio ambiente de trabalho, por parte de empresas multinacionais instaladas no polo automotivo do Município de Piracicaba/SP, com a participação do sindicato profissional, observou-se sensível melhoria no diálogo social entre esse último e as empresas. Ademais, por ter contato direto com os trabalhadores, inclusive com os membros do CIPA, o sindicato tem condições de verificar o efetivo cumprimento das obrigações assumidas nos termos de ajuste pelas empresas.

e integral os direitos das coletividades, que devem se organizar para cumprir esse papel, sendo a atuação do Poder Público apenas complementar[13].

O termo de ajuste, portanto, pode e deve ser utilizado para revitalizar o diálogo social, incrementar as possibilidades de acordo e aprimorar a qualidade do processo de negociação, bem como de seu resultado, o que abre novos cenários para o prolongamento do diálogo entre os atores sociais.

As instituições do mundo do trabalho possuem objetivos coincidentes, que é o valor social do trabalho e a melhoria da condição social dos trabalhadores. Possíveis divergências entre os atores sociais são contraposições de ponto de vista que devem ser superadas para não prejudicar o alcance dos objetivos comuns. A pluralidade de possibilidades é inerente à democracia e necessária para a sua preservação.

Por tal razão, os atores devem eliminar alternativas nas discussões de situações concretas para perseguir a unidade e a efetividade da atuação. No regime democrático, a eliminação de possibilidades ocorre pela via do diálogo e a conscientização de que se está abrindo mão de algum entendimento para fortalecer o todo[14].

O termo de ajuste de conduta, ao lado da audiência pública, tem se revelado como instrumento contundente de pedagogia social, "em que o Ministério Público se desveste da condição persecutória e empreende políticas públicas que transformam efetivamente atitudes e culturas, por vezes, atavicamente preconceituosas em decorrência de desinformação ou de complexos fatores históricos" [15].

Além do Ministério Público, podem também tomar o termos de ajuste outros órgãos públicos legitimados para o ajuizamento da ação civil pública (artigo 5º, §6º, da Lei 7.347/85), tais como a Defensoria Pública, a União, os Estados, o Distrito Federal, os Municípios, as autarquias, as fundações públicas e demais órgãos da administração pública que, mesmo sem personalidade jurídica, destinam-se à defesa dos direitos coletivos, como os PROCONs, embora no Estado de São Paulo seja este uma fundação[16].

Na esfera trabalhista, além do Ministério Público do Trabalho, é cabível a tomada do termo de ajuste, por exemplo, pela Defensoria Pública da União (na tutela de direitos individuais homogêneos de trabalhadores hipossuficientes), pelo Ministério do Trabalho e Emprego e por órgãos públicos estaduais e municipais que detêm

---

13 MELO, Raimundo Simão de. *Ação Civil Pública na Justiça do Trabalho*. p. 107.

14 PORTO, Lorena Vasconcelos; PEREIRA, Ricardo José Macêdo de Britto. *Solução de controvérsias e a atuação do Ministério Público do Trabalho*. p. 96 e 98-99.

15 FONSECA, Ricardo Tadeu Marques da. Conciliação – Justiça Interativa: as perspectivas da advocacia, do Ministério Público e da Magistratura. *Conciliação judicial individual e coletiva e formas extrajudiciais de solução dos conflitos trabalhistas*. p. 122.

16 A Defensoria Pública não tem legitimidade para o ajuizamento de ação civil pública e, portanto, para a tomada de termo de ajuste de conduta, na tutela de todos os interesses metaindividuais, mas apenas daqueles que envolvem direitos individuais homogêneos de pessoas hipossuficientes, sob pena de afronta à sua missão constitucional. Vide MEIRINHO, Augusto Grieco Sant'Anna. *O Jus Postulandi na Justiça do Trabalho – Estudo Crítico*. In: KOURY, Luiz Ronan Neves; FERNANDES, Nadia Soraggi; CARVALHO, Ricardo Wagner Rodrigues de. (Coord.)Tendências do Processo do Trabalho. São Paulo: LTr, 2010. p. 88.

competência para fiscalizar o meio ambiente de trabalho, como a Vigilância Sanitária e o Centro de Referência em Saúde do Trabalhador (CEREST)[17].

Com o objetivo de adequar a conduta do signatário ao ordenamento jurídico, podem ser previstas no termo de ajuste obrigações de fazer, de não fazer, de reparar os danos causados ou pagar a correspondente indenização compensatória, além da multa cominatória para o caso de descumprimento das obrigações assumidas[18].

Em virtude de o órgão público que toma o termo de ajuste de conduta não ser o titular dos direitos e interesses nele tutelados, devendo nele consignar o cumprimento integral das normas jurídicas, não há possibilidade de transacionar o conteúdo de tais direitos, mas apenas as condições de modo, tempo e lugar de sua efetivação, até mesmo para que esta de fato ocorra[19].

Desse modo, o signatário do termo de ajuste obriga-se a adequar a sua conduta ao ordenamento jurídico, no tempo, modo e lugar aceitos pelo órgão público, sob pena de sofrer as cominações estipuladas no instrumento, e este promete não ajuizar a ação civil pública se houver a adequação da conduta no prazo e condições pactuados.

Ressalta-se que, ao contrário do que sustenta parte da doutrina[20], a ausência da previsão de multa cominatória no termo de ajuste de conduta, embora não seja recomendável, não acarreta a sua nulidade por falta de elemento essencial, pois a referida multa pode ser fixada pelo juiz na ação de execução do termo (artigo 645 do CPC de 1973 e artigo 814 do novo CPC).

Por outro lado, a expressão ajustamento da conduta "às exigências legais", constante do artigo 5º, §6º, da Lei 7.347/85, deve ser interpretada como adequação da conduta ao ordenamento jurídico. A Constituição Federal de 1988, ao elencar as funções institucionais do Ministério Público, menciona os "interesses

---

17 Em recente decisão, o Tribunal Superior do Trabalho (TST) firmou o entendimento de que "o CEREST – Centro de Referência em Saúde do Trabalhador, de inserção municipal, tem atribuição constitucional e legal para orientar, fiscalizar e punir empresas com respeito ao cumprimento de normas de saúde e segurança no ambiente laborativo". (TST, ARR - 389-35.2012.5.15.0094, Relatora Ministra: Maria de Assis Calsing, Data de Julgamento: 03/02/2016, 4ª Turma, Data de Publicação: DEJT 12/02/2016).

18 Nos termos do artigo 14 da Resolução n. 69/2007 do Conselho Superior do Ministério Público do Trabalho, que possui redação semelhante ao artigo 14 da Resolução n. 23/2007 do Conselho Nacional do Ministério Público, "O Ministério Público do Trabalho poderá firmar termo de ajuste de conduta, nos casos previstos em lei, com o responsável pela ameaça ou lesão aos interesses ou direitos mencionados no artigo 1º desta Resolução, visando à reparação do dano, à adequação da conduta às exigências legais ou normativas e, ainda, à compensação e/ou à indenização pelos danos que não possam ser reparados.".

19 Rodrigo Carelli ressalta que "como à sociedade interessa a fruição dos direitos defendidos, justamente por este motivo há a possibilidade de negociação das condições de modo, tempo e lugar da efetivação dos direitos. Não interessa à sociedade que a empresa seja punida, receba multa e o direito não seja fruído. Interessa-lhe, mesmo que não imediatamente, o cumprimento da obrigação específica de garantia do gozo dos direitos fundamentais dos trabalhadores.". CARELLI, Rodrigo de Lacerda. Transação na ação civil pública e na execução do termo de compromisso de ajustamento de conduta e a reconstituição dos bens lesados. *Revista do Ministério Público do Trabalho*, Brasília, ANPT, ano XVII, n. 33, p. 122-129, mar. 2007. p. 123-124.

20 MELO, Raimundo Simão de. *Ação Civil Pública na Justiça do Trabalho*. p. 120.

difusos e coletivos" (artigo 129, inciso III), do mesmo modo que o Código de Defesa do Consumidor refere-se a direitos ou interesses coletivos, difusos e individuais homogêneos (artigo 81).

Desse modo, as cláusulas do termo de ajuste de conduta não devem se fundamentar apenas no texto expresso de normas jurídicas (lei, convenção ou acordo coletivo de trabalho, sentença normativa, etc.), podendo prever obrigações que vão além delas, desde que visem à tutela dos direitos ou interesses coletivos em sentido amplo. Isso ocorre com frequência nos termos de ajuste de conduta relativos ao meio ambiente de trabalho, inclusive em razão da desatualização das normas jurídicas aplicáveis, como as normas regulamentadoras do Ministério do Trabalho e Emprego, para assegurar proteção efetiva à saúde e segurança do trabalhador, prevenindo a ocorrência de acidentes de trabalho e o desenvolvimento de doenças ocupacionais.

Nesse sentido, revela-se mais uma vantagem do termo de ajuste de conduta sobre o ajuizamento da ação civil pública, pois o Poder Judiciário, em regra, tende a aplicar as normas jurídicas positivadas para a solução da controvérsia, o que afasta a possibilidade de implementação de obrigações que vão além delas e asseguram proteção mais efetiva aos interesses tutelados.

Pode ser citado, ilustrativamente, termo de ajuste de conduta firmado em 2014 por indústria química perante o Ministério Público do Trabalho de Guarulhos/SP, o qual elenca, entre outras obrigações não previstas expressamente em normas legais, o desenvolvimento e implementação de um sistema de desenvase do ácido fluorídrico (HF) que evite a liberação de seus vapores e no qual a presença do trabalhador seja a menor possível. O HF é substância química cujo contato ou inalação pelo ser humano pode causar lesões graves e levar ao óbito.

Também pode ser citado termo de ajuste de conduta firmado em 2010, perante o Ministério Público do Trabalho de Manaus/AM, por empresa contratada para realizar o levantamento geofísico de petróleo e gás natural no interior do Estado do Amazonas. Nele foram previstas, entre outras obrigações, que no regime de trabalho 2 x 1 (um dia de folga para cada dois dias trabalhados), previsto em acordo coletivo de trabalho, o período em que o trabalhador permanece à disposição da empresa -, que abrange todo o tempo gasto em seu deslocamento residência- local de trabalho (ida e volta) e o tempo de trabalho efetivo -, deve ser de, no máximo, 30 (trinta) dias. Ademais, o deslocamento dos empregados deverá ocorrer por meio de aeronave ou helicóptero, já que a outra alternativa possível, o transporte em barcos, demandaria tempo ainda maior à disposição da empresa.

Podem ser citados também termos de ajuste de conduta firmados em 2015 por indústrias de fabricação de artefatos de fibrocimento com amianto crisotila perante o Ministério Público do Trabalho de Campinas/SP, os quais preveem, além da substituição do asbesto por fibras alternativas, obrigações relativas ao acompanhamento médico ocupacional e pós demissional dos trabalhadores não previstas expressamente em normas legais, como a ampliação do rol de exames médicos de controle e a realização de exames clínicos com profissionais especializados em otorrinolaringologia e gastroenterologia.

Por fim, cumpre mencionar os termos de ajuste de conduta firmados por empresas de diversos segmentos econômicos, perante o Ministério Público do Trabalho de diversos locais do País, que preveem o custeio de curso de aprendizagem profissional para pessoas com deficiência, a ser realizado por entidade do sistema S, como o SENAI, sendo os aprendizes contratados desde o início pela empresa. Tais cursos têm se mostrado bastante eficientes para que o empregador obtenha êxito no cumprimento da quota legal de contratação de pessoas com deficiência ou reabilitadas (artigo 93 da Lei 8.213/91), que também consta como obrigação nos referidos termos de ajuste.

Nesse sentido, menciona-se também termo de ajuste de conduta firmado em 2015 por instituição de ensino de abrangência nacional, perante o Ministério Público do Trabalho de Campinas/SP, no qual se comprometeu, além do cumprimento da quota legal em tela, de fornecer gratuitamente bolsas de estudos integrais para pessoas com deficiência frequentarem cursos de graduação, visando à sua formação educacional e profissional.

No que tange ao cumprimento de obrigações relativas ao meio ambiente de trabalho não previstas expressamente em normas legais, as quais, por vezes, encontram-se desatualizadas, é interessante invocar o exemplo do Direito italiano, lembrando sempre que o Direito comparado é fonte formal subsidiária do Direito brasileiro (artigo 8º, *caput*, da CLT).

O Código Civil italiano de 1942 prevê, em seu artigo 2.087, intitulado "tutela das condições de trabalho", que "o empregador é obrigado a adotar no exercício de sua atividade as medidas que, segundo as especificidades do trabalho, a experiência e a técnica, são necessárias para tutelar a integridade física e a personalidade moral dos trabalhadores".

Como ressaltado pela doutrina italiana, trata-se de uma norma aberta, que permite que seja exigida do empregador a adoção de todas as medidas necessárias para a proteção da saúde e da segurança do trabalhador, inclusive com a aplicação das novas tecnologias e do conhecimento produzido pelas pesquisas científicas mais recentes[21].

Tal norma, que exige do empregador a "máxima segurança tecnologicamente possível", permite que sejam supridas as lacunas das normas de saúde e segurança no trabalho, que obviamente não são capazes de prever qualquer fator de risco, o qual, inclusive, pode surgir com a evolução da sociedade, das relações de trabalho e das técnicas produtivas[22].

---

[21] Como observa Antonio Vallebona, o fulcro do sistema de saúde e segurança no trabalho "é constituído pelo disposto no artigo 2.087 do Código Civil". No Direito italiano "são previstas inúmeras normas antinfortunísticas específicas, inclusive por força de numerosas diretivas comunitárias. Todavia, essas normas não exaurem a obrigação de segurança, pois se entende que o empregador deve adotar toda medida necessária mesmo além daquelas expressamente previstas". VALLEBONA, Antonio. *Istituzioni di Diritto del Lavoro.* Il rapporto di lavoro. v. 2. 7. ed. Padova: CEDAM, 2011. p. 243. Tradução nossa.

[22] Luisa Galantino explica que, segundo a interpretação doutrinária e jurisprudencial, inclusive da Corte de Cassação italiana, por força do artigo 2.087, "o empregador não apenas deve observar as obrigações específicas estabelecidas pelas normas especiais, mas também adotar as medidas ulteriores de segurança requeridas pela evolução tecnológica". Ademais, "o empregador deve adotar as medidas de segurança

5. CONCLUSÃO

Em razão de os conflitos entre empregadores e trabalhadores serem inevitáveis, pois a contraposição de interesses entre capital e trabalho é inerente ao sistema capitalista, é necessário desenvolver e implementar mecanismos eficientes e céleres para se alcançar a observância concreta dos direitos trabalhistas. Nesse sentido, destacam-se as formas de solução extrajudicial dos conflitos.

O Ministério Público do Trabalho, no exercício de sua elevada missão constitucional de defesa dos direitos coletivos *lato sensu* na seara laboral, depara-se corriqueiramente com conflitos coletivos de trabalho. Entre os instrumentos utilizados pelo Órgão Ministerial destaca-se o termo de ajuste de conduta, que propicia maior agilidade e efetividade à tutela dos direitos difusos, coletivos e individuais homogêneos ao viabilizar a solução extrajudicial do conflito.

O termo de ajuste pode concretizar a autocomposição, quando o Ministério Público é parte, ou resultar do exercício da mediação ou arbitragem, quando o Órgão Ministerial atua como um terceiro entre as partes envolvidas no conflito.

São inúmeras as vantagens do termo de ajuste de conduta sobre a solução judicial do conflito: é um instrumento simples, célere e com menor custo para o Estado; contribui para o desafogo do Poder Judiciário; goza de maior aceitação por parte de seu signatário, o que lhe assegura maior efetividade; evita a multiplicação de ações individuais e decisões dissidentes, contribuindo para a segurança jurídica; possibilita o acesso dos trabalhadores aos direitos sociais durante a vigência do contrato de trabalho; implementa e fortalece o diálogo social entre empregados e empregadores, impulsionando a negociação coletiva; é instrumento contundente de pedagogia social; pode prever obrigações que vão além do texto expresso de normas jurídicas, assegurando proteção mais efetiva aos interesses tutelados.

O termo de ajuste de conduta, portanto, é instrumento democrático e eficaz para a prevenção e a solução dos conflitos coletivos trabalhistas, e, assim, para a concretização dos direitos trabalhistas.

REFERÊNCIAS BIBLIOGRÁFICAS

CARELLI, Rodrigo de Lacerda. Transação na ação civil pública e na execução do termo de compromisso de ajustamento de conduta e a reconstituição dos bens lesados. *Revista do Ministério Público do Trabalho*, Brasília, ANPT, ano XVII, n. 33, p. 122-129, mar. 2007.

DELGADO, Mauricio Godinho. *Curso de Direito do Trabalho.* 14ª ed. São Paulo: LTr, 2015.

FONSECA, Ricardo Tadeu Marques da. Conciliação – Justiça Interativa: as perspectivas da advocacia, do Ministério Público e da Magistratura. *Conciliação judicial individual e coletiva e formas extrajudiciais de solução dos conflitos trabalhistas.* "Homenagem ao

requeridas não apenas pelas características objetivas da atividade laborativa, mas também pela condição subjetiva de cada trabalhador". GALANTINO, Luisa. *Diritto del Lavoro*. Torino: G. Giappichelli, 2009. p. 375-376. Tradução nossa.

Ministro Antonio José de Barros Levenhagen" coord. Adriana Campos de Souza Freire Pimenta; Ana Paula Pellegrina Lockmann. São Paulo: LTr, 2014.

GALANTINO, Luisa. *Diritto del Lavoro*. Torino: G. Giappichelli, 2009.

GARCIA. Gustavo Filipe Barbosa. *Curso de Direito Processual do Trabalho*. 4ª ed. Rio de Janeiro: Forense, 2015.

LEITE, Carlos Henrique Bezerra. *Ministério Público do Trabalho: doutrina, jurisprudência e prática*. 6ª ed. São Paulo: Saraiva, 2014.

LORENTZ, Lutiana Nacur. *Métodos extrajudiciais de solução de conflitos trabalhistas*. São Paulo: LTr, 2002.

MAZZILI, Hugo Nigro. *Tutela dos interesses difusos e coletivos*. 7ª ed. São Paulo: Saraiva, 2014.

MEIRINHO, Augusto Grieco Sant'Anna. O *Jus Postulandi* na Justiça do Trabalho – Estudo Crítico. *Tendências do Processo do Trabalho*. coord. Luiz Ronan Neves Koury; Nadia Soraggi Fernandes; Ricardo Wagner Rodrigues de Carvalho. São Paulo: LTr, 2010.

MELO, Luís Antônio Camargo de. Meios alternativos de resolução de conflitos trabalhistas: o termo de ajustamento de conduta firmado perante o Ministério Público do Trabalho. *Conciliação judicial individual e coletiva e formas extrajudiciais de solução dos conflitos trabalhistas*. "Homenagem ao Ministro Antonio José de Barros Levenhagen". coord. Adriana Campos de Souza Freire Pimenta; Ana Paula Pellegrina Lockmann. São Paulo: LTr, 2014.

MELO, Raimundo Simão de. *Ação Civil Pública na Justiça do Trabalho*. 4ª ed. São Paulo: LTr, 2012.

PORTO, Lorena Vasconcelos; PEREIRA, Ricardo José Macêdo de Britto. Solução de controvérsias e a atuação do Ministério Público do Trabalho. *Mecanismos de Solução de Controvérsias Trabalhistas nas Dimensões Nacional e Internacional*. org. Adriana Goulart de Sena Orsini; Flávia de Ávila; Karine Monteiro de Castro Fantini; Nathane Fernandes da Silva. São Paulo: LTr, 2015.

SILVA, De Plácido e. *Vocabulário jurídico*. 28ª ed. Rio de Janeiro: Forense, 2009.

SILVA, Luciana Aboim Machado Gonçalves da. *Termo de Ajuste de Conduta*. São Paulo: LTr, 2004.

VALLEBONA, Antonio. *Istituzioni di Diritto del Lavoro. Il rapporto di lavoro*. v. 2. 7ª ed. Padova: CEDAM, 2011.

17

A MEDIAÇÃO COMO INSTRUMENTO DE EFETIVIDADE E MODERNIZAÇÃO DOS MEIOS DE SOLUÇÃO DE CONFLITOS

Mirella Karen de Carvalho Bifano Muniz

Mestre em Direito do Trabalho pela PUC/MG, Especialista em Processo do Trabalho e Direito do Trabalho pela Universidade Cândido Mendes, Analista do TRT-3ª Região, Professora do Centro Universitário Newton Paiva, Professora de Pós-graduação PUC/Minas e UNA.

Ronaldo Mayrink de Castro Garcia Dias

Mestrando em Direito Empresarial pela Faculdade Milton Campos, Especialista em Ciências Criminais pela Universidade Newton Paiva, Advogado, Professor da Faculdade Nova Faculdade.

1. INTRODUÇÃO

No conturbado mundo em que vivemos, percebemos que o aumento populacional tem contribuído sobremaneira para a proliferação dos conflitos. O acesso à Justiça garantido pela Constituição Federal, em seu artigo 5º, inciso XXXV, tenta materializar uma das mais importantes missões do Estado Democrático de Direito.

Essa concretização proposta pela Carta Magna levou à consequente ampliação de um número de demandas junto ao Poder Judiciário. Crescimento esse que, aliado à complexidade das relações sociais, contribui deveras para o repensar da jurisdição enquanto efetiva aliada da sociedade, haja vista que o Poder Judiciário, atualmente, não tem vencido em sua função de exercer a jurisdição estatal de modo eficiente.

O agigantamento estatal e sua intervenção incansável nas áreas econômicas e sociais tiveram por consequência um déficit público insustentável, que gerou reflexos deletérios em todas as suas funções, principalmente em uma das mais sensíveis, a sua função jurisdicional.

É inegável que a estrutura do Judiciário não se mostra adequada para acompanhar a crescente demanda e, por resultado, tem-se um Estado que não tem atendido ao cidadão cuja questão clama por justiça.

Enorme é a sorte de entraves encontrados pelo jurisdicionado, entre os quais se destacam a falta de estrutura física, de pessoal capacitado, do número de juízes *per capita*, além dos problemas alienígenas como os planos econômicos e posicionamentos do Estado que, alterando direitos, acabam por aumentar as já incontáveis demandas.

Assim, a manifesta impotência do Estado em atender de forma satisfatória – e em consonância com os preceitos constitucionais – os anseios sociais na resolução dos litígios tornou-se terreno fértil para a reflexão sobre a jurisdição hoje e a forma como é realizada.

Foi nesse sentido que o legislador buscou privilegiar outras formas de soluções de conflitos que, apesar de não serem novas, não encontravam interesse e devido uso. Por óbvio, perceberam a urgência da necessidade de criação de mecanismos extrajudiciais para a pacificação de conflitos.

Sob essa perspectiva, tornou-se imprescindível a apreensão dos métodos alternativos de resolução de conflitos, em especial a mediação, não só como mecanismos que colaboram com o descongestionamento do Poder Judiciário, mas também como a possibilidade de solução das controvérsias por aqueles que estão diretamente envolvidos no conflito.

Nesse aspecto, tem-se percebido que é possível minimizar os problemas do Judiciário, como a morosidade e o congestionamento decorrente do excesso de demanda, por meio da redução de ações judiciais propostas, as quais demandam tempo e sobrecarregam o jurisdicionado com seus custos.

No presente estudo debruçar-se-á sobre a aplicabilidade e as vantagens da mediação aplicada à dinâmica do Direito do Trabalho e a tendência atual da busca por uma maior simplificação da metodologia de solução de impasses, bem como pelo surgimento de estruturas não judiciais, a fim de dirimir questões conflituosas na estrutura laboral.

2. MÉTODOS DE SOLUÇÃO DOS CONFLITOS

É possível identificar três métodos de solução dos conflitos trabalhistas: a autodefesa, a autocomposição e a heterocomposição.

2.1 Autodefesa

Método mais primitivo de solução dos conflitos, a autodefesa (ou autotutela) ocorre quando as próprias partes procedem à defesa de seus interesses, de forma que uma delas impõe à outra a sua vontade. Aqui não há intervenção de um terceiro para solucionar o litígio.

O Direito Penal autoriza a legítima defesa e o estado de necessidade, que são meios excludentes da ilicitude do ato (art. 23 do Código Penal).

No Direito Civil, tem-se a figura da legítima defesa (art. 188, I, CC/02), o desforço imediato no esbulho possessório (art. 1.210, §1º, CC/2002) e a possibilidade de apreensão pessoal do bem no penhor legal (art. 1.470, CC/2002).

Já na seara trabalhista, seriam exemplos de autodefesa a greve e o locaute, sendo este último proibido em nosso sistema jurídico (art. 17, Lei 7.783/1989). A rigor, a greve, por si só, não soluciona o conflito trabalhista, mas pode ser um importante instrumento para se chegar à autocomposição ou à heterocomposição.

Mas, em regra, não se admite o exercício arbitrário das próprias razões para a solução dos conflitos entre as partes envolvidas.

2.2 Autocomposição

Outra forma de solução do conflito é a autocomposição. Trata-se de uma técnica em que as próprias partes chegam à solução dos seus conflitos, sem a intervenção ou imposição dessa solução por terceiros.

Nas palavras de Sérgio Pinto Martins[1] "este é, realmente, o melhor meio de solução dos conflitos, pois ninguém melhor do que as próprias partes para solucionar suas pendências, porque conhecem os problemas existentes em suas categorias".

A autocomposição pode ser classificada em unilateral e bilateral. A primeira ocorre quando se verifica a renúncia de uma das partes de sua pretensão, ou pela aceitação da pretensão da parte contrária. A bilateral, por sua vez, é aquela em que se observam concessões recíprocas.

Pode, ainda, dar-se à margem do processo, sendo, neste caso, extraprocessual, ou no próprio processo, caso em que é endoprocessual.

Consoante Mauricio Godinho Delgado:

> "São modalidades de autocomposição a *renúncia*, a aceitação (ou resignação ou, ainda, submissão) e a *transação*.
>
> A *renúncia* ocorre quando o titular de um direito dele se despoja, por ato unilateral seu, em favor de alguém.
>
> A *aceitação* verifica-se quando uma das partes reconhece o direito da outra, passando a conduzir-se em consonância com esse reconhecimento. A aceitação pode comportar situações algo diferenciadas (embora muito próximas, é claro), segundo o estado de espírito e conduta da parte que confere a aquiescência. Ela envolve a *aceitação*, no sentido estrito, e a *resignação* ou *submissão* – que são a inércia em reagir em face da manifestação do direito de outrem. Registre-se, por fim, que também utiliza-se a expressão composição para designar a aceitação ou reconhecimento do direito de outrem.
>
> A *transação*, por sua vez, verifica-se quando as partes que se consideram titulares do direito solucionam o conflito através da implementação de concessões recíprocas"[2].

---

[1] MARTINS, Sérgio Pinto. *Direito Processual do Trabalho*. 34. Ed. São Paulo: Ed. Atlas, 2013, p. 51.

[2] DELGADO, Mauricio Godinho. *Curso de Direito do Trabalho*. 14. Ed. São Paulo: Ed. LTr, 2015, p. 1.537.

Na esfera trabalhista, são exemplos de autocomposição a convenção coletiva de trabalho e o acordo coletivo de trabalho (art. 611 e seguintes, CLT).

2.3 Heterocomposição

Quando o conflito é solucionado por meio da intervenção de um terceiro, está-se diante da heterocomposição.

Os principais exemplos de heterocomposição são a arbitragem e a jurisdição, bem como a mediação e a conciliação, inclusive a firmada perante a Comissão de Conciliação Prévia trabalhista.

Há certa cizânia doutrinária no que se refere à classificação da mediação e da conciliação como forma de autocomposição ou heterocomposição. Isso ocorre quando se leva em consideração, para a realização do enquadramento jurídico, a participação de um terceiro na solução do conflito ou seu poder de decisão de forma obrigatória.

Mais uma vez, socorre-se aos ensinamentos de Mauricio Godinho Delgado:

> "Contudo, parece-nos válida, do ponto de vista científico, a tipologia proposta no presente estudo (isto é, *jurisdição, arbitragem, conciliação* e, também, de certo modo, a *mediação* como modalidades de heterocomposição).
>
> É que a diferenciação essencial entre os métodos de solução de conflitos encontra-se, como visto, nos *sujeitos envolvidos* e na *sistemática operacional* do processo utilizado. Na autocomposição, apenas os sujeitos originais em confronto é que se relacionam na busca da extinção do conflito, conferindo origem a uma *sistemática de análise e solução da controvérsia autogerida pelas próprias partes*. Já na heterocomposição, ao contrário, dá-se a intervenção de um *agente exterior* aos sujeitos originais na dinâmica de solução do conflito, transferindo, como já exposto, em maior ou menor grau, para este agente exterior a direção dessa própria dinâmica. Isso significa que a sistemática de análise e solução da controvérsia deixa de ser exclusivamente gerida pelas partes, transferindo-se em alguma extensão para a entidade interveniente[3].

E o autor continua, agora tratando do papel do terceiro a quem o conflito é submetido:

> "É evidente que o papel exercido por este agente exterior e a intensidade de sua intervenção são aspectos que variam significativamente em consonância com os tipos de mecanismos heterocompositivos. No *método jurisdicional* são muito grandes tanto o papel como a intensidade interventiva desse agente exterior; isso também se verifica, ainda que em menor medida, no *método arbitral*. Mesmo na *conciliação* (judicial ou extrajudicial) são significativos o potencial direcionador e de influência da entidade interveniente, que pode, sem dúvida, manter o

---

3 DELGADO, Mauricio Godinho. *Curso de Direito do Trabalho*. 14. Ed. São Paulo: Ed. LTr, 2015, p. 1.538.

> controle de todo o processo conciliatório, ainda que a decisão final caiba às próprias partes[4].
>
> Nesse contraponto de métodos heterocompositivos, a *mediação* surge, de fato, como aquele que confere menor relevância ao agente exterior, uma vez que este apenas aproxima e instiga as partes à pacificação. Por isso é que eventualmente se prefere classificar a mediação como simples *instrumento* a serviço de um método de solução de controvérsias (instrumento a serviço da transação bilateral ou da negociação coletiva, por exemplo) – e não um método específico existente".

Dessa forma, a heterocomposição exterioriza-se pelo ingresso de um agente externo ao litígio que participará deste e, em determinadas situações, como na arbitragem e na jurisdição, irá impor a sua decisão perante as partes.

3. MEDIAÇÃO

A mediação é um método consensual e voluntário que visa a recuperar o diálogo entre as partes, com o fim de solucionar a controvérsia da maneira mais satisfatória, tanto sobre o ponto de vista patrimonial quanto emocional. Esse instituto possibilita às partes uma maior compreensão do conflito e a busca do consenso, o que pode evitar, inclusive, desentendimentos futuros.

Por não se revestir de elementos formais obrigatórios e impositivos, a mediação parte de uma solicitação do interessado ao mediador, que fará um convite a outra parte e, só após a sua aceitação, será marcado o primeiro encontro. Tal forma, por si só, já se apresenta mais favorável, pois é distante de compreensão que um indivíduo prefira uma citação de um processo a um convite para uma reunião.

A negociação ocorreria, portanto, com o auxílio de um "facilitador", um profissional devidamente preparado, escolhido pelas partes, que tem por principal função o auxílio na manutenção do foco no que for pertinente ao caso e a canalização dos questionamentos, para que possam, enfim, encontrar a melhor solução.

O mediador deve ser terceiro imparcial capacitado para as diversas formas de solução de conflitos. Os conhecimentos técnicos podem ser os mais diversos, e as partes devem escolher um mediador que possua formação compatível com o caso a ser tratado.

Por não julgar, este não impõe um veredicto; por não ter interesse na causa, não é um negociador a tomar parte na negociação; não é um árbitro e, ao final, não emitirá nenhum parecer técnico, nem decidirá o conflito. O mediador, como dito, é um facilitador, preparado para auxiliar as partes a se entenderem.

A mediação não se confunde com a arbitragem, embora ambas possam ser consideradas formas alternativas, ou seja, não-jurisdicionais de solução dos conflitos trabalhistas. Ocorre que, enquanto na arbitragem há sentença emitida pelo árbitro, na

---

4 DELGADO, Mauricio Godinho. *Curso de Direito do Trabalho.* 14. Ed. São Paulo: Ed. LTr, 2015, p. 1.539.

mediação inexiste esse ato, pois a atividade do mediador consiste em colaborar com as partes, visando a solucionar o conflito de interesses em que estas se encontram envolvidas. Assim, enquanto na arbitragem há decisão e imposição, na mediação há, apenas, aconselhamentos e colaboração. A mediação poderá ser instituída antes ou depois do litígio; no primeiro caso, diz-se que ela é preventiva; no segundo, contenciosa.

Pode-se dizer que, para além do aspecto meramente formal das figuras, o elemento substancial que as distingue, uma das outras, é a intensidade da participação do terceiro (heterônimo) na busca da solução do conflito. Essa participação, que é mínima na mediação, é mediana na conciliação, tornando-se profunda na arbitragem.

A mediação também se diferencia da conciliação. A mediação, geralmente, é extrajudicial. A conciliação tanto pode ser judicial, como extrajudicial. O conciliador não faz propostas ou mediação, apenas aproxima as partes, que chegam à conciliação. A conciliação implica um litígio existente. Na mediação o litígio pode não existir, sendo prevenido. A conciliação, muitas vezes, diz respeito a um sistema processual, enquanto a mediação, não. Pode ter a conciliação um aspecto público, como da conciliação realizada na Justiça do Trabalho. A mediação, geralmente, é privada.

4. A MEDIAÇÃO NO ÂMBITO TRABALHISTA

A Lei 10.192/2001, em seu artigo 11, contempla regras específicas sobre a mediação trabalhista, dispondo, inclusive, que a negociação coletiva pode ser promovida em mesa redonda por intermédio da mediação, sendo esta um pré-requisito para a instauração do dissídio coletivo.

Mesmo no curso da negociação coletiva de trabalho, permite-se a utilização da mediação, em que o mediador procura aproximar as partes, sugerindo soluções que podem ser aceitas pelas partes envolvidas no conflito.

A referida Lei 10.192/2011, em seu art. 11, §1º, estabelece que " o mediador será designado de comum acordo pelas partes ou, a pedido destas, pelo Ministério do Trabalho e Emprego". Além disso, o §2º prevê que:

> [...] a parte que se considerar sem as condições adequadas para, em situação de equilíbrio, participar da negociação direta, poderá, desde logo, solicitar ao Ministério do Trabalho e Emprego a designação de mediador, que convocará a outra parte.

O mediador que for designado pelo Ministério do Trabalho e Emprego terá prazo de até trinta dias para a conclusão do processo de negociação, salvo acordo expresso com as partes interessadas (art. 11, §3º, da Lei 10.192/2001).

Não alcançado o entendimento entre as partes, ou recusando-se qualquer delas à mediação, lavrar-se-á ata contendo as causas motivadoras do conflito e as reivindicações de natureza econômica, documento que instruirá a representação para o ajuizamento do dissídio coletivo (art. 11, §4º, da Lei 10.192/2001).

Conforme exposto, a mediação pode ocorrer no âmbito dos órgãos do Ministério do Trabalho e Emprego, com destaque para as Superintendências Regionais do Trabalho e Emprego, podendo, também, ser realizada pelo Ministério Público do Trabalho, principalmente nas situações que envolvam interesses coletivos.

A Portaria nº 1, de 22 de março de 2002, do MTE traz, por meio das ementas 21 e 22, duas orientações acerca da mediação das Delegacias Regionais do Trabalho:

> EMENTA Nº 21
>
> MEDIAÇÃO DE CONFLITOS COLETIVOS DE TRABALHO. ABRANGÊNCIA. A mediação de conflitos coletivos de trabalho prestada pelo Ministério do Trabalho e Emprego abrange controvérsias envolvendo a celebração de convenção ou acordo coletivo de trabalho, descumprimento desses instrumentos normativos e conflitos intersindicais relativos à representação legal das categorias.
>
> EMENTA Nº 22
>
> MEDIACÃO DE CONFLITOS COLETIVOS DE TRABALHO. CONDIÇÃO FUNCIONAL DO MEDIADOR PÚBLICO. Não é privativo do Auditor-Fiscal do Trabalho o exercício da mediação pública no âmbito das mesas-redondas do Ministério do Trabalho e Emprego.

Ainda sobre a mediação no âmbito do Direito Coletivo do Trabalho, a Portaria nº 186, de 2008 do MTE, que dispõe sobre registro sindical, trata, na Seção III, da possibilidade de mediação entre os representantes legais das entidades impugnantes e impugnadas que disputam o registro do seu sindicato no Ministério, destinada à autocomposição que será realizada, segundo o art. 13, no âmbito da Secretaria das Relações do Trabalho ou da Superintendência Regional do Trabalho e Emprego da sede da entidade impugnada, perante o Secretário das Relações do Trabalho ou o servidor por ele designado.

O acordo entre as partes fundamentará a concessão do registro ou da alteração estatutária pleiteada, que será concedido após a apresentação de cópia do estatuto social das entidades, registrado em cartório, com as modificações decorrentes do acordo (art. 13, §4º). Não havendo acordo entre as partes, o pedido ficará sobrestado até que a Secretaria de Relações do Trabalho seja notificada do inteiro teor de acordo judicial ou extrajudicial ou decisão judicial que decida a controvérsia (art. 13, §5º).

No que tange à figura do mediador, o Decreto nº 1.572, de 28/07/1995 aduz que este poderá ser uma pessoa cadastrada no Ministério do Trabalho, desde que as partes concordem quanto ao pagamento de honorários do referido profissional ou servidor do quadro do Ministério do Trabalho, em que não haverá ônus para as partes (art. 2º, §3º). O diploma legal ainda determina que a indicação do mediador será feita pelo Delegado Regional do Trabalho, quando se tratar de negociação de âmbito local ou regional, ou pelo Secretário de Relações do Trabalho do Ministério do Trabalho, na hipótese de a negociação ser de âmbito nacional. A inscrição do mediador no Ministério do Trabalho será feita desde que o interessado comprove experiência na solução de conflitos trabalhistas e conhecimentos técnicos relativos às questões de natureza trabalhista. O credenciamento terá validade de três anos contados da publicação no Diário Oficial (art. 4º, §§1º e 3º).

A Portaria nº 818/95 do Ministério do Trabalho estabeleceu critérios para o credenciamento de mediador perante as Delegacias Regionais do Trabalho: a experiência na composição dos conflitos de natureza trabalhista será comprovada com a apresentação de cópia autenticada das atas de reuniões de negociação coletiva de que tenha participado, nas quais conste o seu nome. Os conhecimentos técnicos relativos às questões de natureza trabalhista serão comprovados pela atuação de uma das seguintes áreas: advocacia trabalhista, área de recursos humanos ou área de relações sindicais.

Ainda, em relação à aplicação da mediação no âmbito trabalhista, a Lei 10.101/2000, em seu art. 4º, I, dispõe sobre a possibilidade de utilização da mediação como forma de fixar a participação nos lucros ou resultados.

5, CONCLUSÃO

À guisa de encerramento, tem-se que, pelo fato de a sociedade estar em frequente transformação, faz-se necessária a constante modernização dos meios de solução de conflitos.

Como visto, a mediação é um método consensual e voluntário que visa a recuperar o diálogo com o fim de solucionar a controvérsia da maneira mais satisfatória, tanto sobre o ponto de vista patrimonial quanto emocional. Esse instituto possibilita às partes uma maior compreensão do conflito e a busca do consenso, o que pode evitar, inclusive, desentendimentos futuros.

A mera perspectiva de uma solução para o impasse sem qualquer decisão impositiva e que preserve plenamente o interesse das partes envolvidas no conflito já demonstra a vantagem da mediação.

É inegável que o acesso à justiça, que é um direito fundamental, não está adstrito ao Poder Judiciário. A efetividade do Direito na contemporaneidade reside na dicotomia entre a necessidade dos envolvidos e a solução mais adequada ao impasse, e o que se tem percebido é que não passa obrigatoriamente pela via judicial.

Apesar de ser um campo relativamente novo, a promessa da diminuição da judicialização de conflitos, bem como a simplificação dos atos e uma maior humanização no trato das partes, por não passar obrigatoriamente por uma solução impositiva, torna necessário o incentivo à utilização dessa prática, por se mostrar verdadeiro instrumento de acesso à justiça, baseado na construção de uma cultura mais pacífica, fundada no diálogo e na manutenção das relações.

A importância dada ao tema no novo projeto do Código de Processo Civil e os diversos projetos de lei em trâmite que visam a disciplinar o referido instituto demonstram uma clara evolução na preocupação do legislador.

Tratando-se de conflitos na seara trabalhista, o método extrajudicial de resolução (proposta a ser feita por meio da mediação como instrumento da negociação coletiva trabalhista), caso não proporcione o encontro da melhor solução, ainda se pode optar pela heterocomposição (seja por meio da arbitragem ou do dissídio coletivo), a fim de que possam resolver a disputa.

REFERÊNCIAS BIBLIOGRÁFICAS

DELGADO, Mauricio Godinho. *Curso de Direito do Trabalho.* 14. Ed. São Paulo: Ed. LTr, 2015.

DIDIER JÚNIOR, Fredie. *Curso de Direito Processual Civil.* 17. Ed. Salvador: Ed. Juspodivm, 2015. v. I.

GARCIA, Gustavo Filipe Barbosa. *Curso de Direito Processual do Trabalho.* 4. Ed. Rio de Janeiro: Ed. Forense, 2015.

MARTINS, Sérgio Pinto. *Direito Processual do Trabalho.* 34. Ed. São Paulo: Ed. Atlas, 2013.

NASCIMENTO, Amauri Mascaro. *Curso de Direito Processual do Trabalho.* 28 Ed. São Paulo: Ed. Saraiva, 2013.

NICÁCIO, Camila. Direito e mediação de conflitos: entre metamorfose da regulação social e administração plural da Justiça? Revista do TRT da 3ª Região, Belo Horizonte, v. 53, n. 83, p. 79-108, jan./jun.2011.

ORSINI, Adriana Goulart de Sena. Formas de Resolução de Conflitos e Acesso à Justiça. *Revista do TRT da 3ª Região*, Belo Horizonte, v. 46, n. 76, p. 93-114, jul./dez.2007.

ORSINI, Adriana Goulart de Sena. Juízo Conciliatório *Trabalhista. Revista do TRT da 3ª Região*, Belo Horizonte, v. 45, n. 75, p. 139-161, jan./jun.2007.

18

REPENSANDO O PAPEL DA MEDIAÇÃO NO ESTADO DEMOCRÁTICO DE DIREITO

Júlia Gabriela Soares Cunha

Bacharel em Direito pela Pontifícia Universidade Católica de Minas Gerais

Roberta Cerqueira Reis

Advogada e Mestre em Direito Público pela Pontifícia Universidade Católica de Minas Gerais

1. INTRODUÇÃO

O processo de abertura política ao final dos anos 1980 inaugurou no Brasil uma nova realidade jurídica e constitucional. Os vinte anos do regime militar que precederam a abertura democrática propiciaram a supressão de direitos individuais com incontáveis casos de tortura, desaparecimentos forçados e privações arbitrárias da liberdade[1].

A transição lenta e gradual para a ordem democrática ocorreu em meio a um tormentoso cenário sociopolítico, em que a sociedade clamava pelos direitos civis e políticos no lema das "diretas já" sem saber muito bem, por falta de experiência, o que a bela palavra democracia significava. O Brasil vive um surto democrático, afirmam com ironia os cientistas políticos que sabem de ofício que a história política nacional conheceu mais ditaduras que democracia.

O jovem Estado Democrático de Direito brasileiro se erigiu pela carta constitucional de 1988, um documento modelo, elaborado com maestria no que toca a proteção dos Direitos Humanos, contando com a consultoria de uma das maiores autoridades no assunto, Antônio Augusto Cançado Trindade (2007).

---

1 O Brasil inclusive foi condenado na Corte Interamericana de Direitos Humanos pelo descumprimento da Convenção Americana de Direitos Humanos no período do Regime Militar. O desaparecimento forçado de integrantes da Guerrilha do Araguaia ensejou a instauração do caso conhecido como Gomes Lund e Outros que trouxe o questionamento da lei de anistia brasileira pela corte em Costa Rica.

A proteção da dignidade humana foi alçada a fundamento da república e descrita logo no artigo primeiro da Carta Constitucional que viria inaugurar esse novo sonho de Brasil.

Os direitos individuais suprimidos com tanta violência no regime militar ganharam proteção expressiva na Constituição Federal de 1988, em seu artigo 5º, descrevendo um rol extenso e não exaustivo de garantias fundamentais.

A nova ordem constitucional trouxe ainda a proteção dos direitos sociais e difusos, garantindo o amparo de coletividades determinadas, determináveis ou indeterminadas, expandindo o escopo de proteção dos vulneráveis não apenas em nossa geração, mas também nas vindouras.

O espectro de direitos humanos constitucionalmente previstos em nossa Carta Magna é invejável. As possibilidades de proteção da pessoa humana tornaram-se o centro da ordem constitucional, o que se justifica pelo imenso temor de uma nova ditadura que pudesse voltar a suprimir direitos básicos da população.

Esta expansão da proteção dos direitos humanos, nos idos dos anos 1980 e 1990, se chocou com uma sociedade acostumada historicamente com uma estrutura patriarcal, autoritária e que notória por desempoderar os indivíduos em todos os níveis da esfera política[2].

A democracia deve ser vivida e aprendida. Deve-se criar uma cultura democrática o que leva tempo e esforço consideráveis. A sociedade brasileira recém apresentada à nova realidade política vem descobrindo os inúmeros direitos constitucionalmente previstos e a obrigação estatal em tutelá-los.

Os indivíduos começam a perceber que devem assumir responsabilidades para com a coisa pública e que seu envolvimento com o Estado é um custo a se pagar por viver em um regime democrático. A passividade do sistema patriarcal vai sendo substituída por um agir participativo e consciente.

Neste cenário de aprendizado acerca da democracia e a participação ativa do cidadão na coisa pública, o poder judiciário adquire um papel central como porta de entrada das demandas que pedem a tutela dos recém descobertos direitos.

A necessidade de amparar os cidadãos e garantir-lhes acesso a seus direitos torna-se ainda mais facilitada com a possibilidade de a parte poder ajuizar, desacompanhada de advogado, suas pretensões jurisdicionais perante a justiça trabalhista e os juizados especiais (sem mencionar o *habeas corpus*).

A expansão do número de demandas judiciais tem a feliz conotação de significar que o brasileiro está conhecendo seus direitos e tem formulado pretensões jurisdicionais para vê-los satisfeitos. Em certa medida, demonstra a força de nossas instituições democráticas e a confiabilidade delas perante a sociedade.

---

2 FAORO, Raymundo. *Os donos do poder*: formação do patronato político brasileiro. 10. ed. São Paulo: Globo, 2000. 2v.

Contudo, o protagonismo do poder judiciário no Estado Democrático não foi avaliado com a devida atenção do ponto de vista pragmático. A realidade é que o nosso judiciário não tem estrutura física, financeira ou recursos humanos suficientes para lidar com o expressivo aumento da demanda de processos.

Os números do Conselho Nacional de Justiça são verdadeiramente alarmantes. O valor gasto com o poder judiciário em 2014 foi de R$68,4 bilhões (1,2% do PIB nacional) e representou um aumento de 4,3% com relação ao ano de 2013. O estoque de processos no início de 2014 era de 70,8 milhões, o que tende a aumentar, pois o número de processos baixados é inferior ao número de processos que ingressam.

A taxa de congestionamento do judiciário, em 2014, foi 71,4% (setenta e um vírgula quatro por cento). Pela análise do CNJ com o fluxo de trabalho dos magistrados e demais servidores, caso não ingressasse nenhum novo processo, ainda assim, seriam necessários dois anos e meio de trabalho para zerar o estoque.

A instalação do sistema de processo judicial eletrônico (PJe) veio apresentar uma saída para a redução de custos operacionais e dar maior celeridade e dinamismo aos processos judiciais. No entanto, a saída do celebrado PJe está muito distante de se apresentar como solução para o grande emperramento da máquina judicial.

Em um cenário de excesso de trabalho e congestionamento da máquina estatal, o Brasil não tem conseguido cumprir o direito fundamental, previsto no art. 5º LXXVIII da CR e também na Convenção Americana de Direitos Humanos, de entregar uma prestação jurisdicional em tempo razoável.

Antônio Augusto Cançado Trindade (2007) ao defender uma visão do judiciário em prol dos direitos humanos é categórico em afirmar que uma justiça tardia não é justiça. Assim temos o impasse entre a necessidade de dar acesso à justiça a todos os cidadãos e a incapacidade de a máquina estatal em atender à demanda.

Em meio à conturbada realidade do judiciário surge a ferramenta da conciliação e a mediação, formas alternativas de solução de controvérsias, que tem sido percebidas como uma maneira de descongestionar o judiciário. Postura esta que tem confundido as ferramentas e não corresponde à sua real utilidade como veremos adiante.

2. MEDIAÇÃO, CONCILIAÇÃO E JUDICIÁRIO

O processo judicial e a mediação se relacionam e se influenciam mutuamente, sendo observado em ambos o poder-dever do juiz de decidir questões controversas, que é suspenso enquanto há a aplicação da forma autocompositiva[3].

A mediação se apresenta de forma mais flexível e interdisciplinar, utilizando-se da técnica autocompositiva, com a participação consensual das partes, aplicando-se a lógica ganhador e ganhador, rompendo com a ideia polarizada entre derrotado e

---

[3] GABBAY. Daniela Monteiro. *Mediação e judiciário*: condições necessárias para a institucionalização dos meios autocompositivos de solução de conflitos. São Paulo, 2011. Disponível em <http://www.teses.usp.br/teses/disponiveis/2/2137/tde-24042012-141447/en.php> Acesso em 26 jan 2016.

vitorioso. A mediação propõe, portanto, um maior envolvimento das partes do conflito que juntas chegam a uma conclusão satisfatória a ambas.

O processo judicial, por sua vez, possui característica regulamentadora, heterocompositiva com a participação direta do Estado que, após uma longa busca pela verdade real dos fatos, apontará o ganhador e o perdedor, ou aquele que teve sucesso na demanda. Nesse cenário, não há composição entre as partes, apenas uma solução externa que, muitas vezes, pode significar uma piora do conflito humano envolvido na demanda[4].

Do prisma da instrumentalidade das formas de solução de conflitos, a mediação e o processo judicial se apresentam em planos equivalentes, não significando, no entanto, a ruptura e a autonomia em relação ao direito material.

Infelizmente, a institucionalização da mediação no sistema judicial tem sido amplamente discutida no Brasil e no âmbito internacional, como uma solução para a crise do Judiciário. Percebe-se que há uma estreita relação entre ela e a regulação processual, estabelecendo-se assim os rumos a serem tomados, com a finalidade de impedir polarizações que possam considerar a mediação como sendo uma justiça de segunda classe, ou como forma de contenção dos casos e correção das insuficiências que chegam ao Judiciário.

Conforme observado por Daniela Monteiro Gabbay, "o discurso de combate à morosidade processual pela mediação (...), não pode perder de vista que quando se abre uma nova porta aos conflitos, esta porta não é apenas de saída (...), mas também de entrada de novos conflitos"[5].

Dessa forma, é indispensável o bom funcionamento do Judiciário, tendo em que vista que a mediação coexiste de maneira autônoma, desempenhando o papel de resolução de conflitos de forma diversa, e não como uma simples alternativa ao processo tradicional.

Nesse sentido, é importante observar que, na mediação, as partes participam de uma experiência relacional em que são protagonistas, sendo necessário que haja a cooperação e que as suas atuações se deem de forma proativa e colaborativa, podendo-se, assim, inferir que nem todas as relações são mediáveis e nem todos os conflitos humanos podem ser resolvidos de forma definitiva.

A Escola Transformativa da mediação dá ênfase no resultado, na transformação das partes, não objetivando o acordo, mas a transformação das pessoas e dos seus sentimentos, conforme explica Luiz Warat[6].

---

4 SPENGLER, Fabiana Marion. O tempo do processo e o tempo da mediação. *Revista Eletrônica de Direito Processual* – REDP. Vol. III. .8 v.8, 2011. Disponível em <http://www.e-publicacoes.uerj.br/index.php/redp/article/view/20823/15101> Acesso em 26 jan 2016.

5 GABBAY. Daniela Monteiro. *Mediação e judiciário*: condições necessárias para a institucionalização dos meios autocompositivos de solução de conflitos. São Paulo, 2011. Disponível em <http://www.teses.usp.br/teses/disponiveis/2/2137/tde-24042012-141447/en.php> Acesso em 26 jan 2016.

6 WARAT, Luis Alberto. *O ofício do mediador*, v. 1. Florianópolis: Habitus, 2001.

É importante ressaltar que a mediação é um meio eficaz na resolução dos conflitos, no entanto, não serve como um facilitador do acesso à justiça e nem como remédio para a ineficácia da administração pública[7].

Nesse viés, tem-se que não cabe à mediação efetuar cortes temporais ou a busca pela verdade real, ela apenas colocará em contato os conflitantes e facilitará a comunicação entre eles, que deverão ser cooperativos e, juntos, buscarem a melhor solução para seu caso, sem que haja uma autoridade determinando o que devem ou não fazer.

Um grande obstáculo à universalização da mediação é justamente no que tange essa postura cooperativa das partes, que não imbuídas desse espírito colaborador, impossibilitam a mediação, devendo o mediador relatar a impossibilidade de uma solução consensual naquele momento.

Além do fato de que existem relações que simplesmente não podem ser resolvidas pela mediação, por falta de cooperação das partes, existe ainda um problema mais grave.

A utilização da mediação tem sido abordada como maneira de se concluir rapidamente processos, antes que eles venham a somar na já caótica estatística de acumulação judicial. No entanto, a mediação se baseia em uma ideia de construção da solução de modo cooperativo, através da interação das partes envolvidas, o que pode levar o processo a se delongar. A mediação se apresenta de forma incompatível ao estabelecimento de um limite temporal para a sua conclusão.

O princípio da mediação é que as partes atuem ativamente na construção da solução, o que pode ser bastante demorado e incompatível com a celeridade esperada se surgirem questões densas e complexas que demandem ainda mais tempo para serem resolvidas.

Além da duração razoável do processo, a mediação também se propõe a lidar com questões complexas de natureza emocional e familiar, o que demanda uma abordagem interdisciplinar e transdisciplinar com o envolvimento efetivo de profissionais de diversas áreas, como por exemplo, psicólogos, assistentes sociais e sociólogos, o que também pode vir a prolongar o tempo de duração dos processos e sua complexidade.

3. CONCLUSÃO

O tempo do processo e o tempo da mediação foram temas desenvolvidos ao longo deste breve artigo que buscou problematizar a utilização da mediação como forma alternativa de solucionar controvérsias apresentadas ao judiciário.

A necessidade de se consolidar um sistema judicial eficiente, que responda às demandas a ele trazidas é a base de um Estado Democrático. Não existe cidadania

---

7 PINHO, Humberto Dalla Bernardina de; ALVES, Tatiana Machado.. *Novos desafios da mediação judicial no Brasil*: A preservação das garantias constitucionais e a implementação da advocacia colaborativa. Disponível em <https://www.academia.edu/16597269/NOVOS_DESAFIOS_DA_MEDIAÇÃO_JUDICIAL_NO_BRASIL_A_PRESERVAÇÃO_DAS_GARANTIAS_CONSTITUCIONAIS_E_A_IMPLEMENTAÇÃO_DA_ADVOCACIA_COLABORATIVA> Acesso em 27 jan. 2016.

efetiva se os indivíduos não puderem exercer seus direitos de forma plena o que, em última instância significa recorrer ao poder judiciário.

O aumento das demandas ajuizadas demonstra que o brasileiro está, finalmente, assumindo um papel ativo na esfera pública, assumido responsabilidade pela sua felicidade e realização, sem aguardar passivamente que o Estado saia de sua inércia para atende-lo. O cidadão está se tornando ativo, demandando seus direitos e, o mais importante, conhecendo-os.

Do ponto de vista de nossa democracia temos que o aumento das demandas judiciais pode sinalizar uma consolidação de nossas instituições e um amadurecimento de nossa população enquanto ator político. No entanto, a maneira como esta utilização tem sido feita, em muitos casos como forma de angariar vantagens por meio de abusos de direito, merece um questionamento futuro. Os abusos de direito e os demandantes compulsivos, no entanto, não desmerecem o valor que este aumento de acesso ao judiciário representa na consolidação de nossa jovem democracia.

O judiciário, por sua vez, se encontra em dificuldades logísticas e operacionais para atender a todas as demandas a ele apresentadas. Trata-se de um cálculo matemático simples: se o número de demandas novas é maior que o de processos baixados, haverá o travamento da máquina judicial. E foi o que ocorreu.

A saída pensada foi a de diminuir o número de demandas novas, ou tentar resolver as pendências antes que se tornem processos infindáveis. Louvável a iniciativa, mas, como tentamos demonstrar neste artigo, as relações humanas são complexas e nem sempre a solução matemática é a mais exata.

No caso da mediação, por exemplo, o tiro pode ter saído pela culatra. No afã de celeridade e redução da carga processual, nosso legislador pode ter aberto mais uma porta para a entrada de demandas. Pois a mediação é paralela e complementar ao judiciário, com lógicas próprias. A existência de múltiplas formas de solução de conflitos não significa apenas a saída, mas também novas oportunidades de entradas.

Por sua vez, a própria ideia de mediação não é compatível com celeridade processual e nem se propõe a isso. O mediador pretende a composição, a construção de uma solução conjunta e que seja satisfatória a todos os envolvidos. Não se trata de simplesmente acelerar para que as partes entrem em um acordo e acabem com a demanda (ideia popularizada na conciliação), mas sim, de uma construção conjunta da solução que seria benéfica para todos.

Um processo complexo como o da mediação não pode ser apressado ou acelerado para cumprir prazos processuais. As partes devem estar dispostas a construir esta solução em conjunto, sem pressão de tempo como costuma ocorrer nas salas de conciliação em que existe uma fila de processos aguardando e as audiências devem ser breves.

Além disso, a construção de uma solução envolve não apenas um mediador, mas profissionais de inúmeras áreas que, juntos, devem contribuir para auxiliar as partes na busca de uma solução positiva em seu caso. A mediação pode, portanto, durar meses e demandar várias sessões.

Como se percebe, a mediação não é um instrumento para promover celeridade processual. Trata-se, portanto, de uma visão deturbada do instituto que massifica os conflitos e em nada se parece com a realidade de um Estado Democrático.

REFERÊNCIA BIBLIOGRÁFICA

CANÇADO TRINDADE, Antônio Augusto. *Derecho Internacional de los Derechos Humanos*: esencia y trascendencia. México: Editorial Porrúa, 2007.

FAORO, Raymundo. *Os donos do poder:* formação do patronato político brasileiro. 10. ed. São Paulo: Globo, 2000. 2v.

GABBAY, Daniela Monteiro. *Mediação e judiciário*: condições necessárias para a institucionalização dos meios autocompositivos de solução de conflitos. São Paulo, 2011. Disponível em <http://www.teses.usp.br/teses/disponiveis/2/2137/tde-24042012-141447/en.php> Acesso em: 26 jan. 2016.

PINHO, Humberto Dalla Bernardina de. *A mediação e a necessidade de sua sistematização no processo civil brasileiro.* V.11 n.11, 2013. Disponível em <http://www.e-publicacoes.uerj.br/index.php/redp/article/view/18068>. Acesso em: 26 jan. 2016.

PINHO, Humberto Dalla Berbardina de; PAUMGARTTEN, Michele Pedrosa. Os efeitos colaterais da crescente tendência à judicialização da mediação. Revista Eletrônica de Direito Processual – *REDP.* v. XI, n.11, 2013. Disponível em < http://www.e-publicacoes.uerj.br/index.php/redp/article/view/18068/13322>. Acesso em: 26 jan. 2016.

PINHO, Humberto Dalla Bernardina de; ALVES, Tatiana Machado. *Novos desafios da mediação judicial no Brasil: A preservação das garantias constitucionais e a implementação da advocacia colaborativa.* Disponível em <https://www.academia.edu/1659 7269/NOVOS_DESAFIOS_DA_MEDIAÇÃO_JUDICIAL_NO_BRASIL_A_PRESERVAÇÃO_DAS_GARANTIAS_CONSTITUCIONAIS_E_A_IMPLEMENTAÇÃO_DA_ADVOCACIA_COLABORATIVA>. Acesso em: 27 jan. 2016.

SALLES, Carlos A. Mecanismos Alternativos de Solução de Controvérsias e Acesso à Justiça: a inafastabilidade da tutela jurisdicional recolocada. In: FUX, Luiz; NERY JR, Nelson, WAMBIER, Teresa (Org.). *Processo e Constituição*: Estudos em homenagem ao professor José Carlos Barbosa Moreira. São Paulo: RT, 2006, p. 779-792.

SPENGLER, Fabiana Marion. O tempo do processo e o tempo da mediação. *Revista Eletrônica de Direito Processual – REDP.* Vol. III. .8 v.8, 2011. Disponível em <http://www.e-publicacoes.uerj.br/index.php/redp/article/view/20823/15101> Acesso em: 26 jan. 2016.

WARAT, Luis Alberto. *O ofício do mediador,* v. 1. Florianópolis: Habitus, 2001.

19

MEDIAÇÃO DE CONFLITOS NO CAMPO JUDICIAL E INTERDISCIPLINARIDADE: "O MUNDO NÃO É PERFEITO"

Terezinha Lima de Oliveira Rocha

Psicóloga, Pós graduada em Violência Doméstica pela USP – Universidade de São Paulo, Mediadora pelo Instituto de Mediação e Arbitragem do Brasil (IMAB), Instrutora e Supervisora de cursos de formação de Mediação Judicial pelo Conselho Nacional de Justiça, Mediadora judicial no Tribunal de Justiça de Minas Gerais.

Cleide Rocha de Andrade

Mestre em Psicologia pela PUCMG, Pós-graduada em Direito Público pela ANAMAGES/Centro Universitário Newton Paiva, titulada mediadora pelo Instituto de Mediação e Arbitragem do Brasil (IMAB),formação em psicanálise, e capacitada como Instrutora de Cursos de Mediação pelo Conselho Nacional de Justiça . Atua como mediadora judicial de conflitos no Tribunal de Justiça de Minas Gerais e tem experiência no ensino, supervisão e prática de mediação de conflitos familiares.

O mundo não é perfeito
e nem todas as pessoas são felizes.
É quase impossível esquecer
menor abandonado, a nossa dívida, o racismo, as guerras...
mas, graças a deus
existe sempre a música.

Poema de Renato Russo

O MUNDO NÃO É PERFEITO...

Falar da importância da mediação de conflitos e da necessidade de mediadores no campo judicial é reconhecer que, apesar do deslumbrante e maravilhoso planeta em que vivemos, o mundo que criamos não é perfeito. Não é perfeito porque composto por homens, vivemos aturdidos pelos embates com os nossos semelhantes. O conflito tem sede permanente em nossa vida psíquica e social e, com ele, coexistimos, ora felizes, ora, infelizes.

Nesse artigo, propomos apresentar as especificidades da mediação de conflitos no campo judicial e discutir a importância da formação interdisciplinar do profissional mediador.

A mediação de conflitos, como um procedimento de intervenção em situações de conflitos relacionais, resgata o papel do terceiro como intermediador do diálogo entre as partes antagônicas. Esse terceiro conduz o encontro de modo que cada participante possa falar de si e, também, escutar o outro. Cabe ao mediador, com sua postura imparcial, acolher os relatos, os sentimentos de cada falante, e auxiliá-los a perceber que cada qual anuncia a sua verdade. Várias verdades que, única em sua apresentação, são várias, e, portanto, relativa àquele que a anuncia.

Nessa concepção, a mediação no campo judicial vem inaugurar a abordagem dos conflitos convidando à escuta dos sentidos que um conflito porta. É no exercício da alteridade, que cada mediando pode se apropriar de sua interação e interdependência do outro. Falar de si e de suas necessidades, ouvir o outro e as necessidades dele, reconhecer semelhanças e lidar com diferenças, é este o ofício, a arte da mediação e de seus mediadores.

Resolver conflitos não se restringe apenas à aplicação da lei ou a tratamentos psicoterápicos. Os conflitos são inerentes à condição humana, sempre existiram e são inevitáveis. O senso comum revela que há uma ideia negativa acerca do significado do conflito, na maioria das vezes percebido como desastroso, indesejável ou mesmo como sinal de fraqueza, como algo que deve ser combatido, evitado ou reprimido em nome da pacificação social. Entretanto, os conflitos detêm potencial construtivo e catalizador que não pode ser negligenciado.

Os estudiosos Morton Deustch[1] e Mary Parker Follet[2] trazem uma visão de que os conflitos podem ser abordados através de processos construtivos de resolução, recontextualizando a visão dos mesmos. Nessa perspectiva, o conflito é considerado como um elemento da vida que permeia todas as relações humanas, como uma oportunidade de crescimento pessoal, de aproximação e humanização das relações. A inovação desse pensamento é considerar o conflito como algo que, se conduzido de forma adequada, pode ser um meio de amadurecimento e aprimoramento das relações entre pessoas. O conflito visto por este prisma, pode funcionar como uma mola propulsora que se opõe à estagnação e paralização diante de uma situação conflituosa.

Para tratar dos conflitos, a mediação, como uma atividade interdisciplinar, lança mão de conceitos e técnicas originárias de diversos campos do conhecimento humano, como a psicologia, a comunicação, a administração, a matemática aplicada e

---

1 DEUTSCH, Morton. *The resolution of conflict*: constructive and destructive processes. New Haven and London: Yale University Press, 1973. Pp. 1-32; 349-400. Traduzido por Arthur Coimbra de Oliveira e revisado por Francisco Schertel Mendes, ambos membros do Grupo de Pesquisa e Trabalho em Mediação, Negociação e Arbitragem.

2 FOLLET, Mary Parker (1869-1933). Norte-americana, autora do livro *Creative Experience* no qual apresenta a ideia de que os conflitos podem ser construtivos e propõe que eles sejam trabalhados para gerar novos conhecimentos.

outros. Por meio da participação voluntária das pessoas, oportuniza um tratamento diferenciado ao conflito, oferecendo um espaço de comunicação entre as partes. Pautada no diálogo, na cooperação e na informalidade, a mediação tem como objetivo atingir o interesse maior almejado pelas pessoas. Antes de ser um resultado em si, é um processo que promove a autonomia e o fortalecimento da capacidade das pessoas na resolução dos seus conflitos, assim como, atua como mecanismo preventivo e pedagógico.

Além de buscar a satisfação das partes ao resolverem suas disputas, a mediação, conforme sustentam Robert Baruch Bush e Joseph Folger[3], proporciona um aprendizado em relação a formas apropriadas de resolução de seus impasses, para que possam, cada vez mais, por si mesmas equacionar seus futuros conflitos.

Muitas vezes, aqueles que recorrem ao Poder Judiciário para resolver seus conflitos, frustram-se diante de um procedimento dispendioso, lento e insatisfatório. O Estado, por meio da atuação do magistrado, tem por obrigação dizer o Direito e buscar a solução dos impasses, porém, muitas vezes, não alcança os interesses reais envolvidos que ensejaram os conflitos. A decisão judicial responde e procura resolver a demanda que lhe é encaminhada, porém, não extingue o conflito, sendo que, muitas vezes, este se torna mais grave diante da litigiosidade posta.

A mediação judicial busca dar voz às partes em conflito, estimulando-as a encontrar suas próprias soluções. Trabalha com as partes propondo que elas sejam protagonistas, facultando às pessoas a liberdade de decisão e resgatando a responsabilidade de cada uma naquela situação. Estimula a cooperação e o respeito entre elas, numa lógica em que todos os atores são co-responsáveis pelas relações que estabelecem entre si.

Em 2010, o Conselho Nacional de Justiça (CNJ) instituiu a Resolução 125/10[4], texto no qual faz constar a mediação como um dos instrumentos efetivos de pacificação social, solução e prevenção de litígios. Por meio da referida Resolução, o CNJ reconheceu a importância da inclusão da mediação no conjunto dos procedimentos disponíveis para a abordagem de situações conflituosas e se propôs estimular a disseminação desse procedimento no território nacional.

Em consonância com a nova ordem jurídica, o CNJ desenvolveu o programa de formação de mediadores segundo parâmetros e orientações téorico-práticas formalizados na obra denominada *Manual de Mediação Judicial.* Segundo o Manual, a mediação é definida como

3 BUSH, R. A. Baruch; FOLGER, J. P. El futuro de la mediación: qué está em juego y qué es importante. In: BUSH, R. A. Baruch; FOLGER, J. P. *La promesa de la mediacion.*Buenos Aires: Ediciones Granica S.A., 1996, p.18-35.

4 CONSELHO NACIONAL DE JUSTIÇA. *Resolução nº 125, de 29 de novembro de 2010.* Dispõe sobre a Política Judiciária Nacional de tratamento adequado dos conflitos de interesses no âmbito do Poder Judiciário e dá outras providências. Disponível em: <http://www.cnj.jus.br/busca-atos-adm?documento=2579>. Acesso em: 29 fev. 2016.

> um processo autocompositivo segundo o qual as partes em disputa são auxiliadas por uma terceira parte, neutra ao conflito, ou um painel de pessoas sem interesse na causa, para auxiliá-las a chegar a uma composição. Trata-se de uma negociação assistida ou facilitada por um ou mais terceiros na qual se desenvolve processo composto por vários atos procedimentais [...][5]

Quanto às funções do mediador, especifica que este deve agir como:

> [...] terceiro(s) imparcial(is) [que] facilita(m) a negociação entre pessoas em conflito, habilitando-as a melhor compreender suas posições e a encontrar soluções que se compatibilizam aos seus interesses e necessidades[6].

Quanto ao Novo Código de Processo Civil, ele não traz uma definição do que vem a ser a mediação de conflitos, mas a partir da distinção da atuação do mediador e do conciliador, estabelece o que vem a ser um procedimento e outro. Conforme o citado código, no Artigo 165, Parágrafo segundo, a conciliação deve ocorrer preferencialmente nos casos em que não houver vínculo anterior entre as partes e o conciliador poderá sugerir soluções para o litígio, sem constranger ou intimidar os interessados. Já o mediador atuará preferencialmente nos casos em que haja vínculo anterior entre as partes e as auxiliará a compreender as questões e os interesses em conflito, de modo que, pelo restabelecimento da comunicação, possam identificar por si próprios, soluções consensuais que gerem benefícios mútuos.

A postura do mediador condutor do processo é fundamental para o sucesso da mediação. Um mediador deve desenvolver certas habilidades autocompositivas através de uma adequada formação, devendo buscar o seu constante aperfeiçoamento técnico e amadurecimento profissional. Ele deve pautar suas intervenções não apenas nas questões juridicamente tuteladas, mas em quaisquer questões que estejam influenciando a relação entre elas.

Podemos dizer, segundo Bacellar[7], que não basta resolver a lide processual se os verdadeiros interesses que motivaram as partes a litigar não forem identificados e resolvidos. O conflito apresenta outros fatores de ordem emocional, relacional e afetiva que precisam ser levados em conta na solução do problema. É fundamental que o mediador tenha uma visão mais ampliada e construtiva do conflito. A mediação dá especial relevância aos sentimentos e interesses dos envolvidos no conflito, proporcionando às partes envolvidas o direito de participar das decisões que afetem suas vidas, assumindo assim o controle das decisões, estratégia esta que as dignifica.

Quem são os mediadores?

---

5 CONSELHO NACIONAL DE JUSTIÇA. *Manual de Mediação Judicial*. 5. ed. Brasília: Comitê Gestor Nacional da Conciliação, 2015. Disponível em: <http://www.cnj.jus.br/files/conteudo/destaques/arquivo/2015/06/c276d2f56a76b701ca94df1ae0693f5b.pdf>. Acesso em: 11 abr. 2016.

6 *Idem, ibidem.*

7 BACELLAR, Roberto Portugal. *Juizados Especiais*: a nova mediação paraprocessual. São Paulo: Revista dos Tribunais, 2003.

O mediador é um terceiro imparcial capacitado, um gestor de conflitos e dele se espera uma postura isenta de julgamentos, que estimule o diálogo cooperativo entre os envolvidos e sua criatividade, no intuito de buscarem solução para suas controvérsias. Num processo de mediação, os mediandos são os atores principais. Segundo Célio Garcia[8], "Os mediadores não vieram para resolver conflitos, mas para permitir que a pessoas encontrem uma saída para os próprios conflitos." Nesse sentido, é imprescindível que o mediador acolha os conflitos a serem mediados como questões humanas que exigem dele, não o julgamento, conselhos, orientações ou respostas, mas, a abertura de espaço para que cada pessoa possa se apresentar. Desprovido de um saber sobre o que é o melhor ou o verdadeiro, o mediador transitará entre as verdades de cada pessoa, cabendo a elas estabelecer o que tem valor de justo para uma e outra.

O mediador é um facilitador da comunicação entre os envolvidos, é aquele que auxilia as partes a dirimir a disputa com confiança no sucesso da mediação, estimulando-as a se concentrar em suas questões e interesses, afastando todo e qualquer posicionamento ou linguagem que não proporcione um enfoque prospectivo e produtivo do conflito. Ele é o condutor do procedimento e deve ter a habilidade e competência na utilização de técnicas que promovam o desenvolvimento do pensamento criativo, despolarizando a comunicação no sentido de levar as pessoas a perceberem que não existe um réu e uma vítima no contexto de uma situação de conflito interpessoal.

Alguns princípios são norteadores da conduta do mediador: a imparcialidade – entendida como o cuidado em não emitir nenhum julgamento de valor, a confidencialidade dos conteúdos expressos pelas partes, a voluntariedade da participação, ou seja, a mediação só ocorrerá se as partes consentirem espontaneamente; a decisão informada – que diz respeito à plena consciência das pessoas quanto aos seus direitos e a realidade fática na qual se encontram; o empoderamento, no sentido de que as partes em disputa possam, cada vez mais, por si mesmas, resolver seus futuros conflitos recorrendo à experiência de justiça vivenciada na autocomposição; a competência, traduzida na exigência de capacitação obrigatória e continuada.

Segundo Six[9], "Ser mediador no sentido estrito pede uma verdadeira formação, uma formação contínua: um verdadeiro mediador não para, no decorrer de sua vida, de afinar sua arte, como um escritor ou um pintor." A formação do mediador é baseada em competências desenvolvidas através de conhecimentos específicos e, principalmente, habilidades adquiridas em decorrência de conhecimento técnico e postura adequados.

O mediador opera com a comunicação entre as pessoas de modo a propiciar que elas percebam os fatos qualificados como conflituosos por novos ângulos, o que favorece a transformação daquilo que elas pensam e, consequentemente, das posições até então adotadas.

Para operar nessa função, a formação interdisciplinar do mediador é um quesito primordial. Esse profissional a quem cabe lidar com os conflitos em seus aspectos

---

8 GARCIA, Célio. *Dinâmica da mediação*; Direito de Família e Psicanálise; Rumo a uma Nova Epistemologia; IMAGO, 2003.

9 SIX, Jean-François. *Dinâmica da Mediação*. Belo Horizonte: Ed. Del Rey, 2001.

multifacetados, atua como um catalizador dos afetos e dos interesses em questão. Para abrir novas possibilidades de resolução dos impasses, ele auxiliará as pessoas a negociarem e transigirem, ou seja, aceitar que o outro tem pretensões igualmente legítimas e que firmar acordo é partilhar semelhanças e lidar com diferenças.

Para isso, o mediador precisará contar com uma soma de saberes decorrentes de uma formação interdisciplinar que o habilitará a trafegar na complexidade das interações humanas, a atuar com estratégias de negociação e servir-se de um modelo de comunicação não-violenta que o permita ajudar as pessoas a conversarem de modo que cada qual ajude a outra a compreender efetivamente o que é dito por elas.

Com efeito, tal formação interdisciplinar implica na aprendizagem de múltiplos conhecimentos e deve buscar a integração e interação das disciplinas na composição do campo de formação teórica do mediador que reunirá tais saberes para nortear sua atuação transdisciplinar. As disciplinas estudadas contemplam os aspectos psíquicos, filosóficos e sociais do conflitos, abrangem as teorias de comunicação e linguagem, recorrem às teorias de estratégias de negociação contidas nos livros de Fisher e Ury[10] e comportam o estudo de diversas técnicas de condução de conflitos.

Orientado por princípios éticos que norteiem o seu agir profissional, caberá ao mediador situar-se como terceiro imparcial condutor do processo da mediação e orquestrador dos resultados produzidos diretamente pelos mediados.

Contudo, se o contexto jurídico e social se mostra tão propício à implementação da prática da mediação em nossa cultura, cabe questionar qual é o saber novo que este método veicula, quais verdades articula e quais outras verdades desconstitui, qual é o seu horizonte e que utopias suscita. Não é possível sustentar o discurso de que "a mediação veio desafogar o judiciário" como tem sido apregoado pelos utilitaristas uma vez que a mediação não tem o poder de equacionar em curto prazo uma demanda nacional de cerca de 110 milhões de processos ativos. Assim como, não lhe cabe pacificar, como um ato mágico, conflitos que, para além das disputas, refletem a difícil arte da convivência entre pessoas numa sociedade plural atravessada por fatores de ordem cultural, econômicos e políticos.

A oportunidade, acreditamos, é de situar a mediação nesse momento histórico único e indagarmos sobre as contribuições, possibilidades e fronteiras de tal procedimento. Além disso, entendemos que é primordial sustentar a ideia de que o mediador precisa contar com uma formação interdisciplinar para lidar com as vicissitudes das situações de conflitos.

Na prática cotidiana da mediação de conflitos junto ao Tribunal de Justiça de Minas Gerais, diariamente, orientamos nosso trabalho por uma disposição de que a mediação sirva aos usuários da justiça como uma experiência em que tais pessoas possam por meio do diálogo facilitado pelo mediador, instaurar uma nova compreensão dos conflitos. É por meio de um entendimento novo das necessidades em questão, construído paulatinamente ao longo dos diálogos, que os mediandos podem

---

[10] FISHER, Roger; URY, William; PATTON, Bruce. *Como Chegar ao Sim*. Rio de Janeiro: Ed. Imago Editora, 2005.

reconhecer e assumir sua capacidade de definir os desdobramentos da situação de conflito e, igualmente, agentes do processo de tomada de decisões.

Em outro texto, destacamos que:

> Da oportunidade de cada um falar segundo sua particularidade, e, ouvir o outro, pode advir a experiência de alteridade necessária para que os sujeitos em conflito extraiam um novo saber da relação entre eles. A diferença constitutiva que pertence a cada sujeito, até então percebida como ameaçadora, ao ser reconhecida como inerente às relações humanas, perde seu caráter de obstáculo, tornando-se a condição para a existência do convívio com o outro.[11]

Segundo afirma Costa:

> As relações humanas têm uma dimensão conflitiva que as integra e as tensões não são frutos simplesmente de interesses divergentes (ou seja, de desejos diferentes que podem ser avaliados dentro de uma mesma visão de mundo), mas de diferentes maneiras de perceber o mundo. Essas diferenças não podem ser reduzidas sem violentar o direito de cada uma a sua própria identidade. Esse direito à diferença é um dos elementos que está na base das novas teorias sobre o conflito[12].

Parece-nos, pois, relevante a inclusão do procedimento da mediação no campo judicial para que as pessoas possam ampliar sua percepção do que realmente está em questão numa demanda judicial.

Sem nos esquecermos das contribuições da Psicanálise, Freud nos advertiu que:

> O sofrimento nos ameaça a partir de três direções: de nosso próprio corpo, condenado à decadência e à dissolução, e que nem mesmo pode dispensar o sofrimento e a ansiedade como sinais de advertência; do mundo externo, que pode voltar-se contra nós com forças de destruição esmagadoras e impiedosas; e, finalmente, de nossos relacionamentos com os outros homens. O sofrimento que provém dessa última fonte talvez nos seja mais penoso do que qualquer outro[13].

Certo estava Freud de que as relações interpessoais nos afetam significativamente e, sobrepujando outros males que nos afligem, ocupam o centro de nossa existência. Nas infindáveis tramas entre afetos, desejos e anseios, o conflito com o outro e a sua singularidade é fonte inexaurível de sofrimento que comporta dramas e tragédias cotidianas.

---

11 ANDRADE, Cleide Rocha de. A mediação de conflitos familiares: uma nova prática que pede escuta. Revista de Psicologia In: *Plural*. Belo Horizonte, Faculdade de Ciências Humanas FUMEC, n.27, jan./jun., 2008, p. 13- 23.

12 COSTA, Alexandre.Cartografia dos Métodos de Composicão de Conflitos. *Estudos em Arbitragem, Mediação e Negociação Vol 3 / André Gomma de Azevedo (org.)* – Brasília: Grupos de Pesquisa, 2004.

13 FREUD, Sigmund. O mal estar na civilização (1930[1929]) In: FREUD, S. *Edição Standard brasileira das obras psicológicas completas de Sigmund Freud.* Vol. XXI, Rio de Janeiro: Ed.Imago, 1980, p. 81-178.

Servindo-nos do estudo de Deutsch[14] sobre o conflito, ele afirma que os conflitos abrangem níveis sócio psicológicos, destacando que cada pessoa participante de uma interação social responde ao outro conforme suas próprias cognições e percepções, as quais não necessariamente correspondem à realidade do outro e podem ser influenciadas por suas expectativas particulares referentes a ele; uma interação social inicia-se por motivos que geram novos motivos que podem ser alterados continuamente; e, realiza-se em contextos sociais que comportam categorias, regras e valores relevantes para as interações humanas. Dessa perspectiva, podemos extrair que o conflito não envolve somente uma disputa entre pessoas pela posse de bens ou vantagens, ele abarca o confronto de individualidades que se vêem ameaçadas.

Desse modo, o conflito mobiliza nas pessoas sentimentos de temor, apreensão e receio de perda, seja de bens materiais como de valores intrínsecos como respeito, reconhecimento e aceitação. Em decorrência disso, as pessoas buscam se defender com ações, nem sempre construtivas, aguçando a situação de confronto com o outro.

Se instaurada a mediação e junto disso, o compromisso voluntário das pessoas de se empenharem em novas possibilidades de entendimento temos, então, um espaço aberto para que o mediador possa operar com as percepções do conflito manifestas por cada mediando. Para os mediadores, é fundamental lidar com a linguagem, e, tal como afirma Dora Schnitman[15], a função da linguagem é a construção de mundos humanos, e, não simplesmente a transmissão de mensagens de um lugar ao outro.

Costa[16] nos adverte que é necessário reconhecer que os conflitos têm uma dimensão de linguagem no sentido de que são constituídos pela própria pessoa segundo sua percepção das situações vividas e que essas são reconstruídas linguisticamente dentro de uma narrativa pessoal.

A mediação se propõe a acolher as narrativas de cada mediando e ajudá-los a perceber que tais visões podem ser refeitas a partir do encontro face a face entre eles e daí novas histórias podem ser escritas pelos personagens .

Quanto ao propósito da mediação, será que o seu objetivo deve estar direcionado para celeridade da resolução das disputas e o fim das demandas processuais em menor prazo de tempo?

Bush e Folger[17] afirmam que a mediação deve ir além do acordo mutuamente aceitável. Para eles, o processo de mediação contém um potencial de transformação

---

14 DEUTSCH, Morton. *The resolution of conflict*: constructive and destructive processes. New Haven and London: Yale University Press, 1973. Pp. 1-32; 349-400. Traduzido por Arthur Coimbra de Oliveira e revisado por Francisco Schertel Mendes, ambos membros do Grupo de Pesquisa e Trabalho em Mediação, Negociação e Arbitragem.

15 SCHNITMAN, Dora Fried (org.). *Nuevos paradigmas em la resolución de conflitos*: perspectivas y prácticas. Buenos Aires: Ed. Granica, 2000.

16 COSTA, Alexandre.Cartografia dos Métodos de Composicão de Conflitos. *Estudos em Arbitragem, Mediação e Negociação Vol 3 / André Gomma de Azevedo (org.)* – Brasília: Grupos de Pesquisa, 2004.

17 BUSH, R. A. Baruch; FOLGER, J. P. El futuro de la mediación: qué está em juego y qué es importante. In: BUSH, R. A. Baruch; FOLGER, J. P. *La promesa de la mediacion*.Buenos Aires: Ed. Ediciones Granica S.A., 1996, p.18-35.

das pessoas ao ajudá-las a lidar com situações difíceis e resguardar as diferenças humanas. A mediação tem a capacidade de gerar *revalorização* das pessoas no sentido de devolução aos indivíduos de certo sentido de seu próprio valor, e favorecer o *reconhecimento*, o qual implica que se evoca nas pessoas a aceitação e a empatia com respeito a sua situação e aos problemas de terceiros. Assim, tais processos ajudam as pessoas a utilizar os conflitos como oportunidades de crescimento.

Segundo o Manual de Mediação Judicial do CNJ, um dos benefícios da mediação é o empoderamento das pessoas, o que significa, "a busca pela restauração do senso de valor e poder da parte para que esta esteja apta a melhor dirimir futuros conflitos". Conforme tal definição, no processo de resolução dos conflitos, os mediandos têm a oportunidade de recuperação do valor próprio e de realizar um aprendizado para situações futuras.

Ineditamente, a mediação está em voga no ordenamento jurídico, na mídia, nos painéis de trabalho e palestras, assim como, proliferam livros e artigos publicados sobre este tema. Fala-se em mediação como um novo procedimento na nossa cultura e novas organizações judiciárias vêm sendo criadas para se oferecer aos jurisdicionados os serviços de mediação de conflitos. Do mesmo modo, as faculdades de Direito têm se esmerado em ofertar aos seus alunos, junto aos seus núcleos de prática jurídica, práticas de mediação de conflitos..

Contudo, algumas indagações nos inquietam: estará a nossa cultura, em especial o Poder Judiciário, realmente aberto ao empoderamento das partes que a mediação propõe? Haverá investimentos para que a prática da mediação ocorra segundos os critérios de qualidade estipulados no Manual de Mediação Judicial: a qualidade técnica de formação dos mediadores para o manejo apropriado das técnicas autocompositivas,; a qualidade ambiental do espaço onde as mediações devem ocorrer; a qualidade social, ou seja, o tratamento e relacionamento de todos os envolvidos no atendimento do jurisdicionado; a qualidade ética, no que concerne ao respeito de preceitos mínimos de conduta que se esperam dos mediadores?

Temos receios de que no processo atual de incorporação da mediação em nossa sociedade impere a visão pragmática e imediatista que tudo reduz a números e metas, perdendo-se a noção de complexidade inerente aos conflitos, a importância do compromisso ético do mediador e a necessidade de formação interdisciplinar desse profissional para o exercício de sua função dialógica.

Nos casos em que a mediação opera, exige-se que o mediador possa utilizar da sua função, no tempo de cada caso e segundo as particularidades de seus participantes, para que os acordos surjam como consequência de novos laços interpessoais. Ou, na impossibilidade de construção dos mesmos, que os arranjos construídos arduamente nas sessões intensas de mediação e, denominados pelo mediandos de acordos, sirvam como modo de regulação de relações ainda não estabilizadas.

Estará a justiça e a nossa cultura abertas para respeitar a liberdade de agir do mediador?

A mediação de conflitos, no campo judicial, subsistirá no seu propósito de empoderamento dos mediandos e manterá seu sentido transformador de levar as pessoas a modificarem sua posição de assujeitadas para autoras de suas próprias decisões e sentenças?

Será a mediação uma utopia contemporânea?

REFERÊNCIAS BIBLIOGRÁFICAS

ANDRADE, Cleide Rocha de. A mediação de conflitos familiares: uma nova prática que pede escuta. Revista de Psicologia In: *Plural*. Belo Horizonte, Faculdade de Ciências Humanas FUMEC, n.27, jan./jun., 2008, p. 13- 23.

BACELLAR, Roberto Portugal. *Juizados Especiais*: a nova mediação paraprocessual. São Paulo: Revista dos Tribunais, 2003.

BUSH, R. A. Baruch; FOLGER, J. P. El futuro de la mediación: qué está em juego y qué es importante. In: BUSH, R. A. Baruch; FOLGER, J. P. *La promesa de la mediacion*. Buenos Aires: Ed. Ediciones Granica S.A., 1996, p.18-35.

CONSELHO NACIONAL DE JUSTIÇA. *Resolução nº 125*, de 29 de novembro de 2010. Dispõe sobre a Política Judiciária Nacional de tratamento adequado dos conflitos de interesses no âmbito do Poder Judiciário e dá outras providências. Disponível em: <http://www.cnj.jus.br/images/stories/docs_cnj/resolucao/arquivo_integral_republicacao_resolucao_n_125.pdf>. Acesso em: 29 fev. 2016.

COSTA, Alexandre. Cartografia dos Métodos de Composicão de Conflitos. In: AZEVEDO, André Gomma de. (Org.) *Estudos em Arbitragem, Mediação e Negociação*. V. 3. Brasília: Grupos de Pesquisa, 2004.

DEUTSCH, Morton. *The resolution of conflict*: constructive and destructive processes. New Haven and London: Yale University Press, 1973. Pp. 1-32; 349-400. Traduzido por Arthur Coimbra de Oliveira e revisado por Francisco Schertel Mendes, ambos membros do Grupo de Pesquisa e Trabalho em Mediação, Negociação e Arbitragem.

FISHER, Roger, URY, William & PATTON, Bruce. *Como Chegar ao Sim*. Rio de Janeiro: Ed. Imago Editora, 2005.

FREUD, Sigmund. O mal estar na civilização (1930[1929]) In: FREUD, S. *Edição Standard brasileira das obras psicológicas completas de Sigmund Freud*. Vol. XXI, Rio de Janeiro: Ed.Imago, 1980, p. 81-178.

GARCIA, Célio. *Dinâmica da mediação*; Direito de Família e Psicanálise; Rumo a uma Nova Epistemologia; IMAGO, 2003.

AZEVEDO, André Gomma de. (Org.) *Manual de Mediação Judicial*. 4. ed. Brasília: Ed. Ministério da Justiça/Conselho Nacional da Justiça e Programa das Nações Unidas para o Desenvolvimento, 2015.

SCHNITMAN, Dora Fried (org.). *Nuevos paradigmas em la resolución de conflitos*: perspectivas y prácticas. Buenos Aires: Ed. Granica, 2000.

SIX, Jean-François. *Dinâmica da Mediação*. Belo Horizonte: Ed. Del Rey, 2001.

20

MÉTODOS ADEQUADOS NA RESOLUÇÃO DE CONFLITOS NA JUSTIÇA DO TRABALHO

Ricardo Wagner Rodrigues de Carvalho

Professor de Direito do Trabalho nos cursos de graduação e pós-graduação da Faculdade de Direito Milton Campos. Mestre em Direito do Trabalho pela PUC/MG. Assessor de Desembargador do TRT 3ª Região

"Compositor de destinos
Tambor de todos os ritmos
Tempo TempoTempoTempo
Entro num acordo contigo
Tempo TempoTempoTempo

Por seres tão inventivo
E pareceres contínuo
Tempo TempoTempoTempo
És um dos deuses mais lindos
Tempo TempoTempoTempo..."[1]

CONSIDERAÇÕES INICIAIS

O tempo é crucial para o processo, tanto que José Rogério Cruz e Tucci[2] dedicou obra específica a estudar o Tempo e Processo. Advertiu, todavia, referido autor, que imprimir celeridade não significa desconsiderar as peculiaridades do conflito em voga, tampouco a natureza dos direitos envolvidos.

---

1 "Oração ao Tempo", Caetano Veloso.

2 TUCCI, José Rogério Cruz e. *Tempo e Processo*. São Paulo: Revista dos Tribunais, 1997.

Tempo presente, a celeridade processual entrou na ordem do dia e, como forma de alcançá-la passou-se a persegui-la de todas as maneiras, criando ou aprimorando instrumentos e técnicas para reduzir, inclusive, a judicialização de conflitos e, no âmbito do processo, tornar mais rápida a entrega da prestação jurisdicional.

Nesta perspectiva, o presente trabalho tem por escopo a análise de métodos utilizados na Justiça do Trabalho para a solução de conflitos, que melhor representem estas tentativas de aprimorar a harmonização dos conflitos, seja em relação a justa prestação jurisdicional, seja também no que tange a celeridade de sua entrega.

Para cumprir este objetivo, tomemos como ponto de partida a Resolução nº 125/2010 editada pelo Conselho Nacional de Justiça e que regula o tratamento adequado para solução de conflitos, considerando a natureza e peculiaridade de cada um destes. Instituiu aquele órgão, portanto, a "Política Judiciária Nacional de tratamento dos conflitos de interesses" (art. 1º, da Res. 125/2010), traduzindo-se em uma política nacional de gestão judiciária. Com esta e outras experiências, restou demonstrada a preocupação de todos os órgãos que compõem o Poder Judiciário, com a rápida solução dos litígios que lhes são apresentados, não perdendo de vista a máxima de que a Justiça somente produz seus efeitos quando célere, não se podendo reputar como tal, uma Justiça tardia.

Nesta ordem de ideias, se vamos analisar métodos tal como proposto no presente trabalho, impõe-se perscrutar a respeito das normas ou ações utilizadas para se chegar ao objetivo traçado, qual seja, a rápida solução das demandas, como forma de pacificação social.

Não se pode olvidar que a entrega célere da prestação jurisdicional foi alçada a princípio constitucional, encontrando-se inserida no Título II, dos Direitos e Garantias Fundamentais – art. 5º, LXXVIII, da Constituição, levando as esferas judiciais a criarem novos métodos para imprimir eficácia ao dispositivo constitucional.

Os mecanismos alternativos de solução de conflitos traduzem-se também em importante meio com vista a concretizar a terceira onda de acesso à Justiça, conforme Cappeletti e Garth – "enfoque de acesso a justiça"[3]. Não basta, entretanto, que se garanta o acesso formal ao Judiciário, revelando-se essencial o desfecho das demandas, seja na justa entrega da prestação jurisdicional, seja quanto a duração do processo.

Repise-se, não são poucos os métodos de solução de conflitos, com a interveniência ou não do Poder Judiciário[4]. Dentre estes métodos, como forma de delimitar o tema, o debate restringir-se-á à conciliação e mediação judiciais, mecanismos eleitos pelo Conselho Nacional de Justiça (CNJ) como eficazes na prevenção e solução de conflitos, conforme se extrai da Resolução 125/2010. Trata-se, pois, de política de gestão

---

[3] CAPPELLETTI, Mauro; GARTH, Bryant. *Acesso a Justiça*. Porto Alegre: Sérgio Antônio Fabris, 2002.

[4] A este respeito remeto o leitor a artigo da lavra de ORSINI, Adriana Goulart de Sena. Formas de Resolução de Conflitos e acesso à Justiça. *In Rev. Trib. Reg. Trab. 3ª Reg.*, Belo Horizonte, v.46, n.76, p.93-114, jul./dez.2007.

Judiciária com foco na redução dos gargalos do Poder Judiciário que lidam com mais de 100 mi de processos[5].

Não se descura que a normatização em torno do tema é deveras importante, por dotar as partes de maior segurança na utilização de métodos alternativos na solução de conflitos. A mediação foi objeto de recente produção legislativa (Lei 13140/2015) onde estão prescritos parâmetros para sua utilização em diferentes áreas do Direito. Resta saber se há espaço para sua aplicação em processos submetidos à Justiça do Trabalho.

O Novo CPC também trilhou o mesmo caminho, estabelecendo já no art. 3º, § 3º, deste Diploma Legal (Lei 13105/2015), o dever de Juízes, advogados e membros do Ministério Público de incentivar os meios de solução consensual de conflitos, com especial destaque para a conciliação e a mediação. Além disso, o Novo Código reservou seção destinada a regulamentar a atuação de conciliadores e mediadores (Seção V, arts. 165/175).

O Processo Judiciário do Trabalho, desde de sua origem e de forma inovadora sempre colocou a conciliação como principal método para solução dos conflitos, submetendo os direitos controvertidos a acordo, em qualquer fase processual (art. 764, § 3º, da CLT).

Embora inter-relacionados, não se confundem os institutos da mediação e da conciliação, como poderemos desenvolver no presente artigo. Importante ressaltar, entretanto, que, embora o esforço doutrinário para distingui-los, não se pode olvidar que constituem mecanismos auxiliares para a resolução conflitos, com vistas a imprimir celeridade para solução dos litígios. Nessa quadra, a utilização desses mecanismos deve sobrepor-se ao esforço doutrinário para distingui-los.

De outro lado, a aplicação de referidos métodos encontra limites mais ou menos rígidos, mormente quando se depara com a indisponibilidade de direitos, qualidade presente no Direito do Trabalho, tendo em vista a vertente protetiva desse ramo do Direito. Não se pode descurar, outrossim, que a Lei 13140/2015 acima referida, prevê a possibilidade de mediação e conciliação em relação a direitos indisponíveis, mas que possam ser objeto de transação. Resta saber se a referência a "direitos indisponíveis transacionáveis" constitui *contraditio in terminis* no texto legal ou serviria para ampliar o alcance dos institutos da conciliação e mediação, objeto deste estudo. Vale lembrar, conquanto os direitos do trabalhador, no curso do contrato de trabalho possuam, em quase sua totalidade, natureza indisponível, não se pode dizer o mesmo quando estabelecido o litígio judicial, repousando a incerteza quanto às parcelas pleiteadas e no próprio desfecho do processo.

Com a evolução do acesso à Justiça e a maior complexidade das relações jurídicas trabalhistas, mormente depois da reforma do Judiciário ocorrida em 2004, os métodos de solução de conflitos encontram-se em processo de modernização, como se pode verificar pela aplicação cada vez maior de outros instrumentos, como

5 Vide relatórios "Justiça em Números", disponível em: www.cnj.jus.br.

a mediação e a conciliação, não apenas nas audiências capitaneadas por um juiz, mas também nas centrais de conciliação, conduzidas por servidores-mediadores e conciliadores, como poderemos desenvolver ao longo deste trabalho.

Outra questão a ser debatida situa-se na postura do Juiz no processo ao incentivar a conciliação, considerando que no papel de conciliador, como é da tradição do Direito Processual do Trabalho, o Magistrado propõe soluções para o deslinde amigável dos conflitos. Além disso, na mediação, por via de regra, a solução dos conflitos envolvendo direitos indisponíveis (mas transacionáveis), imprescinde da homologação do Juízo.

A MEDIAÇÃO E A CONCILIAÇÃO

Para analisarmos a aplicação dos institutos da mediação e da conciliação na solução de conflitos submetidos à Justiça do Trabalho, importante estabelecermos as peculiaridades de cada um deles, e se ambos podem ser considerados métodos apropriados para solução de conflitos na Justiça do Trabalho.

Objeto de referência anterior, mediação e conciliação não se confundem, embora possuam conceitos inter-relacionados. Tanto é assim que o Código de Processo Civil de 2015 apresenta algumas peculiaridades desses dois institutos (art. 165 do novo CPC).

Inafastável, entretanto, que possuem conceitos e regulamentos similares. Tanto é assim que há até quem negue não haver importância na distinção entre estes mecanismos de resolução de conflitos.[6] Todavia, ainda que conscientes de que o objetivo repousa no incentivo à sua aplicação, que deve sobrepor-se a qualquer esforço doutrinário no sentido de estabelecer diferenciações, podemos pontuar algumas peculiaridades desses mecanismos e sua compatibilidade com a sistemática processual trabalhista.

Segundo o Conselho Nacional de Justiça:

> A Mediação é uma forma de solução de conflitos na qual uma terceira pessoa, neutra e imparcial, facilita o diálogo entre as partes, para que elas construam, com autonomia e solidariedade, a melhor solução para o problema. Em regra, é utilizada em conflitos multidimensionais, ou complexos. A Mediação é um procedimento estruturado, não tem um prazo definido, e pode terminar ou não em acordo, pois as partes têm autonomia para buscar soluções que compatibilizem seus interesses e necessidades.[7]

Já a conciliação:

> É um método utilizado em conflitos mais simples, ou restritos, no qual o terceiro facilitador pode adotar uma posição mais ativa, porém neutra com relação ao

---

6 Cf. SILVA, Paulo Eduardo Alves da. Mediação e Conciliação, produtividade e qualidade. *Revista do Advogado* – AASP. Mediação e Conciliação, São Paulo, Ano XXXIV nº 123, Agosto de 2014.

7 Disponível em: http://www.cnj.jus.br/programas-e-acoes/conciliacao-mediacao.

conflito e imparcial. É um processo consensual breve, que busca uma efetiva harmonização social e a restauração, dentro dos limites possíveis, da relação social das partes.

Especificamente quanto a Mediação na via Judicial, a Lei 13.140/2015, em seus arts. 24 e ss., prevê esta possibilidade de forma ampla, não impondo restrições quanto a natureza das ações ou a esfera do Judiciário. Todavia, o art. 42, parágrafo único prescreve a necessidade de lei própria para a utilização da mediação nas relações de trabalho, *in verbis*:

> Art. 42. Aplica-se esta Lei, no que couber, às outras formas consensuais de resolução de conflitos, tais como mediações comunitárias e escolares, e àquelas levadas a efeito nas serventias extrajudiciais, desde que no âmbito de suas competências.
>
> Parágrafo único. A mediação nas relações de trabalho será regulada por lei própria.

A motivação do legislador para não incluir a mediação nas relações de trabalho, está centrado, talvez, na indisponibilidade dos direitos trabalhistas e a dificuldade de inserir a figura do mediador dentro da estrutura da Justiça do Trabalho, pois o Juiz, em muitas ocasiões, já incorpora este papel, ou pelo menos, utiliza de suas práticas.

Nesse contexto, mesmo que se considere que a mediação no Direito do Trabalho, pelo menos pela aplicação do diploma legal acima citado, encontra-se prejudicada, não obsta a utilização de técnicas próprias deste instituto adaptadas para o processo trabalhista, ainda que sob a roupagem da conciliação.

Conforme salienta Homero Batista Mateus da Silva, não raro são utilizadas técnicas próprias da mediação no processo do trabalho, como forma de incentivo às partes a conciliarem, não obstante a aparente incompatibilidade entre o mediador e a figura da autoridade estatal.[8]

A respeito deste tema, Adriana Goulart de Sena, afirma que, independentemente de sua aplicação formal na Justiça do Trabalho, devem ser aproveitadas as experiências próprias de referido instituto:

> Todavia, ainda que não se possa falar de várias condições para a mediação típica (cláusula de confiabilidade, *rapport*, sigilo, amor ao mediado, etc.), certo é que algumas técnicas que são aplicadas na mediação podem e devem ser aplicadaspelo magistrado do trabalho quando da sua atuação apaziguadora no conflito trazidopelas partes ao Judiciário.
>
> No conflito trabalhista não só está prevista a possibilidade de o juiz realizar ojuízo conciliatório (art. 764 da CLT), como é de curial importância que seja o magistradoque conduza tais tratativas diante do conflito peculiar e extremante importante, quersocial, quer juridicamente. Observando-se, é claro, a escolha das melhores

[8] SILVA, Homero Batista Mateus da, Técnicas de mediação para o aprimoramento do processo do trabalho. *Revista do Advogado* – AASP. Mediação e Conciliação, São Paulo, Ano XXXIV nº 123, Agosto de 2014.

técnicas como forma de conduzir a conciliação em juízo, onde todas as variáveis envolvidaspossam e devam ser consideradas pelo órgão estatal respectivo.[9]

Com a evolução, nos últimos anos, dos procedimentos utilizados para a conciliação na Justiça do Trabalho, não há como deixar de concluir que esta última possui conceito e aplicação mais amplos do que a referência efetuada pelo Conselho Nacional de Justiça, acima transcrita.

Arrisco-me a dizer que há uma aproximação, ou quase uma identificação entre os institutos da mediação e da conciliação. Isto porque, a conciliação na Justiça do Trabalho já é incentivada e capitaneada pelo Juiz do Trabalho nos processos trabalhista, por força, seja do disposto no art. 764 da CLT[10], ou mesmo da imposição pelo mesmo diploma legal, de oferta de proposta amigável para solução do conflito, tanto no início da audiência (arts. 846 e 852-E da CLT), quanto no momento em que precede o julgamento (art. 831 da CLT).

Nesta esfera do Judiciário brasileiro, todas as causas estão submetidas à conciliação, demonstrando que este instituto faz parte do DNA da Justiça do Trabalho. Pode-se, assim, facilmente concluir, que o processo conciliatório na Justiça do Trabalho mescla técnicas da conciliação e também da mediação, conforme se pode observar do art. 5º, da Resolução GP nº 20, de 19 de junho de 2015, que redefiniu a competência da Central de Conciliação de 1º Grau do TRT da 3ª Região – Minas Gerais:

> Art. 5º A Central de Conciliação de 1º Grau contará com servidoresconciliadores, responsáveis por tentar obter a solução consensual nas demandas,esclarecendo sobre as vantagens da conciliação, atuando como facilitadores dodiálogo e propondo soluções participativas, adequadas e eficazes ao litígio, sempresob a supervisão dos juízes da Central.[11]

No regulamento Geral da Central de Conciliação de 1º Grau encontra-se definida a competência dos conciliadores, sem afastar a aplicação do disposto no dispositivo acima transcrito:

> Art. 7º Compete aos conciliadores, além das atribuições previstas no art. 5º da Resolução GP n. 20, de 19 de junho de 2015:
>
> I – manter interlocução com as Varas do Trabalho sob sua responsabilidade acerca dos critérios para seleção dos processos a serem enviados à Central para tentativa de conciliação;

---

9 ORSINI, Adriana Goulart de Sena. Formas de Resolução de conflitos e acesso à Justiça. *Rev. Trib. Reg. Trab. 3ª Reg.*, Belo Horizonte, v.46, n.76, p.93-114, jul./dez.2007.

10 É atual a redação de referido dispositivo, mormente quanto a atuação do Juiz do Trabalho:
"Art. 764 – Os dissídios individuais ou coletivos submetidos à apreciação da Justiça do Trabalho serão sempre sujeitos à conciliação.
§ 1º – Para os efeitos deste artigo, os juízes e Tribunais do Trabalho empregarão sempre os seus bons ofícios e persuasão no sentido de uma solução conciliatória dos conflitos."

11 DEJT/TRT3/Cad. Jud. 29/06/2015, n. 1.758, p. 2-4. Disponível em: www.trt3.jus.br.

II – apregoar as partes;

III – verificar a regularidade da documentação das partes, principalmente RG, CPF, CNPJ, contrato social, estatuto ou ata de constituição, carta de preposição, coligindo tais documentos aos autos e aos registros cadastrais, se inexistentes;

IV – mediar audiências de tentativa de conciliação em processos nas fases de conhecimento e execução;

V – promover a conciliação nas ações de consignação em pagamento e reclamações atermadas;

VI – redigir as atas das audiências sob sua responsabilidade e colher assinatura das partes, advogados e do juiz;

VII – estimular os empregadores, no curso das audiências, a tentar a conciliação em outros processos nos quais figurem como parte.

Semelhante disposição podemos encontrar no regulamento da Central de Conciliação de 2º Grau deste mesmo Regional[12] de 16 de junho de 2015.

Diante dessas novas práticas, inclusive com a lotação em setores próprios de servidores-conciliadores, creio não mais ser suficiente o conceito de conciliação trazido por Maurício Godinho Delgado no sentido de ser o: "ato judicial, por meio do qual as partes litigantes, sob a interveniência de autoridade jurisdicional, ajustam solução transacionada sobre matéria objeto de processo judicial"[13].

Pela nova regulamentação, conciliadores conduzem as tentativas de conciliação em Centrais criadas para este fim e submetem as atas de audiência ao Juízo competente, afastando-se do modelo tradicional até há pouco adotado na Justiça do Trabalho.

Saliente-se que, no modelo tradicional de conciliação no processo do trabalho, críticas não faltavam de parte da doutrina, considerando que poderia trazer prejuízos para os trabalhadores. Certa vez, em palestra realizada na Semana da Conciliação realizada no Tribunal Regional do Trabalho de Minas Gerais, o Desembargador aposentado e Professor Márcio Túlio Viana, referiu-se àquele momento da conciliação na Justiça do Trabalho como um instrumento que poderia significar, em última análise, renúncia a direitos trabalhistas:

> Mas se a Justiça enfatiza o acordo (também) para se legitimar, essa busca pode – paradoxalmente – deslegitimá-la ainda mais, através do juiz. É o que acontece quando as partes traduzem a sua insistência como preguiça, desinteresse ou dificuldade em decidir. De todo modo, como a busca pelo acordo invade hoje até a Justiça Penal, e passa a ter um suporte doutrinário cada vez maior, é possível que a Justiça do Trabalho perca pelo menos a pecha de "balcão de negócios"...[14]

---

12 Resolução TRT-3ª Região- GP nº 16 .

13 DELGADO, Maurício Godinho. Arbitragem, mediação e comissão de conciliação prévia no direito do trabalho brasileiro. *Revista LTr*, São Paulo, v. 66, n. 6, jun. 2002.

14 VIANA, Márcio Túlio. Palestra. *Semana de Conciliação*. Tribunal Regional do Trabalho da 3ª Região.

Creio que a evolução das experiências conciliatórias nos Tribunais Trabalhistas brasileiros atendem ao clamor da Desembargadora Regina Maria Vasconcelos Dubugras, de se utilizar a conciliação como forma de harmonização dos conflitos e não como ato meramente formal, denominando esta nova figura como conciliação qualificada:

> Nesse contexto e como fator diferencial da antiga conciliação praticada na Justiça do Trabalho é que se propõe a conciliação qualificada, assim conceituada como a conciliação regida pelos princípios e técnicas da mediação naquilo em que for compatível com o processo judicial, também chamada de mediação judicial.
>
> A conciliação qualificada é mais do que uma forma rápida e eficaz de solução de litígios em alternativa à sentença, ela é um tipo de prestação jurisdicional adequada a alguns tipos de conflitos. Ela pressupõe: a) tempo adequado; b) conciliador capacitado; c) ambiente conciliatório; d) advogados comprometidos com a conciliação; e) controle da legalidade e execução dos acordos não cumpridos sob a autoridade do Judiciário.

Nunca é demais advertir que a conciliação não se identifica com acordo, na medida em que naquela primeira pode haver o reconhecimento do direito da outra parte, como também transação, demonstrando a maior abrangência do instituto da conciliação. Para que se alcance, *v.g.*, a transação no processo do trabalho, mister perquirir a natureza dos direitos envolvidos e o alcance do procedimento conciliatório.

O conflito levado para apreciação do Poder Judiciário, por si só, já pode ser suficiente para demonstrar a incerteza quanto ao desfecho da demanda, trazendo maior liberdade para se efetivar a conciliação.

Todavia, uma advertência deve ser procedida. Não obstante a evolução dos institutos em questão, a conciliação entre as partes, embora deva ser incentivada, não pode traduzir-se em renúncia de direitos, transformando a Justiça do Trabalho em instrumento de fragilização dos direitos do trabalhador.

Daí a importância do papel do magistrado, seja no ofício diário, ao conduzir audiências em processos sempre sujeitos a conciliação, seja como responsável pelas Centrais de Conciliação dos Tribunais do Trabalho, de 1ª ou 2ª Instâncias, não se podendo esquecer que as partes não possuem direito e líquido e certo a homologação, cabendo ao Juízo a análise do conteúdo da avença, conforme a jurisprudência consolidada da mais alta Corte trabalhista, *in verbis*:

> Súmula 41 do TST. MANDADO DE SEGURANÇA VISANDO À CONCESSÃO DE LIMINAR OU HOMOLOGAÇÃO DE ACORDO (conversão das Orientações Jurisprudenciais nºs 120 e 141 da SBDI-2) – Res. 137/2005, DJ 22, 23 e 24.08.2005. A concessão de liminar ou a homologação de acordo constituem faculdade do juiz, inexistindo direito líquido e certo tutelável pela via do mandado de segurança. (ex-Ojs da SBDI-2 nºs 120 – DJ 11.08.2003 – e 141 – DJ 04.05.2004)

Em linha de conclusão, as técnicas alternativas de solução de conflitos constituem importante instrumento para imprimir celeridade aos conflitos trabalhistas, sendo a conciliação ainda o caminho menos acidentado para este desiderato.

Não há qualquer óbice para a utilização de técnicas próprias da mediação na conciliação no Processo do Trabalho, até como forma de ultrapassar as barreiras contidas na legislação, visando o aprimoramento das avenças na Justiça do Trabalho.

Não se pode descurar da necessidade de a conciliação destinar-se como verdadeiro mecanismo de harmonização dos conflitos e não para fragilização dos direitos do trabalhador, residindo no magistrado a responsabilidade pela averiguação da controvérsia em torno dos direitos discutidos, impedindo abusos.

REFERENCIAS BIBLIOGRÁFICAS

CAPPELLETTI, Mauro; GARTH, Bryant. *Acesso a Justiça.* Porto Alegre: Sérgio Antônio Fabris, 2002.

CRUZ E TUCCI, José Rogério. *Tempo e Processo.* São Paulo, 1997, Ed. Revista dos Tribunais.

DELGADO, Maurício Godinho. Arbitragem, mediação e comissão de conciliação prévia no direito do trabalho brasileiro. *Revista LTr*, São Paulo, v. 66, n. 6, jun. 2002.

DEJT/TRT3/Cad. Jud. 29/06/2015, n. 1.758, p. 2-4.Disponível em: www.trt3.jus.br. acesso em 20 de janeiro de 2016.

ORSINI, Adriana Goulart de Sena. Formas de Resolução de conflitos e acesso à Justiça. *Rev. Trib. Reg. Trab. 3ª Reg.*, Belo Horizonte, v.46, n.76, p.93-114, jul./dez.2007.

SILVA, Homero Batista Mateus da, Técnicas de mediação para o aprimoramento do processo do trabalho. *Revista do Advogado* – AASP. Mediação e Conciliação, São Paulo, Ano XXXIV nº 123, Agosto de 2014.

SILVA, Paulo Eduardo Alves da. Mediação e Conciliação, produtividade e qualidade. Revista do Advogado – AASP. Mediação e Conciliação, São Paulo, Ano XXXIV nº 123, Agosto de 2014.

VIANA, Márcio Túlio. Palestra. *Semana de Conciliação.* Tribunal Regional do Trabalho da 3ª Região.

21

MEDIAÇÃO, ADVOCACIA E O NOVO CÓDIGO DE PROCESSO CIVIL

Daniella Velloso Pereira

Maria Flávia Cardoso Máximo

Advogadas especializadas em Direito de Família; Sócias do Escritório Castro Máximo & Pereira Advogados Associados.

O Direito Constitucional inaugurou uma nova fase no Direito Privado, introduzindo conceitos e princípios do Direito Público em todos os ramos do Direito.

Dentre esses princípios, destacamos a Dignidade da Pessoa Humana, que se traduz na visão do ser humano, na sua concepção holística.

A Dignidade da Pessoa Humana é o principal e mais amplo princípio constitucional.

Não se fala mais de um direito privado dissociado dos valores sociais que norteiam nosso sistema jurídico constitucional.

O privado, hoje, tem sua esfera não apenas delimitada, mas permeada pelo público.

O Código Civil de 2002 inaugura novos princípios no direito privado, como *eticidade* – qualidade do que é ético e moral -, *sociabilidade* – qualidade do ser humano de viver em sociedade - e, finalmente, *operacionalidade* – qualidade ligada à aplicabilidade, eficácia.

Tais princípios, agora, são incorporados pelo novo CPC, sendo de maior relevância a boa-fé objetiva, tradução do princípio da eticidade que, de acordo com a doutrina sobre a matéria, consiste no padrão de comportamento reto, transparente, íntegro, honesto, que se espera de um homem leal. Dispensa-se o exame da conduta individual e verifica-se, pelo contexto, se determinado padrão de honestidade foi mantido em prol de valores mais amplos, como os sociais.

Afasta-se o exercício de posições individualistas, injustificadas e potestativas face ao direito.

A boa-fé objetiva está impregnada na moderna visão constitucional do Direito Civil e do Processo Civil, que, logo no seu artigo 1º, determina que o [...] processo civil será ordenado, disciplinado e interpretado conforme os valores e as normas fundamentais estabelecidos na Constituição da República Federativa do Brasil, observando-se as disposições deste Código. [...]"

Ainda como consagração desse princípio, o artigo 3º. e parágrafos, bem como os artigos 4º., 5º., 6º., 7º. e 8º. do novo Código de Processo Civil corroboram a boa-fé objetiva ao estabelecerem: a obrigação do Estado em promover a solução consensual de conflitos; a obrigação dos juízes, advogados, defensores públicos e membros do Ministério Público de estimularem a conciliação e a mediação no curso do processo judicial; o direito das partes de obterem em prazo razoável para a solução integral e satisfativa do mérito; a obrigação de todos que participam do processo de se comportarem de acordo com a boa-fé, bem como de cooperarem entre si para que se obtenha decisão de mérito justa e efetiva; a "paridade de tratamento em relação ao exercício de direitos e faculdades processuais, aos meios de defesa, aos ônus, aos deveres e à aplicação de sanções processuais, competindo ao juiz zelar pelo efetivo contraditório."

Finalmente, consagra o princípio da Dignidade da Pessoa Humana, determinando que o juiz atenda, na aplicação do ordenamento jurídico, "aos fins sociais e às exigências do bem comum, resguardando e promovendo a dignidade da pessoa humana e observando a proporcionalidade, a razoabilidade, a legalidade, a publicidade e a eficiência."

Ou seja, todo esse caminho que já vinha sendo percorrido pelo Direito Privado redundou no processo civil ético, célere, igual.

E, nesse momento histórico processual, é obrigatória a reflexão sobre o papel do advogado dentro dessa nova concepção.

A advocacia contemporânea foi moldada pela cultura beligerante do Código de Processo Civil de 1973, qual seja, exemplificativamente:

- A conciliação é só uma etapa formal a ser vencida;
- O ônus da prova compete a quem alega;
- A verdade formal se sobrepõe à verdade real, ou seja, o que não está no processo não existe;
- Finalmente, temos a submissão das partes à coisa julgada, que faz do "branco preto e do quadrado redondo".

Dentro dessa normativa, não havia qualquer incentivo à conciliação; note-se que ainda nem se falava em mediação. Era perfeitamente lícita a utilização de todos os meios processuais disponíveis, os quais, sob o ponto de vista individual, perseguiam a verdade formal, ainda que dissociada da verdade real, ética e social, uma vez que o papel do advogado era esse. Nesse momento, o advogado sequer concebia ser partícipe de um processo onde era obrigado a perseguir uma decisão de mérito justa e efetiva. Isto é, naquele cenário, ao juiz competia extrair a verdade das provas e elementos dos autos, e ao advogado, com maestria e competência, convencer o juiz, valendo-se do processo, do direito do seu cliente.

Após decisão final, transitada em julgado, só importava a vitória, tanto faz se a coisa julgada fez do preto branco e do quadrado redondo.

Enorme, portanto, a divergência principiológica entre o modelo atual e o que será inaugurado pelo Novo Código.

A partir da vigência do Novo Código de Processo Civil, todos os envolvidos no processo devem cooperar entre si, para decisão de mérito justa e efetiva. Tem início a busca de uma justiça plúrima e horizontal. Nesse momento, descarta-se o modelo vertical da triangulação, *da mihi factum, dabo tibi jus,* onde as partes postulam os fatos, e o juiz dita o direito, visto que todos estão compromissados com a justiça, para além do direito.

Assim, para exemplificar, instrumentalizando essa nova concepção, foi estabelecida a distribuição dinâmica do ônus da prova, bem como o negócio jurídico processual.

Ou seja, não se busca mais a verdade formal, mas a verdade real, justa e efetiva. Busca-se o ideal, que terá de advir de várias concepções distintas do que vem a ser justo.

"Um grande objetivo torna superior à própria justiça e não somente a suas ações e a seus juízos" – Nietzsche, Gaia Ciência, §267[1].

Enquanto humanos, o mais próximo que conseguimos chegar do justo é o ideal, movido por um grande objetivo.

Assim, o advogado - nascido de um molde beligerante, onde aprendeu a domesticar o processo em prol do seu cliente - é convidado a mudar sua concepção, tendo em vista a esfera do direito constitucional, e a perceber o alcance social para além da pretensão resistida do seu patrocinado.

Deverá conscientizar-se de que o processo moroso, volumoso, procrastinatório tem um impacto na justiça como um todo, tornando-a morosa, volumosa, injusta.

O Estado deve suprir as soluções, mas não apenas o Estado, e aí nos deparamos com o processo cooperativo.

Segundo Barbosa Moreira, "falar em privatização do processo é uma expressão, nalguns casos, inadequada, noutros, falsa, em todos, perigosa."[2]

Não se pretende, com a imposição da mediação, a privatização da justiça, mas que se alcance uma nova concepção da mesma, com a incorporação de técnicas modernas de autocomposição dos conflitos, visando, justamente, à efetividade da justiça.

O acesso à justiça é garantia constitucional. Ao nos depararmos com a obrigatoriedade prévia da mediação, não se estabelece qualquer conflito com garantia de amplo acesso ao judiciário, visto que há casos em que o próprio juiz vislumbra maior eficácia da jurisdição pela autocomposição dos conflitos.

1 NIETZSCHE, Friedrich Wilhelm. *A Gaia Ciência.* Tradução Antônio Carlos Braga. Coleção *O essencial de Nietzche*. São Paulo: Escala, 2013. p. 264. NIETZSCHE, *A Gaia Ciência.* Tradução Antônio Carlos Braga, Coleção *O essencial de Nietzche*, Editora Escala, 2013, p.264.

2 MOREIRA, José Carlos Barbosa. Privatização do Processo? *Revista EMERJ*, v.1, n.3, 1998, p.24.

A obrigatoriedade da mediação, embora não implique o amadurecimento cultural imediato, promove o caráter pedagógico, que induz o contato com o instituto.

Enaltece a capacidade dos sujeitos envolvidos no conflito de resgataram sua autonomia e maturidade para a solução da lide, seja de forma preventiva ou incidental.

Todavia, se há obstrução total do diálogo, inflexibilidade, desgaste, intolerância ou radicalismo, tal via é inadequada, hipótese em que a ação judicial é imprescindível para ditar a razão.

Faz-se necessária, portanto, uma mudança conceitual na atuação do advogado, como protagonista do processo, não mais como representante do autor e réu, do suplicante e suplicado, do varão e varoa; mas como parte do todo, colocando-se no mesmo plano, para enxergar o conflito não sob o prisma do saber jurídico parcial, mas sob o prisma da solução jurídica viável, justa e adequada, discernindo as hipóteses onde é possível a mediação, antes da opção pela arbitragem ou jurisdição.

Abandona-se, num primeiro momento, a concepção de "luta" com o outro e busca-se a compreensão do outro para, em seguida, alcançar a cooperação em prol de um bem maior, onde não haja vencedores e vencidos.

No ano em que o Novo Código de Processo Civil entra em vigor, a corrupção é apontada pelos brasileiros como o maior problema do país.

A palavra corrupção, derivada do latim, *corruptione,* segundo o dicionário Michaelis, consiste na *"Ação ou efeito de corromper; decomposição, putrefação.* 2. Depravação, desmoralização, devassidão."[3]

Embora mais associada ao Executivo, o Legislativo e o Judiciário não estão imunes às críticas. Nesse clamor pela moralização institucional, o novo Código de Processo aponta o caminho da ética para todos aqueles que anseiam verdadeiramente pela justiça.

O artigo 133 da Constituição da República, que já reconhece o advogado como indispensável à administração da Justiça, é reforçado agora pelo NCPC que obriga o advogado a perseguir uma justiça efetiva, em prazo razoável, sendo obrigado, juntamente com os juízes, membros do Ministério Público e da Defensoria Pública a estimular a conciliação e a mediação.

Todavia, para que se possa cooperar, conciliar e mediar é necessário entender primeiro o que é o conflito.

O conflito é divergência de sentimentos, interesses e ideias ou, muitas vezes, apenas uma aparente divergência.

Na teoria processual civil clássica a lide é a pretensão resistida. Ou seja, é o conflito objetivo/aparente instaurado. Nessa esfera não se considera o relacionamento dos envolvidos, que seria o conflito subjetivo, não aparente ou as cláusulas não escritas. Desconsidera-se, pois, a essência do conflito que é a divergência de sentimentos e

---

3 http://michaelis.uol.com.br/

interesses reais, alcançando apenas a visão racional da demanda, que são a ideias e não os ideais.

Assim, as expectativas frustradas chegam ao Judiciário sob a fórmula fria do contrato descumprido, da hora extra não paga, do elo de confiança rompido, da disputa de guarda onde os filhos são olvidados. Nesse momento não há espaço para abordar as reais faces da discórdia, e a petição inicial, como declaração de guerra, instaura lides eternas.

O advogado precisa provar que o direito ampara seu cliente, desconsiderando totalmente o outro, vindo a prevalecer a disputa pela disputa, sob a ótica da justiça individual, potestativa, desvinculada de valores maiores.

Na esfera judicial apenas o conflito objetivo é tratado. Não se perquire a causa desse conflito, advindo do relacionamento entre pessoas, onde existe uma gama de interesses e posições para os quais não há guarida.

O conflito é exemplificado como um iceberg, ou seja, o visível é apenas parte da estrutura, a qual se apresenta na esfera judicial, que é o que já denominamos conflito objetivo ou aparente. As causas do conflito estão submersas, que são os conflitos subjetivos, os quais, na maioria das vezes, precisam ser alcançados para solução efetiva da lide.

O conflito, quando não tratado na sua gênese, tende a se replicar e refletir em diferentes esferas, de ordem pessoal e profissional e instâncias judiciais.

Quando as partes se apresentam para uma mediação, percebe-se claramente uma divergência entre o pensamento racional, a fala e o sentimento. Não há um alinhamento entre esses vetores. Ou seja, tomando por exemplo um conflito clássico, como as ações de responsabilidade civil, no plano racional, há culpabilização e desejo de ressarcimento de um lado e, do outro lado, uma postura defensiva. Apenas tal aspecto objetivo chega ao Judiciário, sob a forma de ação/omissão, nexo causal, dano.

As questões subjacentes não são exploradas, casos em que uma mudança de postura poderia ensejar um acordo satisfatório.

O novo processo convida o advogado a perceber o conflito como um todo, não apenas sob o prisma da razão, de forma que se obtenha uma justiça eficaz e pacificadora.

A obrigatoriedade da mediação, instituída pelo NCPC, visa à pacificação social, lidando com o conflito na sua origem, ou seja, dando oportunidade às partes de se conscientizarem dos seus problemas e serem protagonistas da solução dos mesmos.

O Novo Código exigirá um Novo Advogado, de formação humanística mais ampla, com conhecimentos que transcendem o direito. Nessa transição, exigirá também um advogado mais humilde, ciente de que não detém todos os saberes, quando deverá valer-se de outros profissionais mais aptos na busca da verdade real. Deverá incorporar na sua rotina profissional, como um mantra, os princípios da Mediação, que são:

ETICIDADE/BOA-FÉ OBJETIVA: consiste no solo fértil necessário para que a mediação possa acontecer. Ou seja, não há espaço para o ganho potestativo, fundado apenas na vontade individual, mas sim o dever de fomentar a justiça e soluções duradouras e eficazes, com observância da dignidade da pessoa humana;

IMPARCIALIDADE DO MEDIADOR: O mediador não pode privilegiar quaisquer das partes. Fica impedido, pelo prazo de um ano, contado do término da última audiência em que atuou, de assessorar, representar ou patrocinar quaisquer das partes – artigo 172 do NCPC.

Tal princípio impede que o advogado, que tenha atuado como mediador, influencie, favoreça, proteja uma das partes em detrimento da outra. Ou seja, é vedada a atuação do advogado mediador em prol de uma parte e em desfavor da outra.

Deve-se, todavia, registrar crítica ao referido artigo 172[4], uma vez que não traduz todo o alcance do princípio da imparcialidade. Se a demanda versar sobre o objeto da mediação, tal impedimento deverá ser permanente. Ou seja, jamais poderá o advogado patrocinar quaisquer das partes, vez que, no processo da mediação, obteve informações privilegiadas da outra parte. Para um Código que consagra o princípio da eticidade, a atuação do advogado, após um ano, confronta tal princípio, vez que expõe a parte contrária, deixando-a em posição vulnerável.

Por outro lado, não haveria qualquer impedimento para que o advogado atuasse sem qualquer restrição temporal em causas não relacionadas ao objeto da mediação.

Isto é, para ilustrar, se atuou como mediador no Direito de Família poderia, sem qualquer empecilho, ajuizar ação de despejo, junto às Varas Cíveis, para quaisquer das partes, em face de terceiros, desde que não guardasse qualquer relação com o que foi abordado na mediação.

A proibição, dessa feita, colocada sem nenhuma reserva, impede o livre exercício da profissão.

Assim, a vedação em epígrafe, que também consta da Lei de Mediação, nº. 13.140, artigo 6º.[5], sob qualquer ângulo de interpretação, está divorciada dos princípios consagrados pelo NCPC.

CONFIDENCIALIDADE OU SIGILO: princípio autoexplicável, que se traduz no dever de sigilo sobre tudo aquilo que foi objeto da mediação. Os fatos revelados ao mediador não poderão ser utilizados como prova ou estratégia para um processo judicial. Mais um princípio que conflita com o artigo 172 do novo Código.

PRINCÍPIO DO EMPODERAMENTO DAS PARTES: As partes passam a ser protagonistas da solução e não objeto de uma decisão. Subtrai-se dos advogados, juízes, promotores e defensores o poder de condução e decisão, que é transferido para os verdadeiros donos do direito, os quais, em contrapartida, são inteiramente responsáveis

---

4 Art. 172. O conciliador e o mediador ficam impedidos, pelo prazo de 1 (um) ano, contado do término da última audiência em que atuaram, de assessorar, representar ou patrocinar qualquer das partes.

5 Art. 6. O mediador fica impedido, pelo prazo de um ano, contado do término da última audiência em que atuou, de assessorar, representar ou patrocinar qualquer das partes.

por suas escolhas. O mediador, diferentemente do conciliador, não induz nenhum tipo de acordo. Apenas orienta. E, sob tal aspecto, inaugura-se um novo paradigma cultural, que visa a atenuar a "cultura do terceiro". Fomos educados a lidar com os conflitos de maneira a terceirizá-los. A culpa é sempre do outro: do advogado que atuou mal, da justiça que é lenta, da sentença injusta, sem questionamento sobre o papel de cada um na história do nosso tempo.

Com a solução ditada por um terceiro, embora, muitas vezes, para uma das partes ou para ambas injusta, eximimo-nos da nossa responsabilidade social. Nesse aspecto, a mediação impõe maturidade para a solução do conflito, com a responsabilização pela solução, tornando as partes responsáveis pelo sucesso ou insucesso. Dificilmente ao advogado é possível garantir 100% de êxito de uma demanda. A mediação facilita o trabalho do advogado, quando transfere para as partes a solução da questão, fornecendo as ferramentas para o acordo. O mediador não é obrigado a solucionar o conflito. Apenas auxilia as partes nesse processo. Nem tampouco, ao contrário do que se acredita, tem por objetivo o acordo a qualquer custo. Deve-se tomar muito cuidado para que a mediação não se torne sinônimo de conciliação.

A mediação demanda conhecimentos específicos, dedicação, propósito, tempo. Não é possível a indústria da mediação em série, para que produza acordos em tempo recorde. Deve haver interesse recíproco e profundo das partes para uma solução consensual. É um trabalho de abertura e esforço, onde questões arraigadas são temporariamente abandonadas, para que se permita a reflexão sobre o novo. É um trabalho de boa vontade, jamais coercitivo. Portanto, a mediação não pode ser confundida com a conciliação, onde o acordo, muitas vezes, é aceito por pressão, comodidade ou conveniência momentânea, mas sem a convicção legítima do alcance das causas do conflito.

A escolha do mediador é primordial para o sucesso da mediação. As partes devem ter empatia e confiança no mediador. Podem estar durante todo o tempo acompanhadas dos seus respectivos advogados, bem como se valerem, quando julgarem necessário, da opinião de outras pessoas, como professores, orientadores espirituais, terapeutas, líderes comunitários e outras referências formadoras de opinião para solução daquele conflito.

O próprio mediador, com sensibilidade, poderá sugerir tais personagens para integrarem o processo, quando contribuírem para o propósito.

Cumpre observar que, atualmente, existem três escolas que orientam as práticas de mediação: Modelo Tradicional-Linear de Harvard, o Modelo Transformativo de Bush e Folger e o Modelo Circular-Narrativo de Sara Cobb.

Comparando os dois principais modelos, a mediação transformativa, modelo elaborado por Robert A. Barush Bush, teórico da Negociação, e Joseph F. Folger, teórico da comunicação, situa o acordo como uma possibilidade, ao contrário do modelo harvardiano, que tem o acordo como objetivo. Pelo Modelo Transformativo, os interesses e necessidades são evidenciados para além do conflito objetivo. Ou seja, trabalhando-se a raiz do conflito ou a parte submersa do iceberg, a solução seria uma consequência e não o objetivo. Com a abordagem real dos sentimentos e interesses, é possível transformar e redimensionar o conflito, sem necessariamente resolvê-lo. Segundo tal premissa, os conflitos adquirem seu aspecto genuíno e, a partir daí, podem ser melhor geridos pelos envolvidos.

A função do mediador é alcançada não pelo acordo em si, mas por trazer à tona as reais causas do conflito, por meio do diálogo respeitoso, possibilitando a consciência e solução da questão, sem qualquer obrigação de resultado.

VALIDAÇÃO: É o reconhecimento pelas partes de que há um valor no propósito e nas propostas, validando os resultados. Ou seja, as partes, como protagonistas da solução e não como sujeitos passivos destinatários de uma decisão, são mais aptas a imprimirem perpetuidade aos seus ajustes.

INFORMALIDADE: Diferentemente do processo, onde há regras fixas para definição das partes, litisconsórcio, intervenção de terceiros, sequência de atos processuais, na mediação, prevalece a informalidade, não há preclusão. As questões podem ser vistas e revistas conforme a necessidade das partes. As partes podem ser pessoas físicas ou jurídicas. Podem ser entes despersonalizados, desde que se possa identificar o representante ou gestor. Podem também ser menores, desde que devidamente assistidos ou representados pelos responsáveis. Pode-se incluir outros partícipes, como já visto, que contribuam para a solução do problema.

Ressalte-se ainda que a mediação poderá ser preventiva (pré-processual), ou seja, antes de instaurada a lide, ou incidental, após instaurada a lide. Embora informal, é sempre aconselhável, ainda que não haja obrigatoriedade, que seja reduzida a termo e homologada judicialmente; daí advém a importância do advogado durante a mediação.

Tal recomendação visa à adequação do acordo às normas legais, bem como à exequibilidade do mesmo.

PLURALIDADE DE PARTES: Decorre do PRINCÍPIO DA INFORMALIDADE. Não há limitação de partes, como no processo. Os sujeitos envolvidos no conflito assumem seu papel e sua responsabilidade, de livre e espontânea vontade, sem coercitividade, e podem integrar a mediação a qualquer momento.

MULTIDISCPLINAR: A mediação pode ser exercida por várias categorias profissionais, ou seja, advogados, psicólogos, assistentes sociais, enfim, não há restrição à atuação profissional. Tal aspecto, ainda não regulamentado, será de suma importância para uma atuação eficaz do advogado como mediador, que deverá se valer, sempre que possível, da ajuda de outros profissionais.

Importantíssimo ressaltar que a mediação não é um processo terapêutico. O foco da mediação não é aprofundar nas questões subjetivas pessoais dos envolvidos, mas nas questões subjetivas que tangenciam o conflito. O limite é tênue; portanto, a ajuda de outros profissionais é sempre recomendável para que não se perca o sentido.

INTERDISCIPLINAR: Sempre que possível, deve-se buscar a atuação de um comediador. Ou seja, considerando o caráter multidiscplinar da mediação, que demanda conhecimentos de peritos, técnicos, psicológicos e outros, deve-se buscar uma atuação conjunta: advogado-perito, psicólogo-assistente social, e assim por diante.

Isso porque a mediação necessita de vários conhecimentos e, nem sempre, uma única de área de atuação os possui.

MÉTODOS UTILIZADOS PARA A MEDIAÇÃO - Os métodos utilizados na mediação são diversos, mas deve ocorrer em lugar acolhedor, onde não haja hierarquia nos posicionamentos, ou seja, todos no mesmo nível, com voz e vez. Já na condução da mediação, o principal instrumento do mediador é a PARÁFRASE, habilidade desenvolvida que consiste na tradução de uma fala hostil, ambígua, confusa, desconexa numa fala coerente, racional e humana, que traduz o sentimento de forma cordial e pacífica.

Desenvolve-se, então, empatia, que proporciona às partes a possibilidade de se verem do lugar do outro, sob o prisma do outro e, muitas vezes, reverem seus próprios pontos de vista e convicções.

A mediação, dessa forma, cumpre seu papel, alinhando pensamento, sentimento e a manifestação, que é a fala. Pela fala, sintetiza-se o elemento racional e o elemento emocional, desconstruindo de forma paulatina a agressividade ou indiferença que dificultam o diálogo e, por sua vez, a solução do conflito.

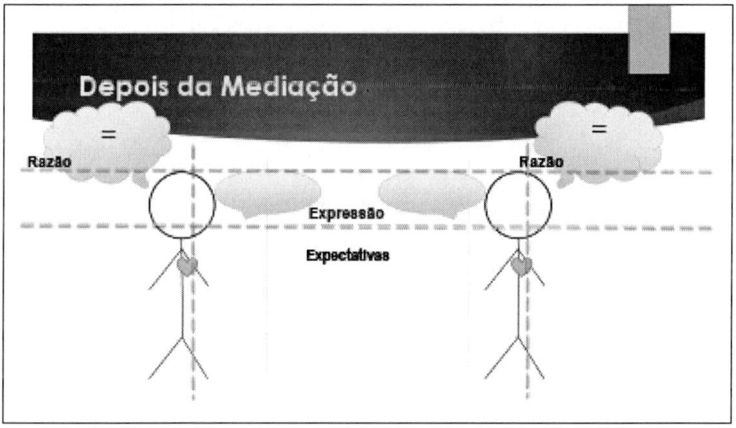

Concluindo, por mais bem intencionado que tenha sido o legislador e, por mais promissora que a mediação se apresente, não basta a previsão legal. Deverá haver incentivo, formações técnicas e acadêmicas, valorização do mediador com justa remuneração, investimento do Judiciário e dos escritórios de advocacia.

Para que a mediação seja eficaz, deverá iniciar nas famílias, nas escolas, nos condomínios, nas comunidades. É necessária a incorporação do autoconhecimento e convencimento do ser humano de que ele é capaz de construir sua história, de ser protagonista do seu tempo. Saber que o problema faz parte da sua existência e aprender a lidar com o conflito é parte do seu crescimento, sem transferi-lo, como se um terceiro pudesse resolvê-lo num passe de mágica, de maneira melhor do que ele próprio poderia.

A prática beligerante atual demonstrou que a efetividade de uma jurisdição universal é utopia. O Judiciário não está aparelhado para o número de demandas e nem possui o olhar célere e atento que todos gostaríamos para nossas questões.

A principal contribuição do Novo Código de Processo Civil para a advocacia é a reflexão obrigatória de que, a partir de cada atuação profissional, independente e ética, pode-se alcançar a mudança gradual de paradigma, com foco e atenção para os jurisdicionados, para ideias e ideais além da demanda posta e, em algum momento, assistir à inauguração de uma nova era processual, com uma justiça célere e justa, onde o princípio da dignidade humana transcenderá a utopia constitucional.

REFERÊNCIAS BIBLIOGRÁFICAS

MOREIRA, José Carlos Barbosa. Privatização do Processo? *Revista EMERJ*, v.1, n.3, 1998, p.13-25.

Nietzsche, A Gaia Ciência. Tradução Antônio Carlos Braga. *Coleção O essencial de Nietzche*. São Paulo: Editora Escala, 2013.

22

A EFETIVAÇÃO DA MEDIAÇÃO FAMILIAR NO BRASIL A PARTIR DO NOVO CÓDIGO DE PROCESSO CIVIL (LEI Nº 13.105/15) E DA LEI DE MEDIAÇÃO (LEI Nº 13.140/15)

Walsir Edson Rodrigues Júnior

Advogado. Doutor e Mestre em Direito pela PUC Minas. Professor de Direito Civil na PUC Minas, na UFMG e na FESMPDFT. Membro do Instituto Brasileiro de Direito de Família (IBDFAM) e do Instituto dos Advogados de Minas Gerais (IAMG). Sócio do escritório CRON Advocacia.

1. INTRODUÇÃO

É na família que o indivíduo vivencia boa parte das suas experiências e desenvolve aspectos psicológicos, sociais e políticos. Não é à toa que cada vez mais essa instituição é reconhecida e protegida pelo Estado. De certo, "a despeito das críticas e das vicissitudes que, em alguns períodos da história, e ainda recentemente, lhe têm posto à prova os alicerces, a família subsiste, e é considerada em todos os países e em todos os sistemas legislativos como instituição necessária [...]".[1]

Mas, e quando a comunhão de vida afetiva entre os membros de uma família não é mais possível ou indicada, o que fazer? Deixar que o Estado resolva o conflito ditando a solução para o caso concreto ou dar a oportunidade para que as próprias partes, com fulcro na autonomia que deve existir no seio de toda entidade familiar, decidam o que é melhor e assumam a responsabilidade pela decisão?

A melhor forma de se buscar a verdadeira responsabilização das partes é fazendo uso da mediação que se constitui em uma das mais positivas e eficazes formas de resolução de conflitos, por ser um procedimento que busca resolver por completo todas as questões (objetivas e subjetivas), permitindo às próprias partes a restauração da comunicação e do direito lesado.

O novo Código de Processo Civil e a Lei de Mediação direcionam inicialmente as partes para a solução consensual do conflito para, depois, frustrada a possibilidade de autocomposição, deixar que um terceiro decida. Busca-se, neste trabalho, analisar a efetivação desse novo modelo de resolução de conflitos.

---

1 ESPÍNOLA, Eduardo. *A família no direito civil brasileiro*. Campinas: Bookseller, 2001. p. 15-16.

2. ESPECIFICIDADES E FORMAS DE RESOLUÇÃO DOS CONFLITOS FAMILIARES

É do poder estatal que emana a Jurisdição, vista como uma das funções do Estado. Por meio dessa função, o Estado coloca um terceiro imparcial, substituto das partes titulares dos interesses envolvidos, solucionando o conflito em concreto, fazendo a atuação da vontade do direito objetivo que rege a lide, de forma imperativa. Elio Fazzalari[2] entende a jurisdição como a atividade mediante a qual o Estado, por meio dos juízes, considerados órgãos do Estado, coloca-se acima dos sujeitos implicados na violação de uma norma primária e, após ouvir suas razões, providencia a cessação do estado de fato contrário ao direito. Para o referido autor, a jurisdição tem seu principal fundamento na estrutura procedimental que se segue até o provimento jurisdicional, e essa estrutura é caracterizada pelo contraditório, pela participação em simétrica paridade dos afetados pelo provimento.

Com o objetivo de solucionar o conflito da maneira mais imparcial possível, o legislador desenvolve os critérios objetivos e vinculativos para as decisões judiciais, anulando, com isso, as limitações de um julgamento baseado exclusivamente na subjetividade. Dessa forma, o litígio é submetido a uma forma rígida de solução, pois o juiz, de acordo com os critérios objetivos estabelecidos pelo legislador, decide a lide nos limites em que foi proposta, ficando impedido de decidir a questão em favor do autor, de natureza diversa do pedido, e de condenar o réu em quantia superior ou em objeto diverso do que lhe foi demandado.

Ocorre que nem sempre as decisões do juiz, baseadas nos critérios objetivos contidos nas leis (materiais e processuais), são capazes de resolver de maneira definitiva um conflito. Tal fato ocorre porque, se é possível e desejável que, ao solucionar um conflito, o julgador se desvencilhe de aspectos subjetivos, muitas vezes as partes envolvidas no conflito não conseguem fazê-lo.

Essa é a razão pela qual, muitas vezes, as decisões judiciais não alcançam a pacificação social, escopo último da Jurisdição, uma vez que o litígio não é resolvido de forma integral, ou seja, a solução não é baseada nos verdadeiros interesses das partes.

Tem-se, portanto, a resolução da lide processual (objetiva), deixando a solução da lide sociológica (subjetiva) em aberto, mantendo o conflito entre as partes.

Conforme atesta Rodrigo da Cunha Pereira,

> Uma das grandes contribuições da Psicanálise à prática jurídica, é que ao nos revelar uma outra realidade que é psíquica, desvenda uma subjetividade e razões inconscientes (se é que o inconsciente tem alguma razão) que faz quebrar uma máxima jurídica: "o que não está nos autos não está no mundo". Embora não esteja ali no mundo objetivo dos autos, as razões inconscientes e o gozo estão presentes, perpassando a cena objetiva do processo e dando ao mundo dos autos

---

2 FAZZALARI, Elio. *Istituzioni di Diritto Processuale*. Padova: Cedam, 1992. p. 100-101.

um destino muito diferente daquele que ele teria se estivessem presentes apenas os aspectos objetivos.[3]

Tal situação é geralmente identificada principalmente nas decisões oriundas das Varas de Família, já que, os conflitos que envolvem as relações familiares são os mais complexos por envolver uma carga de subjetividade muito grande.

Segundo Nathan Ackerman[4], a família é uma entidade paradoxal que, basicamente, tem duas funções: assegurar a sobrevivência e a humanidade essencial do homem. Nesse sentido, a família pode ser observada como um sistema complexo de relações no qual cada membro ocupa um lugar e desempenha uma função.

Para Lacan[5], é a família que organiza os processos do desenvolvimento psíquico, ocupando lugar de destaque no que se refere à transmissão da cultura.

Giselle Câmara Groeninga define a família como um "caleidoscópio de relações que muda no tempo de sua constituição e consolidação em cada geração, que se transforma com a evolução da cultura, de geração para geração".[6]

Percebe-se, portanto, que a família é um complexo espaço relacional. Aliás, constata-se uma valorização e até mesmo uma supervalorização da família como um núcleo importante e responsável pelo crescimento e desenvolvimento da personalidade dos seus membros, tornando-se um espaço privilegiado para as vivências emocionais de toda ordem e ao mesmo tempo únicas. Com isso, a sua "desconstrução", tendo em vista uma separação judicial ou um divórcio, envolve inúmeros aspectos e conflitos que encarnam e exacerbam a ambivalência afetiva presente em todas as relações.

Por isso, na dissolução da sociedade conjugal, por exemplo, não só os aspectos legais devem ser analisados, as questões mais íntimas e subjetivas que geralmente representam o verdadeiro motivo do conflito devem ser discutidas, já que, muitas vezes, é necessário planejar entre os membros da família o relacionamento futuro pós-separação ou pós-divórcio. Daí a necessidade de os laços afetivos serem discutidos, revistos e reestruturados.

Nesse sentido, mostra-se pouco eficiente e legítima a solução adversarial convencional mediante a solução adjudicada, por meio da qual um terceiro decide sem uma *ausculta* adequada, ou seja, sem levar em consideração o conflito familiar em todos os seus espectros.

---

3 PEREIRA, Rodrigo da Cunha. *Princípios Fundamentais Norteadores do Direito de Família*. Belo Horizonte: Del Rey, 2006. p. 58.

4 ACKERMAN, Nathan W. *Diagnóstico e tratamento das relações familiares*. Trad. Maria Cristina R. Goulart. Porto Alegre: Artes Médicas, 1986. p. 29-30.

5 LACAN, Jacques. *Os complexos familiares na formação do indivíduo*. Trad. Marco Antônio Coutinho Jorge e Potiguara Mendes da Silveira Júnior.Rio de Janeiro: Jorge Zahar, 2002. p.13

6 GROENINGA, Giselle Câmara. Família: um caleidoscópio de relações. In: GROENINGA, Giselle Câmara, PEREIRA, Rodrigo da Cunha (Coord.) *Direito de família e psicanálise* – rumo a uma nova epistemologia. Rio de Janeiro: Imago, 2003. p.125.

Sugere-se implantar, no Brasil, o chamado sistema "multiportas", idealizado nos Estados Unidos. Um sistema judicial ampliado mediante a introdução de múltiplos programas para resolver as disputas através de métodos alternativos, que podem ser utilizados antes e durante o processo judicial; um *menu* de várias opções de resolução de conflitos que permite a utilização do mecanismo mais adequado para cada conflito em particular.

A mediação destaca-se no âmbito desse *menu* e deste estudo jurídico-científico, por ser um processo dinâmico que visa ao entendimento, buscando desarmar as partes envolvidas no conflito. O mediador, terceiro imparcial, tem a atribuição de mover as partes da posição em que se encontram, transformando o conflito e possibilitando o acordo voluntário e mutuamente aceitável entre as partes litigantes.

3. O NOVO CPC E O MODELO MULTIPORTAS

Mauro Cappelletti e Bryant Garth[7], no esforço de buscar a efetividade do acesso à Justiça, apresentaram três fases ou ondas que devem constituir o aspecto central do Estado moderno.

A primeira onda, denominada de assistência judiciária para os pobres, visa à superação dos obstáculos decorrentes da pobreza com o oferecimento de serviços jurídicos gratuitos. Devem-se oferecer aos que não têm condições econômicas informações e assistência extrajudicial, antes do ajuizamento da ação, além de assistência judiciária e adequada representação legal no curso do processo.

A segunda onda, denominada pelos autores como representação dos interesses difusos, visa combater o sentido individualista que assola o processo nos dias de hoje. O objetivo é expandir a tutela jurisdicional a direitos decorrentes de interesses transindividuais (difusos e coletivos) e individuais homogêneos, como ressaltam Cappelletti e Garth[8], quando afirmam que a noção tradicional do processo civil não deixava brechas para a proteção dos direitos difusos.

A terceira onda, que se relaciona com o presente trabalho, conhecida como um novo enfoque de acesso à Justiça, busca o emprego de técnicas processuais diferenciadas. Entre elas, destacam-se a simplificação dos procedimentos e a criação de vias alternativas de solução de controvérsias.

Na compreensão de Roque Caivano, Marcelo Gobbi e Roberto Padilla[9], os meios alternativos de composição de litígios deveriam atuar como filtros que retêm todos

---

7 CAPPELLETTI, Mauro; GARTH, Bryant. *Acesso à Justiça.* Trad. Ellen Gracie Northfleet. Porto Alegre: Fabris, 1988.

8 CAPPELLETTI, Mauro; GARTH, Bryant. *Acesso à Justiça.* Trad. Ellen Gracie Northfleet. Porto Alegre: Fabris, 1988. p. 49-50.

9 CAIVANO, Roque J; GOBBI, Marcelo; PADILLA, Roberto E. *Negociación y mediación.* Buenos Aires: Ad-Hoc, 1997. p. 45.

os conflitos que possam ser solucionados através de um acordo. A solução mais adequada para colocar fim a um conflito é aquela encontrada pelas próprias partes, pois é a que melhor atende seus interesses e a que terá maior chance de ser cumprida voluntariamente.

Assim, face à iminente exigência de democratização do acesso à Justiça, a tendência é desenvolver mecanismos de pacificação social mais eficientes. É justamente essa procura de alternativas, que Cappelletti e Garth defendem na chamada terceira onda, a reformista do movimento de acesso à Justiça. Em artigo publicado na Revista de Processo, Mauro Cappelletti reforça essa ideia, afirmando que:

> [...] devemos estar conscientes de nossa responsabilidade; é nosso dever contribuir para fazer que o direito e os remédios legais reflitam as necessidades, problemas e aspirações atuais da sociedade civil; entre essas necessidades estão seguramente as de desenvolver alternativas aos métodos e remédios, tradicionais, sempre que sejam demasiado caros, lentos e inacessíveis ao povo; daí o dever de encontrar alternativas capazes de melhor atender às urgentes demandas de um tempo de transformações sociais em ritmo de velocidade sem precedente.[10]

Eis, então, o sistema multiportas. Um sistema judicial ampliado mediante a introdução de múltiplos programas para resolver as disputas por meio de métodos alternativos que podem ser utilizados antes e durante a ação judicial.

O novo CPC busca promover uma nova racionalidade para o trato das litigiosidades. Ao se analisar o disposto no art. 3° do Novo CPC[11], percebe-se notória tendência de se estruturar um modelo multiportas que adote a solução jurisdicional tradicional agregada à absorção de outros meios.

Busca-se, assim, a adoção de uma solução integrada dos litígios, como corolário da garantia constitucional do livre acesso à jurisdição constante do inc. XXXV do art. 5º da CRFB/88.

A mescla destas técnicas de dimensionamento de litígios se faz momentaneamente necessária pela atávica característica do cidadão brasileiro de promover uma delegação da resolução dos conflitos ao judiciário, fato facilmente demonstrável pela hiper-judicialização de conflitos. Mesmo daqueles que, ordinariamente, em outros sistemas, são resolvidos pela ingerência das próprias partes (solução diádica) mediante autocomposição.

Nos termos postos, vislumbra-se que, para além de se pensar na jurisdição como última via para se dimensionar um conflito, hoje é possível se pensar que as chamadas técnicas *alternativas*, podem ser utilizadas como vias plúrimas e adequadas

---

10 CAPPELLETTI, Mauro. Os métodos alternativos de solução de conflitos no quadro do movimento universal de acesso à Justiça. *Revista de Processo*, São Paulo, n. 74, p. 82-97, 1994.

11 Art. 3º - Não se excluirá da apreciação jurisdicional ameaça ou lesão a direito. § 1º É permitida a arbitragem, na forma da lei. § 2º O Estado promoverá, sempre que possível, a solução consensual dos conflitos. § 3º A conciliação, a mediação e outros métodos de solução consensual de conflitos deverão ser estimulados por magistrados, advogados, defensores públicos e membros do Ministério Público, inclusive no curso do processo judicial.

para a solução mais apropriada, quando bem estruturadas e levadas a cabo de modo profissional, independentemente do nível de complexidade do conflito que se apresente.[12]

A ideia parte da noção de que os litígios, especialmente dentro de um quadro de diversidade de tipos e de graus de complexidade, merecem ser geridos e direcionados para a via processual adequada para seu dimensionamento.

Nestes termos, no novo CPC, verifica-se que a mediação e a conciliação, de técnicas alternativas, passam a compor um quadro de soluções integradas de modo que, uma vez proposta a demanda, haveria a possibilidade de escolha da técnica mais adequada para o dimensionamento de cada conflito.

O ponto chave de distinção entre a mediação e a conciliação é o grau de interferência do terceiro (mediador ou conciliador) na elaboração do acordo. Lília Maia de Morais Sales estabelece a seguinte distinção entre conciliação e mediação:

> A diferença fundamental entre a mediação e a conciliação reside no conteúdo de cada instituto. Na conciliação, o objetivo é o acordo, ou seja, as partes, mesmo adversárias, devem chegar a um acordo para evitar um processo judicial. Na mediação as partes não devem ser entendidas como adversárias e o acordo é consequência da real comunicação entre as partes. Na conciliação, o mediador sugere, interfere, aconselha. Na mediação, o mediador facilita a comunicação, sem induzir as partes ao acordo.[13]

Roberto Portugal Bacellar distingue a mediação da conciliação com base no aspecto prático. As duas formas alternativas de solução de conflitos não têm aplicação indiscriminada ou aleatória, dependendo do caso concreto, uma forma pode ser mais indicada do que a outra. Conclui o autor:

> A conciliação é opção mais adequada para resolver situações circunstanciais, como indenização por acidente de veículo, em que as pessoas não se conhecem (o único vínculo é o objeto do incidente), e, solucionada a controvérsia, lavra-se o acordo entre as partes, que não mais vão manter qualquer outro relacionamento; já a mediação afigura-se recomendável para situações de múltiplos vínculos, sejam eles familiares, de amizade, de vizinhança, decorrentes de relações comerciais, trabalhistas, entre outros. Como a mediação procura preservar as relações, o processo mediacional bem conduzido permite a manutenção dos demais vínculos, que continuam a se desenvolver com naturalidade durante a discussão da causa. [14]

No mesmo sentido, o novo CPC definiu a atuação preferencial do conciliador e do mediador nos parágrafos 2º e 3º do art. 165:

---

12 THEODORO JR., Humberto; NUNES, Dierle; BAHIA, Alexandre. Litigância De Interesse Público E Execução Comparticipada De Políticas Públicas. *Revista de Processo*. São Paulo: Revista dos Tribunais. Vol. 224. Out. /2013.

13 SALES, Lília Maia de Morais. *Justiça e mediação de conflitos*. Belo Horizonte: Del Rey, 2004. p. 38.

14 BACELLAR, Roberto Portugal. *Juizados Especiais:* a nova mediação paraprocessual. São Paulo: RT, 2003. p. 231.

> § 2º O conciliador, que atuará preferencialmente nos casos em que não houver vínculo anterior entre as partes, poderá sugerir soluções para o litígio, sendo vedada a utilização de qualquer tipo de constrangimento ou intimidação para que as partes conciliem.
>
> § 3º O mediador, que atuará preferencialmente nos casos em que houver vínculo anterior entre as partes, auxiliará aos interessados a compreender as questões e os interesses em conflito, de modo que eles possam, pelo restabelecimento da comunicação, identificar, por si próprios, soluções consensuais que gerem benefícios mútuos.

Evidencia-se, portanto, que no campo dos procedimentos familiares a mediação deverá prevalecer em detrimento de qualquer outra forma de resolução de conflito. Com isso, o novo Código de Processo Civil valoriza o consenso e cria "no âmbito do Judiciário um espaço não apenas de *julgamento*, mas de *resolução de conflitos*."[15]

A inserção desse modo de gestão de conflitos, que dá primazia à racionalidade comunicativa em detrimento da exacerbada litigiosidade, é garantida também pelo disposto no § 1º do art. 695, ao determinar que o mandado de citação esteja desacompanhado da cópia da petição inicial.

Esse procedimento foi justificado e idealizado por Israel Rachid nos seguintes termos:

> As paixões explodem, amores nascem, naturalmente, sendo incabível qualquer legalidade para o seu surgimento. Está presente a figura do direito íntimo. Alguns desdobramentos dos sentimentos podem enfraquecer as paixões, diminuir o amor e trazer à tona o desamor. Deveriam os amantes buscar, eles próprios, suas soluções subjetivas, as quais não são oferecidas pelo Poder Judiciário. O juiz, este estranho, terceiro, a decidir sobre uma relação que não deu certo, dificilmente fará de um dos litigantes um destinatário de felicidade. No plano processual, a tentativa de conciliação entre os cônjuges desavindos, com o objetivo da transformação dos divórcios e separações judiciais litigiosos em consensuais, tem trazido resultados satisfatórios e menos traumáticos para os envolvidos. Será salutar, no campo da legalidade, a permissão para que um cônjuge, ao formular um pedido de separação judicial ou divórcio, não apresente, de imediato, com a petição inicial, os fatos e o fundamento jurídico de sua pretensão, para que não fique inviabilizada uma conciliação entre as partes envolvidas. Assim como é permitida, no prazo de dez (10) dias, a emenda da petição inicial (art. 283 do Código de Processo Civil), poderia a lei permitir, também, que os fatos e fundamentos jurídicos dos pedidos de divórcio e separação judicial só fossem levados ao conhecimento da parte requerida após a constatação da impossibilidade de reconciliação ou conciliação entre os cônjuges. Afinal, as normas de procedimento devem servir para fazer prevalecer os direitos substantivos, não para limitá-los.[16]

---

15 CUNHA, Leonardo Carneiro da; AZEVEDO NETO, João Luiz Lessa de. A mediação e a conciliação no projeto do novo CPC: meios integrados de resolução de dispustas. In: FREIRE, Alexandre et al (Org.). *Novas Tendências do Processo Civil.* Salvador: JusPODIVM, 2014, p. 197. v. 3.

16 RACHID, Israel Carone. A legalidade da Subjetividade. *In:* PEREIRA, Rodrigo da Cunha. (Coord.) *Repensando o direito de família*. Belo Horizonte: Del Rey, 1999. p. 455-460.

Pontue-se que, nos termos do mesmo §1º do art. 695, será garantido ao réu o direito de examinar a exordial a qualquer tempo. Mas, segundo um argumento pragmático, evita-se o acesso imediato de potenciais conteúdos que fomentem o embate que poderá desgastar desnecessariamente e inviabilizar as possibilidades de construção consensual da resolução do conflito.

Percebe-se que a opção do CPC/2015, ao institucionalizar vias plúrimas de dimensionamento dos conflitos, visa proporcionar um campo de ação multidisciplinar, por meio do qual as pessoas construam, de modo comunicacional e relacional, a solução do conflito, respeitando as individualidades e as histórias de vida pessoal e familiar.

4. A LEI DE MEDIAÇÃO (LEI Nº 13.140/2015)

Corroborando a tendência de implementação do sistema multiportas estabelecida no ordenamento jurídico brasileiro com a sanção do Novo Código de Processo Civil – Lei nº 13.105/2015, entrou em vigor, no segundo semestre de 2015, a Lei nº 13.140/2015, que define parâmetros objetivos acerca da mediação judicial e extrajudicial entre particulares, além da autocomposição de conflitos no âmbito da administração pública.

A Lei da Mediação - como vem sendo conhecida - quando confrontada com a norma do novo CPC, encontra alguns problemas de harmonização[17], conforme apontado pela literatura jurídica. Isso porque os diplomas apresentam algumas regras conflitantes entre si. Contudo, nada que inviabilize a implementação da mediação no Brasil.

A Lei nº 13.140/2015, logo em seu art. 1º, parágrafo único, tratou de normatizar uma definição acerca do que seja a mediação, estabelecendo que tal prática caracteriza-se como sendo "a atividade técnica exercida por terceiro imparcial sem poder decisório, que, escolhido ou aceito pelas partes, as auxilia e estimula a identificar ou desenvolver soluções consensuais para a controvérsia".

Conforme disposto no art. 2º da mencionada Lei, a mediação é informada pelos princípios da imparcialidade do mediador; isonomia entre as partes; oralidade; informalidade; autonomia da vontade das partes; busca do consenso; confidencialidade; e boa-fé.

No âmbito dos conflitos familiares destacam-se os princípios da autonomia privada e da confidencialidade.

O princípio da confidencialidade tem especial importância tendo em vista a natureza particular dos conflitos que envolvem questões familiares. O art. 30 da Lei 13.140/2015 determina que "toda e qualquer informação relativa ao procedimento de mediação será confidencial em relação a terceiros, não podendo ser revelada sequer em processo arbitral ou judicial, abrangendo declarações, opiniões, sugestões, promessas, propostas, reconhecimento de fatos, documentos, dentre outros".

---

[17] THEODORO JÚNIOR, Humberto; NUNES, Dierle; BAHIA, Alexandre Melo Franco; PEDRON, Flávio Quinaud. *Novo CPC* – Fundamentos e sistematização. Rio de Janeiro: Forense, 2016.

Pragmaticamente, significa dizer que apesar das tentativas de solução consensual do conflito empenhadas durante procedimento de mediação, caso não seja obtido o acordo entre as partes e eventualmente a controvérsia seja encaminhada à jurisdição, as informações constantes do procedimento de mediação, seja judicial ou extrajudicial, não valerão como meio de prova, tendo em vista sua confidencialidade, a teor do disposto no § 2º do art. 30 da Lei nº 13.140/2015.

Na Lei de Mediação existem disposições comuns à mediação extrajudicial e à judicial (arts. 14 a 20), entretanto, a mediação extrajudicial será iniciada após convite formulado pela parte interessada que indicará a matéria, a data e o local da reunião inicial (art. 21), ao passo que a mediação judicial será designada obrigatoriamente caso a petição inicial apresente os requisitos essenciais e não for o caso de improcedência liminar do pedido (art. 27), conforme aludido.

Na seara dos conflitos familiares, a mediação poderá exercer papel fundamental na medida em que representa uma opção não litigiosa de solução de controvérsias através da presença de indivíduo dotado de habilidade capaz de facilitar a comunicação entre as partes, mas sem poder de decisão.

A figura do mediador servirá como orientador e elucidador da discussão empreendida, que, muitas vezes, torna-se litigiosa à vista dos vícios de cognição acometidos pela carga sentimental e emocional das questões tratadas no juízo familiar.

E mesmo questões que envolvam incapazes, *v.g.* guarda dos filhos comuns, pensão alimentícia de filhos menores, dentre outras, poderão ser objeto de mediação familiar.

Isso porque o §2º do art. 3º da Lei 13.140/2015 traz a possibilidade de que seja buscado o consenso das partes envolvendo direitos indisponíveis, mas transigíveis, através da oitiva de representante do Ministério Público e homologação judicial.

Nesse sentido, a mediação apresenta-se como um caminho alternativo à resolução dos litígios no âmbito familiar, no qual há a preocupação com a história de vida e com a preservação emocional das partes.

Como demonstrado anteriormente, os conflitos familiares envolvem inúmeras questões subjetivas e, assim, postula-se que as partes não podem e não devem ficar alheias à sua solução, simplesmente esperando que um terceiro diga o que é certo e o que é errado. É preciso que lhes seja oferecida a oportunidade a fim de que busquem autorregulamentar a solução do conflito criado por elas mesmas, ou melhor, autoconstituam-se.

De acordo com Michel Foucalt, "o sujeito se autoconstitui ajudando-se com técnicas de si, no lugar de ser constituído por técnicas de dominação (poder) ou técnicas discursivas (saber)".[18] Dessa forma, em que pese o fato de que também na mediação há assujeitamento, estruturado sob o domínio do binômio saber-poder, concorrentemente, há a resistência representada pela possibilidade que o sujeito encontra de desvencilhar-se de regras de conduta pré-estabelecidas, na busca por transformação.

---

18 FOUCAULT, Michel. *A hermenêutica do sujeito*. Trad. Márcio Alves Fonseca e Salma Tannus Muchail. São Paulo: Martins Fontes, 2005. p. 620.

Assim, há a coexistência de forças de sujeição, mas há também a evidência de forças transformadoras que se constituem em possibilidades para o exercício da autonomia dos sujeitos envolvidos no conflito.

A mediação pode ser entendida como uma experiência singular, pois permite a expressão do saber da vida, a reflexão e o surgimento de uma nova subjetividade, sem se perder diante da necessidade objetiva de regras ancoradas no ordenamento jurídico para a efetiva resolução das disputas.

5. CONCLUSÃO

O novo CPC e a Lei de Mediação abrem espaço para a implantação, no Brasil, do chamado sistema multiportas.

A mediação destaca-se no âmbito desse sistema, principalmente para a solução de conflitos familiares, por ser um processo dinâmico que visa ao entendimento, buscando desarmar as partes envolvidas no conflito.

A verdadeira justiça com paz social só é alcançada quando todas as questões que envolvem o litígio são discutidas e tratadas de forma completa e satisfatória pelas próprias partes. É o que ocorre, quando se chega a um acordo por meio da mediação, pois representa a expressão do que cada parte aceita como "justo" e se compromete a cumprir, sendo, por isso, uma solução satisfatória e duradoura.

Com a mediação, portanto, abre-se a possibilidade para que o sujeito se autoconstitua por meio das oportunidades de transformação em seu ser singular, tornando-se sujeito de si mesmo, apropriando-se de sua experiência, estabelecendo, sobretudo por meio da escuta reflexiva, novos vínculos. As soluções são mais criativas e transformadoras, já que consideram a própria realidade vivenciada pelas partes e, reconhecendo-se e respeitando-se as diferenças, relacionamentos mais autênticos podem ser construídos.

A mediação sem dúvida representa espaço "*de*" e "*para*" a libertação e criação de novos modos de subjetivação. Contudo, entende-se que tal prática não é fácil, pois muitas vezes as próprias pessoas preferem que o Estado (Juiz) decida os rumos de suas vidas. Não é fácil para o indivíduo libertar-se da dominação do Estado e de outras formas de poder, dos discursos "verdadeiros" estampados nas normas e, de maneira livre e transformadora, criar novas formas de subjetividade e tornar-se autor de si próprio. Eis, então, o principal desafio a ser suplantado para a efetivação da mediação familiar no Brasil.

REFERÊNCIAS BIBLIOGRÁFICAS

ACKERMAN, Nathan W. *Diagnóstico e tratamento das relações familiares*. Trad. Maria Cristina R. Goulart. Porto Alegre: Artes Médicas, 1986.

BACELLAR, Roberto Portugal. *Juizados Especiais:* a nova mediação paraprocessual. São Paulo: RT, 2003.

CAIVANO, Roque J; GOBBI, Marcelo; PADILLA, Roberto E. *Negociación y mediación*. Buenos Aires: Ad-Hoc, 1997.

CAPPELLETTI, Mauro. Os métodos alternativos de solução de conflitos no quadro do movimento universal de acesso à Justiça. *Revista de Processo*, São Paulo, n. 74, p. 82-97, 1994.

CAPPELLETTI, Mauro; GARTH, Bryant. *Acesso à Justiça*. Trad. Ellen Gracie Northfleet. Porto Alegre: Fabris, 1988.

CUNHA, Leonardo Carneiro da; AZEVEDO NETO, João Luiz Lessa de. A mediação e a conciliação no projeto do novo CPC: meios integrados de resolução de dispustas. In: FREIRE, Alexandre et al (Org.). *Novas Tendências do Processo Civil*. Salvador: JusPODIVM, 2014, p. 197. v. 3.

ESPÍNOLA, Eduardo. *A família no direito civil brasileiro*. Campinas: Bookseller, 2001.

FAZZALARI, Elio. *Istituzioni di Diritto Processuale*. Padova: Cedam, 1992.

FOUCAULT, Michel. *A hermenêutica do sujeito*. Trad. Márcio Alves Fonseca e Salma Tannus Muchail. São Paulo: Martins Fontes, 2005.

GROENINGA, Giselle Câmara. Família: um caleidoscópio de relações. In: GROENINGA, Giselle Câmara, PEREIRA, Rodrigo da Cunha (Coord.) *Direito de família e psicanálise* – rumo a uma nova epistemologia. Rio de Janeiro: Imago, 2003.

LACAN, Jacques. *Os complexos familiares na formação do indivíduo*. Trad. Marco Antônio Coutinho Jorge e Potiguara Mendes da Silveira Júnior.Rio de Janeiro: Jorge Zahar, 2002.

MAUS, Ingeborg. O Judiciário como Superego da Sociedade: O papel da atividade jurisprudencial na "sociedade órfã". *Novos Estudos CEBRAP*, São Paulo, n.º 58, p. 183 – 202, novembro de 2000.

PEREIRA, Rodrigo da Cunha. *Princípios Fundamentais Norteadores do Direito de Família*. Belo Horizonte: Del Rey, 2006.

RACHID, Israel Carone. A legalidade da Subjetividade. *In:* PEREIRA, Rodrigo da Cunha. (Coord.) *Repensando o direito de família*. Belo Horizonte: Del Rey, 1999.

SALES, Lília Maia de Morais. *Justiça e mediação de conflitos*. Belo Horizonte: Del Rey, 2004.

THEODORO JÚNIOR, Humberto; NUNES, Dierle; BAHIA, Alexandre. Litigância De Interesse Público E Execução Comparticipada De Políticas Públicas. *Revista de Processo*. São Paulo: Revista dos Tribunais. Vol. 224. Out. /2013.

THEODORO JÚNIOR, Humberto; NUNES, Dierle; BAHIA, Alexandre Melo Franco; PEDRON, Flávio Quinaud. *Novo CPC* – Fundamentos e sistematização. Rio de Janeiro: Forense, 2016.

23

MEDIAÇÃO E SUAS TÉCNICAS CIRCULAR-NARRATIVAS

Silvana Dias

Advogada e Mediadora. Mediadora Judicial e Conciliadora no CEJUSC CENTRAL/TJSP. Especialista em Contratos pela PUC/COGEAE. Pós-Graduada em Mediação: Intervenções Sistêmicas para Resolução de Conflitos em Diferentes Contextos pela PUC/COGEAE. Mediadora Familiar pela EPM/TJSP. Graduada em Direito pela Universidade Presbiteriana Mackenzie. Mediadora Certificada pelo Instituto de Certificação e Formação de Mediadores Lusófonos – ICFML. Instrutora em Oficina de Divórcio e Parentalidade, Instrutora em Formação em Mediação Judicial e Conciliação e Supervisora em Mediação e Conciliação pelo Conselho Nacional de Justiça-CNJ. Coordenadora e professora dos Cursos de Capacitação de Conciliadores e Mediadores da SD Mediar.

1. BREVE HISTÓRICO E CONCEITO

A mediação é de origem antiga. Mediar significa literalmente dividir ao meio, advém do latim *mediare.*

Várias culturas no mundo, como a judaica, a cristã, a islâmica, a hinduísta, a budista, a confucionista e até as indígenas vem se utilizando da mediação.

Na Roma antiga, já havia a previsão do procedimento *in iure* (na presença do juiz) e o *in iudicio (*na presença do mediador ou árbitro*)*. É de se ressaltar que, no ordenamento ático e, posteriormente, no ordenamento romano republicano, a mediação não era reconhecida como instituto de direito, mas sim, como regra de mera cortesia.

A mediação convencional apareceu na França no início dos anos 80, é livre e espontaneamente escolhida pelas partes que procedem elas próprias a escolha de uma terceira parte, o mediador. A mediação judicial é promulgada a partir do decreto lei de 22 de julho de 1996. A mediação aceita pelas partes no decurso de um processo e ordenada pelo juiz que designa e mandava um mediador. Neste caso de aceitação durante o processo, o juiz promove a mediação. O prazo inicial da mediação não pode exceder três meses. Esse prazo pode ser renovado, por um mesmo período, a pedido do mediador, do juiz ou das partes.

A Argentina promulgou a Lei n. 24.573 de 25 de outubro de 1995, instituindo a mediação obrigatória, embora fazendo exclusão de algumas situações. Estabelece a referida lei o Registro de Mediadores, atribuindo a responsabilidade ao Ministério da Justiça, exigindo ao mediador que possua título de advogado. Tem ele direito a honorários que serão pagos pelas partes, conforme acordo. Frustrada a mediação, os honorários serão pagos por meio de um Fundo.

No Japão, duas leis disciplinam a mediação: a Lei para determinação de casos de família e a Lei sobre mediação em direito civil. Os tribunais de família foram criados no Japão em 1949. A mediação possui um papel fundamental nestes tribunais, sendo obrigatória para os litígios envolvendo o direito de família. Já no que tange às outras áreas do direito civil, a mediação não é obrigatória e seu papel é secundário.

De acordo com Chistopher W. Moore[1], as tradições judaicas de solução de conflitos foram transportadas para as comunidades cristãs emergentes, que olhavam Cristo como mediador supremo. É possível encontrar na Bíblia (I Timóteo 2:5-6)[2], referência a Jesus como mediador entre Deus e o homem. Este conceito de intermediário foi utilizado para justificar o papel do clero como mediador entre a congregação, Deus e os crentes. Até a Renascença, a Igreja Católica na Europa Ocidental e a Igreja Ortodoxa no Leste Mediterrâneo foram, certamente, as principais instituições de mediação e administração de conflitos da sociedade ocidental. Sendo responsabilidade do clero a mediação em assuntos familiares, criminais e disputas diplomáticas entre a nobreza.

A Mediação surgiu no Brasil para tentar solucionar os obstáculos de acesso a justiça e a ineficiência do sistema judiciário brasileiro. A Constituição Imperial de 1824 já citava relações extrajudiciários nos artigos 160 e 161, a Carta Magna cita algumas soluções extrajudiciais como a Conciliação, a Constituição Federal de 1988 cita no artigo 98, inciso I e II, o Código de Processo Civil cita no artigo 125.

A Resolução 125 do Conselho Nacional de Justiça, publicada em 29 de novembro de 2010, que dispõe sobre a Política Judiciária Nacional de tratamento adequado dos conflitos de interesses no âmbito do Poder Judiciário. A Resolução trata sobre a ampliação do acesso à justiça e da pacificação do conflito por meio dos métodos consensuais, considerando que a conciliação e a mediação são instrumentos efetivos de pacificação social, solução e prevenção de litígios, e que sua apropriada disciplina em programas já implementados nos país tem reduzido a excessiva judicialização dos conflitos de interesses, a quantidade de recursos e de execução de sentenças, sendo imprescindível estimular, apoiar e difundir a sistematização e o aprimoramento das práticas já adotadas pelos tribunais.

O Conselho Nacional de Justiça publicou, no dia 31 de janeiro de 2013, uma emenda à Resolução 125 de 2010. O intuito é estimular a busca por soluções extrajudiciais para resolver conflitos. Ela determina, por exemplo, que os Tribunais do país criem, "no prazo de 60 (sessenta) dias, Núcleos Permanentes de Métodos Consensuais de Solução de Conflitos, compostos por magistrados da ativa ou aposentados e servidores"[3]. Outra nova diretriz, adicionada ao artigo 1º, é a compilação de dados

1 MOORE, Christopher W. *O Processo de Mediação*. Porto Alegre: Artmed, 1998.

2 "Pois há um Deus e um mediador entre Deus e o homem, o homem Jesus Cristo, que se entregou como redenção de todos, o que será comprovado no devido tempo".

3 CONSELHO NACIONAL DE JUSTIÇA. Resolução nº 125, de 29 de novembro de 2010. Anexo III. Dispõe sobre a Política Judiciária Nacional de tratamento adequado dos conflitos de interesses no âmbito do Poder Judiciário e dá outras providências. Disponível em: <http://www.cnj.jus.br/images/stories/docs_cnj/resolucao/arquivo_integral_republicacao_resolucao_n_125.pdf>. Acesso em: 29 fev. 2016.

estatísticos referentes às mediações. A Emenda 1/2013 altera os artigos os artigos 1º, 2º, 6º, 7º, 8º, 9º, 10, 12, 13, 15, 16, 18 e os Anexos I, II, III e IV da Resolução 125.

O novo Código de Processo Civil, Lei 13.105/2015, surge como forma de política pública, no intuito de facilitar o acesso dos brasileiros à justiça, uma vez que se reduzirá o número de demandas e de recursos que dificultam o andamento dos processos. A expectativa é a de que se reduza pela metade o tempo de trâmite de uma ação no Judiciário, permitindo mais rapidez e celeridade nos processos. Enfatiza os meios consensuais de pacificação dos conflitos sociais, com destaque à conciliação e à mediação.

A Lei 13.140, de 26 de junho 2015, dispõe sobre a *mediação* como meio de solução de controvérsias entre particulares e sobre a autocomposição de conflitos no âmbito da administração pública.

A Mediação é um meio adequado de solução de conflitos, não adversarial, voluntário, mediante um terceiro imparcial, especialmente capacitado, que as auxilia, com mínima intervenção, a restabelecer a comunicação entre os mediandos, buscando a compreensão e a transformação do conflito.

Conforme análise e definição:

> [...] a mediação é definida como a interferência em uma negociação ou em um conflito, de uma terceira pessoa aceitável, tendo o poder de decisão limitado ou não autoritário, e que ajuda as partes envolvidas a chegarem, voluntariamente, a um acordo, mutuamente, aceitável em relação às questões em disputa. [4]

É importante ressaltar a opinião de Luis Alberto Warat[5], pelo qual entende que a conciliação de início pode se confundir com a mediação, sendo que o mediador exerce a função de ajudar as partes a reconstruírem simbolicamente a relação conflituosa, enquanto o conciliador exerce a função de negociador do litígio, reduzindo a relação conflituosa a uma mercadoria.

2. MODELOS OU ESCOLAS DE MEDIAÇÃO

O Modelo Tradicional linear de Harvard é um modelo pensado como método para a negociação colaborativa assistida por um terceiro. A comunicação é entendida em sentido linear. O objetivo é estabelecer um acordo entre os participantes baseado em seus interesses.

A mediação do Modelo Transformativo elaborado por Robert A. Barush Bush, teórico da Negociação e Joseph F. Folger, teórico na comunicação, é um modelo centrado no favorecimento das transformações pessoais e sociais dentro do conflito. Tem como objetivo transformar as relações humanas e sociais.

O transformativo diferentemente do circular-narrativo, que se baseia na ideia de desestabilização ou desconstrução das narrativas iniciais, tem como meta

4 MOORE, Christopher W. *O Processo de Mediação*. Porto Alegre: Artmed, 1998, p. 15.

5 WARAT, Luis Alberto. *O Ofício do Mediador*. Florianópolis: Habitus, 2001.

a superação das posições iniciais dos mediandos e o respectivo padrão relacional, mediante a capacitação ou autoafirmação das partes envolvidas. Logo, as escutas e perguntas de esclarecimento ou de contextualização estão voltadas ao "empoderamento" e não, diretamente, para a desestabilização, conforme Vasconcelos[6].

Já o Modelo Circular-Narrativo de Sara Cobb, ele é centrado nas narrativas trazidas pelas partes. Considera a causalidade e a comunicação como processos de dinâmica circular que se retroalimentam. Utiliza a narrativa das partes como base analítica e propositiva. Tem como objetivo permitir a comunicação e a interação das partes visando a superação do conflito.

3. O MODELO CIRCULAR-NARRATIVO

Este modelo é decorrente da agregação de várias teorias como: a teoria familiar sistêmica, da cibernética de primeira e segunda ordem, da teoria do observador, da teoria da comunicação e da teoria da narrativa. No modelo criado por Sara Cobb o acordo deixa de ser o objetivo principal tornando-se uma possível consequência do processo circular narrativo.

O Circular-Narrativo está fundamentado na comunicação circular. A comunicação é entendida como um todo no qual estão incluídas duas ou mais pessoas e a mensagem que se transmite. Também inclui os elementos verbais (o conteúdo) e os para-verbais (corporais, gestuais etc.). Ao tomar a comunicação como um todo, as partes não podem não se comunicar. No entendimento de Suares[7], "não há uma causa única que produza um determinado resultado, mas sim uma causalidade circular que permanentemente se retroalimenta".

Por meio do Modelo Circular-Narrativo busca-se fomentar a reflexão, mudar o significado da história e do conflito possibilitando que as partes interajam de forma diferente, mudem o discurso e alcancem um acordo ainda que não seja a meta fundamental.

Conforme aduz Suares[8] a tarefa do mediador é desestabilizar as histórias e possibilitar que as partes construam uma nova história alternativa permitindo a elas analisar o conflito de outro ângulo.

A escuta das narrativas se alternam com as perguntas de esclarecimento e de desestabilização. Desde a primeira reunião conjunta, depois dos esclarecimentos e as recomendações iniciais o mediador solicita a apresentação de alternativas trabalhando assim, a interdependência e a circularidade. O principal objetivo é estabelecer o problema como um problema compartilhado uma vez que a mediação é uma oportunidade para trabalhar o conflito. Aqui não se enfoca o problema relacional do problema substantivo, mas o conflito em sua complexidade sistêmica.

---

6 VASCONCELOS, Carlos Eduardo. *Mediação de Conflitos e Práticas Restaurativas*. 2. Ed. São Paulo: Método, 2012, p. 128.

7 SUARES, Marinés. *Mediación*: conducción de disputas, comunicación y técnicas. Buenos Aires: Paidós, 2012.

8 SUARES, Marinés. *Mediación*: conducción de disputas, comunicación y técnicas. Buenos Aires: Paidós, 2012.

As reuniões privadas ou individuais que consistem em etapas e não meras possibilidades ditadas pelas circunstâncias do caso: como ocorrem em outros modelos.

A visão sistêmica é muito importante e fundamental para ficarmos atentos à complexidade dos conflitos, principalmente em relação às várias óticas e perspectivas. "É um olhar sobre o todo, procurando compreender as histórias sobre os mesmos fatos, contadas por cada um, todas as histórias são verdadeiras, porque cada um percebe os fatos a partir de sua perspectiva. A visão sistêmica supõe causalidade circular, e não linear (causa efeito), que gera uma retroalimentação.

Ter a visão sistêmica de uma família é vê-la inserida em um conjunto de eventos, anteriores e posteriores que precisam ser observados e cuidados[9].

Segundo Suares[10], uma das características específicas da mediação em sistemas familiares é que todos que trabalhamos como mediadores temos saberes e conhecimentos do que seja uma família. Essas ideias vêm a partir de nossa própria experiência como produtos, na maior parte das vezes, de uma educação não formal, que estão fortemente programadas. De modo geral, essa "programação vai influenciar no encaminhamento da mediação, sobretudo quanto menos nos questionarmos sobre isso. Por essa razão, Suares[11] entende que é fundamental que os mediadores que trabalham com famílias reflitam sobre o que eles entendem o que são e o que deveria ser uma família.

4. TÉCNICAS CIRCULAR-NARRATIVAS

As técnicas que abordaremos nesse capítulo são àquelas utilizadas no modelo circular-narrativo: a conotação positiva, legitimação, reenquadre ou recontextualização, externalização, resumo, equipe reflexiva e perguntas circulares.

4.1. Conotação Positiva

Conotação é a palavra usada para qualificar algo ou alguém; transcende o sentido literal das palavras.

A origem da conotação positiva surgiu na década de 70, com um Grupo de Milão. A escola de psicoterapia sistêmica desenvolvida pelos psiquiatras e psicanalistas milaneses Mara Selvini Palazzoli, Luigi Boscolo, Gianfranco Cecchin e Giuliana Prata. Desenvolveu um modelo de terapia breve, influenciado pelo grupo MRI – Mental Research Institute (Palo Alto- California) e por Paul Watzlawick.

Conotação positiva é a intervenção realizada pelo mediador, em forma de reformulação ou de uma série de perguntas, que busca transformar o entendimento dos

---

9 ALMEIDA, Tania. *Particularidades da mediação familiar*. Disponível em <http://www.mediare.com.br/08artigos_16mediacao_familiar.html>. Acesso em: 04/03/2016

10 SUARES, Marinés. *Mediación*: conducción de disputas, comunicación y técnicas. Buenos Aires: Paidós, 2012.

11 *Idem*.

mediandos acerca de uma qualidade de uma pessoa, ação, sentimento ou acontecimento que possui de maneira negativa em uma qualidade positiva[12].

O mediador pode conotar positivamente, reenquadrando e legitimando o que foi dito, por meio de paráfrase. Repetição do que foi dito pelo mediando, excluindo as eventuais ofensas. A conotação positiva é uma comunicação construtiva que começa com o afago ou acolhimento do outro por meio de uma linguagem apreciativa e estimulante. Ela contribui para afastar a comunicação dominadora e suas mensagens negativas, baseada na ideia de verdade única. É uma espécie de reformulação centrada em ressaltar as características e qualidades positivas de determinada fala.[13]

Almeida[14], por meio da conotação positiva, o mediador possibilita que as pessoas envolvidas no processo de diálogo identifiquem, em uma atitude ou em uma fala entendidas como negativas, uma motivação ou preocupação compreensível, ou até mesmo uma intenção positiva. O propósito é ajudar a identificar interesses, necessidades, valores e impossibilidades retratados em linguagem adversarial, provocativa ou agressiva. Conotar positivamente é encontrar motivação legitima ou intenção positiva no que foi dito ou feito. A chave da conotação positiva e de sua eficácia está em ter uma âncora no real onde possa se sustentar. Conotar positivamente significa olhar com outras lentes, recontextualizar.[15]

Na análise de Marinés Suares[16], a conotação positiva é uma espécie de reformulação que se baseia em utilizar regras que permitam ver as "qualidades positivas" do que foi dito ou feito. As conotações positivas podem ser realizadas: 1) sobre os atributos e características, 2) sobre as intenções atribuídas e as declarações e 3) sobre as ações.

4.2 Legitimação

Esta microtécnica é utilizada para ajudar as partes a mudarem suas posições dentro da história. Suares[17] entende que "a legitimação implica outorgar um lugar verdadeiro, legítimo, à posição que assumem os atores dentro da história". As diferenças de entendimentos, sentimentos, valores, culturais, gênero, religião, econômico e profissional.

---

12 ROCHA, Fernanda Levy Lourenço da. Matéria de aula: Conotação Positiva - 2014 – *Curso de Pós-Graduação em Mediação*: Intervenções Sistêmicas para Resolução de Conflitos e Disputas em Diferentes Contextos – Módulo I – PUC/Cogeae.

13 VASCONCELOS, Carlos Eduardo. *Mediação de Conflitos e Práticas Restaurativas*. 2. Ed. São Paulo: Método, 2012, p. 97.

14 ALMEIDA, Tania. *Caixa de Ferramentas em mediação*: aportes práticos e teóricos. - São Paulo: Dash, 2014.

15 Ibidem, p. 281.

16 SUARES, Marinés. *Mediación*: conducción de disputas, comunicación y técnicas. 1. Ed. - 8. reimp. – Buenos Aires: Paidós, 2012.

17 SUARES, Marinés. *Mediación*: conducción de disputas, comunicación y técnicas. 1. Ed. - 8. reimp. – Buenos Aires: Paidós, 201, p. 283.

4.3 Reenquadre ou Recontextualização

Mudança provocada pela ampliação ou diminuição do contexto, ou ainda mudando o contexto ou valores.

A Técnica de recontextualização promove a visão do conflito pelo enfoque de outro contexto, visa transcender o contexto da disputa, normaliza as condutas e constrói histórias alternativas, favorecendo a continuidade da conversa por um enfoque positivo[18].

Marinés Suares[19], é definido o reenquadre e recontextualização como um efeito, mas com este mesmo nome nos referimos também a uma microtécnica que diretamente "enquadra" e "contextualiza" o problema em outro contexto pode ser mais abrangente, menos abrangente e simplesmente diferente, segundo as circunstâncias. Se pode recontextualizar: a) incluindo o que foi dito por uma das partes em "um contexto mais amplo e mais abrangente"; b) também os reenquadres e recontextualizações podem ir de um enquadre e contexto mais abrangente a um menos abrangente, é decidir quem pode realizar, levando um problema que se apresenta como macrossocial, a um terreno microssocial e c) contextos que, mesmo tendo o mesmo "volume" são diferentes.

Almeida[20], esta intervenção tem como objetivo possibilitar uma escuta diferenciada, que redobre a atenção sobre o que foi dito/ouvido, de forma a provocar reflexão por parte do autor da fala e do seu interlocutor. A operacionalização se dá quando o mediador reapresenta a fala de qualquer mediando, conferindo ênfase a alguma expressão e/ou reproduzindo seu conteúdo com outras palavras de cunho mais positivo, sem alterar seu sentido ou significado. Isto é, na reafirmação do conteúdo de uma fala ou expressão, por meio de sua repetição e do emprego, se necessário de palavras de significado mais positivo que não alterem o sentido dado. O impacto esperado é possibilitar que todos os participantes da mediação, o autor da fala original e o outro integrante, escutem e reflitam sobre o que foi reproduzido pela voz imparcial do mediador.

4.4 Externalização

Tem como objetivo produzir uma adaptação da realidade na qual as pessoas se tornem as protagonistas de suas próprias vidas e, portanto, responsáveis por ela.

As minitécnicas aplicadas ao processo de mediação, abrangem a externalização, os resumos e a equipe reflexiva.

De acordo com Marinés Suares[21], a externalização é uma técnica recente criada no campo da terapia familiar sistêmica, por Michel White e David Epston,

---

18 MUNIZ, Mirian Blanco; TOSTA, Jorge; ALVES, José Carlos Ferreira. (Coord.) *Estudos Avançados de Mediação e Arbitragem*. Rio de Janeiro: Elsevier, 2014. p. 231.

19 SUARES, Marinés. *Mediación*: conducción de disputas, comunicación y técnicas. Buenos Aires: Paidós, 2012.

20 ALMEIDA, Tania. *Caixa de Ferramentas em mediação*: aportes práticos e teóricos. São Paulo: Dash, 2014.

21 SUARES, Marinés. *Mediación*: conducción de disputas, comunicación y técnicas. Buenos Aires: Paidós, 2012.

terapeutas australianos criadores da chamada "terapia narrativa", considerada a terceira narrativa de onda, que se caracteriza por enfocar o processo terapêutico como um processo que se dá nas narrativas e através delas. Esta minitécnica é a externalização do problema e internalização do protagonismo das partes. Também chamada de "técnica" e "minitécnica", implica um processo que se realiza em várias etapas.

As etapas da externalização são: a) a condensação do problema: o problema é definido como algo externo a si mesmo (tanto do indivíduo como do grupo familiar, institucional ou comunidade); b) nomear o problema: dar um nome que produz um efeito mágico, não é qualquer nome, nem ser imposto pelo mediador. Ele deve ser criado ou cocriado no curso da conversa com as partes e ao longo da interação de suas histórias, não surge de uma vez, vai construindo pacientemente entre todas as partes e os mediadores; c) separando o problema das pessoas ou relacionamentos: uma vez que temos condensado e nominalizadas (ou renominalizado) o problema, começou a separar as pessoas ou a relação entre eles. O problema tem sido algo como externos às mesmas. Externalização envolve materializar o problema como algo que é externo a indivíduos e/ou relacionamentos. Esse processo de externalização não se realiaza uma só vez, mas começa com a externalização do problema e logo continua, passo a passo, externalizando suas características uma a uma, e/ou suas consequências; d) conotação negativa do problema: as partes devem enfrentar o problema e não enfrentar-se entre elas. Isto vai se realizando a partir dos resumos e criação de novas histórias. As histórias conotadas negativamente não são más intencionadas, não é algo estático, não tem sempre o mesmo tamanho ou força. Nesta estapa é importante que se realizem perguntas circulares, que ajudem a ver quando começa ou aumenta. O mediador por meio de perguntas levam as partes a refletirem o que estão fazendo para alimentar o problema para que ele sobreviva, de modo a permitir o seu crescimento. Isto ajuda a potenciar o protagonismo e a responsabiliade das partes em resolver o problema; e) internalização do protagonismo: as etapas anteriores permitiram que o problema seja externalizado, mas ao mesmo tempo, trabalhando acerca da forma como é "alimentado" o protagonismo das partes para enfrentar e aceitar o problema. Se a externalização se realiza na sessão conjunta, cada parte também se dá conta do coprotagonismo da outra parte. Este protagonismo é logo trabalhado explicitamente, fazendo perguntas acerca dos momentos nos quais esta "coisa" tem menos efeito em nossa vida. Uma das formas mais efetiva de lograr esta internalização é ajudando as partes a buscar os chamados "acontecimentos extraordinários", como já foi dito, são aquelas "particulas de ouro", talvez mínima, que por meio das perguntas realizadas pelos mediadores, eles conseguiram materializar as histórias, e que permitem as partes verificarem as possibilidades que elas mesmas têm de resolverem seus problemas. É decidir a partir de elementos das narrativas das partes, se amplifica, se potência o protagonismo.

Tania Almeida[22], o mediador auxilia os mediandos a se distanciarem estrategicamente do problema para que este possa ser transformado em objetos de análise. Como

[22] ALMEIDA, Tania. *Caixa de Ferramentas em mediação*: aportes práticos e teóricos. São Paulo: Dash, 2014.

objeto de análise, o problema pode ser avaliado, fragmentado para que, em seguida, sejam tratado com objetividade, eficácia e efetividade.

A operacionalização desta técnica se dá por meio de perguntas de natureza hipotética, viabilizando-se que os mediando envolvidos emocionamente em um problema e imersos em seu contexto fático possam imaginá-lo como um objeto externo, uma acontecimento e/ou uma situação a ser considerada sob o ponto de vista predominante objetivo e análitico.

O impacto esperado é gerar proatividade nos mediandos. Com o problema externalizado, espera-se ampliar a potência, a autoria e a sensação de controle das pessoas sobre determinadas questões.

Na maioria das vezes, os problemas são vistos como parte da identidade de uma pessoa (pessoas problemas); essa intervenção pode auxiliar na redefinição dessa leitura.

Morgan[23] diz que as conversas de externalização ocorrem todo o tempo na tereapia narrativa, isto é, são maneira de falar que separam os problemas das pessoas. A externalização é a base, da qual muitas, mas não todas, conversas narrativas são construídas. A externalização requer pequena mudança no uso da linguagem. É uma atitude e uma orientação nas conversas.

As conversas externalizadas diminuem a quantidade de conflito improdutivo que pode ter surgido entre as pessoas desde a existência do problema. A culpa se torna menos relevante à medida que as pessoas olham o problema coo uma entidade independente. A cooperação e a colaboração se tornam possíveis quando o problema não está localizado dentro da identidade de cada pessoa.

White[24], o uso de conversação de externalização para lidar com os problemas para os quais as pessoas buscam terapia. A externalização também pode ser utilizada de maneira mais ampla para revisar e redesenvolver o que, frequentemente, tem sido definido como as "forças" e os "recursos" das pessoas. No exemplo trazido pelo autor nas abordagens narrativas no trabalho com crianças e suas famílias, incluí um exemplo de dupla externalização. Segue abaixo o exemplo do autor:

> [...] Gerry e sua família haviam me consultado em função de seu distúrbio alimentar. Na terapia, primeiro apoiei a externalização do distúrbio alimentar como uma "pequena fobia". Então, estimulei a externalização da força que seria necessária para que Gerry se engajasse em atividades valorizadas e das quais ele fora excluído devido a sua fraqueza. Essa força foi caracterizada como "força de tigre" e, no contexto da conversação de externalização, uma descrição dessa "força de tigre" foi desenvolvida de forma que não teria sido possível caso esse fenômeno permanecesse com seu status de qualidade interna. A externalização dessa força forneceu a Gerry e seus pais uma base para libertar sua vida da "pequena fobia".[25]

---

[23] MORGAN, Alice. *O que é terapia narrativa*? Uma Introdução de Fácil Leitura. Porto Alegre: Centro de Estudos e Práticas Narrativas, 2007.

[24] WHITE, Michael. *Mapas da Prática Narrativa*. Porto Alegre: Pacartes, 2012.

[25] WHITE, Michael. *Mapas das Práticas Narrativas*. Porto Alegre: Pacartes, 2012, p. 49.

O mapa de declaração de posição desenvolvido por Michael White[26] é relevante em situações nas quais as pessoas apresentam relatos de vida saturados de problemas ou tenham formulado conclusões altamente negativas sobre sua identidade ou as de seus relacionamentos. Ele estabelece um contexto em que as pessoas, incluindo crianças pequenas, podem ser consultadas de forma radical sobre o que é importante para suas vidas. É no contexto de tal conduta que elas encontram a oportunidade para definir um posicionamento em relação aos problemas de suas vidas e se expressar de modo mais intenso a respeito das bases de suas preocupações. Esta é uma experiência nova para as pessoas, porque, na maioria das vezes, elas se encontram submetidas à posição que os outros definiram sobre seus problemas e dificuldades.

4.5 Resumo

É uma minitécnica aplicada pelos mediadores nas reuniões individuais (privadas) ou conjuntas (públicas). Os resumos são realizados após os relatos de informações das partes. O resumo deve: a) utilizar a fala das partes; b) utilizar reformulações com suas conotações positivas; c) cuidar para que todos os mediandos fiquem legitimados ou positivamente posicionados; d) produzir ou tentar produzir uma recontextualização[27].

4.6 Equipe Reflexiva

O mediador pode contar com a equipe reflexiva, na própria sala ou em uma retrocâmara. Essa técnica foi criada por Tom Andersen, terapeuta norueguês. Para Marinés Suares[28], num primeiro momento, a equipe reflexiva apenas escuta e observa a comunicação não verbal entre as partes e entre elas e/ou os mediadores. No segundo momento, a pedido da equipe ou do mediador, dá-se o início a conversação entre a equipe reflexiva e os mediadores. Os mediandos são convidados a escutar o que a equipe está falando. Os integrantes da equipe reflexiva conversam entre si e com o mediador, mas nunca se dirigem aos mediandos e nem é permitido olhar para eles. Em caso de não haver uma equipe reflexiva, o mediador, sozinho, em voz alta faz e responde perguntas, ou em conjunto com o comediador, podem operar como equipe reflexiva.

4.7 Perguntas Circulares

As perguntas são ferramentas preciosíssimas para o mediador na sessão de mediação. Elas não devem ser aleatórias, devem ser estratégicas. Perguntar sem objetivo é uma falha técnica. As perguntas devem gerar diferenças, clarificar e transformar.

O objetivo da pergunta circular é explorar e revelar a percepção que cada mediando possui sobre pensamentos, crenças e reações do outro. Favorece mudança de perspectiva, que pode levar a uma nova visão do fato.

---

26 Idem, p. 50.

27 VASCONCELOS, Carlos Eduardo. *Mediação de Conflitos e Práticas Restaurativas*. 2. Ed. São Paulo: Método, 2012. p. 122.

28 SUARES, Marinés. *Mediación*: conducción de disputas, comunicación y técnicas. Buenos Aires: Paidós, 2012.

Suares[29], as perguntas circulares nos permitem abrir alternativas para realizar perguntas hipotéticas. Elas são muito úteis para lograr o protagonismo da parte e também para o reconhecimento do protagonismo do outro.

O mediador deve identificar os pontos nodais da comunicação, referências e ênfases e com isso trabalhar com a "legitimações" e "sombras" para a reflexão e recontextualização.

Com este tipo de perguntas que o mediador cria um circuito de interação entre os mediandos, que percebem uma causalidade circular, sobre os fatos apresentados.

Parkison[30], as perguntas circulares têm seu foco nas comunicações e interações entre os participantes da mediação. Exploram percepções, relações, comunicações entre os pares e os pontos em comum, ao invés de focar em diferentes pontos de vista e posições. É importante porque interrompem as explicações de causa e efeito que incentivam a culpa.

CONSIDERAÇÕES FINAIS

Neste capítulo abordei as técnicas do modelo circular-narrativo, utilizadas na mediação com um enforque sistêmico.

A visão sistêmica nos possibilita entender a complexidade dos conflitos, principalmente em relação às várias óticas e perspectivas, bem como compreender as histórias sobre os mesmos fatos, contadas por cada um.

O modelo circular-narrativo, por meio de suas técnicas, permite a comunicação verbal e não verbal e a interação dos mediandos visando a superação do conflito. As técnicas devem ser utilizadas na construção da história alternativa e desconstrução das narrativas iniciais da história dos envolvidos, sempre com uma conotação positiva, rumo a construção de uma outra história.

REFERÊNCIAS BIBLIOGRÁFICAS

ALMEIDA, Tania. *Caixa de Ferramentas em mediação*: aportes práticos e teóricos. - São Paulo: Dash, 2014.

BRASIL. Constituição (1988). Constituição da República Federativa do Brasil, de 5 de outubro de 1988. *Diário Oficial da União*, 5 out. 1988. Disponível em: <http://www.planalto.gov.br/ccivil_03/Constituicao/Constituicao.htm>. Acesso em: 20 fev. 2016.

BRASIL. Lei nº 13.105, de 16 de março de 2015. Código de Processo Civil. *Diário Oficial da União*, 17 mar. 2015. Disponível em: <http://www.planalto.gov.br/ccivil_03/_ato2015-2018/2015/lei/l13105.htm>. Acesso em: 20 fev. 2016.

BRASIL. Lei nº 13.140, de 26 de junho de 2015. Dispõe sobre a mediação entre particulares como meio de solução de controvérsias e sobre a autocomposição de conflitos

[29] SUARES, Marinés. *Mediación*: conducción de disputas, comunicación y técnicas. Buenos Aires: Paidós, 2012.

[30] PARKINSON, Lisa. *Mediação Familiar*. Belo Horizonte: Del Rey, 2016.

no âmbito da administração pública; altera a Lei nº 9.469, de 10 de julho de 1997, e o Decreto nº 70.235, de 6 de março de 1972; e revoga o § 2o do art. 6º da Lei no 9.469, de 10 de julho de 1997. *Diário Oficial da União*, 29 jun. 2015. Disponível em: <http://www.planalto.gov.br/ccivil_03/_Ato2015-2018/2015/Lei/L13140.htm>. Acesso em: 20 fev. 2016.

CONSELHO NACIONAL DE JUSTIÇA. *Resolução nº 125*, de 29 de novembro de 2010. Dispõe sobre a Política Judiciária Nacional de tratamento adequado dos conflitos de interesses no âmbito do Poder Judiciário e dá outras providências. Disponível em: <http://www.cnj.jus.br/images/stories/docs_cnj/resolucao/arquivo_integral_republicacao_resolucao_n_125.pdf>. Acesso em: 29 fev. 2016.

MOORE, Christopher W. *The Mediation Process: Practical Strategies for Resolving Conflict* – 2. Ed., San Francisco: Jossey-Bass Publishers, 1996.

————. *O Processo de Mediação*. Porto Alegre: Artmed, 1998.

MORGAN, Alice. *O que é terapia narrativa? Uma Introdução de Fácil Leitura*. Porto Alegre: Centro de Estudos e Práticas Narrativas, 2007.

MUNIZ, Mirian Blanco. TOSTA, Jorge. ALVES, José Carlos Ferreira et al. Estudos Avançados de Mediação e Arbitragem/coordenação. Rio de Janeiro: Elsevier, 2014.

PARKINSON, Lisa. *Mediação Familiar*. Belo Horizonte: Del Rey, 2016.

ROCHA, Fernanda Levy Lourenço da. Matéria de aula: *Conotação Positiva* – 2014 – Curso de Pós-Graduação em Mediação: Intervenções Sistêmicas para Resolução de Conflitos e Disputas em Diferentes Contextos – Módulo I – PUC/Cogeae

SERPA, Maria Nazareth. *Mediação, processo judicioso de resolução de conflitos*. Belo Horizonte: Fac. Direito da UFMG, 1997.

SUARES, Marinés. *Mediación: conducción de disputas, comunicación y técnicas*. 1. Ed. - 8. reimp. – Buenos Aires: Paidós, 2012.

VASCONCELOS, Carlos Eduardo. *Mediação de Conflitos e Práticas Restaurativas*. 2. Ed. São Paulo: Método, 2012.

WARAT, Luis Alberto. *O Ofício do Mediador*. Florianópolis: Habitus, 2001.

Impresso em agosto de 2016